中国人民大学国际能源战略研究中心

中国能源国际合作报告

CHINA INTERNATIONAL ENERGY COOPERATION REPORT 2010/2011

（2010/2011）

主编◎陈 岳 许勤华

时 事 出 版 社

图书在版编目（CIP）数据

中国能源国际合作报告（2010～2011）/陈岳、许勤华主编．—北京：时事出版社，2011.6

ISBN 978-7-80232-442-8

Ⅰ.①中…　Ⅱ.①陈…②许…　Ⅲ.①能源经济－经济合作：国际合作－研究报告－中国－2010～2011　Ⅳ.①F426.2

中国版本图书馆 CIP 数据核字（2011）第 080032 号

出 版 发 行：时事出版社
地　　　址：北京市海淀区万寿寺甲 2 号
邮　　　编：100081
发 行 热 线：（010）88547590　88547591
读者服务部：（010）88547595
传　　　真：（010）68418647
电 子 邮 箱：shishichubanshe@sina.com
网　　　址：www.shishishe.com
印　　　刷：北京百善印刷厂

开本：787×1092　1/16　印张：23　字数：370 千字

2011 年 6 月第 1 版　2011 年 6 月第 1 次印刷

定价：68.00 元

本书为教育部重大攻关课题《低碳经济若干重大问题研究》（项目批准号：09JZD0020）、教育部人文社会科学研究规划青年基金项目《低碳时代发展清洁能源国际比较研究——兼论中国清洁能源国际合作战略》（项目批准号：10YJCGJW016）和中国人民大学科学研究基金项目《中国能源国际合作的理论和实践》（中央高校基本科研业务费专项资金资助 项目批准号：10XN1005）阶段性成果。

The book is the interim achievement for the *Research on Several Significant Issues on Low-carbon Economics*, one of the key projects of the Ministry of Education (Grant No. 09JZD0020); *International Comparative Research on the Development of Clean Energy in Low-carbon Era— China's International Cooperation Strategy for Clean Energy*, one of the Youth Fund Projects affiliated to the Humanities and Social Sciences Research and Planning Programs of Ministry of Education (Grant No. 10YJCGJW016), and *The Theory and Practice for the International Cooperation of China's Energy*, one of the Scientific Research Fund Projects of Renmin University of China (Grant No. 10XN1005).

序 言

21世纪的前20年，被视为中国和平发展的“战略机遇期”。在此期间，中国经济与社会有望保持较好的发展态势。稳定、充足、经济的能源供应是中国发展的重要基础。同时，更大的能源需求和更严重的对外依赖，也将是这一进程的必然结果。进一步增强对我国开展国际能源合作重要性、必要性和紧迫性的认识，准确把握国际能源合作的现实性、可能性和机遇性，牢牢把握今后十几年重要的战略发展机遇期，牢固树立和落实互利合作、多元发展、协同保障的新能源安全观，坚持统筹国内发展和积极开展国际能源合作，提高把握国际能源市场机遇和规避市场风险的能力，建立多元、稳定、可靠的能源供给保障体系，在开放的格局中维护国家能源安全，这是我国当前和今后较长一个时期内的重大战略选择。

进入新世纪，中国能源国际合作的大背景即国际能源形势发生了重大的变化和调整，国际能源发展中核心问题也有了一定意义上的转移。主要表现为全球石油市场的建立和完善，使得石油、天然气可以在全球范围内流通和交易。国际地区层面上的能源管理机制如OPEC、IEA在协调能源政策方面作用不断显现。作为能源安全重要组成部分的环境安全，更需要地区内国家的合作。因此，能源安全越来越需要依靠能源市场的相互依赖和国际合作来实现。

同时，国际合作的内容随着能源安全概念的逐渐扩展而不断增加，不仅包括能源供应安全，也包括能源使用安全问题，即对环境的影响问题。随着石油的广泛使用，在石油开采、运输、消费过程中产生的环境问题，如气候变暖、臭氧层、酸雨、油轮泄露等，开始引起人们的注意。可以说，现代意义上的能源安全是与可持续发展紧密联系在一起的，能源安全是实现一个国家或地区国民经济持续发展和社会进步所必需的能源保障的一种状态，它不仅包括能源供应的安全，也包括对由于能源生产与使用所造成的环境污染的治理，能源安全是能源供应安全和使用安全的有机统一。

本研究将在国家层面、国家间互动关系的层面以及国家与市场互动的层面上展开，试图进行跟踪式的调查与研究，了解国际能源整体形势（即国际能源发展的国际政治经济背景）的变化对中国能源国际合作的影响过程、影响程度、主要影响因素及主要影响方式等；中国应该在理论和实践上如何做出相应的回应：中国是否能够通过国际合作，解决自身能源安全问题？中国开展国际能源合作有哪些可以优先考虑的合作模式？如何开展多边能源合作？开展多边能源合作的利与弊？开展能源合作的重点是什么？中国对合作的战略选择有哪些限制性因素？等等。由于每年国际能源形势都会有较大的变动，因此中国能源国际合作有必要进行长期的跟踪性的研究，对其进行国际政治经济学的研究，具有较大的理论价值和现实意义。在人文社会科学领域居优势地位的中国人民大学，努力回答上述问题的确是责无旁贷的。

2010 年报告在对全球各重点地区及国家展开的对外能源合作整体描述的基础上，着重关注了 2008—2009 年金融危机对我们考察对象地区及国家的能源政策及对外能源战略的影响，特别是金融危机下全球能源国际合作的变化和新动态。2011 年初发生了两件对全球能源安全有着极其重要影响的大事件：一是中东北非发生的持续的、波及面极广的政治动荡；二是日本因为特大地震海啸引发的次生灾害“核辐射危机”。前者使我们进一步把“能源”和“地缘政治”联系起来，使中国人进一步思考能源资源企业“走出去”发展战略所面临的政治风险；后者则使中国人重新审视我们国家今后的核能发展战略。2010 年报告继续依循 2009 年报告的基本结构，在对全球重点地区和国家能源发展的政治经济变化、能源政策及战略变化、对外国际合作实践变化进行梳理的基础上，将关注目光投向影响能源国际合作的各种因素，尝试分析如政治、经济、社会、宗教、自然、人才、商业、科学研究等因子对中国能源对外合作的影响，特别是其中的政治、社会、宗教及国际人才合作这几项。

目　录

第一编　引　篇

第二编　地区篇

第三编　专题篇

第一编

引　篇

中国企业“走出去”战略及对国家经济安全的影响

陈　岳　许勤华

一

所谓国家经济安全，是指经济全球化时代一国保持其经济存在和发展所需资源有效供给、经济体系独立稳定运行、整体经济福利不受恶意侵害和非可抗力损害的状态和能力。是指一国的国民经济发展和经济实力处于不受根本威胁的状态。学术界关于国家经济安全的定义尚未定论，大致可以分为状态说、能力说等几大类。能力说侧重于动态评价，状态说侧重于静态评价。能力只是实现国家经济安全的手段而非国家经济安全本身，有无实现国家经济安全的能力或能力大小，还要通过国家经济安全的状态来检验。但是，国家经济安全所表示的不是一般的经济状态，而是直接关系到国家战略利益的经济状态。国家经济安全既有积极参与国际经济竞争带来的，如信息安全、金融风险、贸易问题、引进外资与保护民族工业问题等；也有可持续发展中存在的问题，如石油供应、重要矿产资源保障、粮食供应、淡水资源保障等；又有体制层面上存在的问题，如经济体制转轨时期的就业保障、中央财政调控能力等。其中，正常的资源需求得到稳定供给是经济安全的集中体现之一。

2011 年是第十二个五年计划的元年，被视为中国和平发展的“关键战略机遇期”。在此期间，中国经济与社会有望保持较好的发展态势。但稳定、充足、经济的能源供应是中国发展的重要基础，同时，更大的能源资源需求和更严重的对外依赖，也将是这一进程的必然结果。进一步增强对我国能源资源企业走出去重要性、必要性和紧迫性的认识，准确把握走出去的现实性、可能性和机遇性，牢牢把握这五年乃至今后十几年重要的战略发展机遇期，坚持统筹国内发展和积极开展国际能源资源合作，利用好“国内”和“国际”两个市场，提高把握国际能源资源市场机遇和规避市场风险的能力，建立多元、稳定、可靠的能源资源供给保障体系，在开放的格局中维护国家能源和经济安全，这是我国当前和今后较长一个时期内的重大战略选择，会对我国家经济安全产生巨大的影响。

什么是能源资源企业的“走出去”战略？我们认为能源资源企业的“走出去”战略及其实施一方面主要是指为保障矿产资源的稳定供应，企业应全面参与国际农业、能源、矿产等资源配置的产业分工、分配和市场竞争，不断提高利用海外资源的能力和水平；以新建、注资、参股、并购、购买探矿权等多种方式，加快建立一批重要短缺资源多元、稳定、可靠的海外生产供应基地，明显提高我国控制的海外油气和其他重要矿产资源量占进口总量的比例。另一方面，“走出去”战略应具有两层涵义：一为“走出去”；二为“引进来”，而不能单单理解为简单的“走出国门”，更多的应表现为一种国际合作的态势。

能源资源企业一直是中国“走出去”战略的生力军，据《2009 年度中国对外直接投资统计公报》统计，2009 年末中国对外直接投资存量行业分布中采矿业为 405．8 亿美元，列第三位，2009 年末中国非金融类境外企业资产总额前四位的三家都为能源资源企业。但目前国内外几乎没有对中国能源资源企业应该如何走向海外做专门研究，只是对一些事实进行评价。国内学术界对中国“走出去”战略的研究主要为三类：“大战略”类、“企业走出去”类和“行业”类。这些成果斐然的研究对中国走出去战略都做了深入细致的分析，但尚需更多的“国际性”，用国际综合问题的研究视角和研究方法进行研究；更多的“战略性”，以确立“走出去”战略框架；更多的“创新性”，与 2008 年、2009 年我国企业走出去的快速发展实情相适应，与新形势策略应对的需要相适应；更多的“资源性”，增加对能源资源企业的侧重研究。

二

2007年9月28日下午，十六届中共中央政治局进行的最后一次集体学习的题目是“扩大对外开放和维护国家经济安全”。“走出去”战略是“扩大对外开放”十分重要的一环。而中国“走出去”战略成功的关键在于中国企业。2006年至2010年第十一个五年计划期间，中国能源资源企业在“走出去”的战略实践取得了可喜的成绩。如2009年中国全球共交易11起，涉及金额159亿美元，资产遍布在西非、中东、中亚地区（世界油气投资环境数据库）。又如2008年中石油海外权益油生产占其总产量的23%（中石油网站）。除此以外，国家电网、五矿等其他能源及资源企业也频频在南亚、拉美等地获得成功。

1979年8月，国务院提出“出国办企业”。第一次把发展对外投资作为国家政策，从而拉开了中国企业对外直接投资的序幕。这是中国企业“走出去”战略实施的第一步，当时表现十分有限，主要集中于有限的对外直接投资。对于能源资源企业来说，经过多年的发展，其“走出去”战略实施的方式和手段已经日益多样化，效果也越来越明显。从全球能源资源的获取方式来看，主要是国际贸易占90%多，其次是购买国外矿权，第三种方式是风险探矿。国际贸易相对于直接买断矿权，由于定价权在能源矿产资源供给方这边，因此成本会比较高而且价格波动会很大，如2011年初的“埃及政治风波”令伦敦市场油价突破每桶100美元[1]。风险探矿之所以被称之为“风险探矿”，是因为投资方一旦没能探到有商业价值的矿产会血本无归。

综上所述，中国能源资源企业“走出去”战略实施的方式亦可以分为“获得”（通过国际贸易去获得能源资源商品）和“拥有”（通过购买国外矿权、买断和并购等去拥有能源资源生产区块）。对于国际贸易所谓的“获得”，购买国外矿权、买断和矿业公司并购等意味着的“拥有”，因其优势目前越来越受到国内能源和资源企业的青睐。下面我们且分析两起并购案例：一为中海油（CNOOC）；二为中国有色集团（CNMC）。

2008 年的国际金融危机点燃了国内企业海外淘金的热潮，一时间海外的各类矿藏成为大量中国资金追逐的对象。其中，中国有色矿业集团公司无疑是一个先行者。[2] 2009 年中国有色集团成功收购了赞比亚卢安夏同业公司 80% 的股权，并通过资本运作成为澳大利亚特拉明矿业公司和英国恰拉特黄金公司的第一大股东，三起并购为中国有色集团新增资源储量含铜金属 257 万吨，含钴金属 10 万吨，铅锌资源量 430 万吨，黄金 130 万吨。中国有色集团近几年正享受着投资与收购的巨大红利。矿山分布在赞比亚、蒙古、缅甸、阿尔及利亚、吉尔吉斯斯坦、塔吉克斯坦、澳大利亚等国家和地区，业务遍布 20 多个国家和地区。另一个淘金者是中海油。2008 年以来，中海油海外并购势头十分强劲，2010 年累计斥资 70 亿美元收购海外资产，其中 3 月份斥资 31 亿美元收购阿根廷 Bridas 公司 50% 的股权，10 月份又联合 Bridas 公司以 71 亿美元收购 BP 泛美能源公司 60% 的股权，此外中海油还一直努力获取更多非洲油气项目。[3]

三

新形势下，中国能源资源企业“走出去”的国际背景发生了重大的变化和调整。这些变化和调整主要表现为：

第一，能源资源问题与环境和气候变化问题日益交融在一起，给能源资源企业走出去形成了更多的压力和生态挑战。当前与可预见的将来，国际政治经济格局变动的推力主要集中在三大问题之上，即“新能源发展战略”、“气候变化应对政策”及“低碳经济发展模式”。三个重大问题的交结点是如何减少因全球不断增长的能源资源消费而产生的排放效应。三大问题你中有我，我中有你，既是纯技术问题，也是经济问题，但更是国际政治（经济）利益博弈均衡的结果。随着国际气候变化政治谈判的进行，各国（经济体）都将调整其国内政治经济政策，特别是能源和生态发展战略，而内部政策的调整又会外溢为对外政策变化，从而进一步对国际整体政治经济体系的变革产生极大的影响，对大国关系的重新定位提供新的支撑点及语境；

第二，主要能源资源地区和重点国家日益显现能源资源保护主义倾向，使得合作模式选择越来越有利于能源资源国和能源资源国所拥有的国有企业。

第三，针对中国能源资源企业在海外已有的大规模投资，无论是政府还是企业自身都应该对这些投资进行成本－收益多次比较和评估，无论这些投资是短期的抑或是长期的。因为供给和需求的差距以及人们对不可再生性能源资源的心理性不安全导致能源资源地缘政治经济形势变得更为复杂动荡，稍不小心容易导致如美国某企业因委内瑞拉国内查维斯上台执政后实施的国有化措施使其在委内瑞拉的投资几乎全部化为乌有的结果；又如2011年初发生在北非的“茉莉花革命”，迅速地延烧到整个阿拉伯世界。这种突如其来的在其他国家委内瑞拉发生的政治和社会的大变动，也使正大踏步走出国门的能源资源企业开始重审企业“走出去”战略实施中的政治风险，特别是地缘政治风险。

第四，中国能源资源企业的国有标签导致越来越多地负面效应。从“能源威胁论”（中海油收购美尤尼科失败）到“新殖民主义”（中国在非投资的被政治化），从中铝并购必拓失利到凡中国所缺之能源和资源国际价格必猛涨都说明了对中国能源资源企业“走出去”之势形成的围剿。能源资源企业“走出去”战略需要在对国际政治经济格局、国际主要地区和重点国家能源资源发展战略和国际上与我国企业形成竞争的能源资源公司对外拓展战略的比较研究的基础上不断地调整并加以完善，才能适应新时期国内和国际形势变化的需求。

四

要实现中国未来的能源资源安全，中国必须实现来源的多元化。中国与那些已经或即将成为中国开展能源合作的重点战略合作目标地区开展能源资源合作，意味着中国将在这些地区进行大量的商业投资，而这些地区的投资环境到底如何？什么因素会影响投资环境？这些因素之间又有些什么联系？中国如何避免投资的各种风险？这些问题的正确回答对中国在全世界各个经济合作战略目标区进行有效投资和能源资源合作意义十分重大。

总体说来，能源资源投资环境由以下一些因素组成：一为政治环境，即东道国政局的稳定性、政府的执政力度及效率、东道国与他国的政治外交关系还有政治风险（指可能对投资国财产实施国有化或对投资国投资给以歧视性政策等）；二为宏观经济环境，即能源国宏观经济运行态势即GDP增长率、经济发展水平即人均GDP、经济规模即GDP总量等；三为法律环境，即以油气法规、对外合作和环保方面的法规为主要内容评价而得的东道国法律的稳定性、完备性、统一性以及法律执行的公正性；四为社会环境，即有关治安和秩序的社会状况、由语言、教育、宗教组成的社会文化以及民族问题；五为油气资源，即待发现资源量和剩余可采储量；六为财税制度，即承包商收益比、成本回收限制和政府参股比例；七为油气对外合作，即油气领域对外开放程度、外国油公司进入的态势及合作方式；八为油气运输条件，即油气管线建设，包括管线总长度、地均指标、布局等，油气运输能力，铁路、油港等基础设施状况；九为自然环境，即地理条件，包括地理位置、气候状况，由油气藏陆、海分布、作业天数、灾害风险组成的作业条件。

这些因素中有的是绝对因素如油气资源，有的是相对因素如政治环境、宏观经济环境和法律环境，各种因素之间相互作用相互影响。投资环境中有的条件为常量如自然环境，有的为变量如油气对外合作。如果我们把投资与收益看作是一对连续体，那么这个连续体会在地缘、经济、国际政治、国内发展及民族宗教等各种因素的作用下，发生程度不等的变化。

小　结

中国能源资源企业“走出去”战略实施成功与否与国家经济安全有着十分密切的关系：首先，获取国外矿产资源以补充国内资源不足，是解决国家自然资源短缺问题的有效途径。对于巨大的能源资源需求，现代社会没有哪一个国家能不进口他国资源。到目前为止，国内45种主要矿产资源约1/2已不能满足需要。[4]面对如此大的资源需求，我国也没有办法全部满足；其次，获取境外能源资源，可以积极主动地参与国际市场的竞争，在世界范围内提高企业的竞争力，使得本国的经济真正融入经济全球化；第三，能源资源企业“走出去”战略实施不仅为本国的国家经济安全做出了贡献，也成为能源资源全球化优化配置的一项重要内容，[5]可以增加全球的福利效应。但是，正如国土资源部经济研究院院长姚华军所言“海外收购经济效益是关键”，中国企业“走出去”战略对于国家经济安全影响到底是“正”抑或“负”，首先要看其在抗击风险的同时是否在走出去过程中真正获益了，真正使一个行业站立起来了，否则走出去就只是一个口号一个政策而已。

注　释

[1]“‘埃及风险’令伦敦市场油价破百”，《参考消息》2011年2月2日第4版。

[2]“中国有色海外抄底凶猛”，《中国民航报》2011年2月2日政经关注版。

[3]中国石油集团经济技术研究院：《2010年国内外油气行业报告》，第330页。

[4]刘英奎著：《中国企业实施“走出去”战略研究》，辽海出版社，2005年版，前言第2页。

[5]“海外收购‘经济效益是关键’”，《21世纪经济导报特别报道》2010年12月13日。

第二编

地 区 篇

美国能源政策与能源国际合作

一、2010 年美国宏观经济政治环境

2010 年，美国经济进入了经济复苏期，各项经济指标趋向好转，GDP 增长为 2.9%，达到美国连续五年的最快经济增长速度，但是其主要问题没有得到解决，单纯依靠经济政策刺激和周期性增长所实现的经济复苏较为脆弱。

（一）家庭资产净值持续下跌，就业形势严峻，经济复苏步伐缓慢

美国经济面临的问题，主要有三个：家庭资产净值持续下跌、失业率居高不下和银行“惜贷”。家庭资产净值的主要构成部分为房屋价格，美国房价三年来下降了 25%—30%。美国非农业人口失业率在 2010 年 4 月达到全年最高值 9.9%，2010 年 12 月降为 9.4%。其中，16—19 岁的年轻劳动力失业率高达 26.8%。虽然 2010 年 12 月的失业率下降较为显著，但是下降的主要原因是由于休闲业和医疗业的就业情况有所改善，其他重要行业却没有转好的趋势。

美国银行业“惜贷”心理没有好转。虽然美联储以接近零的成本向市

场注入流动性，美国银行对消费信贷仍旧保持谨慎态度，不断紧缩企业融资额，力求保证适度负债率和资产负债表的平衡。美国家庭资产净值的下降和银行“惜贷”降低了美国消费者的消费能力以及对经济复苏的信心。美国高消费模式拉动了世界中出口型导向经济体的经济繁荣，因此美国消费水平停滞不前不仅不利于美国经济继续复苏的步伐，也影响着世界经济的复苏。[1]

（二）中期选举导致政院相互制衡的“政治僵局”

由于2009年奥巴马政府将医疗改革作为施政重点，没有重视高失业率的缓解措施，导致2010年1月奥巴马支持率下降至50%以下。因此，2010年1月27日，美国总统奥巴马在美国首都华盛顿国会山发表《国情咨文》讲话时提出多种途径解决高失业率问题，多措施增加就业岗位，增加失业补贴。这是奥巴马就职后第一次发表国情咨文。

2010年11月2日，美国举行中期选举，这通常被视为民众对总统政绩的“公投”。2008年奥巴马凭借“变革”的口号获得了选民的支持，也承担了将美国从金融危机中挽救出来的责任，选民期待奥巴马能够实现类似“罗斯福新政”的成功。然而两年之后的美国中期选举，奥巴马所在的民主党失去了国会的控制权，在参议会拥有的压倒性优势也被共和党争夺走更多的席位，只保持着微弱的优势，美国形成了“两院分治”的政治形势。民主党在此次中期选举中的落败，主要原因在于选民对糟糕的经济现状和高失业率不满。如何实现经济复苏、提高就业率成为奥巴马政府争取连任的关键问题。

为了实现经济复苏、提高就业率，奥巴马选择清洁能源作为突破口，提出了新能源政策。2010年奥巴马政府同美国企业一起在清洁能源领域投入了大量的资金用于技术研发、拓展市场、寻求全球合作。但是中期选举后形成的两党政治僵局不利于奥巴马新能源政策的推进，民主党代表的是各大利益集团的利益，其中就有传统能源巨头。奥巴马新能源政策增加了传统能源企业的成本，并最终会结束传统能源的主体地位。中期选举后共和党控制众议院，奥巴马推动的能源和气候变化立法可能面临更强硬反对。这意味着各大能源生产商不会在短时间内受到法案中碳排放总量控制和交易机制的影响，也意味着在未来一段时间内美国在清洁能源领域的国际合作会有所减少。

二、美国的能源政策：目标宏伟，推进艰难

20 世纪 90 年代，克林顿政府倡导互联网革命，帮助美国率先走出 90 年代初期困扰世界的低迷经济，开创了美国经济增长持续时间最长、失业率、通货膨胀率较低的信息时代。在经济危机时期上台的奥巴马推行新能源政策，与信息时代推行的政策有异曲同工之处。奥巴马能源新政的目标在于创造美国的“新能源时代”，对内实现经济高速增长，对外保持世界政治经济格局中美国的领导地位、保证美国掌握世界的话语权、实现美国国家利益的最大化。

（一）新能源政策目标：开创新能源时代，继续保持美国世界超级大国地位

能源新政的具体目标在“美国复兴与再投资计划”中有所体现，此计划准备在 3 年内让美国可再生能源的产量倍增，计划在未来 10 年内投资 1500 亿美元进行新能源开发，并创造 500 万个新工作岗位；到 2015 年新增 100 万辆混合动力汽车；到 2012 年做到风能和太阳能发电量占美国发电总量的 10%，到 2025 年占到 25%，实现过去 30 年才能达到的目标。奥巴马政府还将投资对白宫、全国各地的学校、公共建筑进行节能改造。能源新政如果成功，将拉动美国经济再次崛起，产生巨大的经济、政治效益，对国际政治格局也有着极为重要的影响。

1. 经济方面：形成新市场、新产业，创造就业岗位，改变经济结构

通过能源新政，美国希望摆脱对传统能源的进口依赖，将用于进口的财富投入国内市场，从而在美国内部形成有巨大价值的新市场、新产业。创造数百万新的工作岗位，降低失业率，扭转经济危机。新能源产业的出

现将改变美国经济结构，美国从消费社会向生产社会转变，也将引发世界贸易格局的变化。

2. 政治方面：削弱资源型大国力量，维护美国在国际政治格局中的领导地位

新能源政策希望在世界掀起新的产业革命，通过在全球推行“绿色经济”削弱资源型大国在世界的优势地位，并保证在这次新产业革命中美国继续掌握领导权。如果美国新能源政策实现了国际格局的再次洗牌，那么美国将会在国际舞台继续掌握今后几十年的优势地位。

（二）新能源政策是美国具有变革性的政策

奥巴马能源新政既传承着美国实用主义的战略思想，也具有变革性、突破性。与布什政府的能源政策相比，奥巴马选择新能源作为突破口，希望实现美国领导的全球产业变革：首先，为了保证国家能源安全，布什政府采取石油进口地的多样化、确保运输通道的顺畅的措施，以国家力量控制全球石油资源产地和运输要道。奥巴马则是从根本上降低对传统能源的过度依赖，更根本地解决美国经济的长期安全；其次，布什政府侧重于提高传统能源的能效，而奥巴马政府关注提高能效的同时希望减少能源污染，以减税的方式推进新能源的民用、商用普及；并投资建立智能电网，以基础设施变革支持美国新能源产业的崛起；另外，从新能源的角色看，布什政府将新能源看作减少传统能源依赖的战术目标，而奥巴马政府则将其看作关系美国长远发展、影响美国国际竞争力的长远战略目标；在国际合作方面，布什政府拒不签署《京都议定书》，引起国际对美国的不满，奥巴马政府在坎昆会议选择绿色能源作为突破口，维护美国的国际形象。由此可见，新能源政策是对美国传统能源政策的重大突破。

（三）新能源政策的推进存在多方阻碍

美国各个群体对奥巴马能源新政的态度并不一致，尤其是传统能源利益集团在能源新政中处于劣势，他们有强大的动力阻碍能源新政的立法、推行。美国商会副主席比尔·科法克斯说气候变化科学是出“猴戏”。美国诸多石油、煤炭和钢铁公司认为减排会增加成本支出，这些利益集团组织了强大的游说力量，阻击气候立法。美国商会的分裂一定程度上代表着美国国内传统能源势力的强大，而清洁能源势单力薄。世界自然基金会能源与气候问题专家杨富强指出国会议员们代表地方利益。美国有约一半的石油来自本土生产，煤炭消费也占到25%，传统能源行业利益强大。

1. 参众两院气候法案实质上并未支持新能源政策

传统能源势力的强大意味着奥巴马能源新政的实施并不顺利，纵观参众两院气候法案，除去温室气体减排条款，剩下大多数条款关注的都是如何补贴和刺激传统能源、核能和基础设施建设，可再生能源并不是法案主要内容。举例来说，众议院气候立法称为《美国清洁能源和安全法案》，根据美国环保智库的分析报告，此法案除了对碳捕获和封存技术支持较多外，其余针对清洁能源的鼓励政策多停留于提高建筑、照明、交通和工业能效部分。参议院版的气候法案名为《美国清洁能源就业和美国电力行动》，此法案对传统能源、核电与基础设施行业有利。

2. 传统能源利益集团要求暂停加州“2006全球变暖解决方案法”

围绕加州“2006全球变暖解决方案法”的23号提案在2010年进行的争论也是美国传统和新兴产业之间的较量。虽然美国应对气候变化的全国性立法未获国会通过，但在代表美国的加利福尼亚州，州政府于2006年就已通过了具有里程碑意义的“AB32号法案”，即“2006全球变暖解决方案法”，该法案规定加州在2020年前将温室气体排放量减少至1990年的水平。

在2010年美国中期选举前，在加州设有大型炼油厂的美国石油公司巨头组成联盟，向加州政府提出“23号提案”（即在所有上交的提案中编号为23），要求暂停执行“2006全球变暖解决方案法”，直到加州失业率从现在的12%下降至5.5%。与之相抗衡的是硅谷的科技公司、环保机构、金融机构和希望在加州迈向低碳经济过程中完成战略转型的老牌公司，它们也组成联盟反对“23号提案”。传统能源利益集团的呼吁是：由于“2006全球变暖解决方案法”对企业提出的降低温室气体排放的要求增加了企业在能源上的花费，那些在经济危机中勉强度日的中小企业，更是难以负担，暂停该法案可以促进加州经济恢复及减少失业。

新兴产业的支持者提出相反论据，加州在2006年通过全美第一个确定减排温室气体目标的州法律后，“绿领”工作机会越来越多，在过去几年的经济衰退期中，当大型企业发展缓慢甚至停滞时，众多新兴的与环保产业相关的机构、企业、小商业却逆市扩展，创造的就业机会多达50万个。美国环保基金会西海岸政策主任维德·克劳夫指出：“‘2006全球变暖解决方案法’在过去的4年里为加州引资90亿美元，加州获得的在清洁技术领域的投资占全美的60%以上。”专注于绿色科技行业的风险投资家维诺德·科斯拉于在谷歌公司总部举行的声讨“23号提案”的研讨会上提醒：一旦失去“2006全球变暖解决方案法”所提供的政策保障，投资者可能会转投其他地区，比如生产成本较低的中国。常驻硅谷的科技评论家安德鲁·伦纳德指出：2010年第二季度，中国在清洁能源领域吸引了110亿美元的投资，这比美国和欧盟的总和还要多。“大量的资金涌入中国不是巧合，而是中国新政策的直接结果，这其中包括中国于2009年修改了《可再生能源法》并实行可再生能源发电全额保障性收购制度。”

“23号提案”要求暂停执行“2006全球变暖解决方案法”，直到加州失业率从现在的12%下降至5.5%，这实际意味着“2006全球变暖解决方案法”被无限期终止。因为加州失业率近段时间都维持在12%左右，作为全美人口第一大州，失业率每减少1%就代表着需要增加数以万计的工作机会，5.5%的失业率即使在金融危机前的加州也是极少出现的情况。[2]

同传统能源利益集团相比，公众对新能源的态度是积极支持的，在2010年11月3日的公投中，美国加州选民否决了“23号提案”。击败“23号提案”行动的民调显示：有近2/3的加州选民关注环境问题。“23号提案”是有关气候和清洁能源政策问题上，范围最大的历史公投。加州选民通过击败“23号提案”这一行动发出了强烈的信号，即加州人民将继续发展清洁能源机制，净化空气，减少温室气体的排放。

（四）美国新能源政策是美国未来核心战略，但是在短期内作用有限

可以说，美国能源新政策是解决美国现有经济问题，也是美国占领世

界后石油时代领导权的关键途径。但是在短期内并不能对新能源领域的带动作用给予厚望，新能源发电成本高于传统能源的现状阻碍了它的普及应用，从而导致新能源缺乏市场利润。另外，新能源产业亟需高新技术的支持，这在短期内很难达到的。清洁能源投资是新的经济增长点，代表未来的主流能源方向，但目前新能源还没有能力成为拉动经济的火车头。

三、美国传统能源战略：控制能源富产区，继续主导世界传统能源市场，开发本土非常规油气资源保证国家能源安全

虽然美国大力推行新能源的发展，但是在短期内新能源并不能取代传统能源的主体地位，控制传统能源仍旧是关系美国国家安全的关键。

（一）美国部分解禁近海石油天然气开采，传统能源在未来几十年内仍是美国主要能源

2010 年 3 月 31 日，美国总统奥巴马宣布将部分取消美国近海石油和天然气开采禁令，以降低对进口石油的依赖，并创造就业岗位。奥巴马的这一决定，代表了美国能源政策的一个重大变化。不过，分析人士认为，奥巴马做出上述决定，是为了换取国会共和党议员对搁置已久的《美国清洁能源安全法案》（又称气候法案）的支持。

美国石油储量丰富。美国地质勘探局估计，仅东海岸海域就可能蕴藏 1 万亿立方米天然气和将近 40 亿桶原油。但美国也是世界最大的石油进口国，每年从石油输出国组织国家进口大约 20 亿桶原油。出于对污染环境的担心，美国自 20 世纪 80 年代起，就一直禁止在除墨西哥湾之外的多数近海进行油气开采。多年来，美国石油产业界从未放弃要求解禁的努力。2008 年，在前总统布什的推动下，国会解除了实施 27 年的开采禁令。

与布什两年前的解禁计划不同，奥巴马新计划的最大特点是对以往的

禁令采取部分解除、部分维持的折中态度。根据计划，距离佛罗里达州海岸200公里的墨西哥湾东部、阿拉斯加州北部北冰洋海域以及美国东部和东南部沿海将被批准进行油气勘探开发，弗吉尼亚州海岸也可能在两年后获准开发。在扩大新的开采点的同时，计划维持阿拉斯加州西南部的布里斯托湾的开采禁令，这里是美国水产品的最大生产基地和濒危鲸鱼栖息地，最为环保人士所关注。同时，新计划还取消了布什政府时期制定的楚科奇海和波弗特海的几个油气开采租赁权销售计划。

在美国，近海油气田开发是一个颇具争议的话题，支持和反对者的立场泾渭分明。支持者主张不受限制的开采，以摆脱美国对外能源依赖；反对者则以环保为由，主张发展清洁能源，坚决反对开采近海油气。新计划使得美国环保人士的态度发生了分化。赞成者认为未来的开采强调了环境保护，反对者则认为，奥巴马回归到“对肮脏能源的依赖政策”，背离了通过制定全面的清洁能源和气候立法来抑制温室气体排放以及结束依赖外国能源、保证美国能源安全的初衷，“极度令人失望”。奥巴马新计划则体现了其常用的平衡政策，试图在两种极端态度之间谋求妥协，强调美国需要在开发可再生能源的同时利用传统能源，并通过科学技术手段，在开发美国国内的能源资源和对自然资源进行保护之间取得平衡。

华盛顿战略与国际研究中心能源和国家安全项目的高级顾问盖伊·卡鲁索认为，开发计划代表了美国能源政策的新方向，它所发出的信号远比它能生产的能源更重要。这等于是公开承认，石油和天然气在未来几十年里仍将在美国能源构成中发挥重要作用。奥巴马还强调，新计划既可以满足美国对能源的大量需求，也能保持美国企业的竞争力。美国产业界对新计划作出了积极回应。根据美国内政部的粗略估计，此次开放的海域蕴藏着满足美国三年消费需求的石油以及两年消费需求的天然气。未来数年，内政部将会进行地质勘探作业以探明储量，并通过公开拍卖方式向石油公司售出开采权。[3]

（二）墨西哥湾漏油事件暂停深海开采令，企业亏损、失业骤升，迫使深海开采令重启

2010年4月20日，位于墨西哥湾的英国石油公司钻井平台爆炸，造

成了严重的漏油事故。5 月 30 日白宫高级能源和气候变化顾问卡罗尔·布朗纳说，美国墨西哥湾沿海地区的大规模石油泄漏事件是美国迄今为止所面临的最大的环境灾难。由于墨西哥湾漏油事件恶化为美国历史漏油最多，污染程度最大的事故，美国总统奥巴马 5 月在白宫举行的新闻发布会上表示，阿拉斯加沿岸两处原定进行石油勘测的项目将暂停进行，墨西哥湾和弗吉尼亚州沿岸的石油开采租约销售将被取消，联邦机构 6 个月内将不再发放新钻井许可，墨西哥湾现有的 33 个深海油井的勘探活动也将暂停。这项深水石油开采禁令“禁采令”导致多家企业投资亏损，造成墨西哥湾区域暂时减少约 8000 到 12000 个工作职位。在石油工业和海湾区域采油衍生行业界的强大压力下，奥巴马政府在 10 月 12 日宣布，解除为期 6 个月的深海石油开采禁令。

（三）美国控制世界石油产地、主导石油市场的传统能源战略没有改变

美国近海石油开采屡禁屡停，反映出传统能源依旧是保证国家安全、维护国家经济利益的命脉。美国石油战略有四个要点：一是控制中东石油，掌握全球 50% 以上的石油资源；二是确保主导全球石油市场；三是推行石油来源“多元化”战略，除中东、南美外，亦竭力扩大在非洲、中亚的石油力量；四是建立完善的战略石油储备制度，支持私营资本在石油扩张战略中发挥重要作用。但近年为了掩盖一系列战争的“石油背景”，美国政府不得以取消了禁令，开始允许本国石油公司开采石油。显然，这是与美国的全球战略冲突的。此次墨西哥湾漏油事件减缓了美国开采近海石油的步伐，进口依旧是美国未来化石燃料的主要来源。因此美国控制中东石油、主导全球石油市场的战略不会改变。

2010 年 8 月 1 日，美国参谋长联席会议主席迈克尔·马伦上将公开承认，作为阻止伊朗获取核武器的一种选择，美国确实已有攻打伊朗的计划。8 月 3 日，美国财政部宣布一项针对 21 家公司的制裁，位于欧洲和日本等地的 21 家涉及银行、保险、投资、矿业和工程领域的公司被认为受伊朗政府控制或属伊朗国有。这是美国对伊朗制裁行为的一种细化。除单边制裁外，美国也在不断加大外交斡旋力度。在联合国安理会通过对伊朗核

问题的新决议后，俄罗斯迫于美国与以色列的压力，冻结向伊朗供应S-300防空导弹的合同。7月26日，欧盟外长理事会通过一揽子制裁伊朗新措施，重点针对伊朗石油与天然气领域，是迄今欧盟所通过的最为严厉的制裁措施。8月4日美国核不扩散及武器控制特别顾问罗伯特·埃因霍恩在访问东京期间召开新闻发布会，建议日本“观察欧盟已经采取的措施”，对伊朗加紧制裁。

四、美国政治经济形势及能源政策发展对国际合作的影响

整体来说，美国2010年宏观政治经济形势及新能源政策发展对其能源国际合作的影响有以下三点：

（一）近期美国国际能源合作将着重保护本国就业岗位、增加就业机会

虽然美国经济实现了一定的复苏，但是造成美国经济衰退的根本因素在2010年并没有改善，其中失业率持续下降是执政党面临的最为艰难的问题。就业问题不仅仅影响经济是否能实现复苏，同时也是执政党获得民众支持、奥巴马政府取得连任的关键所在。在中期选举后共和党、民主党分别控制参议两院，两党都在通过就业问题争取选民，奥巴马政府强调新能源政策能够创造数百万就业岗位，而共和党抨击奥巴马政府执政不力，造成失业率居高不下的局面。

解决就业问题将成为奥巴马政府的主要目标，投资基础设施建设是增加就业的传统方法，但是现阶段美国各州财政负担过重，没有能力大力投资基础设施建设；由于美国在高科技领域、新能源领域处于全球领先的水平，从这两个领域寻找出口机会，增加生产量和投资是提高美国就业率的主要方法。奥巴马访问印度时就在积极寻求向印度出口高科技产品，因此

能够在美国投资生产，吸收劳动力的合作项目是近期内美国最为欢迎的。

另一方面，由于降低失业率的巨大压力，美国政府将采取保护措施保证国内就业岗位不要受到国外产品的冲击。美国今年对中国清洁能源政策展开调查就是为了迎合选民，将就业压力推向国外。此类措施有继续出现的可能性，建议企业在与美国进行国际合作时调整战略，从向美国市场销售产品转向与美国合资研究、开发新的产品，或者在美国设厂生产，达到降低风险的目的。我国保定天威薄膜光伏公司、风电企业金风科技等公司都有计划在美国本土投资建厂，建立基地，这是能源企业拓展美国市场的有效途径。

（二）加强与美国企业合作是新能源领域国际合作的方向

新能源政策遭到传统利益集团的反对，主要因为新能源政策支持强制性的“总量管制与排放交易”制度，以及气候立法都将增加传统能源企业的成本。中期选举后，执政党面临着不利的政治环境，美国州政府、联邦政府支持的新能源项目有一定的政治风险。如果两年后奥巴马政府没有取得连任，那么新能源项目获得的政府投资、政策优惠有可能遭遇削减。但是，美国的政治体系、社会文化决定了自下而上的力量对于新事物、新变革的推动力是巨大的，甚至是起到决定作用的。从政府层面推进新能源政策遇到阻力时，与美国企业合作，进行研发、生产，是通过国际合作抓住新能源产业兴起机会的可行途径。例如美国通用汽车公司在电动汽车方面的战略主要是开展广泛的国际合作，来进行电动汽车的开发推广和应用。

（三）新能源产业中美合作与竞争

奥巴马称，美国在未来10年投入到替代能源研究的资助将有1500亿美元，计划到2012年美国发电量的10%将来自可再生能源，并在2025年上升到25%；联邦政府将大力支持智能电网建设；并动用40亿美元联邦政府资金支持汽车制造商，鼓励政府和私营企业大举投资混合动力汽车、电动汽车等新能源技术。美国联邦政府雄心勃勃的计划，直接刺激中国开始加快了对新能源的投资步伐。在加速投资清洁能源后，中国在风能设备和太阳能光伏电池等领域已经可与西方国家媲美，也已经成为2009年全球最大的投资国。美国公司2009年投资清洁能源186亿美元，中国当年就以53%的投资增长率超过美国。目前美国陆上风电装机容量仍是全球第一，但“估计两三年内中国就将超过美国，速度非常惊人”。同时2010年也成为中国风电机组设备出口元年。

1. 中美新能源产业的竞争实际上是中美综合国力的竞争

中国对新兴能源的投资行动还在加大，与美国的竞争关系也日益明显。2010年7月20日，国家能源局宣布了“新兴能源产业发展规划”，在2011—2020年计划累计直接增加投资5万亿元。规划涉及的投资领域几乎与奥巴马能源新政的领域相同：先进核电、风能、太阳能，洁净煤、智能电网和车用新能源。[4]2010年初美国气候立法未获得国会通过，中期选举后，奥巴马能源新政的推进将受到更大的阻碍，虽然加州等美国地方政府自下而上地推动清洁能源发展，但是缺少法律支持的美国，在清洁能源竞赛中正越来越受到中国的压力。彭博社最新数据表明，中国在2010年一季度新增清洁能源投资高出美国约10亿美元。中国5万亿“新兴能源产业”的投资计划也受到国际能源署的赞誉。因此，两者之间的较量是政策推力的较量。

中美新能源产业的竞争是在一个新的环境下进行的竞争，即中美处在新能源技术接近平等的竞争位置，这就意味着新能源产业竞争将有助于国际能源格局向多级变化的进程。2010年10月16日美国政府宣布，将就中国政府是否对国内清洁能源行业提供非法补贴进行调查。美国钢铁工人联合会提交该项投诉，称中国正推行一项范围广泛的政策，对该国国内风能和太阳能能源产品，高级电池以及节能交通工具等产品制造商提供非法补贴，违反了世界贸易组织的相关规定。称相关的补贴政策直接导致了美中两国在清洁能源行业的贸易赤字。此次调查既是美国政府保护国内就业岗位的措施也显示了中美新能源产业竞争是一场涉及广泛的竞争，它对两国贸易、就业、科技等社会各方面都有着重要的影响，是两国国家综合实力的竞争。

2. 中美新能源产业合作有着广泛的前景和共同利益

虽然中美新能源产业竞争激烈，但是中美也具有广泛的合作空间，新能源合作将是中美未来能源合作的主流。

（1）中美能源合作一直和贸易问题交织在一起。2010年5月，美国贸易部长骆家辉率领庞大商贸团到中国推销清洁能源技术。该代表团由通用电气、杜邦、第一太阳等24家美国企业负责人组成，涵盖清洁能源、能效及电力储存、传输和分配等领域的企业。骆家辉当时称，此行就是要展示美国清洁能源企业，让美国企业与潜在合作伙伴见面，将美国清洁能源科技企业介绍给中国的重要官员，让他们了解这些清洁能源技术的存在。为此，骆家辉在行程中还多次提及美国在研究修订出口管制政策，届时将向包括中国在内的国家出口更多高科技产品。据新华社报道，在第二轮中美战略与经济对话中达成的《中美能源安全合作联合声明》中就提到，双方要本着“共同研究，共担风险，共享成果”的原则，继续在清洁煤、核电（先进核能）安全和运营、可再生能源、智能电网、页岩气、先进生物燃料、电动汽车等技术研发方面开展联合研发、生产、推广等深入合作。[5]

（2）在核能领域的合作潜力巨大。奥巴马2010年2月16日宣布政府将提供80亿美元贷款担保用于建造两个核电机组。如果这一项目最终开工，将是美国近30年来开建的第一个核电项目。申银万国分析师认为，美国重启核电的意义有以下四点：其一，第三代核电技术的安全性获得肯定，有力的减少了对核电安全性的担忧，将有助于缓解其他国家政府重启或加速核电建设的压力；其二，由于共和党支持核电项目，核电成为民主党政府妥协的突破口，重启核电项目将加人美国参院通过清洁能源法案的概率；其三，美国将核电作为拉动就业的行业之一，有利于第三代核电设备产业链进一步完善；其四，中国是全球第一个开工建设AP1000第三代核电机组的国家，正在加快AP1000技术的国产化进程，积累了丰富的项目管理和设备制造经验。而美国以及全球各国加速核电建设，将为未来中国核电设备出口创造条件。[6]

（3）在研发机构合作范围广泛。2010年9月2日美国能源部长朱棣文公布，在中美清洁能源联合研究中心的框架下，密歇根大学和西弗吉尼亚州大学将获得2500万美元研究资金，分别投入清洁煤与环保汽车的研发。[7]2009年中美宣布将成立清洁能源联合研究中心，由两国分别提供5000万美元所成立，研究资金规模为1亿美元。中美清洁能源联合研究中心的成立将有助于推动美国清洁能源汽车、清洁煤等技术的发展，同时这种新的合作伙伴关系也为美国公司创造新的出口机会，并确保美国在科技创新上走在世界前列，减少全球碳排放量。两家获得拨款的单位的详细信息：清洁煤协会：该协会是西弗吉尼亚大学主导下的联合会，包括怀俄明大学、肯塔基大学、印第安纳大学、劳伦斯——利弗莫尔国家实验室、洛斯阿拉莫斯实验室、国家能源技术实验室、世界资源研究所、中美清洁能源论坛、通用电气、杜克能源公司、阿米那能源环保公司、巴伯可·威尔考克斯和美国电力公司。清洁能源车协会：该协会是密歇根大学主导下的联合会，包括俄亥俄州立大学、麻省理工学院、Sandia 国家实验室、Joint 能源生物科学研究所、橡树岭国家实验室、通用汽车、福特、Toyta、克莱斯勒、康明斯、弗劳恩霍夫研究所、马格尼特、A123、美国电力公司、初级能源和运输研究中心。该联合机构将重点放在对车辆电气化的研究上。[8]

2010 年 11 月 8 日《中美合作大规模可再生能源发电》咨询项目专家委员会表示，中美两国开展可再生能源咨询研究，符合两国共同利益，其结论将具有国内和国际实用性，有助于解决重要的科技问题。该项目由中国科学院、中国工程院、美国科学院、美国工程院 50 余位院士专家两年多完成，对中美两国可再生能源资源、技术以及政策和市场等进行调研，对未来能源经济转型的必要性和意义，以及两国在这个领域合作的作用、模式和经验等进行了研讨。中美两国四院 10 年来见证了能源、气候变化和中美双边合作给全球带来的影响，先后共同发表了《中美能源前景的合作研究》、《私人轿车与中国》、《中国城市化、能源和空气污染：面临挑战》和《能源前景与城市空气污染：中美两国所面临的挑战》。[9]

未来十年，美国和中国将成为全球两个最大的可再生能源利用市场，任何推动可再生资源的实质性进展，将带来全球性利益。

注　释

[1]“World Economy Outlook”，载国际货币基金组织，2010 年 10 月，参见 http://www.imf.org/external/ns/cs.aspx? id=29。

[2]“加州投票击败第 23 号提案”，载国家标准频道，2010 年 11 月 17，参见 http://www.chinagb.org/article-85008.html。

[3]“美国部分解禁近海油气开采”，载国际能源网，2010 年 4 月 2 日，参见 http：//www. lrn. cn/media/gjxw/201004/t20100402_ 477798. html。
[4]“中美互搏清洁能源全球投资”，载国际能源网，2010 年 9 月 2 日，参见 http：//www. in-en. com/newenergy/html/newenergy－0807080773746138. html。
[5]“全球首次清洁能源部长级会议将召开 中美谋合作”，载国际能源网，2010 年 7 月 17 日，参见 http：//www. in-en. com/article/html/energy_ 0810081077704055. html。
[6]“奥巴马重启核电项目或为未来中国核电设备出口创造条件”，载国际能源网，2010 年 3 月 4 日，参见 http：//www. in-en. com/power/html/power－0904090428588332. html。
[7]“中美清洁能源研究计划公布”，载国际能源网，2010 年 9 月 3 日，参见 http：//www. in-en. com/article/html/energy_ 0826082613747579. html。
[8]“美国能源部公布中美清洁能源研究美方资金用途”，载国际能源网，2010 年 9 月 20 日，参见 http：//www. in-en. com/newenergy/html/newenergy －2036203696763836. html。
[9]“中美合作研究可再生能源发电”，载国际能源网，2010 年 11 月 9 日，参见 http：//www. in-en. com/article/html/energy_ 0750075091805102. html。

拉美能源政策与能源国际合作

2010 年拉美国家超过预期，实现了经济的强劲复苏，成为引领世界经济增长的动力地区。拉丁美洲近年勘探出的能源资源储量丰富，生物能源、风能等清洁能源开发条件优越，经济实力的增长促使拉丁美洲各国加快追求政治独立和更高的政治地位，由此拉丁美洲各国积极开展以能源为核心的多方面国际合作。让我们以巴西和委内瑞拉为例，看一下拉美国家在政治经济变化基础上的能源政策及对外能源合作实践的调整。

一、巴西能源战略与国际合作

（一）2010 年巴西经济政治形势

巴西是拉丁美洲第一大经济体，“金砖四国”之一。2010 年巴西经济政治形势的变化主要有以下一些特点：

1. 2010 年巴西经济持续增长，通胀压力增加

根据巴西国家地理统计局数据，2010 年第三季度巴西 GDP 增长达到 7.5%，12 月巴西失业率降至 5.3%，创历史最低纪录。2010 年巴西全年平均失业率为6.7%；全国人均月实际收入为1490.6雷亚尔（约合895.3美元），比2009年增长3.8%。2010年巴西经济表现强劲，但是繁荣背后也存在问题。2010年发达国家经济增长仍旧较为缓慢，巴西率先走出危机，拥有丰富资源，成为国际游资青睐的地区。由于投机资本的不断涌入，巴西通货膨胀形势严重。巴西国家地理统计局数据显示，2010年巴西消费者价格指数达到5.91%，创六年来的新高。

2. 巴西积极争取世界话语权，得到国际社会认可

随着经济实力的增长、拥有丰富的能源资源，巴西在世界政治舞台发挥着越来越重要的作用。巴西秉承着“南南合作”战略，与发展中国家合作，在国际社会争取发展中国家的话语权，进而改变二战结束后形成的国际政治经济体系。2010年4月15日巴西举办了“金砖四国”领导人峰会，提出继续推进对于布雷顿森林体系下的金融机构进行改革；5月，巴西联袂土耳其达成伊朗铀浓缩协议，为打破伊朗核问题僵局开辟了新的解决方向，在拉美事务上，巴西正积极斡旋阿根廷与英国“马岛之争”；10月31日，迪尔玛·罗塞夫（Dilma Rousseff）当选为巴西第36任总统，成为巴西历史上首位女总统。2010年的巴西大选受到了国际社会的关注程度超过了以往巴西任何一次选举，这充分体现了巴西在国际格局中身份和地位的变迁。

（二）巴西能源战略

巴西能源研究所2010年5月4日公布的一项研究报告称，从2010年起到2019年，巴西将至少投资9510亿雷亚尔（约合5400亿美元）发展能源业，主要集中于四个领域，这也代表了巴西未来能源发展的方向：其一，增加石油、天然气勘探、开采量。上述投资70%将用于石油和天然气开采，其中用于勘探和开采的资金将达到2870亿美元，目标是使巴西石油产量增加一倍，到2019年达到日产510万桶的水平；其二，提升石化产业水平。巴西计划在沿海地区兴建5座炼油厂，总投资达到850亿美元。巴西希望从2014年开始成为柴油和其他石油衍生品出口国。到2019年巴西天然气产量将提升67%，达到日产量1.16亿立方米；其三，兴建现代电网，增强基础设施水平。巴西计划在电力领域投资1210亿美元，包括新建发电站和输电线路等，以防止再次出现大规模停电现象，保证经济增长；其四，投资新能源领域，保持世界领先水平。在新能源领域，巴西计划投资380亿美元，以发展生物柴油和甘蔗乙醇，力争到2019年生物能源年产量达到640亿升。[1]

巴西的能源战略是实现巴西未来政治经济发展目标的重要途径，掌握能源资源是今后国际竞争的重要砝码。巴西打造“能源大国”战略的四个部分环环相扣，增加能源产业实力，提升能源产业水平，以此带动国家政治经济的发展。巴西投资勘探新油气田，增加本国油气储量。丰富的油气储量有利于吸引投资、引进先进技术，由此提升能源产业水平，丰富的油气储量更有助于增加本国在国际社会的话语权。增加油气开采量是巴西主动参与国际能源市场的一大举措，根据“中心—外围”论，巴西还属于外围国家，为中心国家提供能源。巴西希望通过增加储量和产量，通过能源外交联合外围国家突破二战后形成的世界格局，形成新的有利于新兴发展国家的国际格局。但是仅靠初级油气产品出口不能实现这一目标，只有提高本国石化产业水平，建立先进的炼油厂，改变资源出口结构才能从丰富的油气资源中真正获得国家利益。巴西在新能源领域有着得天独厚的自然条件和世界领先的技术水平，虽然传统能源在未来一段时间内仍旧是能源消费的主体，但是新能源不可否认的是未来能源的发展方向。巴西的生物能源、风能始终处于领先水平，增加新能源产量，在世界推广新能源生产和使用符合其国家利益。

二、对国际合作的影响

巴西新总统迪尔玛·罗塞夫曾在卢拉政府中任能源部长，在竞选中，迪尔玛多次表示，当选后，她将延续卢拉时期的主要经济和外交政策，继续强化国家在关键经济领域的作用，带领巴西跻身“经济强国”，并争取在国际舞台为巴西赢得更大话语权。在新总统的领导下，巴西打造“能源大国”的步伐不会停止。由于政府削减开支的可能性较大，能源领域吸引国际投资合作进行技术开发、能源生产是巴西可能采取的方式。巴西社会较为平稳，政权稳定，大规模投资能源领域的风险较小。因此，在巴西盐下层石油开采、石化产业投资、新能源领域合作既能获得能源供给，又可能掌握新能源方面先进技术，是比较有前景的合作领域。

（一）传统能源领域进展巨大

2010 年巴西与国际企业合作勘探出多处油气田，大大增加巴西油气储量，尤其储量的增加有利于巴西吸引国际投资，增加能源行业收入，并提升在国际社会的重要地位。

表 1　2010 年巴西新勘探油气田情况

时间	位置	勘探企业	预计开采量
2 月	东南部坎普斯海域	巴西国家石油公司	6500 万桶[2]
3 月 10 日	海上桑托斯盆地 BM-S-9 盐下层系区	巴西国家石油公司 45% 英国天然气集团公司 30% 西班牙雷普索尔公司 25%	10 亿至 20 亿桶[3]
3 月 16	东北部谢吉贝州近海海域	巴西国家石油公司	1500 万桶轻原油
4 月 30 日	葡萄牙阿连特茹盆地	巴西国家石油公司[4]	
5 月 12 日	桑托斯盆地盐下层系 佛朗哥远景构造	巴西国家石油管理局	45 亿桶可采轻质原油[5]
5 月 27 日	桑托斯盆地	巴西独立石油公司	1 万亿立方英尺的天然气[6]

数据来源：作者根据资料整理而成，资料来源见尾注。

巴西希望通过提高石油和天然气的产量，来使本国成为世界能源市场上的重要参与者。巴西国家石油公司作为巴西最大的能源企业，承担者提高油气产量的重要责任。巴西国油宣布，在投资所涉及的油气勘探和生产领域，巴西国油将利用其在盐下层系地区勘探活动中所取得的成功来提高石油和天然气的产量。[7]巴西国油预计在2011年至2014年这5年里向油气作业投资2500亿巴西雷亚尔（1388亿美元），其中2200亿美元来开发本国的海上盐下层系地区。巴西已在这个地区内发现了美洲过去30多年来的最大的油田图皮油田，这个油田是巴西巨大的基性盐海上地区的一部分。2010年巴西国油将增加图皮油田中型项目生产量，以达到巴西国家石油的海上盐下层石油生产量在2010年达到10万桶/天的目标。[8]4月7日巴西国家石油公司宣布，该公司日前在图皮油田的一口新完钻的井中发现了轻质原油，再次证实了图皮海上油田的50亿至80亿桶石油储量的估计数。巴西国油拥有图皮油田65%的股份，英国天然气公司和葡萄牙Galp公司分别拥有25%和10%的股份。[9]巴西丰富的盐下层油气资源同样吸引着国际企业的投资。5月12日壳牌（巴西）公司负责勘探和生产的副总裁宣布该公司在今后的几周内将对位于BS-4区块内的鹦鹉螺油田的盐下层系地层进行钻井作业，壳牌认为巴西BS-4区块拥有20亿桶储量。[10]

巴西国家石油公司2010年1月12日宣布已与土耳其石油公司和美国埃克森美孚公司签署了三方合作协议，共同在黑海3922板块勘探开发石油和天然气资源。巴西石油公司和土耳其石油公司原来各拥有该板块50%的权益。根据新协议，巴西石油公司将自己的一半权益转让给埃克森美孚公司，并负责开发，而土耳其石油公司仍占有50%的权益。[11]巴西国家石油公司1月27日宣布将获得美国最大的独立油气公司德文能源公司在位于墨西哥湾的卡斯卡德油田中拥有的股份，巴西国油届时将获得那个油田的全部权利。卡斯卡德油田将与奇努克油田一并开发，这两个油田的开发作业将使用墨西哥湾迄今为止的第一个浮式采油、储油和卸油平台。担任作业者的巴西国油在奇努克油田开发项目中拥有2/3的股份，其合作伙伴法国道达尔公司拥有1/3的股份。[12]5月，巴西总统卢拉在会见俄罗斯联邦总统德米特里·梅德韦杰夫时发表讲话，邀请俄罗斯参与巴西新油田的开发。卢拉说，巴西最近通过加大勘探力度发现了不少新的油田，巴西将竭尽全力复活本国的造船工业以及开发新的出口运输通道。俄罗斯时下正在起草两国间的联合能源项目，俄罗斯能源巨头——俄罗斯天然气工业股份公司计划在2010年年内在巴西里约热内卢开设一个地区办事处。[13]

（二）巴西国家石油公司进一步发展

巴西国家石油公司担负着巴西成为能源大国的责任，需要大规模现金来支持其宏大投资计划。未来4年该公司资金需求量预计在2000亿到2200亿美元之间。在此类投资推动下，巴西预计未来10年其石油和天然气产量将增长2倍以上至570万桶/天石油当量。按目前生产水平计算，届时巴西产量全球排名将仅次于沙特、俄罗斯和美国，并将超越墨西哥和委内瑞拉等拉美产量领先国。美国能源资料协会在国际能源展望的报告中表示：在未来25年，巴西将超过委内瑞拉和墨西哥成为美洲第二大石油生产国，仅次于美国。[14]

2010年6月10日巴西参议院通过了下议院版本相关法案并确定由巴西国家石油负责大规模海上油田开发工作。该法案将以政府所持石油权利换取巴西国家石油股份。政府石油权利价值估计高达600亿美元，巴西政府与巴西国家石油公司于9月1日达成协议，该公司将斥资约425亿美元购买在该国政府控制地区开采50亿桶石油的权利，交易均价为每桶8.51美元。巴西国家石油公司为支付这些权利而进行的售股行动成为规模最大的公开发行之一。[15]此次新股发售同时在巴西圣保罗交易所、马德里交易所以及布宜诺斯艾利斯交易所进行，同时美国预托凭证将于纽约交易所发售。此次增发计划的财务顾问包括十五家国际顶尖投行，其中有工银国际、美林美银、花旗、摩根士丹利、高盛和摩根大通。[16]巴西国家石油公司将利用此次筹集的资金来开发其在过去三年中所发现的数个大规模离岸油田。这些油田是过去数十年中所发现的最大规模油田之一，可开采原油量预计超过500亿桶。

9月24日，巴西国家石油公司在圣保罗股票交易所举行了新股增发仪式，此次共发行21.74亿股普通股，发行价29.65雷亚尔（约17.24美元），15.85亿股优先股，发行价26.30雷亚尔（约15.29美元），加上此后额外发售的51.96亿雷亚尔的股票，巴西国家石油公司本次合计筹资1202.48亿雷亚尔，约合700亿美元。作为巴西现代企业的代表和巴西企业国际化的成功典范，巴西国家石油公司的市值8年内翻了一番（从968

亿美元增至1992亿美元），公司在能源行业的世界排名也从第23位飙升至第4位。同时，巴西政府通过出售盐下层石油储量的方式增持了430亿美元的公司股票，加之主权基金和巴西经济和社会发展银行（BNDES）所持股份，巴西政府对巴西国家石油公司的控股权从此前的39.8%增至48.5%，而在有投票权的普通股中，政府所占份额则从此前的57.5%增至63.6%。政府控股权的提高意在加强对本国能源产业的管制和规划，巩固巴西在能源领域的国际地位，并有效地将能源收入运用到诸如教育、卫生、住房、扶贫等社会项目上。[17]

经过9月进行的IPO募集资金，巴西国家石油公司充实了公司资金。但是巴西最终实现拉美最大甚至世界能源大国的目标，还有巨大的资金缺口。未来五年内，巴西国家石油公司将在国际债务市场融资600亿美元。中国在拉美地区的投资符合中国能源进口多样化的战略，与中东格局相比，拉美地区还有许多中国可发展合作的空间。巴西的利益需求与中国的能源利益有相契合的部分，广泛并谨慎地参与巴西能源融资将是未来中巴合作的有益方向。

（三）充分发掘新能源发展潜力，继续保持新能源领导地位

巴西是世界新能源生产开发应用的领导者，上海世博会巴西论坛指出，巴西可再生能源比例达到47%，而世界平均水平只有14%。[18]巴西极为重视新能源领域投资，引进技术合作，深化新能源产业发展。巴西于2010年年9月1日宣布，将大力投资替代能源，预计在生物质能、风能和水电领域将投资达55.2亿美元。巴西政府将使其清洁能源结构进一步实现多样化。已确定的来自生物质利用设施、89个风电场和小型水力发电设施生产的电力将使巴西能源结构中增加设置能力2892.2MW。[19]

第15届里约石油天然气展于9月13日开幕，来自中国、美国、阿根廷、德国等全球26个国家和地区的约1300家参展商展出了石油天然气行业最新产品和服务。展会主题是“从石油到生物燃料：知识融合，不断创新”。展会技术委员会主席卡洛斯·欧热尼奥当天表示，生物燃料在能源领域占据越来越重要的地位，这种变化将赋予展会新的内涵。石油天然气企业必须不断创新，否则将遭淘汰。[20]

1. 保持生物燃料领域的领先水平，增加下游衍生物投入

截至2010年1月，巴西是世界上第二大乙醇燃料生产国和世界上最大的乙醇出口国。巴西投资扩展本国的生物燃料产业链，通过国际合作开展多元化的生物燃料研究，将生物燃料应用推广到电能、航空、塑料制品等领域。

据巴西能源部2010年9月底发布的预测报告，到2019年，巴西车用燃料乙醇产量将增加一倍，达到640亿升。当前巴西乙醇生产量为260亿升，到2019年将达到640亿升，自给有余将用于出口。迄今巴西能源生产的47%来自于可再生能源，其中18%来自于甘蔗。[21]巴西Dedini工业公司与诺维信公司（Novozymes）于2010年7月16日在巴西签署纤维素乙醇生产协议意向书，旨在在巴西继续开发生产维素乙醇的技术途径。[22]巴西国家石油公司于2010年8月25日宣布，巴西国家石油公司美国公司与美国KL能源公司签署联合开发协议，将共同优化KLE公司专有的纤维素乙醇工艺技术，以应用于甘蔗渣原料。与此同时，巴西国家石油公司和KLE能源公司将共同开发工业规模的甘蔗渣基纤维素乙醇装置项目，该项目将完全组合到巴西国家石油公司的甘蔗加工厂中，将于2013年投运并生产1500万升/年乙醇。[23]9月15日印度农业部长帕瓦率团访问巴西，两国就加强包括乙醇生产在内的农业合作达成广泛共识。印度和巴西是全球最大的甘蔗种植国，两国希望加强乙醇生产合作，使其成为新的国际大宗商品，作为石油替代物为全球提供可持续、低碳能源。[24]

巴西国家石油公司与通用电器公司合作，将巴西国家石油公司旗下一座87兆瓦功率的发电厂升级为可自由选择天然气或乙醇为动力源的乙醇发电厂。这是全球首家乙醇电厂。[25]GE公司于2010年10月下旬宣布，与巴西国家石油公司签约，使燃气轮机设施燃用甘蔗基乙醇。该燃气轮机发电厂位于巴西里约热内卢西北的Juiz de Fora市。[26]

巴西著名蔗糖和乙醇燃料生产商科桑公司2010年2月1日宣布，该公司已与英荷壳牌石油集团签署意向书，将在巴西成立一家大型合资乙醇燃料厂。壳牌公司与科桑公司组建的合资企业将为全球运输燃料提供低碳、可持续的生物燃料发挥作用。壳牌集团将在未来2年内陆续注资16.5亿美元。[27]

2月15日德国巴斯夫公司宣布，在巴西建设其生物柴油催化剂甲酸钠的新装置奠基，甲酸钠是用于生产生物柴油有效而可靠的催化剂。该装置将于2011年底正式投运，装置能力为6万吨/年，产品将供应南美市场。据巴斯夫公司预测，全球对生物柴油需求的年增长率约为15%，2015年来自南美的生物柴油约为3000万吨。巴西已制定法规，要求自2010年起燃料中要调入5%生物柴油。阿根廷也指令，自2010年燃料中要调入5%生物柴油。其他南美国家也制定有相似的法规。[28]

据估算，航空业占目前全球碳排放的2%，预计到2050年这一比例将增至3%。环保人士指出，航空业使用生物燃料将有助于减缓气候变暖趋势。巴西航空工业公司5月10日发表公报说，包括“塔姆”、“戈尔”和“蓝色”等在内的巴西主要航空公司，巴西蔗糖工业联合会以及一家生物技术公司联合成立巴西航空用生物燃料联盟，以推动航空业使用生物燃料等清洁能源。联盟还欢迎全球有关机构和企业加入。[29]

2. 巴西引领拉美风能建设

据IHS新兴能源研究公司于2010年5月中旬发布的《2010～2025年拉美风力发电市场》市场报告，巴西将引领该地区风力发电市场，到2025年其设置量将达31.6GW，市场规模预计将占拉丁美洲总装机容量69%，占据该地区领先地位。[30]西班牙EDP可再生能源公司在巴西动工建造第三个陆上风电场，装机容量为容量70MW。项目产出将逐渐满足20万消费者的能源需求。[31]

（三）巴西与中国合作的实践与前景

巴西与中国同处于广受世界关注的“金砖四国”的行列，在世界经济、政治舞台形成一股崛起的力量。两国作为新兴发展经济体，不仅平稳度过这次世界范围的金融危机，而且率先走出危机、担负起繁荣世界经济的责任。同为新兴的发展中国家，巴西和中国在很多方面有着共同的利益诉求。在气候问题方面、在国际金融体系改革中两国均有着广泛的共识。据海关数据显示，2010年前两个月中国自巴西进口原油150万吨，同比暴增300%，占到全国总进口量的4.22%。显然，巴西可能成为中国原油进口来源的新增长点。[32]

1. 中巴在气候问题上存在广泛共识和交流空间

2010年2月23日，巴西总统卢拉在出席里约集团首脑会议暨拉美和加勒比联盟峰会时指出，拉美国家与中国及印度在应对全球气候变化问题上存在广泛共识和交流空间。拉美各国应在这一问题上进一步协调立场，以求获得更多在地区及国际事务中的话语权。[33]

2. 中方进入巴西开展油气勘探生产

3月底，巴西油气产业界人士与国家能源局、国家开发银行及国内油气企业代表在京举行了“中国—巴西投资推介会”。会上，巴西代表介绍了巴西油气资源的分布、勘探、开发情况，以及未来的发展计划，并表示欢迎中国企业前往巴西投资油气产业和装备制造业。[34]4月7日中石化集团宣布，由中国石化国际石油工程公司总承包，江汉油田等单位承建的巴西GASENE天然气管道项目近日全线竣工。巴西GASENE天然气管道项目是中国石化近年来在海外实施的合同额最大的石油工程服务项目，管线全长1377公里，设计日输能力2000万立方米，合同金额12.56亿美元。[35]4月15日，巴西国家石油公司与中石化以及国家开发银行签订战略合作协议，合作涵盖有关贸易、工程建设、原材料、勘探开发、化工、服务等多方面，其中，巴方出让位于巴西北部外海BM-PAMA-3及BM-PAMA-8的两个油田区块权益给中石化。这是中国石油公司首次进入巴西开采油气资源。巴西石油方面也称，这将使中巴能源合作更紧密。2010年前两个月，巴西已超过哈萨克斯坦、委内瑞拉甚至整个亚太地区的进口量，成为我国第八大原油进口来源地。[36]

西班牙雷普索尔石油公司10月1日宣布，该公司已经同意以71亿美元的价格将巴西石油勘探和开采业务中40%的权益出售给中国石油化工集团。雷普索尔公司表示，本次交易将通过扩大资本方式实现。通过本次交易，雷普索尔将获得巴西境内石油项目开发所需的资金。按照2009年的统计，雷普索尔石油公司是巴西境内第三大石油供应商，同时也是拥有巴西境内石油勘探区块最多的外资公司。雷普索尔石油公司在声明中表示：“雷普索尔和中石间的协议将帮助两家公司在已有项目开发中达成全面合作关系。同时两家公司还能以合资或者独立运作形式开发其他巴西石油项目。”[37]中国海洋石油有限公司和中国中化集团公司也采取了行动，欲投标竞购挪威国家石油公司所持有的巴西佩雷格里诺油田40%的股份，交易金额或将超过25亿美元（约合170.8亿元人民币）。

3. 中国向巴西提供先进的电网服务

中国国家电网公司收购西班牙公司Cobra、Elecnor和Isolux在巴西的7家附属公司的全部或部分股权，这7家能源公司都是巴西本地主要从事输电业务的电力运营商，收购总价为31亿巴西雷亚尔（合18亿美元），其中包括13亿雷亚尔的债务。该交易仍需要得到巴西国家电力管理局的批准，如果成功，将是中国公司在巴西投资金额最大的项目，也是中国国家电网继2007年收购菲律宾国家电网25年特许经营权后，再一次出海收购电网资产。[38]能源专家韩晓平指出：“作为拉美最重要的国家，随着巴西经济快速增长，用电需求也增长很快，国家电网通过收购，可以进入巴西这个快速增长的市场，为以后进一步输出技术和产品打下基础。”

7月8日，国家电网公司总经理刘振亚在公司总部会见了到访的巴西矿业和能源部部长巴西奥·齐摩尔曼。双方就进一步加强在能源及电力等方面的合作进行了深入交流。会谈中刘振亚指出，中国和巴西都是发展中大国，在很多重大问题上有着共同利益和广泛共识，双方电力同行有着良好的合作基础。巴西的能源开发利用格局与中国相似，能源分布集中在西部和西北部，能源消费主要集中在东部和南部，有必要进行大规模、远距离电力输送，进行大范围资源优化配置。他建议双方理顺工作机制，为深入合作创造条件。巴西奥·齐摩尔曼表示，中国国家电网公司近年来在特高压及智能电网方面取得了重要成果，在安全供电、经营管理方面业绩突出。从中也可以看出，中国电力工业具有较强的竞争力，在电网领域拥有的技术、经验和优势值得借鉴。我们衷心希望国家电网公司能在更广泛的领域积极与巴西开拓新的发展项目，实现双方互利双赢，不断深化两国能源等相关领域的友好合作。对此，巴西矿业和能源部将给予大力支持与协作。刘振亚表示，国家电网公司愿意在工程建设、电网运行、安全保障、应急处置等方面，与巴西同行分享经验，为巴西的奥运供电保障提供借鉴。[39]

4. 中巴水电项目有更多合作空间

2010年7月6日在上海世博园举办的推动巴西城市发展的能源论坛上，巴西矿业与能源部部长马西奥·齐库尔曼表示，巴西正在筹划开发亚马逊的水电资源，期待与中国开展更多合作。目前，巴西的主要电能来自于水电，在未来十年的能源发展计划中，优先发展水电的策略仍将继续坚持。“巴西水电资源仍有较大潜力，目前只有30%得到开发。”齐库尔曼表示，中国在水电建设方面有着较多的经验，水电装机容量为世界首位，未来中国和巴西在水电开发方面有着广阔的合作空间。在电力开发建设上，巴西向来欢迎国际合作。“巴西需要长期稳定的投资伙伴，每个项目提前3年至5年就开始公开招标。”齐库尔曼表示，巴西电力市场较为开放，国家资本和私人资本可以公平竞争，非常欢迎国际上的电力公司参与巴西电力市场的投资建设。[40]

5. 中国工银国际参与巴西石油股本融资项目

在巴西国家石油公司2010年发行的世界最大股本融资项目中，工银国际成为唯一入围的“亚洲籍”投行，和高盛、摩根士丹利并肩而立成为联席账簿管理人，这是中资投行首次在香港以外的市场的股票发行项目中担任要角。工行相关部门负责人表示：“为了这次项目工银国际和工商银行都做了很多努力，在各方面都投入了相当大的力量，联席账簿管理人不光负责登记，还要负责销售，工行强大的销售渠道是一大竞争优势。”[41]

二、委内瑞拉能源战略与国际合作

2010年是委内瑞拉总统查韦斯执政的第11个年头，查韦斯继续沿着“新社会主义”道路，坚持其反美外交、石油外交，目标在于使委内瑞拉成为地区强国和在世界上有影响力的国家，以及希望拉美联合成一体而成为世界重要一极。

（一）委内瑞拉宏观政治经济形势及能源战略

2010 年 9 月，委内瑞拉举行了全国代表大会选举，反对派联合起来参加此次选举，获得 1/3 以上席位，重返议会。反对派议员将与执政党对抗，查韦斯政府将面临更多的执政难题。此次选举中查韦斯的公众支持率为 40%—50% 之间，仍旧是支持率最高的总统，其建立领导的统一社会主义党的主要地位没有改变。查韦斯左翼政府执政 11 年来，注重改善民生，加大基础设施建设，增加就业，获得了较高的支持率。但受国际金融危机的影响，委内瑞拉经济衰退，通胀加剧，2010 年委内瑞拉通货膨胀达到 27.2%，经济形势有进一步恶化的趋势。2010 年以来治安恶化等问题也暴露出来。

执政党虽然在此次选举中获得议会多数席位，为继续推行查韦斯左翼政府的一系列执政方针提供了保证，但反对派重回委议会政治体系，执政党在议会席位没有达到 110 位，失去 2/3 绝对多数优势，查韦斯今后在修改法律和任命重要职位人选时将不得不寻求反对党支持。直接影响到委左翼政府今后的施政环境。2011 年 1 月 15 日查韦斯在全国代表大会发表讲话，同意缩短“委任立法权”，至 5 月结束。在讲话中查韦斯还提到他准备向美国总统奥巴马“伸出手”，意在与美国改善关系。此次讲话体现出在新的执政环境下查韦斯左翼政府将受反对派制约，出现左右翼相调和的局面。[42]

2012 年，委内瑞拉将进行新一届总统选举，尽管查韦斯继续执政的法律障碍已经清除，但能否顺利过关，关键还是在能否继续争取民心。查韦斯宣布，今后几年计划投资 210 亿美元，改善电力供应，推动基础设施建设，力争使经济 2011 年实现增长。可以预计，委内瑞拉未来的发展重点是能源行业增收，以此支持基础设施建设，拉动经济增长。

查韦斯执政时期，委内瑞拉能源行业一方面实行着国有化进程，一方面积极与世界多国合作，共同勘探开采能源资源，增加出口和财政收入。为了充分享有能源行业带来了丰厚利润，委内瑞拉通过国有化加强对行业的控制；实现能源合作多元化，减少对美国的依赖，增强自身在能源合作中话语权；支持欧佩克减产保价，推高石油价格。2010 年委内瑞拉开放重油能源的勘探开发，与多个国家开展合作。同时开启海上天然气项目，扩展能源外交、能源收益的领域。

（二）委内瑞拉能源战略变化对国际合作的影响

委内瑞拉反对党对查韦斯执行的左翼能源外交一直表示反对，2010 年反对党在议会中对查韦斯形成了较强的制约力量，可以预见委内瑞拉的能源外交政策将有所缓和。反对派支持委内瑞拉与美国改善关系，委内瑞拉对美石油出口可能不会出现大幅度的下降。面对此种政治形势，其他国家与委内瑞拉开展能源合作应更加关注委内瑞拉新开发的重油、海上天然气资源，增加委内瑞拉油气产量，以获得更多的油气供给。

查韦斯政权依靠经济繁荣和国家话语权的提高得到民众的支持，但是由于经济形势恶化，查韦斯政权必须下力提高居民经济水平才能够保证取得选举胜利。查韦斯是否能取得连任是决定其能源政策、能源外交能否持续的关键。在未来两年，能够推进国内经济进步、提高人民收入的国际合作项目，例如有利于民生的基础设施建设，将受到委内瑞拉的欢迎。查韦斯寻求摆脱对美国依赖有利于其他能源消费大国实现能源供给多样化，这些国家参与委内瑞拉经济改善项目也符合本国的国家利益，达到双赢的结果。

1. 委内瑞拉国家石油公司制订“加速开发计划”，与合作伙伴开发重油资源

委内瑞拉能源部长拉斐尔·拉米雷斯宣布，委内瑞拉国家石油公司制订了一项“加速开发计划”，委国家石油公司将在 2020 年达到日产 460 万桶石油的水平。“加速开发计划”包括向一系列石油区块投资 800 亿美元的计划。实现“加速开发计划”的重要途径就是开发重油资源，奥里诺科带位于委内瑞拉的东北部，面积达 55000 平方公里，据委内瑞拉政府初步估计，奥里诺科带拥有 2340 亿桶重油和超重油储量，是委内瑞拉最重要的重油资源区。[43]

委内瑞拉能源与石油部长兼国家石油公司董事长拉斐尔·拉米雷斯表示，委内瑞拉将扩大东部奥里诺科油田的开采量，到 2010 年该地区的原油

日产量将增加60万桶。委内瑞拉目前的原油日产量约为300万桶。其中东部油田的日产量约为200万桶，奥里诺科油田的日产量目前约为100万桶。

除了上述增产计划，委内瑞拉国家石油公司还打算在2014年至2015年间将奥里诺科油田的日产量再提升200万桶。拉米雷斯曾表示，到2020年，奥里诺科河周边地区的原油日产量可达460万桶，进而推动委全国原油日产量到2021年达到680万桶。[44]

2010年1月，印度最大的油气勘探公司——印度石油天然气公司将与西班牙石油巨头雷普索尔公司和马来西亚石油巨头马来西亚国家石油公司合作共同投标委内瑞拉的一个重油项目。为了满足国内不断增加的需求以及应对国内油田不断下降的产量，印度石油天然气公司时下正在全球寻找能源资源。委内瑞拉将提供奥里诺科石油带的3个项目，每个项目可能需要90亿美元的最初投资，今后25年的总支出将达到190亿美元。[45]

2月3日，俄罗斯副总理谢钦宣布，俄已与委内瑞拉签署一项协议，双方将联合开发南美奥利诺科河地区胡宁6号油田，潜在开发储量为每日45万桶，将于今年开始开采。俄罗斯国家油气集团和委内瑞拉国有石油公司分别占股40%和60%。[46]

2月11日，委内瑞拉能源部长拉米雷斯表示，委内瑞拉重油重要产区卡拉沃沃石油竞拍中的3个石油区块授出2个。1家由美国雪佛龙、日本三菱等公司组成的财团被授予“Carabobo 3”区块。该财团付了5亿美元用于获得该区块开采权，并另付了10亿美元用于向委内瑞拉国家石油公司提供融资。另1家由西班牙雷普索尔 YPF 公司、印度石油与天然气公司、马来西亚国家石油公司及一些印度中小企业组成的财团被授予“Carabobo 1”区块。该财团付了10.5亿美元签约奖金，并将另付10.5亿美元用于向委内瑞拉国家石油公司提供融资。“Carabobo 1”被认为是这3个区块中最富前景的区块。上述竞拍区块均位于盛产石油的奥里诺科河地区，其开发后日产量预计在40万桶以上，所需投资规模将达150亿美元。早期生产1、2年后便可开始，生产高峰则等5年后才可实现。两家财团预计将造提升设备以将奥里诺科河地区找到的重油转为可供销售的轻油。每台提升设备可能耗资65亿美元。两家获胜财团均与委内瑞拉国家石油公司达成60%—40%股权协议，委内瑞拉国家石油公司将持主要股权。[47]上述二大项目合同期为40年，并且是自查韦斯总统在任11年以及在该产油区获归国有3年以来的首次拍卖。[48]

2月18日，俄罗斯第三大石油公司TNK-BP公司发表声明宣布该公司将投资1.8亿美元来开发位于委内瑞拉拥有丰富能源资源的奥里诺科地区的胡宁6号油田。声明说，该公司在2012年前将向这个项目投资1.8亿美元，其中大部分资金将来自俄罗斯方面。估计拥有53亿桶石油储量的胡宁6号油田将由委内瑞拉国家石油公司和一个由4家俄罗斯公司组成的财团开发，这4家公司分别是俄罗斯天然气工业股份公司、TNK-BP公司、卢克石油公司和俄罗斯石油公司。[49]

4月2日，俄罗斯总理普京抵达委内瑞拉首都加拉加斯，开始对该国进行12个小时的国事访问。这是普京首次对委内瑞拉进行访问。查韦斯总统在4月1日晚间表示，普京对委内瑞拉的访问“非常特殊而重要”，将会推动“世界多级体系”的建立。[50]俄罗斯总理普京与委内瑞拉总统查韦斯共同签署了31项双边合作协议，旨在推动两国间能源、核能、航天、军事、贸易等多领域的合作。双方签署的协议中包括成立合资公司，在奥里诺科重油带胡宁6号区块开发石油，目标是日产原油45万桶，还包括建立配套的重油轻质化设施等内容。[51]

6月30日，越南政府宣布越南和委内瑞拉签署了一项旨在组建一家合资企业共同开发委内瑞拉海上胡宁-2油气区块的合同。越南国家石油公司的这项协议是委内瑞拉今年与主要外国石油公司签署的一系列价值数十亿美元的旨在开发其巨大重油储量合同之一。[52]

11月22日，委内瑞拉国家石油公司与意大利埃尼公司签署了一项总额达170亿美元的石油开发协议，其中80亿美元用于组建PETROJUNIN合资公司，共同开发胡宁5区块；90亿美元用于成立合资PETROBICENTENARIO炼油厂。根据协议，埃尼公司将投入约70亿美元及6亿美元的社会贡献金，在合资公司中占股40%。胡宁5区块重油产量到2012年预计可达7万桶/天，合同期内最高可达24万桶/天。PETROBICENTENARIO炼厂炼油能力为35万桶/天，到2016年建成后可日产柴油23万桶、石脑油8.6万桶、石油液化气2.3万桶。[53]

2. 委内瑞拉与多国合资建设炼油厂，开辟石油市场

3月15日，白俄罗斯总统卢卡申科在访问委内瑞拉时，双方达成协议，每天将向明斯克供应8万桶石油。委内瑞拉将向明斯克的石油加工厂提供原料，加工后的产品将销往欧洲市场。查韦斯总统表示，这为本国石油开辟了欧洲市场。[54]

5月8日，委内瑞拉总统查韦斯和多米尼加总统费尔南德斯签署了一项协议，根据这项协议，委内瑞拉获得了国有多米尼加炼油厂 Refidomsa 的49%股份。委内瑞拉为这个炼油厂49%的股份支付了1.3亿美元，这个炼油厂能够日加工11万桶原油。这延续了委内瑞拉与加勒比海区域的合作方式，委内瑞拉以优惠价向多米尼加和本地区其他国家供应石油和衍生物，在这些国家炼油厂内精炼原油。[55]

3. 委内瑞拉开启海上天然气开发项目，增加天然气产量

截至2010年，委内瑞拉是西半球天然气储量第二的国家。委内瑞拉的能源战略不仅要依靠开发重油资源，也需要天然气增产增收。3月26日，查韦斯总统称，委内瑞拉在该国加勒比海岸发现的一处天然气田，这处位于帕拉瓜纳半岛附近的天然气田实际储量达到14万亿立方英尺，堪称一处“超级”天然气田。近来委内瑞拉一直与俄罗斯、意大利及西班牙的石油公司联手勘探国内近海丰富的天然气资源。[56]

各国资金看好委内瑞拉深海天然气项目，4月委内瑞拉能源部宣布，一家日本银行将向委内瑞拉提供10亿美元贷款，用于开采委东部的深海天然气。[57]

特多政府[58]与委内瑞拉石化公司签署协议，就两国海洋边界的一块气田统一开发问题达成一致。这份协议由特多能源部长与委内瑞拉能源部长在委内瑞拉石化公司的总部签署。两国海洋边界气田的统一开发在2003年就已经开始，2007年两国缔结条约规定加快统一开发进程。该块气田的总储量为10万亿立方英尺，其中委内瑞拉占73%，特多占27%。[59]

11月18日，委内瑞拉国家石油公司向世界五大油田服务公司之一的法国德克尼普公司颁发了位于委内瑞拉东北部海上的两个气田——Mariscal Sucre Dragon 气田和 Patao 气田——开发项目的工程设计、采办和建造（EPC）管理合同。合同的工作范围包括 Dragon 平台的项目建造管理以及海底系统的制造、运输和安装，平台以及与 Dragon 气田回接的海底系统的详细工程设计。这个项目将是委内瑞拉的第一个海上天然气开发项目。[60]

4. 委内瑞拉开展双边和多边能源外交，推动世界多极化进程

查韦斯总统多次抨击当今世界中的霸权主义，提出建立一个多极化世界和一个所有国家参与的民主的世界新秩序，并希望发展中国家在未来多极世界格局中发挥更大的作用。查韦斯总统执政的委内瑞拉的国家战略是通过能源外交使委内瑞拉成为多极化世界的重要角色。为此委内瑞拉推进拉丁美洲国家的合作；加强与俄罗斯、白俄罗斯交流；多方面支持伊朗，在世界各地对美国等西方势力采取疏远和强硬的立场。

(1) 加强与发展中国家的能源关系

10 月 14 日至 24 日，委内瑞拉总统查韦斯主动出击，连续访问了欧亚非 7 国，其中包括俄罗斯、白俄罗斯、乌克兰、伊朗、叙利亚、利比亚和葡萄牙。能源外交依旧是查韦斯访问的主题：2011 年至 2013 年间，委内瑞拉将有能力向白俄罗斯每年提供 1000 万吨石油；委内瑞拉与伊朗决定合资建立海上石油运输公司；葡萄牙一家银行将提供信贷，为委内瑞拉建造两艘沥青运输船，委葡双方还探讨在葡萄牙建立石油转运基地；委内瑞拉与叙利亚签订了一项在叙建一座炼油厂的合作协议，炼油能力将达每天 14.5 万桶；在乌克兰，委乌领导人决定互设大使馆，建立外交关系，委将通过乌向白俄罗斯出口石油。

此次访问充分显示委内瑞拉正在为建立多极世界充当主导角色。查韦斯总结此次访问时说，过去委内瑞拉没有自主的外交政策，现在，委内瑞拉的外交政策已经从与其他国家建立外交关系，转向寻求建立国际战略联盟，以加快建立平衡、和平的新世界。[61]

因能源纠纷与俄罗斯关系吃紧，白俄罗斯着手增加从委内瑞拉进口原油的数量，减少进口俄罗斯石油。白俄罗斯莫兹勒炼油厂 7 月从俄罗斯进口的原油量将削减 55%，代之以从委内瑞拉进口原油。但是不少能源交易商认为，从委内瑞拉进口石油成本过高，改变供油源的做法更多出于政治考量，无法持续太久。[62]白俄罗斯和委内瑞拉组建了一家主要负责石油供应的合资公司，明斯克在这家新合资公司中拥有 25% 股份，而加拉加斯拥有 75% 股份。[63]委内瑞拉总统查韦斯出访白俄罗斯时向白俄罗斯总统卢卡申科表示：“你们的炼油厂需要石油。未来 200 年，白俄罗斯的炼油厂不会出现石油短缺的情况。”查韦斯总统还表示：“我们是同志，我们将一起建设取代资本主义。”委内瑞拉与白俄罗斯签署了2011—2013年的石油供给合同，总计约3000万吨。[64]

在美国参议院通过了一项扩大制裁那些投资伊朗能源领域以及向伊朗提供精制石油产品或帮助伊朗发展其炼油能力的外国公司的法律以后，8月16日，委内瑞拉驻伊朗大使David Velasquez谈到委内瑞拉准备每天向伊朗提供2万桶汽油。他说：“我们将为伊朗服务，任何时候伊朗宣布需要汽油，我们将提供其所需要数量的汽油。”[65]

10月20日在德黑兰举行伊朗和委内瑞拉两国联合工业委员会第6次会议，伊朗和委内瑞拉签署了11项协议，其中包括有关组建一个联合石油公司的协议。其他协议还包括委内瑞拉国家石油公司参与伊朗南帕尔斯气田第12阶段开发，在叙利亚建造一个炼油厂，在液化天然气和油轮运输方面的合作以及在石化和能源领域的合作。其他领域的合作包括纺织品、贸易及公共住房工程等。[66]

（2）调整发展大国间关系

委内瑞拉与发展中国家开展能源外交的同时也平衡发展与世界大国间的关系，2010年委内瑞拉对美国继续持强硬态度，努力摆脱能源出口对美国的依赖，积极与俄罗斯、中国等国家开展合作。但是随着反对党进入委内瑞拉议会，2012年大选在即，委内瑞拉在未来两年调整对外战略，寻求改善与美国关系以实现国内经济增长、国家局势稳定。查韦斯总统7月25日发表讲话，警告美国不要插手委、哥两国外交危机。他说：“如果受美国怂恿，有来自哥伦比亚本土或其他任何地方针对委内瑞拉的武装侵犯，我们会中断对美国的石油供应……委方不会再向美国炼油厂输送哪怕一滴原油。”[67]委内瑞拉国家石油公司总裁、该国石油部长Rafael Ramirez 26日表示，若总统发布命令，委内瑞拉国家石油将迅速切断针对美国的石油供应。[68]

10月中旬，查韦斯总统访问俄罗斯，10月15日俄罗斯与委内瑞拉总统在莫斯科签署10项合作文件，内容涉及能源、军事、核能等多个领域合作。这些合作文件涉及军事、能源、核能、农业、住宅建设、中小企业、文化、体育以及旅游等多个领域。两位领导人还签署了由双方外交部共同起草的2011—2014年两国共同行动计划。梅德韦杰夫说，与委在核能领域的合作将使委内瑞拉拥有自主发展核能的可能性、能力与内部机制。梅德韦杰夫认为，尽管拥有石油和天然气资源，委内瑞拉同时也需要发展其他能源形式。在军事技术合作方面，梅德韦杰夫承诺将尽快使合作意向转变为具体成果，俄方将向委方提供新型坦克装备及先进的防空武器。他同时表示，未来双方的经贸合作将出现“重大的结构性”转变，双方将在委境内奥里诺科河流域煤田开采项目开展合作。[69]合作项目中最引人注目的是俄罗斯原子能机构 Rosatom 与委内瑞拉签署了在委内瑞拉建造第一座核电站的协议。建立核电会带来更大的经济自主性，查韦斯总统强调：“这不仅对委内瑞拉是一个重要支持，也对需要能源多样化的未来世界是一个技术支持。”[70]

11 月 9 日，委内瑞拉全国代表大会批准了一个月前与俄罗斯签订的核能合作协议。尽管核电站通常处于恒定负荷的运行状态，经常需要使用石油来满足用电高峰期的需要，但显然核电能很大程度上摆脱对用于出口石油的依赖，同时能减少二氧化碳的排放。其他国家也有此计划发展核能，从而将更多的化石燃料用于出口。俄罗斯一直致力于扩大核能和水力发电，从而出口更多的天然气，同时，中东的产油产气国家诸如阿拉伯联合酋长国和伊朗等也倾向于将油气用于出口，而不是用于发电。成功开发试验堆设施是实现核电装机能力的前提条件。俄罗斯联邦原子能机构和俄罗斯核电建设出口公司将与 IVIC 及委内瑞拉国家电力公司通力合作，朝着这一目标共同努力。[71]

委内瑞拉与俄罗斯在核能方面的合作引起美方关注，查韦斯总统随后在访问伊朗期间又与伊朗当局签署 11 份能源合作协议，更加引起了美国的不满。美国国务院发言人菲利普·克劳利说，美国将密切关注委内瑞拉与伊朗之间的合作项目。“我们将关注，看看这些协议是否有某些（其他）目的，如果有，我们要看看他们是否违反了（联合国）安理会对伊朗的相关制裁。”对此，查韦斯总统指责说，美国正在针对委内瑞拉核电站项目制造“悬疑”。10 月 23 日查韦斯总统在利比亚访问时声明委内瑞拉在和平利用核能问题上不会屈服于来自西方大国的外部压力，但他同时承诺加拉加斯将恪守核不扩散规则。查韦斯总统说，“我们的立场是，委内瑞拉有权和平开发核能”，但委内瑞拉既然签署了核不扩散协议，就有责任不“武器化”核技术。[72]

（3）与中国的能源合作有新进展

中国与委内瑞拉2010年合作领域主要为重油开发、建设炼油厂、开展“贷款换石油”合作、建设电力设施。具体进展有：

第一，中国参与委内瑞拉重油开发。

2010年2月2日，委内瑞拉能源及石油部长Rafael Ramirez抵达北京，与中国政府及公司管理人士就合资炼油项目及中国对委内瑞拉重油项目投资进行会谈。[73] 中国与委内瑞拉双方4月17日晚在加拉加斯签署了胡宁4石油合作项目及长期融资合作等重要协议。根据中委长期融资合作框架协议，中方将向委提供期限10年的大额融资贷款。委内瑞拉国家石油公司与中国石油签署石油购销合同，作为委内瑞拉还款保障。两国政府间胡宁4项目协议、长期融资合作框架协议的签署，标志着中委双方在能源领域的合作进一步深化，中国石油在委内瑞拉的油气合作正在进入规模发展阶段。[74] 此外，委内瑞拉政府10月批准中石油集团与委内瑞拉国家石油公司成立合资公司，双方将开展奥里诺科超重原油带胡宁4号油田去的开发。中石油集团在该合资公司中所占股份比例为40%。上述区块原油日产量为40万桶。[75]

第二，委增加对中国石油出口，中委合作建设炼油厂，继续“贷款换石油”合作。

2011年1月，广东石化炼油项目启动，此炼油项目石油天然气集团公司与委内瑞拉国家石油公司合资建设，中方占60%股份，委方占40%股份。项目选址在揭阳（惠来）大南海国际石化综合工业园区内；项目总规划建设年炼油能力5000万吨的世界级超大型炼油厂，并配套建设百万吨级乙烯项目。其中仅首期投资就高达585亿元人民币，年炼油能力2000万吨。[76]

委内瑞拉石油部长拉斐尔·拉米雷斯表示，作为石油输出国组织成员国，委内瑞拉计划到2012年每天向中国输送100万桶原油，并以市场价格出售石油以偿还10年期贷款。“我们正打造出口石油市场的多元化，我们的国际政策正朝着这一方向努力。”同时身为委内瑞拉国家石油公司总裁的拉米雷斯表示：“我们不会在任何国际协议中降低石油价格。”

第三，中国企业参与委内瑞拉电力设施建设。

委内瑞拉自去年以来遭遇严重干旱。其东南部玻利瓦尔州卡罗尼河上的3座电站水库水位下降10余米，这3座水电站负责提供委境内七成电力。水位下降造成该国电力供应量下降，严重影响当地正常的工农业生产和居民生活。为节省电力，委内瑞拉政府采取了缩短商场营业时间和公共机构办公时间等多项措施，并关闭了部分国有铝厂和冶金厂等用电大户。电力短缺暴露了委内瑞拉基础设施建设的不足，中国电力企业有着丰富的经验和成熟的技术水平，与委内瑞拉在电力建设领域开展了多项合作。

2010年3月25日中国水电集团与委内瑞拉石油公司签署紧急电站项目一期工程EPC总承包合同。根据合同，中国水电集团将在未来数月内为该国提供900兆瓦装机的燃油燃气电站，合同总价约13.5亿美元。紧急电站项目一期工程是中委能源电力领域合作框架项下的重要项目，受到国家发改委、能源局等有关部委的高度重视和大力支持。委内瑞拉能源石油部长拉米雷兹先生在2010年2月访华期间，专门访问中国水电公司，并签署总装机达2700兆瓦的一揽子电站项目合作谅解备忘录。[77]

中国水电八局承建委内瑞拉新中心燃气电厂工程5月开工，这是委内瑞拉能源部与中国水电建设股份公司签订了两年内完成总装机270万千瓦火电厂建设的一揽子备忘录的项目之一，其工程造价10.38亿美元，总工期为9个月。这也是水电八局承建孟加拉石卡巴哈燃气电站后，再次进入国际燃气电站领域。[78]

委内瑞拉7月称，根据一项总额200亿美元的长期融资协议，中国将帮助委内瑞拉修建三座装机容量各为30万千瓦的发电站，而委内瑞拉将向中国出口石油作为交换条件。委中两国周四在加拉加斯举行了双边谈判，就19个总值近50亿美元的发展合作项目达成共识，其中包括投入约5.2亿美元修建这三座发电站。

9月6日中工国际发布公告称，公司与委内瑞拉电力部所属的委内瑞拉国家电力公司签署了委内瑞拉比西亚火电站项目商务合同，金额为9.56亿美元，约合65亿元人民币。中工国际表示，该合同预计施工工期为45个月，生效后对公司随后四年的营业总收入、利润总额将产生积极的影响。委内瑞拉比西亚火电站项目位于委内瑞拉西部梅里达州比西亚市，内容为建设一座总装机容量50万千瓦的火电站以及配套输变电工程，具体工作范围包括设计、设备供货、安装、调试和土建工程。该合同的履行有利于公司开拓电力工程领域、巩固和扩大在委内瑞拉的市场份额。[79]

注　释

[1]“巴西最近10年将投巨资发展能源业”，载国际电力网，2010年5月5日，参见http：//www.in-en.com/power/html/power－1520152037640000.html。

[2]“巴西外海发现新油田储量估达1500万桶”，载国际石油网，2010年3月17日，参见http：//www.in-en.com/oil/html/oil－1004100419599316.html。

[3]“巴西国油海上桑托斯盆地发现石油”，载国际石油网，2010年3月11日，参见http：//www.in-en.com/oil/html/oil－0837083737594136.html。

[4]“巴西佛朗哥远景构造拥有45亿桶可采原油储量”，载国际石油网，2010年5月14日，参见http：//www.in-en.com/oil/html/oil－0835083576647978.html。

[5]“巴西国油将在葡阿连特茹盆地勘探油气资源”，载国际石油网，2010年5月4日，参见http：//www.in-en.com/oil/html/oil－1415141520638701.html。

[6]“巴西获重大天然气发现”，载国际燃气网，2010年5也27日，参见http：//www.in-en.com/gas/html/gas－0850085043659307.html。

[7]“巴西国油削减今后5年投资计划目标”，载国际石油网，2010年4月1日，参见http：//www.in-en.com/oil/html/oil－0845084514612530.html。

[8]“巴西Petrobras海上盐下层石油生产量将达10万桶/天”，载国际石油网，2010年3月17，参见http：//www.in-en.com/oil/html/oil－1107110738599408.html。

[9]“巴西在图皮油田新井中发现轻质原油”，载国际石油网，2010年4月8日，参见http：//www.in-en.com/oil/html/oil－0819081999617507.html。

[10]“壳牌认为巴西BS-4区块拥有20亿桶储量”，载国际石油网，2010年5月13日，参见http：//www.in-en.com/oil/html/oil－0819081923646700.html。

[11]“巴西土耳其和美国三家公司合作开发黑海油气资源”，载国际石油网，2010月1月13日，参见http：//www.in-en.com/oil/html/oil－1136113610552143.html。

[12]“巴西国油将获得卡斯卡德油田控制权”，载国际石油网，2010年1月29日，参见http：//www.in-en.com/oil/html/oil－1038103888565714.html。

[13]“巴西邀请俄罗斯参与巴西新油田开发”，载国际石油网，2010年5月18日，参见http：//www.in-en.com/oil/html/oil－0825082523650229.html。

[14]“巴西石油大规模投资计划获国会批准”，载国际石油网，2010年6月11日，参见http：//www.in-en.com/oil/html/oil－1835183572674422.html。

[15]“巴西石油公司跃居世界第四大公司”，载国际煤炭网，2010年9月25日，参见http：//www. in-en. com/coal/html/coal－1614161417766514. html。

[16]“巴西石油：启动全球最大规模股票融资”，载国际石油网，2010年9月6日，参见http：//www. in-en. com/oil/html/oil－0818081813748936. html。

[17]“巴西石油将造全球最大股权融资”，载国际石油网，2010年9月25日，参见http：//www. in-en. com/oil/html/oil－1402140231766369. html。

[18]“巴西可再生能源比例达到47%”，载国际新能源网，2010年7月8日，参见http：//www. in-en. com/newenergy/html/newenergy－0952095213696236. html。

[19]“巴西将在可再生能源领域投资超过50亿美元”，载国际能源网，2010年9月17日，参见http：//www. in-en. com/article/html/energy_ 0922092254760484. html。

[20]“巴西里约举行石油天然气展”，载国际燃气网，2010年9月14日，参见http：//www. in-en. com/gas/html/gas－1650165092757305. html。

[21]“到2019年巴西乙醇产量将增加一倍”，载国际新能源网，2010年10月22日，参见http：//www. in-en. com/newenergy/html/newenergy－0932093221789162. html。

[22]“Dedini与诺维信公司在巴西签纤维素乙醇生产协议”，载国际新能源网，2010年7月19日，参见http：//www. in-en. com/newenergy/html/newenergy－1752175255705329. html。

[23]“巴西国家石油公司与美国签署纤维素乙醇开发协议”，载国际新能源网，2010年9月16日，参见http：//www. in-en. com/newenergy/html/newenergy－1021102133759433. html。

[24]“印度巴西拟加强乙醇生产合作”，载国际石油网，2010年9月16日，参见http：//www in-en. com/oil/html/oil－1707170750759954. html。

[25]“全球首家乙醇电厂巴西开工”，载国际新能源网，2010年1月20日，参见htt：//www. in-en. com/newenergy/html/newenergy－0850085082557035. html。

[26]“巴西甘蔗乙醇成功应用于GE公司燃气轮机发电”，载国际新能源网，2010年11月2日，参见http：//www. in-en. com/newenergy/html/newenergy－0857085721798408. html。

[27]“壳牌进军巴西乙醇燃料市场两年注资16.5亿美元”，载国际石油网，2010年2月3日，参见http：//www. in-en. com/oil/html/oil－0922092260569225. html。

[28]“巴斯夫公司在巴西建生物柴油催化剂装置”，载国际新能源网，2010年2月17日，参见http：//www. in-en. com/newenergy/html/newenergy－0350035026576837. html。

[29]“巴西成立航空用生物燃料联盟”，载国际新能源网，2010年5月11日，参见http：//www. in-en. com/newenergy/html/newenergy－1634163484644960. html。

[30]“巴西引领拉美风力发电至2025年达46GW”，载国际新能源网，2010年5月20日，参见 http：//www. in-en. com/newenergy/html/newenergy – 0948094844653337 html。

[31]“巴西扩大风能投资组合”，载国际新能源网，2010年3月30日，参见 http：//www. in-en. com/newenergy/html/newenergy – 1148114858610329. html。

[32]“中海油牵手中化集团拟25亿美元竞购巴西油田”，载国际石油网，2010年5月14日，参见 http：//www. in-en. com/oil/html/oil – 0853085324648113. html。

[33]“巴西总统希望拉美和中国在气候变化问题上增进合作”，载国际新能源网，2010年2月24日，参见 http：//www. in-en. com/newenergy/html/newenergy – 1156115676581690. html。

[34]“中石化拟购巴西油气权益”，载国际燃气网，2010年4月16日，参见 http：//www. in-en. com/gas/html/gas – 1036103672625329. html。

[35]“中国造巴西天然气管道竣工”，载国际燃气网，2010年4月8日，参见 http：//www. in-en. com/gas/html/gas – 1110111065618002. html。

[36]“中石化与巴西石油合作中企海外找油首次进入巴西”，载国际能源网，2010年4月19日，参见 http：//www. in-en. com/article/html/energy_ 0834083421625989. html。

[37]“中石化出价71亿美元收购雷普索尔40%巴西业务”，载国际能源网，2010年10月2日，参见 http：//www. in-en. com/finance/html/energy_ 0812081220772922. html。

[38]“国家电网拟斥资17亿美元收购巴西电企”，载国际电力网，2010年5月19日，参见 http：//www. in-en. com/power/html/power – 1715171531652611. html。

[39]“国家电网公司总经理刘振亚会见巴西矿业和能源部部长”，载国际电力网，2010年7月12日，参见 http：//www. in-en. com/power/html/power – 1023102338698566. html。

[40]“工银国际助推巴西石油685亿美元股本融资”，载国际能源网，2010年9月28日，参见 http：//www. in-en. com/article/html/energy_ 0736073697769053. html。

[41]“巴西筹划开发亚马逊水电项目期待与中方合作”，载国际电力网，2010年7月7日，参见 http：//www. in-en. com/power/html/power – 1501150165695202. html。

[42]“查韦斯议会演讲和为贵涉及国内政治经济等”，载新华网，2011年01月17日，参见 http：//news. sohu. com/20110117/n278913591. shtml。

[43]“委内瑞拉国油制订了一项‘加速开发计划’”，载国际石油网，2010年4月26日，参见 http：//www. in-en. com/oil/html/oil – 0832083285631972. html。

[44]“委内瑞拉将努力扩大奥里诺科油田的开采量”，载国际石油网，2010年6月28日，参见 http：//www. in-en. com/oil/html/oil – 1014101451686287. html。

[45]“印度与西马石油巨头合作投标委内瑞拉重油项目”，载国际石油网，2010 年 1 月 22 日，参见 http：//www. in-en. com/oil/html/oil－0853085357559102. html。

[46]“俄罗斯与委内瑞拉签署联合开发油田协议”，载国际石油网，2010 年 2 月 4 日，参见 http：//www. in-en. com/oil/html/oil－1356135673570781. html。

[47]“委内瑞拉授出 2 个卡拉沃沃油块剩余 1 块未予分配”，载国际石油网，2010 年 2 月 11 日，参见 http：//www. in-en. com/oil/html/oil－1403140344575932. html。

[48]“印度公司获取委内瑞拉石油开采大单”，载国际石油网，2010 年 2 月 21 日，参见 http：//www. in-en. com/oil/html/oil－1355135552578730. html。

[49]“俄罗斯投资 1.8 亿美元开发委内瑞拉油田”，国际石油网载，2010 年 2 月 20 日，参见 http：//www. in-en. com/oil/html/oil－0920092090577167. html。

[50]“普京访问委内瑞拉将签署合作开发油田等协议”，载国际石油网，2010 年 4 月 3 日，参见 http：//www. in-en. com/oil/html/oil－0818081810614413. html。

[51]“普京访问委内瑞拉将签署合作开发油田等协议”，载国际石油网，2010 年 4 月 3 日，参见 http：//www. in-en. com/oil/html/oil－0818081810614413. html。

[52]“越南和委内瑞拉将共同开发胡宁-2 区块”，载国际石油网，2010 年 7 月 2 日，参见 http：//www. in-en. com/oil/html/oil－1043104337691401. html。

[53]“委内瑞拉与意大利签署石油开发协议”，载国际石油网，2010 年 11 月 25 日，参见 http：//www. in-en. com/oil/html/oil－1458145816821748. html。

[54]“委内瑞拉要日供白俄罗斯 8 万桶石油”，载国际石油网，2010 年 3 月 16 日，参见 http：//www. in-en. com/oil/html/oil－1720172098598552. html。

[55]“委内瑞拉购买多米尼加国有炼油厂 49% 股份”，载国际石油网，2010 年 5 月 10 日，参见 http：//www. in-en. com/oil/html/oil－0854085447643043. html。

[56]“委内瑞拉发现超级天然气田储量 14 万亿立方英尺”，载国际能源网，2010 年 3 月 28 日，参见 http：//www. in-en. com/article/html/energy_ 1230123012608253. html。

[57]“委内瑞拉将开采深海天然气”，载国际燃气网，2010 年 4 月 12 日，参见 http：//www. in-en. com/gas/html/gas－0920092062620090. html。

[58]特立尼达和多巴哥共和国政府。

[59]“特多和委内瑞拉签署天然气协议”，载国际燃气网，2010 年 8 月 20 日，参见 http：//www. in-en. com/gas/html/gas－1040104077735132. html。

[60]“法国公司获委内瑞拉首个海上天然气开发合同”，载国际燃气网，2010 年 11 月 19 日，参见 http：//www. in-en. com/gas/html/gas－1722172277816549. html。

[61]“委内瑞拉‘串联’欧亚非七国”，载国际能源网，2010 年 10 月 26 日，参见 http：//www. in-en. com/article/html/energy_ 0744074442791441. html。

[62]“俄罗斯减少进口俄石油增加从委内瑞拉进口”，载国际石油网，2010 年 7 月 19 日，参见 http://www.in-en.com/oil/html/oil－0952095270704880.html。

[63]“白俄罗斯和委内瑞拉组建石油供应合资公司”，载国际石油网，2010 年 7 月 15 日，参见 http://www.in-en.com/oil/html/oil－0846084638702015.html。

[64]“委内瑞拉总统称保证让白俄罗斯 200 年不缺石油”，载国际石油网，2010 年 10 月 18 日，参见 http://www.in-en.com/oil/html/oil－1530153052784287.html。

[65]“委内瑞拉准备向伊朗提供汽油”，载国际石油网，2010 年 8 月 18 日，参见 http://www.in-en.com/oil/html/oil－0915091519731974.html。

[66]“伊朗和委内瑞拉将组建联合石油公司”，载国际石油网，2010 年 10 月 21 日，参见 http://www.in-en.com/oil/html/oil－1045104573788064.html。

[67]“委内瑞拉与哥伦比亚断交并威胁中断对美石油出口”，载国际石油网，2010 年 7 月 26 日，参见 http://www.in-en.com/oil/html/oil－1017101722711140.html。

[68]“委内瑞拉石油部长：若委遭到哥伦比亚攻击将暂停向美出口石油”，载国际石油网，2010 年 7 月 27 日，参见 http://www.in-en.com/oil/html/oil－1108110878712422.html。

[69]“俄罗斯与委内瑞拉签署能源军事等合作协议”，载国际能源网，2010 年 10 月 16 日，参见 http://www.in-en.com/article/html/energy_0722072253783058.html。

[70]“委内瑞拉与俄罗斯签署能源领域重要协议”，载国际电力网，2010 年 10 月 22 日，参见 http://www.in-en.com/power/html/power－0914091499789091.html。

[71]“委内瑞拉拟与俄罗斯合作建核电站摆脱对石油依赖”，载国际电力网，2010 年 11 月 1 日，http://www.in-en.com/power/html/power－1530153016816471.html。

[72]“查韦斯指责美针对委内瑞拉核电站制造‘悬疑’”，载国际电力网，2010 年 10 月 25 日，参见 http://www.in-en.com/power/html/power－0958095836790574.html。

[73]“委内瑞拉石油部长访华推动炼油项目及石油出口”，载国际能源网，2010 年 2 月 4 日，参见 http://www.in-en.com/article/html/energy_0910091098570219.html。

[74]“中石油与委内瑞拉合资开发委国重油带”，载国际石油网，2010 年 4 月 19 日，参见 http://www.in-en.com/oil/html/oil－0954095470626319.html。

[75]“委内瑞拉批准中石油与其石油公司合作”，载国际石油网，2010 年 10 月 12 日，参见 http://www.in-en.com/oil/html/oil－1738173885778882.html。

[76]“中石油与委内瑞拉广东项目获批首期投资 585 亿”，载国际石油网，2010 年 1 月 22 日，参见 http://www.in-en.com/oil/html/oil－1441144156559828.html。

[77]“中国水电为委内瑞拉兴建 900 兆瓦装机燃油气电站”，载国际电力网，2010 年 3

月 31 日，参见 http：//www. in-en. com/power/html/power－0752075277611006. html。

[78] “‘水电湘军’再传捷报承建委内瑞拉燃气电厂”，载国际电力网，2010 年 5 月 18 日，参见 http：//www. in-en. com/power/html/power－1815181542651388. html。

[79] “中工国际在委内瑞拉获 65 亿工程大单”，载国际能源网，2010 年 9 月 8 日，参见 http：//www. in-en. com/finance/html/energy_ 0812081287751359. html。

案例1 新型能源国际合作推动世界格局变化

2010年2月22日，里约集团首脑会议暨拉美和加勒比联盟峰会在墨西哥东南部旅游城市坎昆开幕。来自拉美和加勒比地区32个国家[1]的元首或代表出席会议。墨西哥总统卡尔德龙于2月23日在峰会上宣布，为推动地区一体化进程将成立一个不包括美国和加拿大在内的区域性组织，进一步巩固并加强拉美和加勒比国家作为一个整体在国际上的地位和影响力。这一新的联盟将成为所有拉美及加勒比国家的共同空间，以利于进一步推动地区一体化进程，加强区域合作、加强地区内国家之间以及与其他地区国家的交流和协作，提升拉美地区在整个国际社会中的话语权。[2]

一、里约集团峰会宣布拉美国家拟成立新型区域性组织——加勒比国家共同体

拉美地区已经存在多个一体化组织，如拉丁美洲经济体系、加勒比共同体、安第斯共同体、南方共同市场、加勒比国家联盟、南美国家联盟等多个一体化组织，但是缺乏一个囊括拉美和加勒比地区在内的机制。2008

年哥伦比亚与厄瓜多尔的边境危机及2009年的洪都拉斯军事政变的发生也使得拉美国家相信，必须进一步加强本地区的协调与团结。这个拟议成立的拉美及加勒比国家共同体意在实现这样的联盟。

加勒比国家共同体联盟的成立代表着拉美地区依靠其不断增强的能源实力，开始真正摆脱美国的长期干涉、控制。[3]长期以来，美国一直将拉美视为自己的后院，推行“门罗主义”，[4]不断通过各种手段对该地区渗透与控制。但是，拉美各国寻求独立自主的努力也从未停止过，拉美外交政策两条发展主线之一就是与美国进行抗争，实现独立自主。此次由32个拉美国家代表参加的峰会，没有按惯例邀请美国和加拿大与会，建立一个新的不包括美加、平行于美洲国家组织的地区组织，邀请古巴与会，并对美国以协助重建为名大举屯兵海地表示关切等举动，在很大程度上是平衡美国在拉美地区“过度的影响力”，进一步凸显拉美国家的自主性。[5]

此项联盟由墨西哥宣布更是一个强烈的信号。拉丁美洲长期由亲美的墨西哥、反美的委内瑞拉两个阵营组成，墨西哥与中美洲各国联合始终更加支持美国。然而金融危机时期美国的经济衰退造成了墨西哥严重的经济形势恶化，这促使墨西哥寻求多元化国际合作、减少对美国严重依赖造成的弊端。

如果该共同体能够如期确立，将使得拉美地区不仅可以实现内部的进一步联合与团结，而且在未来世界经济的谈判与博弈中也能够加强合作与沟通，像欧盟、非盟等区域组织那样，“形成更强大的集团力量”，用一个声音说话，从而提升拉美地区在国际社会中的话语权。

二、能源国际合作是加勒比国家共同体成立的关键动力

墨西哥总统卡尔德龙2008年就提出了建立一个没有美国和加拿大参加的拉美及加勒比联盟的构想，这一构想一提出就得到了拉美及加勒比国家的普遍认同。以委内瑞拉总统查韦斯为代表的拉美左翼领导人认为，成立

一个没有美国和加拿大参加的联盟，才能真正在国际社会上发出拉美的呼声。[6]查韦斯总统近日还表示，拉美应当是一个“大的国家”。作为温和左派的巴西总统卢拉近日在接受采访时也表示，拉美和加勒比国家的一体化进程是该区域加强政治、经济发展的最大的机遇，但一体化必须长期坚持下去，这就需要对其进行规范化、系统化和制度化。而以哥伦比亚为代表的右翼国家认为，拉美需要用一个声音说话，因此也支持成立区域联盟的主张。[7]

虽然加勒比国家共同体联盟的具体细则还没有制定，但是它将国际政治格局多极化向前推进了一大步，代表着新兴经济体势力的崛起，也标志着互利合作的新型国际合作模式已经发展得较为成熟。能源方面的国际合作是这一进程的最重要动力。拉丁美洲国家能够宣布成立不包括美国和加拿大的区域性组织，主要基于这些国家获得了对本国能源资源的控制权和收益权。委内瑞拉通过收回油田控制权，厄瓜多尔要求收缴高油价产生的巨额利润，玻利维亚重新实行油气资源国有化，墨西哥国家牢牢控制着石油勘探和开采权。这些措施保证了拉美国家自己享受了丰富油气资源带来的收益，增加财政收入。更加重要的是，拉美国家对本国油气资源的控制提高了其在国际社会的话语权，为独立的国家外交、多元化的国际合作提供了重要支持。

三、加勒比国家共同体面临的挑战依旧严峻

但是拉美国家内部的分歧和紧张关系使得这一区域一体化组织的正式成立面临许多困难。厄瓜多尔与哥伦比亚因哥方2008年跨境打击反政府武装“哥伦比亚革命武装力量”而断交，至今仍未恢复外交关系。发生在2009年6月底的洪都拉斯政变引发洪政治危机，洪都拉斯新政府至今仍未得到多数拉美国家的承认。由于洪都拉斯新政府的合法地位尚未被大多数拉美和加勒比国家承认，刚刚就职的洪总统洛沃未被邀请参会。洪都拉斯问题也是此次峰会的一大重要议题。在这一问题上，与会国家分歧比较严重。委内瑞拉总统查韦斯21号晚间在坎昆重申，不会承认洪都拉斯新政府

的合法性。尼加拉瓜总统奥尔特加则表示，他愿意同与会各国首脑就洪都拉斯问题深入交换意见，讨论如何保证中美洲的民主和稳定。包括墨西哥在内的一些国家则表示希望促使洪都拉斯尽快重返美洲国家组织。另外哥伦比亚与美国于2009年签署军事合作协议，也使其与委内瑞拉的关系再度紧张。2010年下半年委内瑞拉宣布如果哥伦比亚对委实行武力，委内瑞拉将切断对美石油供应。拉美国家能否妥善处理内部矛盾，保证共同体的成立和运转还需要许多实质性的努力。

四、新型能源国际合作必将成为改变世界格局的主要方式

拉美能源合作是一种新型的能源国际合作。拉美国家作为资源型国家曾经在国际能源合作中处于劣势，并不能享受国际合作带来的利益。在新型的能源国际合作中拉美国家与其他国家开展平等互利的国际合作，能够达到合作方双赢的结果。另外，新型能源国际合作不是单一的合作，而是网状联系的多元合作。这样的多元性能够实现合作方相互制衡，保证了合作的平等性。

能源是决定世界格局的重要力量之一，新型能源国际合作对世界格局多极化的推动力量是巨大的。新型能源国际合作的成立增加拉美能源大国与世界其他发展中国家的合作。拉美能源大国对本国能源加强控制，也导致西方公司石油资金和技术的撤退，给其他发展中国家参与其中提供了机会。[8]

随着加勒比国家共同体逐渐开展实质性工作，能源国际合作将更加多元化。世界各国的联系将向网状的利益共同体演变，加快世界格局多极化的进程。这种趋势既是能源国际合作的机会也是挑战。能源国际合作模式需要更加多样化、灵活化，从政府主导逐渐演变为多种角色同时推进的模式。在政府引导下，各国能源企业、智库、科研机构的自主合作将是适应时代需要的能源国际合作的方向。

注　释

[1] 这32个国家为：墨西哥、危地马拉、萨尔瓦多、尼加拉瓜、哥斯达黎加、巴拿马、牙买加、海地、巴哈马、阿根廷、玻利维亚、巴西、智利、哥伦比亚、厄瓜多尔、圭亚那、巴拉圭、秘鲁、苏里南、乌拉圭、委内瑞拉、多米尼加、古巴、安提瓜和巴布达、巴巴多斯、多米尼克、格林纳达、圣卢西亚、圣基茨和尼维斯、圣文森特和格林纳丁斯、特立尼达和多巴哥、巴哈马。洪都拉斯代表没有出席会议。

[2] “拉美新联盟欲暗中摆脱“美国后院””，载《工人日报》，2010年2月24日，参见 http：//www.chinaelections.org/newsinfo.asp? newsid = 169998。

[3] “玻利维亚总统呼吁拉美各国摆脱美国影响”，载新华网，2010年2月24日，参见 http：//news.ifeng.com/world/201002/0224_16_1553833.shtml。

[4] 门罗主义（Monroe Doctrine）发表于1823年，表明美利坚合众国当时的观点，即欧洲列强不应再殖民美洲，或涉足美国与墨西哥等美洲国家之主权相关事务。而对于欧洲各国之间的争端，或各国与其美洲殖民地之间的战事，美国保持中立。相关战事若发生于美洲，美国将视为具敌意之行为。

[5] “里约集团峰会释放拉美地区‘自主’信号”，载人民网，2010年3月2日，参见 http：//world.people.com.cn/GB/11058591.html。

[6] 曹海军：“‘美洲玻利瓦尔替代计划’：背景、倡议与基础”，载《拉丁美洲研究》，2010年第3期。

[7] “里约集团峰会重点讨论建立区域新联盟”，载国际在线网，2010年2月23日，参见 http：//gb.cri.cn/27824/2010/02/23/3245s2763386.htm。

[8] “拉美能源一体化意味着什么”，载《环球视野》2006年，参见 http：//www.globalview.cn/ReadNews.asp? NewsID = 10026。

中国与中东西亚地区能源合作

一、2010年中东西亚地区政治经济形势

过去的2010年，伴随着全球各国的经济复苏，也经历了债务危机阴霾、货币超发、物价飞涨各种问题的考验。作为世界上生产和输出石油最多的地区，一方面，一贯被视为世界“大油库”和“火药桶”的中东地区受到全球大环境的影响，在2010年呈现出新的发展态势；另一方面，该地区在政治经济等领域所取得的进展和遭遇的问题也深刻影响着世界政治经济总体形势的运行，牵动着世界各国的敏感神经。

（一）政治形势概况

受主要大国政策和地区实力的相互作用，2010年中东西亚地区延续了一直以来的错综复杂局面，但与2009年相比也发生了一些新的变化。

1. 传统问题仍未取得重大突破，地区能源发展继续受阻

（1）伊朗核问题

2010年围绕伊朗核问题的国际博弈重新拉开了帷幕。2010年6月9日，联合国安理会15个理事国以12票赞成、2票反对和1票弃权的表决

结果，就伊朗核问题通过了1929号决议，决定对伊朗实行自2006年以来的第四轮制裁。由于伊朗迟迟未对2009年10月国际原子能机构提出的核燃料交换协议草案作出回应，以美国、欧盟为首的西方国家于2010年积极推动安理会出台新的制裁决议向伊朗施压。伊朗与西方国家的新一轮博弈开始。

在政治层面上，美国推出一系列新的制裁措施，促使加拿大、欧盟、日本、澳大利亚等西方盟友强化对伊制裁，帮助以色列和沙特等国提升应对伊朗威胁的军事能力，加强对伊军事遏制措施。奥巴马政府还利用伊朗总体选举等时机，设法影响伊朗国内政局的发展。在经济层面上，6月16日，美国财政部长盖特纳宣布，美国将对伊朗邮政银行、伊朗伊斯兰共和国船运公司相关实体等实施制裁。7月1日，美国总统奥巴马签署了《2010伊朗综合制裁、问责和撤资法案》，将制裁范围扩大到伊朗的石油投资和成品油生产、进口领域。7月27日，欧盟和加拿大分别宣布对伊朗实施单方面制裁，主要措施包括禁止向伊朗出口可被用于研发和制造武器的敏感物资，禁止向伊朗石油和天然气领域投资，禁止向伊朗出口石油和天然气领域相关设备和技术，禁止向伊朗出口武器等。[1]西方世界对伊朗核问题的制裁措施对伊朗的经济发展产生一定影响。据美国副国务卿威廉·伯恩斯称，联合国以及美国对伊朗实施的制裁可能对伊朗能源以及其他领域投资造成500亿到600亿美元的损失。同时美财政部负责反恐和金融情报的副部长利维表示，目前对伊朗实施的一系列制裁令，使其更难获取国际金融体系的服务。[2]伊朗的油田产量、油气合作项目不可避免地受到政治和金融的双重打击。

面对西方国家发展核武器的指责，伊朗方面坚称其核活动仅用于和平目的。在不放弃铀浓缩的同时，展开对西方国家的积极应对工作。凭借拥有占世界50%能源的自身优势，伊朗考虑通过在冬季削减欧洲能源供应作为对西方世界的有力反击。汽油是世界大国对伊朗核计划实施新的制裁所瞄准的商品，但在9月18日，伊朗石油部长马苏德·米尔卡泽米声称，伊朗已从过去日产4400万公升汽油，以及每天进口2000万公升汽油来满足国内需求发展到日产量达到创纪录的6650万公升，超过国内6400万公升的日需求量，达到“自给自足”水平。此后新的汽油进口都将帮助增加伊朗本国汽油储备。[3]与此同时，从外部角度看，对伊朗的能源制裁不可能完全阻断伊朗用油。全球一些主要的石油贸易商如维多持股公司、嘉能可国际公司和托克（Trafigura）集团已经被迪拜的公司所取代，这意味着伊朗不可能被从全球汽油市场所切断。[4]此外，伊朗也一直在努力寻求国外的投资和技术来发展本国的能源工业，减少对外依赖度，增强本国的能源产业独立性。伊朗国家石化公司已在英国组建了一家独立的公司来吸引外国投资者并向伊朗的石化项目提供资金。这家独立公司近期正在与外国投资者谈判3个价值共计22亿美元的大型石化项目。同时，另有10家外国公司迄今已向伊朗石化项目投资了51亿美元。一系列数据显示，尽管制裁措施在短时期内对伊朗能源工业造成一定影响，但从长远期来看，制裁的效果存在不确定性，而伊朗通过积极举措拓宽国内、国外发展渠道，突破障碍，推动本国能源工业在一定程度上取得了新的进展。

(2) *伊拉克重建问题*

2010年8月31日，奥巴马正式宣布驻伊拉克美军作战任务结束，伊拉克安全部队将接管本国安全职责。对伊拉克安全局势来说，美军的作用充满复杂性。美国“撤而不离”，未来仍将是影响伊拉克局势的主要力量。从安全风险角度来讲，美国撤军后，伊拉克的石油合作项目影响不大；从长远和战略的角度看，美国撤军有利于国际石油公司与伊拉克进行能源项目的合作。

与此同时，伊拉克国内政治局势也深刻影响该国能源领域的发展。2010年3月7日，伊拉克举行了战后第二次议会选举。什叶派、库尔德派、逊尼派几大政治团体中没有任何一个阵营赢得过半数的绝对多数席位。三大政治势力围绕国家权力的角逐异常激烈。直至当地时间11月10日，伊拉克主要派别达成权利分享协议，结束伊拉克长达8个月的权力真空状态。几大政治力量的相互压制、尖锐的民族矛盾和种族教派之间的斗争，使伊拉克国内局势错综复杂、战乱不断。

总体来看，伊拉克的投资环境仍存在很高的政治风险，安全问题没有保障。伊拉克政府要求服务合同签订后3个月内建立现场办事机构，12个月内开始合同作业，但是事实上，国际石油公司的员工很难在现场工地驻留。尽管伊拉克目前的石油开发仍存在很多难以克服的困难，但伊拉克仍积极开展国家重建工作，作为国家支柱产业，石油行业被赋予极大关注。截止到2010年5月17日，伊拉克已与外国石油公司签订了11个油田技术服务合同。希望通过与全球石油公司签订合约促使伊拉克在战争期间受到破坏的油田得到整修，改变目前日产量仅有250万桶的状态。而伊拉克的石油产量回升将对全球石油供应状况产生影响，根据国际能源署预测，未来20年伊拉克的石油产量有可能会提升到目前的两到三倍水平，将有效缓解国际市场对供应萎缩的担忧，并有效抑制价格的大幅上涨。伊拉克石油产量回升将成为决定未来石油供应状况的重要因素，并对沙特阿拉伯等其他石油生产大国构成挑战。[5]但是，为实现上述产量水平，伊拉克急需解决水资源短缺问题，修复被破坏的基础设施以及采取措施改善一直以来动荡的国内安全局势。只有这些问题得以有效解决，伊拉克才有可能成为今后为数不多的实现石油产量净增长的地区之一。

（3）巴以和平进程

2010年9月，奥巴马政府成功推动巴以之间由间接谈判转入直接谈判，但在两轮直接谈判后，就因以色列没有继续冻结在约旦河西岸修建犹太人定居点等问题宣告中止。专家认为，导致巴以和平进程脆弱的根本原因在于美国一贯奉行偏袒以色列的政策，致使巴勒斯坦和其他阿拉伯国家对美国和以色列缺乏信任。此外，巴以之间缺乏基本互信，这使得和平进程难以取得有效进展。巴以矛盾是中东地区主要矛盾之一，是影响中东地区石油局势的重要因素。美国对以色列的偏袒致使以色列与阿拉伯世界旷日持久的争端始终难以得到解决。此外，美国与阿拉伯世界的矛盾也使得中东西亚地区石油地缘政治关系变得更加紧张，石油的正常供应受到威胁，进而有可能触发中东石油局势动荡和全球石油价格的波动。从另一角度来看，由于巴以两国常规能源储量尤其是石油储量十分稀少，因此对油气行业的直接作用力有限，总体而言，中东西亚地区处于“整体局势可控，地区问题不断”的局面。而美国作为中东石油局势的决定性影响因素，今后将继续决定该地区未来的政治走势。

2. 新事件频发，中东局势再起波澜

（1）以色列袭击国际救援船队事件

2010年5月31日，以色列海军在公海武力拦截并袭击了正驶向加沙海域的国际救援船队，酿成数十名救援人员伤亡惨剧。该事件受到包括中东国家在内的国际社会的强烈谴责：第一，作为美国盟友，土耳其是以色列在中东地区关系最紧密的国家，曾多次调停巴以冲突和阿以纠纷。土耳其的强烈谴责态度对以色列影响重大；第二，伊朗、巴勒斯坦也反应强烈。巴勒斯坦呼吁国际社会予以制裁，巴以间接和谈蒙上阴影；第三，同以色列有外交关系的阿拉伯国家埃及和约旦，分别召回驻以色列大使，以色列处于外交孤立和被动局面。该事件对巴以和谈进程造成极大破坏，中东不安定局势进一步升温。

（2）埃及政治风波向中东地区蔓延，2011 年中东国家政局剧变

2011 年初埃及革命浪潮使国际油价出现上涨局面，其后伴随埃及国内政局逐步稳定，油价上涨趋势有所缓和。但随着政治风波向中东地区蔓延，中东地区局势影响国际原油价格呈现新一轮上涨趋势。近期，阿拉伯王国受到要求变革和改革的巨大民众压力。约旦、沙特阿拉伯、也门等国抗议浪潮不断。

中东向来是是非之地，而 2011 年的中东地区局势更为动荡。究其原因，主要可以概括为以下几个方面：第一，从历史角度看，新老殖民主义国家对于中东地区战略资源和势力范围的争夺从未在真正意义上终止，控制与反控制的手段更加具有复杂性和隐蔽性。特殊的地缘政治位置、领土纠纷、复杂的种族矛盾以及宗教冲突，都成为能够被利用的工具。这就使得当中东地区政局动荡发展到一定程度时，地区外部的各种势力得以趁机介入，促使局势蔓延，走向更加复杂化和不可控。第二，从经济角度看，一方面，尽管各国已从金融危机的打击中逐渐恢复，但是金融危机的后遗症尚未完全消除，物价水平、民众的收入和生活水平尚有待恢复；另一方面，较高的人口增长率与该地区经济发展水平不相适应，近年来就业压力不降反升，增加了民众的不满情绪和社会的不安定因素。第三，从政治角度看，该地区各国的政治体制、社会状况存在诸多问题，滞后于全球的现代化发展浪潮。政府内部腐败问题严重，治理政治和经济事务的方式不够温和和民主，社会矛盾和民众对抗情绪逐步激化，政府和民众的关系日益疏远。这些因素都成为该地区民粹主义萌芽、发展和壮大的有效推动力，一旦出现导火索或被某些势力利用，就很容易造成动乱局势。

作为重要产油区，中东地区局势的不稳定造成的影响是巨大而又不可估量的。对全球而言，这造成国际大宗商品市场和金融市场的剧烈动荡。国际油价迅速攀升，股市下跌，全球通货膨胀压力加大，经济复苏进程受

到阻碍。对地区而言，在经济全球化背景下，中东地区的动荡局势通过贸易、投资和劳务输出等渠道对亚太地区造成很大的负面影响。而国际油价的大幅上涨，使得对中东地区石油资源依赖性较强的欧洲能源市场蒙受重大损失。但就中国而言，造成的损失亦不可忽视，原油和成品油市场都受到严重影响。

不论从中东地区自身经济和社会的长远发展角度出发，还是从全球经济稳定的角度出发，目前中东北非复杂动荡的局势都亟待改变。只有将局势稳定下来，各种矛盾才有可能在民主有序的基础上得到较为有效的解决。但事实上，考虑到反对派、外部势力等各方面利益集团的意图，中东北非地区局势的缓和仍面临诸多障碍，形势依旧较为严峻。

（二）经济形势概况

1. 2010 年逐步走出金融危机阴影

由于中东产油国主要财政收入来源于石油出口收入，非石油生产国经济的发展也受到产油国经济发展的推动。因此，中东国家经济发展的前景在很大程度上依赖石油市场的走势。金融危机所引发的全球经济衰退，导致各主要经济体石油消费需求的下降，使得石油价格处于低迷状态，石油收入的减少导致的贸易量减少等问题一定程度上影响了该地区经济的发展。随着世界经济逐步转向复苏，石油需求逐步恢复和上升，长远来看，中东国家经济发展前景依旧良好。据世界银行预测，2010 年中东地区经济增长率为 3.5%，高于世界平均增长率的 1.9%，也高于本地区 2009 年 2.5% 的增长率。[6]

2. 迪拜逐步走出债务危机困境

迪拜一度被称为中东石油经济转型的成功范例，但 2009 年底爆发的迪拜债务危机令尚未完全恢复的全球金融市场再生波澜。海湾地区股市暴跌，投资者对中东市场的信心严重削弱。伴随着迪拜逐步摆脱债务危机阴影，阿拉伯商业人士和政府官员对经济持谨慎乐观态度，中东经济走势预期良好。卡塔尔和沙特阿拉伯将成为经济增长的领头军。国际货币基金组织预测，伴随着卡塔尔政府拓展液态天然气和原油出口之外的经济发展渠道，2011 年卡塔尔 GDP 增长或将超过 20%。稳固的能源需求——2011 年原油和天然气价格将双双走高——以及当地的经济机会都将大大吸引投资者。[7]不可忽视的是，中东地区依旧面临众多挑战，如对天然气需求上涨、核能源开发和水资源匮乏等问题，需要该地区所有国家共同解决。

3. 2011 年预测前景良好，但遭遇政局动乱障碍，中东经济发展堪忧

根据世界银行 2011 年 1 月 12 日发布的《2011 年全球经济展望》[8]的分析，2010 年出口石油的发展中国家从油价增长中获利，同时，海湾合作委员会（Gulf Cooperation Council，简称 GCC，海合会）中的高收入国家和欧元区部分国家的经济反弹进一步推动了出口和汇款等业务的复苏。总体来看，中东地区外部环境有所改善，加上早期刺激计划发挥作用，所以该地区 2010 年的经济发展呈现出温和增长回升的特点。报告在考虑了该地区持续增长的内需、稳固的出口市场以及高位油价等因素后，预测 2011 年和 2012 年当地的 GDP 增速将继续上升至 4.3% 和 4.4%。而国际货币基金组织在 2011 年 1 月 25 日发布的《世界经济展望更新》[9]同样预测中东北非地区在 2011 年和 2012 年的经济增长会提高 0.7 到 0.8 个百分点。但是，令人始料未及的是，进入 2011 年后中东北非地区发生的反政府动乱浪潮对该地区有望加速增长的经济水平造成严重阻碍。世界银行首席经济学家林毅夫（Justin Lin）在近日的《2011 年世界发展报告》新闻发布会上更是强调，对整个中东北非地区来说，这场动乱会将 GDP 增速拉低约 2.4 个百分点。

二、2010 年中东西亚地区能源发展新形势

总体来看，与 2009 年相比，该地区在能源领域呈现出投资大幅增长、发展项目多样化、能源形式多样化等特点。2010 年海湾地区能源和能源项目投资总额增加了 142%[10]，由 2009 年的 950 亿美元，增加到 2300 亿美元。其中电力、炼化投资各占 25%，石油和天然气投资各占 17%。随着国际形势的变化和环境问题的突出，当前的中东西亚石油输出国家更加积极

实施多元化经济发展战略。调整产业结构，根据本国国情探求适合自身特点的经济发展多样化道路。以沙特阿拉伯为例，沙特向来以“石油王国”著称，石油储量和产量均居世界之首，石油和石化工业是其经济命脉。在国际油价持续上升、石油收入直线增长的今天，沙特却在努力寻求把经济重心从石油上转移，努力发展下游产业如石化和采矿，沿着碳氢化合物价值链，从一个原油输出国转向炼制产品和石化行业发展。

2010 年该地区能源政策呈现出新的变化，具体有以下四个方面。

（一）石化产业向全球化迈进

随着经济全球一体化进程，中东地区进行有效地石油战略调整，依靠丰富的石油资源优势，以及紧靠亚洲和欧洲市场的地理位置和港口设施，加速发展以原油加工、自建炼厂、产品出口为主要目标的石化产业，努力改变单纯依靠原有生产和原油出口的产业格局。

目前，海湾地区占世界石化产品产能的 11%，到 2015 年这一比例预计将增至约 16%，而 2020 年将达到 20%。中东石化行业使用来自液化天然气、油田伴生气产生的乙烷为原料生产乙烯，成为世界上乙烯原料生产成本最低廉的地区。同时，由于石油价格居高不下，中东石油资金充分，加之外国合作伙伴带来的先进技术和管理经验，有专家预计 2012 年中东将超越西欧成为世界第三大乙烯生产地区。据汇丰银行全球研究公司称，中东地区在今明两年将新增 800 万吨/年的乙烯产能。2008—2011 年间，来自中东地区的新增石化产能将占到全球新增总量的逾 40%。[11] 成本低、产量高的生产优势进一步促使中东地区大规模的石化产能向全球扩展，产业链逐步向下游延伸，积极进军包括中国在内的亚洲市场、欧洲及美洲市场。

但是，中东石化产业的全球化步伐也面临诸多障碍：第一，从生产角度，原油产量与联合天然气产量密切相关，由于目前中东地区自身对天然气消费需求的大幅度上涨，中东天然气供应量波动较强，不稳定状态严重影响下游生产。第二，从市场角度，发达国家正加紧扩大自身产能，需求缺口逐步减小，而中东石化对国际市场依赖性较强，销售量会受到巨大影响。由此，产能过剩局面将持续较长一段时期。

（二）大力开发天然气储量，发展天然气工业

中东既是天然气的全球市场供应者，又是重要的天然气消费中心。据报道，中东地区的天然气需求量预计在2014年前增加22%，达到4814亿立方米。[12]天然气需求增长的主要原因有经济规模扩大、价格低廉、可替代石油发电等。天然气短缺已成为中东地区关注的重要能源问题。

目前，中东和北非地区拥有已探明天然气储量约占全球总储量40%。截至2010年初，海湾国家和其他中东北非地区已探明的天然气总量约为84.5万亿立方米，此外尚有39.6万亿立方米的未探明天然气储量。其中，沙特未探明天然气储量位居阿拉伯国家之首，达到19.2万亿立方米；其次是伊拉克，为3.39万亿立方米；排列其后的分别是卡塔尔为1.6万亿立方米；阿尔及利亚为1.38万亿立方米；阿联酋为1.26亿立方米；阿曼为0.95万亿立方米；也门为0.6万亿立方米；利比亚为0.59万亿立方米；埃及为0.57万亿立方米；此外，科威特、巴林、突尼斯和苏丹各自未经探明的天然气预计储量都在0.2万亿—0.4万亿立方米之间。[13]因此，海湾地区拥有大力发展天然气开采的条件和优势。

2010年中东西亚各国积极制定天然气开采计划，一方面通过与其他国家进行合作，引进外来先进技术，进行天然气储量开采，另一方面积极对外敞开市场，进行天然气项目建设，加强对外天然气出口。全球最大的石油公司沙特阿美公司计划2013年前完成其首个海洋非伴生天然气开发项目Karan[14]，这是该公司提高天然气产量以满足需求增长计划的一部分。卡塔尔计划提高LNG产量，在年底增加到7700万吨。[15]同时，向俄天燃气公司（Gazprom）发出邀请，共同参与卡塔尔液化天然气项目建设。[16]伊拉克则与荷兰壳牌皇家公司在日本三菱公司的支持下签订价值170亿美元的合同，在4个南部油田生产天然气，缓解长期存在的用电短缺问题，加快战后重建步伐。

然而，中东天然气产业发展也面临一系列限制性因素：第一，天然气不易储存和运输。天然气产业涉及到上游资源方、中游管道或设施输运方、以及下游终端消费用户三者之间共同承担和分摊风险的动态机制的形成。受制于这一产业链的特殊性，当前并未形成一个全球统一的定价市

场，天然气市场存在不稳定性。第二，基于各国对能源供应安全问题逐渐加强重视，以及对中东地区安全局势的担忧，日韩美等国已进行大规模的能源来源及形式多样化努力。第三，从长期来看，由于近年来天然气开采量急剧增长，产量增速超过消费增速，全球天然气供应过剩局面会持续很长时间，这将使得天然气输出国承受巨大压力和损失。如何推动天然气价格政策调整，加强地区天然气和液化天然气的基础设施建设，推动天然气供给多样化和市场的国际化成为中东地区在未来面临的巨大挑战。

（三）拓宽能源渠道，积极发展新能源

中东西亚地区拥有丰富的石油和天然气资源，这既给该地区带来了丰厚的外汇收入，也形成了该地区对传统能源的巨大依赖。目前，随着可持续发展理念的不断深入和新能源产业的蓬勃兴起，该地区各国都在努力探索适合本国国情的新能源开发道路，积极推进新能源产业发展，寻求在未来全球新能源领域占有一席之地。

1. 太阳能资源开发

良好的地理和气候条件，成为大力开发太阳能资源的重要优势。据估计，该地区太阳能资源占到全球可再生能源的45%，这一数据意味着如果该地区的太阳能资源得到充分开发，其生产的电力将是当今全球电力总需求的3倍。如地处沙漠地区的沙特，年日照时间在3400小时以上，几乎没有天然水源，而蒸发率则比其他地区高出近100倍，具备开发利用太阳能的有利条件。同时，沙特拥有足够的资金开展太阳能项目。沙特已开始尝试开展太阳能进行海水淡化项目，在沿海城市哈吉夫建立一个靠太阳能供电的海水淡化厂，降低对石油和天然气的依赖[17]；利用太阳能发电，率先建设小规模分散性发电厂。

2010年6月9日，阿联酋Masdar集团宣布与道达尔石油和西班牙阿本戈集团进行合作，建设一座年发电量100兆瓦的太阳能发电站。成为目前世界上规模最大的太阳能发电站，也是联合国清洁发展机制所确认的项目。项目建成后将每年减少相当于17.5万吨二氧化碳排放量，[18]推动阿布扎比成为可再生能源和可持续发展的主要源头和国际中心。

此外，多国也在积极谋求太阳能资源的开发。位于以色列内盖夫沙漠的Solel太阳能项目所规划的150兆瓦太阳能工程，将为以色列5万个家庭提供电力，该公司技术还被应用于美国莫哈韦沙漠的9个发电厂，发电量总计350兆瓦。[19]约旦卡瓦能源集团和马安开发区于5月20日开始执行马安太阳能电站项目，计划于2012年初完成，发电量为10万千瓦。[20]塞浦路斯电力局（EAC）计划大力开展能源项目投资，包括建造一座总投资额3亿欧元的大型太阳能发电厂，建立拉纳卡新机场的光伏电板太阳能园区，等等。

2. 民用核能开发

核能作为重要的清洁能源，日益受到各国的普遍重视。各国政府和企业纷纷加强投资力度，与发达国家企业合作，建立核电站，开发利用民用核能。2010年1月，阿联酋核能公司（ENEC）近日宣布将与韩国财团签约，在阿拉伯联合酋长国境内修建四座民用核电站，合同价值高达240亿美元。四座轻水反应堆将在2020年全部投入运营，届时阿联酋将有23%—25%的能源来自核能。[21]1月，科威特与法国签署和平利用核能合作协议；3月，卡塔尔首相参加第五届卡塔尔投资论坛，计划入股核电巨头阿海珐集团；5月12日，土耳其和俄罗斯政府在安卡拉签署多项协议，包括土俄合作在土耳其南部建设一座核电站和互免签证等，以促进两国在能源和经贸领域的合作；8月26日黎巴嫩真主党领导人纳斯鲁拉在讲话中呼吁黎巴嫩政府建造核电站以解决能源短缺的问题。一系列信息显示民用核能开发已成为中东西亚地区清洁能源发展的重要趋势和选择。

3. 风能开发利用

中东地区漫长的海岸线以及广阔的沙漠地区也是开发风能的理想场所。沙特在风能利用方面具有较大潜力。沙特能源研究机构对艾布哈、达兰、阿尔阿尔、延布等城市进行了风力数据采集，并对风能发电的可行性进行了广泛细致的分析研究，为大规模风能开发利用创造了有利条件。

约旦利用充足的光照和土地条件确立了发展以太阳能和风能为主的新能源电力产业思路。2010年9月，亚美尼亚政府拨款2亿德拉姆用于补充国有“可再生能源和节能基金”，实施发展小水电和风能发电等清洁能源开发项目。

此外，生物能、地热能、热浪能、潮汐能等其他形式的清洁能源都被列入该地区能源利用的考虑范围。中东地区各国已逐步构建出可再生能源利用体系，并努力在未来探索更为广阔的发展空间。由于中东西亚地区许多国家的单位温室气体排放量均居世界前列，因此这一趋势对于减轻全球大气污染和气候变化所带来的挑战，改善地区环境，创造更多就业机会，推动地区产业多元化发展具有十分重要的意义。

（四）凭借特殊地理区位，积极发展能源相关服务业

尽管土耳其常规能源较为匮乏，但其横跨欧亚两洲，连接欧洲、亚洲和中东市场的枢纽地位使得土耳其成为欧洲重要的能源供应通道。2009 年 8 月，俄罗斯、土耳其签署了两国在石油天然气领域的合作协议。协议规定，双方成立工作组，研究“萨姆松—杰伊汉”管道向欧洲出口石油项目的可能性。该管道长 555 千米，建成后土方每天可向欧洲出口石油 150 万桶。2010 年 1 月 13 日，普京总理提出俄罗斯、土耳其和意大利签署三方能源合作协议[22]，共同参与“南流”天然气管道和“萨姆松—杰伊汉”石油管道项目建设的建议。

伊朗、科威特、沙特、阿联酋等国也利用本国地理区位优势发展航运业，增加油轮数量，提高石油运输能力。伊朗国家油轮公司至 2013 年将拥有 74 艘油轮，巨型油轮的数量也将从目前的 28 艘增加到 2013 年 50 艘。[23]此举将使该公司的运力上升 72%，使其成为世界上第二或者第三大油轮公司。

虽然中东西亚地区正致力于增加投资，促进产业结构多样化发展，但经济结构依然存在不合理因素：第一，该地区国家对石油出口仍存在较强依赖性，GDP 增速中的油气贡献率所占比例很大。数据显示，海合会国家石油和天然气产业对 GDP 的贡献高达 47%[24]。国家财政收入和居民福利主要依赖石油收入。第二，尽管目前中东西亚地区产油国形成了围绕石油开采、加工的工业体系，但产业结构单一，吸纳就业人口的能力有限，从长远来看，这成为该地区经济保持持续发展、改善社会福利的最大限制性因素。

三、2010 年中东西亚地区与中国能源合作

2010 年，双方在能源领域的合作继续发展，在政府、企业等多个层面都较 2009 年取得了新的合作成果。总体来看，2010 年中国与中东西亚地区的能源合作呈现出以下几个方面的特点：

第一，在与中国合作密切的几个重点国家如伊朗、伊拉克、沙特的能源合作中，上游领域的合作有所增加，由过去单纯的技术服务逐步上升到合作开发的层面。

第二，油气领域合作仍然占据能源合作的绝对地位，可再生能源领域的合作仅处于技术服务的初级起步阶段。

第三，中东西亚地区的对外能源合作对象中，西方企业占据重要地位，中国企业的地位有待进一步提升。与西方国家相比，中东西亚地区对于中国技术的信心明显不足，尤其表现在新能源合作领域。

第四，在工程承包领域，包括石油化工、电力和环保行业，中国仍需进一步加强技术和管理水平的提升，提高投资者的认可和信赖度，在中东地区的工程承包领域站稳脚跟、奠定基础。

通过 2010 年的合作案例的总结，我们可以看到中国与中东西亚地区的能源合作尤其是油气领域的合作已逐步迈入新的阶段，呈现出投资规模扩大化、投资方式多样化、合作层次深度化、合作领域广泛化的特征。但同时，中东西亚地区的国内、国际局势仍旧是影响中国投资的最大不确定因素，中国在未来面临较高的政治风险、经济风险和法律风险。这也是中国想要在中东西亚地区实现投资的可持续增长所必须解决的问题。

注 释

[1]“美国强调通过外交途径解决伊朗核问题”，载世界能源金融网，2010 年 7 月 27 日，参见 http：//www. wefweb. com/news/2010727/0657179029. shtml。

[2]“美国官员：仍有时间同伊朗就核问题进行谈判”，载世界能源金融网，2010 年 12

月 2 日，参见 http：//www. wefweb. com/news/2010122/634268752385729036. shtml。

[3]“伊朗石油部官员：伊朗现在已停止进口汽油”，载世界能源金融网，2010 年 9 月 21 日，参见 http：//www. wefweb. com/news/2010921/634206594399011250. shtml。

[4]“外媒：国际大型石油贸易商切断伊朗汽油供应”，载世界能源金融网，2010 年 3 月 9 日，参见 http：//www. wefweb. com/news/201039/1032002295. shtml。

[5]“伊拉克石油产量回升将改变全球石油市场格局”，载世界能源金融网，2010 年 10 月 19 日，参见 http：//www. wefweb. com/news/20101019/634230963525781250. shtml。

[6]《中东非洲发展报告（2009～2010）：国际金融危机对中东非洲经济的影响》，社会科学文献出版社，2010 年版，参见 http：//iwaas. cass. cn/kycg/lunwen/2010 - 11 - 23/1948. shtml。

[7]“展望 2011 全球经济：曲折前行亦或一帆风顺?”，载世界经理人网，2011 年 1 月 20 日，参见 http：//www. ceconline. com/financial/ma/8800059868/03/。

[8] Global Economic Prospects 2011，January 12，2011，参见 http：//web. worldbank. org/WBSITE/EXTERNAL/EXTDEC/EXTDECPROSPECTS/EXTGBLPROSPECTS/0,, menuPK：615470～pagePK：64218926～piPK：64218953～theSitePK：612501，00. html。

[9] World Economic Outlook Updates，January 2011，参见 http：//www. imf. org/external/pubs/ft/weo/2011/update/01/。

[10]“今年海湾能源项目投资增长 142%”，载中国电力网，2010 年 5 月 25 日，参见 http：//www. chinapower. com. cn/newsarticle/1119/new1119589. asp。

[11]“汇丰银行：2011 年后中东石化建设进入空档期”，载世界能源金融网，2010 年 9 月 19 日，参见 http：//www. wefweb. com/news/2010919/634205685476511250. shtml。

[12]“中东地区天然气需求激增”，载《中国能源报》，2010 年 12 月 1 日，参见 http：//www. indaa. com. cn/ny/rq/201012/t20101201_ 455146. html。

[13]“中东和北非地区未探明天然气储量超 39 万亿立方米”，载中国经济网，2011 年 1 月 20 日，参见 http：//intl. ce. cn/specials/zxgjzh/201101/20/t20110120_ 22156779. shtml。

[14]“沙特阿美计划大幅提高天然气产量或将翻番”，载世界能源金融网，2010 年 6 月 19 日，参见 http：//www. wefweb. com/news/2010619/0946297345. shtml。

[15]“卡塔尔计划把液化天然气产量提高 15%”，载世界能源金融网，2010 年 3 月 3 日，参见 http：//www. wefweb. com/news/201033/0959057727. shtml。

[16]“卡塔尔：向俄天然气公司（Gazprom）敞开市场”，载世界能源金融网，2010 年

4 月 16 日，参见 http：//www. wefweb. com/news/2010416/0942259896. shtml。

［17］“欧盟将协助沙特发展太阳能项目”，载中国电力网，2010 年 3 月 9 日，参见 http：//www. chinapower. com. cn/newsarticle/1114/new1114498. asp。

［18］“道达尔石油获得建设阿联酋世界最大太阳能发电项目”，载中国电力网，2010 年 6 月 12 日，参见 http：//www. chinapower. com. cn/newsarticle/1120/new112064 4. asp。

［19］“以色列积极开发可再生能源”，载中国电力网，2010 年 1 月 12 日，参见 http：//www. chinapower. com. cn/newsarticle/1110/new1110767. asp。

［20］“约旦开始实施马安太阳能电站项目”，载中国电力网，2010 年 5 月 20 日，参见 http：//www. chinapower. com. cn/newsarticle/1119/new1119372. asp。

［21］“204 亿美元 4 座核电站 韩国财团签约阿联酋项目”，载中国电力网，2010 年 1 月 27 日，参见 http：//www. chinapower. com. cn/newsarticle/1112/new1112050. asp。

［22］“普京建议俄、土、意签三方能源合约”，载中国电力网，2010 年 1 月 19 日，参见 http：//www. chinapower. com. cn/newsarticle/1111/new1111329. asp。

［23］“伊朗 2013 年前将新添 22 艘巨型油轮”，载世华财讯网，2011 年 1 月 26 日，参见 http：//content. caixun. com/NE/02/el/NE02elvm. shtm。

［24］“中东北非能源变革 可再生能源潜力巨大”，载中国电力网，2010 年 4 月 15 日，参见 http：//www. chinapower. com. cn/newsarticle/1117/new1117195. asp。

案例 2　2010 年沙特阿美公司“走出去”战略

沙特阿拉伯是全球最大的原油出口国。而沙特阿拉伯国家石油公司（Arabian American Oil Company，简称 Saudi Aramco，沙特阿美公司）是拥有世界最大原油储量的石油公司，拥有 2600 多亿桶石油储量。作为欧佩克发起国之一，沙特阿拉伯的石油储量和产量均居世界首位，是世界公认的原油出口大国。但沙特阿拉伯也是成品油进口国，日进口汽油 6 万至 8 万桶。一方面大力出口原油，另一方面却大量进口成品油以满足国内所需，这个现象在国际社会十分普遍。主要原因与沙特油气行业的现状密切相关。由于缺乏发展炼油化工的高端技术，再加之融资困难、人才短缺等制约因素，导致炼油产业一直非常滞后。加之沙特阿拉伯的石油公司重勘探轻炼化，在炼化上的投资意愿一直不强烈，造成需要大量进口成品油的局面。[1]随着近年来油价的剧烈波动，沙特进一步调整了能源战略。在维持原油开采和出口能力的同时，逐步加强对炼油化工业的重视，增加具有更大竞争优势的高附加值成品油。在坚持不向外国公司开放原油开采权限的前提下，积极实施“走出去”战略。沙特阿美公司“走出去”战略实施的具体措施有以下两个方面：

一、保持油气开采能力，油气生产稳定增长

2011年沙特阿美公司的油气勘探和开采业务（E&P）投资将在2010年的基础上增加5.5亿美元。并计划在2014年前把天然气日产量从目前的112亿立方英尺提高到155亿立方英尺。[2]到目前为止，沙特已与壳牌、中石化、卢克石油、埃尼等国际企业开展合作，推动在沙特南部共同进行天然气田开发。目前，沙特已同美国、法国、日本、韩国等石油消费大国达成合资建炼厂的协议，大力开展炼化一体化项目建设。一方面积极在海外投资设厂，另一方面在本国建立大型炼油厂，扩大对外汽油出口。

当前，沙特阿美拥有约150万桶/天的原油加工能力。同时，正在推进投资达250亿美元的拉斯坦努拉炼油、石化联合体项目，炼油能力为40万桶/天。与外资合作方面，沙特阿美与法国道达尔在朱拜耳的40万桶/天合资炼油厂将在2013年底满负荷生产；沙特阿美与康菲公司40万桶/天合资炼油项目也计划在2014年底投产；2010年12月，沙特阿美公司表示，将和陶氏化学公司计划推进双方位于沙特朱拜勒的巨大的石化合资项目。投资成本约200亿美元。[3]2011年1月，沙特阿美把位于沙特阿拉伯陆上的瓦西特天然气项目的主要开发合同授予了韩国SK工程建造公司和韩国三星工程公司。

在中国，沙特阿美正再次与中国石化协商投资日产能为20万桶的青岛炼厂。若达成协议，它将成为沙特阿美继福建炼厂之后在中国投资的第二家炼厂。在印尼，2011年2月15日，印度尼西亚工业部长（Mohamad Hidayat）表示，沙特阿美公司准备与印尼国油签署一项有关在印尼建造一个50亿美元的炼油厂的项目，这个新建炼油厂将具有日加工30万桶原油的能力[4]。皇家荷兰壳牌公司有可能成为共同的合作伙伴。到目前为止，沙特在美国、中国、韩国、日本和菲律宾的5个主要炼油项目中拥有约200万桶/天的炼油份额。沙特巨大的炼油潜能充分保证了该公司在今后炼油化工行业及汽油出口业的广阔发展前景。

二、积极开拓海外石油和石化市场，加深国际化程度

日本石油天然气和金属国家公司（JOGMEC）和沙特阿美于2010年12月签署了一项合同，允许沙特阿美公司在今后3年里在位于日本西南部的冲绳岛储存380万桶原油。2011年2月15日，该日本公司表示，由于第一艘装载着大约190万桶原油的油轮将抵达日本，沙特阿美公司将按计划在本月开始在日本储存石油。[5]此举将有助于增加日本的石油储备以及向世界最大的石油出口国沙特阿拉伯提供更好地进入亚洲市场的机会。

随着沙特石化产业的快速发展，沙特阿美公司开始注重海外消费市场的开拓。一方面利用合资公司已具备的销售渠道，另一方面独立开拓销售通道。近几个月来，沙特阿美等公司纷纷宣布在中国北京、上海、广州等地成立分公司、物流基地、仓储基地等，为大举进入中国市场开路。[6]

在努力发展石油和石化产业的同时，沙特阿美公司更加注重长期、稳定的可持续发展。据《阿拉伯商报》（Arabian Business）报道，沙特阿美石油公司作为世界最大原油生产及出口公司，近期正在制订其减少温室气体排放的长期战略。[7]公司计划回收其油田工业设施排放出的二氧化碳等气体，将其转化为有商业价值产品，或用于现有油田养护，或贮存于地下保持适当压力。这一举措体现出公司对于环保问题的日益重视，成为公司发展长期规划的重要组成部分，从长远角度看，更加有利于国际化发展。

小　结

作为沙特能源领域的领军企业，沙特阿美公司致力于调整企业发展重心，逐步从加大油气生产过渡到对炼油化工业的重视，产品结构得到改进，产业结构得到进一步优化，国际市场更为拓展。一方面提升了沙特阿

拉伯整个国家在国际石化行业的竞争力，同时为中东西亚地区其他国家提供了新的发展思路，带动了整个地区的石油炼化能力，增强了中东西亚整体在能源行业的国际竞争力和国际话语权。

注　释

[1]“沙特炼油的崛起”，载《中国经济导报》，2010 年 1 月 30 日，参见 http：//www. ceh. com. cn/ceh/cjxx/2010/1/30/59189. shtml。

[2]“沙特阿美拥有 2640 亿桶石油储量”，载国际石油网，2010 年 6 月 9 日，参见 http：//www. in-en. com/oil/html/oil－0823082337671006. html。

[3]“陶氏/沙特阿美计划推进朱拜勒石化项目”，载中国能源信息网，2010 年 12 月 10 日，参见 http：//info. plas. hc360. com/2010/12/101404188461. shtml。

[4]“沙特阿美和壳牌将在印尼合建炼油厂”，载世华财讯网，2011 年 2 月 15 日，参见 http：//content. caixun. com/NE/02/fe/NE02fee1. shtm。

[5]“沙特阿美本月将开始在日本储存石油”，载世华财讯网，2011 年 2 月 16 日，参见 http：//content. caixun. com/NE/02/fg/NE02fgel. shtm。

[6]“沙特石化产业迅猛崛起”，载中国投资咨询网，2010 年 3 月 8 日，参见 http：//www. ocn. com. cn/free/201003/shihua081329. htm。

[7]“沙特阿美石油公司制订长期减排战略”，载中国石化在线，2010 年 11 月 11 日，参见 http：//sh. xlresin. com/sh/6a/120028. html。

中国与俄罗斯能源合作

一、前言

2010年全球经济回暖，发达国家和新兴经济体都不同程度地出现了经济复苏，俄罗斯经济也出现了经济回暖。2010年俄罗斯国内生产总值为44.4914万亿卢布（1美元约合29.7卢布），同比增长4.0%，这一速度超过俄罗斯官方此前预测的3.8%。此前受国际金融危机影响，俄罗斯经济于2009年下降约8%。俄罗斯总理普京在2010年年底表示，俄经济将于2012年上半年恢复至危机前水平。

俄罗斯是世界上石油与天然气资源最丰富的国家之一，对欧盟的能源出口是其获取外汇的主要手段。但要把这些能源运输到欧盟国家，乌克兰和白俄罗斯却是必经之路。近几年，俄罗斯与两个邻国的矛盾频繁爆发，而与乌克兰和白俄的“斗气”事件，甚至一度导致欧洲国家天然气供应中断。有鉴于此，俄罗斯的能源战略也发生了相应的变化，更加重视“能源出口多元化”策略，俄罗斯对华能源出口的策略出现了明显的变化。[1] 2010年，中俄能源合作渐入佳境，并形成了一个覆盖“点—线—面”多领域的能源合作。

在经济回暖的影响下，俄罗斯国内的能源工业取得了新的发展。2010年年初以来，受益于世界经济复苏，加之冬季严寒等因素，全球天然气需求稳步回升，带动俄罗斯天然气开采量大幅上升。俄罗斯在2010年天然气产量比2009年增加了11.5%，总产量达到了6503.11亿立方米。[2]俄罗斯的天然气产量在2009年仅次于美国，2010年俄罗斯重新成为了世界最大的天然气生产国。[3]

同时由于经济回暖，加之卢布升值、石油开采税率提高及投资下滑等因素消除，在石油产量的良好预期以及油价上涨的刺激下，俄罗斯2010年成为世界上最大石油生产国，远远领先于受到欧佩克产量配额限制的沙特阿拉伯。[4]俄罗斯前三季度石油产量再创新高，1月至9月共生产了4.2亿吨石油，达到了过去20年来的新高，比去年同期增加了2.4%，平均日产140万吨石油。[5]同时受益于石油价格上涨，俄罗斯能源出口收入大幅增加。2010年前4个月，俄罗斯石油出口收入就达到410.5亿美元，与2009年同期的209.6亿美元相比，增长近一倍。[6]

虽然全球经济开始复苏，但是金融危机的影响仍未平复，而且为应对经济危机而采取的一系列政策的负面效应也开始显现。面对复杂多面的世界政治形势，俄罗斯继续推行“能源多元化战略”，在继续扶持本国能源工业的基础上，立足国内，积极推动出口。中俄原油管道建成并运营，积极推动“南溪”管道建设取得重大突破，扩大核能的出口是2010年俄罗斯能源国际合作的一大显著特点。

二、俄罗斯2010年能源政策、战略的新动态

随着经济回暖，俄罗斯能源政策从2009年的反危机特点向积极开放的能源政策转变。俄罗斯政府考虑对那些希望投资俄能源领域的国外公司放宽法律管制，同时，还在酝酿一个“全球能源守则”，旨在创建俄罗斯能源供应的全球性生产与科技链条，寻求建立新的国际能源秩序，积极进行国际合作。[7]

（一）利用税收和价格手段，调节石油开采与出口

为了控制石油的开采与出口量，俄罗斯在2010年不断上调石油出口税

标准。从2010年开始，俄罗斯对出口白俄罗斯的部分石油和石油产品征收出口关税。俄罗斯天然气出口垄断企业——俄罗斯天然气工业股份公司2010年第一季度出口白俄罗斯的天然气价格将增加12%，达到每1000立方米168美元。此前白俄罗斯一直享受该地区天然气的最大折扣，2009年的平均价格为每1000立方米150美元。[8]

2010年4月，俄罗斯决定自5月起，俄罗斯石油出口税征税标准从每吨268.9美元上调至每吨284.063美元，上调幅度为5.6%。[9]6月，俄罗斯财政部宣布石油出口税征税标准上调2.9%。[10]7月，俄罗斯对产自东西伯利亚地区的石油实行统一优惠出口关税，但不是零关税。这意味着，2009年以来俄对东西伯利亚石油执行的零关税政策终结。[11]9月，石油出口税从每吨263.8美元上调至273.5美元，上调幅度约为3.7%。[12]

2010年，通过俄天然气工业股份公司管道系统的运输费提高12%。俄气公司于2009年1月和7月分别提高了天然气运输系统的费用，累计达到19.5%。2010年只提高一次，从2010年1月1日起，每千立方米·百千米单位的俄境内天然气运费将提高到45.73卢布，天然气出口运费从2010年7月1日起将提高到50.65卢布。[13]

全俄小油田原始可采总储量（指原始可采储量在1000万吨以内）占俄石油原始可采储量的14%。由于经济危机期间世界石油大幅度下降，导致石油公司的利润大幅下滑，俄各石油公司联合向俄政府提出减轻税负要求。石油公司特别提出了用其他征税办法代替矿产开采，用高额利润税代替出口税。在2010年3月，俄自然资源部表示，俄政府将对全俄小油田工业的矿产开采税实行较低税率，这项政策在2011年将能得到实施。2009年俄政府宣布对黑海和鄂霍茨克海的油气田实行免税政策，即黑海油气田在累计石油产量达到2000万吨以前，鄂霍茨克海油气田在累计石油产量达到3000万吨以前，均免征矿产开采税。[14]

（二）多项措施确保“能源多元化战略”实施

为确保俄罗斯的“能源多元化战略”顺利实施，保障石油和天然气输往欧洲，避免“斗气”事件的发生，2010年俄罗斯继续积极推动“北溪”和“南溪”管道的建设，积极协调各方，为管道的建设扫除障碍。特别引人注目的是，在俄方的几经协调下，一波三折的“南溪”管道在2010年终于迎来曙光。2010年11月，保加利亚能源控股集团与俄罗斯天然气工业公司签署协议，将成立合资公司，共同建设、管理南溪天然气管道保加利亚段项目。此前，俄罗斯已经与意大利、塞尔维亚、匈牙利签署了加入该项目的协议。这次与保加利亚签署协议将推动这一项目进入实质性建设阶段。近几年，俄乌“斗气”频频成为国际媒体的焦点，而俄乌两国在天然气收费和过境费问题上不时发生摩擦，南溪管道的建设对于俄罗斯的能源出口多元化具有重大意义。[15]

中俄原油管道在俄罗斯管道建设项目中具有极为重要的地位。2010年11月1日，中俄石油管线正式运营，历时14年的中俄原油管道正式建成，对于中俄能源合作具有重大意义。自2011年开始至2030年，该管道每年将向中国输送1500万吨原油。[16]中俄输油管道，北端在邻近中国的俄罗斯境内的斯科沃罗季诺，南至中国境内大庆，是俄罗斯远东输油管中国支线。中俄原油管道工程建成后，将成为中国从陆路进口俄罗斯原油的重要战略通道，有利于中国与俄罗斯实现能源进口与出口多元化战略。与此同时，俄罗斯还拟在新疆再建一条新的中俄输油管线。[17]

此外，中俄也在推进双方之间的天然气管道建设事宜。早在2006年中俄双方就签订了《关于从俄罗斯向中国供应天然气的谅解备忘录》，俄罗斯将修建东、西两条通往中国的天然气管道。不过，一度因价格分歧，推进难度颇大。2010年3月，中国国家能源局称，中俄已就未来从俄进口天然气的价格达成初步协议，中俄天然气价格谈判迈过最大难关。[18]但在6月，俄罗斯天然气巨头Gazprom表示，预计该公司最快将于2011年中期才能与中国石油天然气集团公司就天然气出口价格达成协议，而对华天然气出口也将在双方就价格达成一致后五年才能进行。这意味着，俄罗斯向中国出口天然气的日期将会被推迟一年。关于中国与俄罗斯管输天然气定价问题，虽然双方就价格谈判做出了努力，但在定价上还存在较大分歧，分歧为每1000立方米天然气100美元。中国希望双方应就推进价格谈判坦承相待，并缩小价格分歧。但俄罗斯对中国销售的天然气价格与对欧洲市场基本上一样，不存在价格优惠，俄方无意对中国以优惠价供应天然气。[19]因此，价格问题是现阶段中俄国际能源合作过程中亟待解决的问题。

（三）立足欧洲市场，积极进军全球能源市场

欧洲市场仍然是俄罗斯能源的首选市场，因此俄罗斯提出加深与欧盟的能源合作的建议，并且准备进入欧洲成品油零售市场。与此同时，俄罗斯还在欧洲“试水”核能合作，力图进军欧洲核能市场。在电力方面，俄罗斯积极扩大对中国的电力输出，2010 年通过国内电力公司增加了对中国的出口，同时俄罗斯也在探讨同地区的其他国家合作的可能性，包括塔吉克斯坦、吉尔吉斯、韩国。韩国曾经研究设计在东北亚国家建立统一的能源系统方案，该项目计划设计的范围包括俄罗斯远东、蒙古、中国、朝鲜、韩国和日本。不过，资金不足可能成为俄罗斯电力外输的瓶颈。此外，俄罗斯还欲在东亚、中东以及南美洲各国中建立核电站，试图打开全球市场。

（四）扶持国内能源工业

在建设通向欧洲的管道时，俄罗斯也积极在国内建设管道，增加国内的能源基础设施。首先，确立各公司融资建立新管道方案。2010 年 11 月，俄罗斯政府确定了扎波利亚尔诺耶—普尔佩石油管道建设融资方案，俄各石油公司将联合筹资建设亚马尔石油管道。卢克石油公司、天然气工业石油公司和秋明英国石油公司将出资约 300 亿卢布，帮助石油管道运输公司建设该项目。卢克石油公司、天然气工业石油公司和秋明英国石油公司将承担扎波利亚尔诺耶—普尔佩石油管道建设一半的开支。[20] 其次，俄罗斯还决定将在 2011 年建设“中西伯利亚—太平洋”管道延长线，该管线预计在 2013 年完成。[21]

俄罗斯在 2010 年积极进行油气勘探工作，在东西伯利亚地区取得重大勘探突破，与此同时，俄政府通过拍卖等一系列方式分配北极油气田。俄罗斯第 4 大石油公司苏尔古特石油和天然气公司（Surgutneftegaz）在 2009 年至今，先后发现了 9 个油田。其中，在汉特—曼西斯克自治州发现了 5 个油田，在涅涅茨自治州发现了 2 个油田。此外，苏尔古特石油和天然气公司在 2010 年 5 月还公布了在萨哈林共和国境内发现了 2 个油田，它们分

别是 South-Talakanskoye 油田和 Peleduyskoye 油田。[22] 2010 年 8 月，俄罗斯最大的原油生产公司——俄罗斯石油公司（Rosneft）在东西伯利亚油田成功完成了两口勘探油井的钻井作业并获得了新的石油发现。这两口油井目前分别日产 142 立方米和 191 立方米石油，这两个油气田计划将在 2013 年被开发。[23]

2010 年 6 月，俄罗斯政府在 6 月底拍卖 5 个位于 South Tambeisky 区块的油气田以及在 7 月份拍卖 2 个位于 Novoportovskoye 区块的油气田。位于 South Tambeisky 区块的油气田估计拥有 1.256 万亿立方米的天然气储量，而位于 Novoportovskoye 区块的油气田估计拥有 2.38 亿吨石油储量和 1300 万吨凝析油储量。俄罗斯能源巨头俄罗斯天然气工业股份公司、俄罗斯最大的独立天然气公司诺瓦泰克公司、俄罗斯第 5 大石油公司俄罗斯天然气工业石油公司以及俄罗斯第 4 大石油公司苏尔古特石油和天然气公司均参与报价。[24] 2010 年 11 月，俄罗斯政府将位于北极地区的两个油田——Titov 油田和 Trebs 油田——的开发权拍卖给俄罗斯 10 大战略能源公司之一的巴什石油公司（Bashneft）。[25]

俄罗斯 2010 年天然气产量比 2009 年增加了 11.5%，总产量达到了 6503.11 亿立方米。其中。俄罗斯 2010 年前 10 个月提供给俄罗斯炼油厂的原油数量同比增加了 5.5%，达到了 2.06348 亿吨。[26] 据统计，俄炼油厂 12 月份燃油和柴油产量双双增加，俄罗斯炼油厂的残余燃料油的产量比 11 月份同期增加了 5.88 万吨。柴油产量环比增加了 18.84 万吨，共生产了 388.95 万吨柴油。[27]

（五）运用行政手段，对能源企业予以引导和支持

2010 年，俄罗斯天然气工业股份有限公司（俄气）成为了全球获利最丰厚的企业，并打破了埃克森美孚石油公司对此头衔长达五年的垄断。与此同时，该公司还宣布其全面负责俄罗斯远东和西伯利亚天然气生产和出口，其中包括俄政府未来五年投资 1000 亿美元开发计划中的天然气资源部分。俄罗斯天然气工业股份有限公司获得俄政府的大力支持，甚至成为俄资源开发战略“代言”之一，便是其稳定快速发展的必然因素。俄总理普京表示，俄罗斯天然气工业股份有限公司过去五年为北高加索地区实现煤

气化投入40亿卢布（约1.3亿美元），俄政府拥有俄罗斯天然气工业股份有限公司49%的股份。

7月，俄罗斯政府先是决定取消对“俄罗斯石油管道运输公司”进行私有化改革，而后又决定将在3年内对包括“俄罗斯石油”、“俄罗斯石油管道运输公司”、“俄罗斯农业银行”等在内的10家国有企业进行私有化改革。[28]事实上，不管是“收”还是“放”，俄罗斯天然气工业股份有限公司“代言”俄罗斯政府资源战略的痕迹都非常明显。12月，俄罗斯经济部统计部门表示，尽管俄罗斯时下正在考虑允许天然气生产公司在国内市场上自由使用管道，但俄罗斯将不会讨论结束俄气在天然气出口上的垄断地位。[29]现在，俄罗斯天然气工业股份有限公司对俄政府天然气开发战略的“全面负责”，保证了其未来的良好发展前景。

（六）积极开发新能源与可再生能源

俄罗斯是世界核技术领先国家，核电产业是俄罗斯支柱产业之一。在政府支持下，俄罗斯核电产业特别重视技术研发，并大力推动核电出口。2010年俄罗斯水电公司投资计划比2009年增加22亿卢布，同比增加62%，达971亿卢布（约33亿美元）。其中，646亿卢布用于建设新电站，161亿卢布用于萨彦—舒申斯克水站重建项目，122亿卢布用于技术改造和维修。[30]

2010年1月，俄政府批准了新的联邦专项计划《2010～2015年及2020年远景的新一代核能技术》。俄将在研发新一代核能技术的基础上，建设更为高效和洁净的核电站。俄政府批准的计划预算增加到1283亿卢布（约43.1亿美元），2010年拨款32亿卢布。[31]3月，俄总理普京在参加伏尔加顿斯克核电站2号机组发电仪式，并在会议上提出俄应缩短项目周期，在最短的时间内建成26台新核电机组。[32]4月，普京签署命令，要求加快本国核电的发展步伐。政府从本年度国家财政中拿出532亿卢布用于加快本国的核电发展。除了制造浮动式核反应堆外，俄罗斯正为5座核电站制造发电机组。普京签署了加里宁格勒州波罗的海核电站厂址的批准命令，还将在托木斯克州、卡斯特罗姆州和车里雅宾斯克州选择新的核电站厂址。

按照国家核电发展中长期计划，俄罗斯准备在2010—2030年期间安装26台核电机组，预计在2018年前核电领域的总投入可达1.47万亿卢布，其中国家投入为6740亿卢布。计划实施的目标是使俄罗斯核电发电量达到世界领先水平，即到2025年达到发电总量的25%（现在约为16%）。[33]12月，俄罗斯与国际原子能机构（IAEA）共同建设的全球首家用于储备低纯度浓缩铀的核燃料银行已在西伯利亚落成，可以存储120吨低浓缩铀。[34]俄罗斯还大力推动核电出口，在国外进一步推广核电站建设，提高俄罗斯在世界核能市场的地位。俄罗斯与多国签订了核能合作协议，欲在多个国家和地区建立核电站。普京力图"掌控全球1/4的核电市场"。

俄罗斯的能源战略不仅提倡大幅度增加核电和水电的份额，而且提倡开发可再生能源。2010年6月，俄罗斯原子能工程公司与哈萨克斯坦、乌克兰及东欧国家就可再生能源领域项目合作进行谈判，风能是首要合作对象。[35]另外，2010年中俄首度牵手碳交易成功。

三、俄罗斯国际能源合作

（一）欧洲

虽然经过"斗气"事件后，俄罗斯积极推动"南溪"和"北溪"管道建设，力图绕开乌克兰与白俄罗斯，同时实施"能源出口多元化"战略，将视角转向亚洲乃至全球范围内。在"南溪"和"北溪"管道真正建成并运营之前，俄罗斯的石油和天然气仍然依赖通过乌克兰和白俄罗斯的管道输往欧洲，俄罗斯与这两个国家的矛盾也时有发生。

1. 继续试图控制东欧国家，但双方矛盾不断，合作有待加强

近几年俄罗斯与白、乌等国关系中实务因素增多，俄罗斯奉行本国利益优先的原则，在经济利益上对周边同盟国不再那么优待，逐步采取"亲兄弟，明算账"的做法。在经济危机之前，俄罗斯一直对独联体同盟国家

提供的能源实施价格优惠和折扣，在危机发生之后，俄罗斯向周边国家提供的能源的价格不断攀升，对于刚从经济危机中走出来的这些国家无疑是一个沉重的打击，在享受了这么多年的能源价格优惠后，东欧各国一时难以“断奶”，因此双方矛盾和摩擦不断。

以乌克兰和白俄罗斯为例。早在2010年1月，俄罗斯就计划提高出口乌克兰天然气价格。俄罗斯第一季度出口乌克兰的天然气价格将有可能从2009年第四季度的每1000立方米208.12美元提高到305—306美元。[36]为此，乌克兰将不得不为天然气进口支付更多的费用。9月，针对俄罗斯向乌克兰输出的天然气价格攀升的势头，乌克兰当局表示未来将积极吸引境外合作伙伴，独立开采国内天然气，从而摆脱对俄罗斯天然气的依赖。与此同时，乌克兰当局极力劝阻俄罗斯建设“南溪”天然气输气管道，并表示将尽快实现乌克兰天然气运输系统的现代化，积极发展国内的天然气行业。[37]

而俄罗斯与白俄罗斯的矛盾更加激烈，具体见表1。

表1　2010年俄罗斯与白俄罗斯天然气之争*

时间	事件
2010年1月—4月	俄罗斯称白俄罗斯共拖欠俄方天然气供应债务1.92亿美元，如果白俄罗斯不采取措施偿还债务，则将继续按比例减少对其天然气供应量，削减比例最高将达到85%。
5月16日	“俄气”宣布，由于白俄罗斯2010年拒绝按照合同规定的每千立方米169.22美元的价格购买俄天然气，只按照2009年的150美元的价格付账，一季度白俄罗斯天然气运输公司共拖欠“俄气”1.37亿美元。
6月初	“俄气”宣布，白方拖欠债务已达1.92亿美元。
6月15日	俄罗斯总统梅德韦杰夫向白方发出了五天内还债的“最后通牒”。
6月21日	五天期满，白方无视“最后通牒”，并无还债举动，“俄气”宣布从当天起，将对白天然气日供应量减少15%。

续表

时间	事件
6月22日	“俄气”对白俄罗斯天然气日供应量的削减比例从15%升至30%。 白俄罗斯总统卢卡申科下令关闭白俄罗斯通往欧洲的天然气输气管道，直到俄方支付天然气过境运输费为止，并表示两国天然气债务问题已经超出企业间纠纷的范畴。俄罗斯天然气工业股份公司拖欠白俄罗斯2.6亿美元的天然气过境运输费，在俄方支付半年过境费之前，白俄罗斯不会恢复天然气过境运输。他同时承认，白方拖欠俄1.92亿美元天然气费用。 “俄气”表示，该公司正在制订替代方案，以绕开白俄罗斯向欧洲国家提供天然气。
6月24日	俄方在确认白俄罗斯已偿还2010年1月至4月拖欠的近2亿美元债务后，于当天上午开始恢复向白俄罗斯的天然气供应，白俄罗斯也随即恢复了对欧盟的天然气过境运输。此外，“俄气”也于同日按合同向白方转账支付了2.28亿美元的天然气过境运输费。
6月28日	白俄罗斯总统卢卡申科在一次会议上表示，明斯克不打算因最近发生的天然气事件与俄罗斯打经济战。 同日，白俄罗斯天然气运输公司首席执行官弗拉基米尔·马约罗夫对外宣布，白俄罗斯已接受了“俄气”于一天前正式提出的天然气过境费补充协议，双方将在6月30日或7月1日签署此协议文本。至此，这一轮俄白“天然气之争”正式平息。

*此表格系作者根据事实材料整理制作而成。

另外，对于白俄罗斯方面在关税同盟框架中加入有关关税同盟成员国同步向天然气价格相等过渡以及主张取消石油和油品出口关税。俄罗斯建议将天然气问题排除在统一经济空间能源协议之外，而是通过单独的协议解决该问题。

虽然此次“俄气”与白俄罗斯天然气运输公司的“斗气”事件没有如

上一次那样给欧洲各国的天然气使用造成重大影响，而且两国以及各自公司之间的经济损失也不得而知，这次“天然气”之争自始至终就完全超越了公司之间债务纠纷的范畴，整个过程中都包含着两国政府的影子，是两国间利益的博弈以及摩擦。近几年来接连发生的俄罗斯与白俄罗斯之间的“斗气”事件表明，经济危机之前的两国高度政治信任以及基于此而产生的能源优惠已经出现了严重危机，而经济危机只是造成俄罗斯与白俄之间这种危机关系的一个契机。当然，即使没有经济危机的发生，但随着两国对本国利益的追逐以及坚持，两国利益的偏差也会越来越大，而此类“天然气之争”也会不可避免的发生。不过值得考虑的是，无论在双边经贸联系上，还是在外交的彼此借重上，亦或是在国家安全的相互保证上，俄白关系与俄乌关系以及俄波关系等都不可能真的分崩离析，而事实也正是如此。[38]

2010 年下半年，俄方分别与乌克兰、白俄罗斯以及波兰等国达成了一系列合作协议，双方之间各自的矛盾暂时告一段落。10 月，俄罗斯总统普京访问基辅，俄罗斯与乌克兰签署协议，将在能源航空等多方面展开合作。[39] 10 月，俄罗斯和乌克兰讨论在铀浓缩领域建立商业性合资企业的问题。[40] 10 月 26 日，波兰政府批准了波兰与俄罗斯日前签署的新的天然气供应协议，这项协议将增加俄罗斯供应波兰的天然气数量。[41] 10 月 29 日，俄波在华沙签署了关于修改 1993 年和 2003 年天然气供应和运输协议的两份补充议定书。根据协议，俄对波兰的天然气供应量 2010 年将从 75 亿立方米提高到 97 亿立方米，2012—2020 年将进一步提高到 110 亿立方米/年，而波兰将在 2019 年前保障俄天然气经亚马尔—欧洲管道的运输。[42] 11 月 27 日，俄罗斯和乌克兰日前签署了一项有关石油过境运输的政府间协议。这项协议规定了改变石油过境运输关税的条件以及保障俄罗斯石油在乌克兰领土上的过境运输。[43] 12 月，俄罗斯能源巨头俄罗斯天然气工业股份公司与乌克兰国家石油天然气公司同意组建两个天然气合资企业，一个合资企业将负责勘探乌克兰境内的煤层气，另外一个合资企业将负责开发位于黑海海上的天然气田。同时，双方同意解决 2008—2009 年发生的天然气争端并减少从俄罗斯向欧洲供应天然气过程中的潜在威胁。[44]

2. 继续加强与欧盟能源合作，并且力图开拓新市场

面对俄罗斯与白俄罗斯的新一轮“斗气”事件，欧盟提出扩大俄欧能源合作与对话框架。2010 年 11 月，欧盟公布新版能源战略，计划减少对俄罗斯的依赖，计划在 2020 年前耗资 1 万亿欧元用于实现能源来源多元化，降低对进口燃料的依赖。[45]

但是俄罗斯却不愿放弃欧盟的能源市场。在天然气方面，俄罗斯在 2010 年决定向欧洲提供同样多天然气，并且计划在 2011 年增加对欧洲的天然气出口。俄罗斯天然气工业公司计划 2011 年把对欧洲的天然气出口量从 2010 年的 1400 亿至 1450 亿立方米增加到 1500 亿至 1550 亿立方米，所签署的到 2030 年前的合同供应量达到近 4 万亿立方米天然气，其中 2011 年对西欧的天然气出口量不低于 1500 亿至 1550 亿立方米。[46]

石油方面，俄罗斯石油巨头在考虑进入欧洲成品油零售市场。2010 年 10 月，俄罗斯最大的石油公司——俄罗斯石油公司（Rosneft）表示，该公司将考虑进入欧洲成品油零售市场的所有可能性，考虑整个欧洲的成品油零售销售市场，而不仅仅是德国的零售市场。而且俄罗斯石油公司已获准进入欧洲的批发市场。该公司从委内瑞拉国家石油公司收购后者在德国的 Ruhr Oel GmbH 公司 50% 股份。Ruhr Oel GmbH 公司在德国拥有 4 个炼油厂，协议价值预计将在 16 亿美元。[47]

核能方面，俄罗斯欲进军欧洲核电市场。2010 年 4 月，意大利和俄罗斯两国能源企业签署了一项能源合作协议，其中包括在俄罗斯和东欧国家建立新一代核电厂、提高能源利用率和改善能源销售结构。[48] 4 月 30 日，俄罗斯外交部长拉夫罗夫 29 日向欧洲理事会议员议会（PACE）表示，俄罗斯已经做好准备，打算与欧盟在能源方面展开更为广泛的合作。[49] 5 月，俄土签署了土耳其阿库尤首座核电站建设和投产合作协议，俄罗斯将为土耳其建造该国第一座核电站。[50] 7 月，俄罗斯与保加利亚商谈天然气管道和核电站建设。[51] 10 月，继在保加利亚建造了一个小型核反应堆之后，Rosatom 有可能承接在捷克建造两个大型核反应堆的项目，该项目潜在价值超过 80 亿美元。

在进军欧洲核能市场过程中，俄罗斯主打良好的核能政策这张牌。即俄罗斯不仅允许核电技术出口，而且如果购买俄罗斯的核反应堆，那么核废料的处理将不用买主来操心，俄罗斯将允许进口其他国家核反应堆用剩的核废料。这项政策对于推动俄罗斯核电出口具有重大的作用。除了建造核反应堆，俄罗斯还希望通过建立合资公司的形式转让其核电技术。目前俄罗斯已经是欧盟低浓度铀燃料的主要供应国，例如瑞士的燃料100%均来自俄罗斯，而法国30%的核反应堆燃料同样是由俄罗斯供应的，是俄罗斯在欧洲最大的客户。俄罗斯这些行动和政策仅是俄方的一次“试水”，尝试其通过开拓发达国家核市场来发展俄罗斯核工业的策略是否能奏效。而无论成功与否，俄罗斯意图进军欧洲市场的决心已经表露无遗。[52]

（二）开发中东地区天然气资源，并试图进军中东核能市场

中东地区油气资源丰富，一直以来都是俄罗斯重点关注和争夺的地区。在伊拉克重建过程中，俄罗斯借助重建的契机积极争夺油气开发权。11月，俄罗斯第5大石油公司——俄罗斯天然气工业石油公司（Gazprom Neft）通过招标颁发了3个旨在开发位于伊拉克南部的未开发油田巴德拉油田的合同。[53]同月，俄罗斯天然气出口垄断企业俄罗斯天然气工业股份公司（俄气/Gazprom）表示将在平等的基础上与以色列组建一家合资企业来开发以色列的海上天然气田，计划购买该合资企业的50%股份。俄气拟将丰富的海上气田勘探和开发经验应用于以色列海上气田的开发作业，并将与以色列在以色列天然气配送以及以色列向第三国出口天然气问题上合作的可能性进行研究。[54]

与此同时，俄罗斯要在中东地区大建核电站。2010年5月，俄总统在访问叙利亚期间与该国领导人讨论了合作建设核电站的问题。[55]沙特阿拉伯早就对开发本国核能利用显示出浓厚的兴趣。此前，在2009年10月，沙特阿拉伯政府已授权在核能和可再生能源领域与俄罗斯就核合作事宜起草一个协议。目前，俄罗斯与沙特阿拉伯正在就签署和平核能合作框架协议进行会谈。[56]

（三）亚洲

1. 与东亚、中亚国家开展天然气合作

虽然欧洲市场曾是俄罗斯能源的头号市场，并将在长时期内保留头号市场的地位。但在非常短的时期内，俄罗斯向亚洲市场供应的天然气数量将达到对欧供气的水平。[57]在东亚，俄罗斯积极为本国的天然气寻找买家，

而这正符合了实施天然气进口多样化的韩国的需要。在首尔举行的“G20”会议之后，俄罗斯天然气提前进入韩国，而且俄罗斯天然气出口垄断企业——俄罗斯天然气工业股份公司有可能从2017年起把每年出口韩国的天然气数量至少提高到100亿立方米，俄气和韩国天然气公司还将讨论建造一条旨在运送所增加天然气的输气管道的可能性。[58]

中亚地区是世界上天然气储藏最丰富的地区，俄罗斯与中亚的天然气合作由来已久。如在2010年1月，俄土两国就签署协议，建输气管道加强合作。[59]而且“南溪”管道的建设中也有俄罗斯与中亚天然气合作的影子。当然，俄罗斯与中亚国家的能源合作并不仅局限于天然气领域，可再生能源领域项目合作也是其中一方面内容。

2. 以核能为契机，推动与南亚国家能源合作

在南亚，俄罗斯以拥有先进的核能技术为优势，与印度、越南达成核能合作协议，使其作为俄罗斯核能输出的合作伙伴。俄罗斯与印度的核能合作并非突然。早在2006年3月，俄罗斯联邦总理出访印度时就强调两国应在民用核能、石油和天然气领域加大合作力度。2007年1月，俄印双方签署了近10项协议，其中就有核电方面的内容。近几年来，双方在能源方面的合作愈加紧密，例如俄罗斯的“萨哈林-1”石油开采项目中就有印度的身影。2009年底，俄总统梅德韦杰夫与印度总理辛格正式签署了一份民用核能合作协议，这份协定对印度核试验“放行”，保证未来即便印度进行核试验，俄罗斯也会向印度提供核燃料。2010年3月，俄印两国就建造16座核电站、向印度提供核燃料和核废料处理技术等一系列问题签署相关协议，俄罗斯与印度将正式开展大规模的核电合作。[60]俄罗斯还积极发展印度以外的南亚国家。2010年，俄罗斯与越南也在核能合作方面达成一致协议，其中包括俄罗斯将首先帮助越南建设核能研究培训中心[61]以及俄罗斯将帮助越南建设该国的第一座核电站[62]等内容。

（四）非洲

俄罗斯2010年在非洲开展的能源合作都与天然气相关，涉及到天然气项目开发、天然气管道建设以及天然气生产资产的获取。

俄罗斯在尼日利亚铺设天然气管道，试图打造非洲天然气管道第一段。俄罗斯天然气工业股份公司与尼日利亚国家石油公司（NNPC）合作在尼日利亚国内铺设一条投资4亿至5亿美元的天然气管道。[63]

2010年俄罗斯积极寻求获得尼日利亚和阿尔及利亚的天然气生产资产。尼日利亚拥有5万亿立方米探明天然气储量，拥有非洲近三分之一的天然气储量，今后可能成为世界市场上的一个主要天然气供应国。12月，俄罗斯天然气工业股份公司麾下的负责海外项目的子公司Gazprom EP国际公司积极寻求获得尼日利亚国内天然气生产资产。[64]同时俄罗斯第三大石油公司TNK-BP公司也试图购买阿尔及利亚天然气田。[65]另外，俄罗斯也有意向参与纳米比亚天然气项目。[66]

（五）拉丁美洲与大洋洲

2010年，俄罗斯向拉美国家传递出了友好的信号，积极“拉近”与拉美关系，拓展贸易，展开核能合作。俄罗斯先后与阿根廷、委内瑞拉签订核能合作协议，将帮助两国分别建立核反应堆和核电站。[67]

早在2007年9月7日，俄澳两国在悉尼签署协议，意在扩大和加强两国在和平利用核能方面的合作。2010年7月，俄罗斯签署《关于批准俄联邦政府与澳大利亚政府关于和平利用核能领域合作协议》。[68]根据该协议，俄罗斯和澳大利亚之间相互进行工业设备和技术转移，该协议为俄罗斯利用在本国企业加工后的澳大利亚核材料，包括为核电站生产的燃料而产生。

四、中国与俄罗斯能源合作

经济合作一直是中俄两国关系的短板，以能源领域的合作为突破口，提高了两国经济合作的水平，中俄能源合作在某种程度上已经超越经济合作的范畴，上升到了增进两国相互信任、巩固双边合作的高度，含义非常深远。随着中俄能源合作的深入，逐步形成了以电力—中俄石油管道—多项能源合作为代表的“点—线—面”相结合的中俄能源合作现状，中国的能源合作日趋多元化。

（一）电力领域的合作已经成为中俄能源合作的主要内容之一

中俄在电力领域的合作主要为火电、水电和核电。2010 年 1 月，俄罗斯国际统一电力系统集团公司（Inter RAO UES）旗下的子公司、俄对华电力出口运营商东方能源公司与中国国家电网公司签订了补充协议，2010 年将扩大中国的电力输出。[69] 11 月 28 日，中俄 500 千伏跨国输电线路黑龙江大跨越工程正式竣工，该工程是中俄国际能源合作重点工程——中俄 500 千伏直流背靠背联网工程的重要组成部分，跨越中俄边境界江——黑龙江，跨江段线路全长 2345 米。中俄 500 千伏跨国输电线路工程计划于 2011 年投产送电，届时，俄罗斯远东电网将向黑龙江电网送电，年供电量将达 43 亿千瓦。[70]

在核能领域，中俄双方已开展了多年的密切合作。2010 年 4 月中旬，中俄经济合作的最大项目田湾核电站一期通过中方验收，江苏核电有限公司与俄罗斯原子能建设出口公司正式签署了田湾核电站 1、2 号机组最终验收证书，标志着后者完成了迄今为止中俄经济合作的最大项目——田湾核电站一期工程建设总合同规定的所有任务。[71] 9 月 27 日，中核集团江苏核电有限公司、中国核电工程有限公司、中国原子能工业有限公司与俄罗斯原子能建设出口公司在北京签署《田湾核电站 3、4 号机组技术设计合同》，标志着中俄合作建设田湾核电站扩建工程 3、4 号机组项目进入实质性推进阶段。[72] 另外，中俄两国将在建设浮动核电站、开拓第三国市场、核应急研究及铀矿勘探等 7 个领域扩大合作，并将开拓新的核能合作领域。[73]

水电是中俄电力合作目前开展较少也是具有良好发展前景的一个领域。2010 年 11 月中国最大的水力发电上市公司中国长江电力股份有限公司与俄罗斯最大的独立电力公司兼世界最大的私营水力发电公司之一 EuroSibEnergo PLC（“EuroSibEnergo”）签订框架合作协议，将开发俄罗斯的水力发电项目。双方将成立合资公司，在俄罗斯建设水电站和热电厂。[74]

（二）合作日趋多元化

除了在电力、石油等领域外，中俄两国在核电、天然气、煤炭资源开发、能源设备制造等多个能源领域的合作也全面开花，均取得了突破性的进展。

2010 年 8 月底，中俄管道俄罗斯境内段正式投产进油，俄罗斯总理普京亲自开启中俄原油管道。11 月 1 日，中俄石油管道正式运营，根据中俄双方此前签署的石油管道运输协议，这条输油管线将在今后 20 年间，每年向中国输送 1500 万吨原油，这不仅将大大缓解中国的石油资源紧缺矛盾，更将为中俄下一步在其他能源领域的合作奠定基础。[75] 从安大线到安纳线再到泰纳线，围绕这条石油管线，中、日、俄三国曾经展开过一场历时 14 年的能源角力。如今，改道三次的中俄原油管道终于建成并投入运营。对于保障中国的能源安全以及巩固俄罗斯作为中国主要能源进口国地位，以及促进俄罗斯“能源出口多元化”战略的顺利实施具有积极意义。

煤炭成为中俄能源合作下一热点。2010 年 8 月 31 日，中国、俄罗斯签署能源合作协议，中俄“贷款换石油”合作方式日前复制，以贷款换取煤炭进口。中俄 60 亿协议开发远东煤炭资源，中俄“贷款换能源”增添煤炭样本，俄罗斯有望成为中国主要煤炭供应国。未来 5 年俄罗斯向中国的煤炭供应量将增长 25%。“计划未来 5 年每年至少供应 1500 万吨煤炭，接下来 20 年每年不少于 2000 万吨。”[76] 2010 年 10 月，中俄能源巨头成功牵手碳交易，也是未来中俄能源合作发展的一个方向。

注　释

[1]“能源出口渠道危机：俄罗斯无奈的买路钱”，载新浪财经，2010 年 2 月 3 日，参见 http：//finance. sina. com. cn/world/ozjj/20100203/18367363006. shtml。

[2]“俄罗斯去年天然气产量同比增加 11. 5%”，载中国能源网，2011 年 1 月 4 日，参见 http：//www. china5e. com/show. php？contentid = 150394。

[3]“俄罗斯去年天然气产量已达到危机前水平”，载中国能源网，2011 年 1 月 13 日，参见 http：//www. china5e. com/show. php？contentid = 152658。

[4]“路透社：俄今年石油产量预计增加1.1%”，载中国能源网，2011年1月13日，参见http：//www. china5e. com/show. php？contentid = 152651。

[5]“俄罗斯前三季度石油产量再创新高”，载中国能源网，2010年12月9日，参见http：//www. china5e. com/show. php？contentid = 145267。

[6]“俄前4个月石油出口收入增长1倍”，载能源网，2010年6月9日，参见http：//www. cnenergy. org/_ d270317708. htm。

[7]“俄罗斯能源政策变开放了”，载人民网，2010年4月26日，参见http：//energy. people. com. cn/GB/11427783. html。

[8]“2010年俄罗斯计划提高出口乌克兰天然气价格”，载中国行业研究网，2010年1月6日，参见http：//www. chinairn. com/doc/70280/519525. html。

[9]“俄罗斯可能向乌克兰提供气价折扣”，载南风金融网，2010年4月19日，参见http：//www. nfinv. com/2010/0419/11565. html。

[10]“俄罗斯石油出口税征税标准6月1日起将上调约3%”，载中国证券网，2010年5月17日，参见http：//www. cnstock. com/index/gdxw/201005/543584. htm。

[11]“俄或取消东西伯利亚零关税”，载能源网，2010年6月4日，参见http：//www. cnenergy. org/_ d270307986. htm。

[12]“俄下月起上调石油出口税3.7%”，载能源网，2010年8月17日，参见http：//www. cnenergy. org/_ d270695207. htm。

[13]“俄罗斯2010年提高天然气运费价格”，载振兴东北网，2010年6月6日，参见http：//www. chinaneast. gov. cn/2010 - 06/06/c_ 13333520. htm。

[14]“俄罗斯承诺2011年向小油田提供税收优惠”，载振兴东北网，2010年6月6日，参见http：//www. chinaneast. gov. cn/2010 - 06/06/c_ 13333520. htm。

[15]“南溪管道开辟俄气西送新通道”，载中国能源信息网，2010年11月17日，参见http：//www. zgnyb. com/news. asp？newsid = 12570。

[16]“中俄原油管道主体焊接完工”，载能源网，2010年6月10日，参见http：//www. cnenergy. org/_ d270320057. htm。

[17]“俄罗斯拟新建一条中俄天然气管道”，载中国投资资讯网，2010年9月30日，参见http：//www. nengyuan. cc/hyzx/201009/trqi301025. html。

[18]“中俄天然气谈判跨越最大难关”，载能源网，2010年5月20日，参见http：//www. cnenergy. org/_ d270280404. htm。

[19]2010年6月1日，中国国产陆上天然气出厂基准价格由每千立方米925元提高到1155元人民币。假设中、俄双方的价格差距是基于中国国产陆上天然气出厂价，则俄方的报价约在1800元/千立方米。今年前两个季度，俄罗斯向乌克兰出口的天然气价格分别为305和330美元/千立方米，这与俄方对中方的要价接近。“俄

无意对中国以优惠价供应天然气”，载中国能源网，2010 年 11 月 22 日，参见 http：//www. china5e. com/show. php？contentid = 141601。

[20] “俄各石油公司将联合筹资建设亚马尔石油管道”，载中国能源网，2010 年 11 月 3 日，参见 http：//www. china5e. com/show. php？contentid = 137568。

[21] “俄罗斯 2011 年建设‘东西伯利亚—太平洋’管道延长线”，载振兴东北网，2010 年 6 月 6 日，参见 http：//www. chinaneast. gov. cn/2010 – 06/06/c_ 13333520. htm。

[22] “俄石油公司去年发现 9 个油田”，载能源网，2010 年 5 月 10 日，参见 http：//a21014551. site. hichina. com/_ d270261088. htm。

[23] “俄在东西伯利亚获新石油发现”，载能源网，2010 年 8 月 13 日，参见 http：//www. cnenergy. org/_ d270689104. htm。

[24] “俄罗斯在北极地区拍卖 7 个油气田”，载能源网，2010 年 6 月 25 日，参见 http：//www. cnenergy. org/_ d270533955. htm。

[25] “俄巴什石油公司赢得北极两油田开发权”，载中国能源网，2010 年 11 月 4 日，参见 http：//www. china5e. com/show. php？contentid = 137762。

[26] “俄今年前 10 个月石油出口同比下降 0. 4%”，载中国能源网，2010 年 11 月 3 日，参见 http：//www. china5e. com/show. php？contentid = 137432。

[27] “俄炼油厂 12 月份燃油和柴油产量双双增加”，载中国能源网，2010 年 12 月 23 日，参见 http：//www. china5e. com/show. php？contentid = 148434。

[28] “俄取消石油管道运输私有化改革”，载能源网，2010 年 7 月 30 日，参见 http：//www. cnenergy. org/_ d270662563. htm。

[29] “俄罗斯将保持俄气天然气出口垄断地位”，载中国能源网，2010 年 12 月 21 日，参见 http：//www. china5e. com/show. php？contentid = 147769。

[30] “2010 年俄罗斯水电公司投资达 33 亿美元”，载中国能源网，2010 年 6 月 18 日，参见 http：//www. china5e. com/show. php？contentid = 106229。

[31] “俄罗斯计划斥资 43 亿美元发展核电新技术”，载振兴东北网，2010 年 6 月 6 日，参见 http：//www. chinaneast. gov. cn/2010 – 06/06/c_ 13333520. htm。

[32] “普京要求尽快建 26 台核电机组”，载中国能源网，2010 年 3 月 22 日，参见 http：//www. china5e. com/show. php？contentid = 85154。

[33] “俄罗斯加快本国核电的发展步伐”，载中国能源网，2010 年 4 月 21 日，参见 http：//www. china5e. com/show. php？contentid = 92811。

[34] “存储 120 吨低浓缩铀，俄罗斯核银行‘后台硬’”，载中国能源网，2010 年 12 月 16 日，参见 http：//www. china5e. com/show. php？contentid = 146892。

[35] “俄企探讨与哈合作开发风能”，载能源网，2010 年 6 月 21 日，参见 http：//

www. cnenergy. org/_ d270525705. htm。

[36]“2010 年俄罗斯计划提高出口乌克兰天然气价格”，载中国行业研究网，2010 年 1 月 6 日，参见 http：//www. chinairn. com/doc/70280/519525. html。

[37]“乌克兰天然气威胁俄垄断地位”，载能源网，2010 年 9 月 14 日，参见 http：//www. cnenergy. org/_ d270745196. htm。

[38]“本轮俄白‘斗气’到底谁是赢家”，载能源网，2010 年 7 月 1 日，参见 http：//www. cnenergy. org/_ d270544594. htm。

[39]“俄罗斯与乌克兰将在能源航空等多方面展开合作”，载人民网，2010 年 10 月 27 日，参见 http：//cq. people. com. cn/News/20101027/20101027142755138c. htm。

[40]“俄罗斯与乌克兰商讨建立铀浓缩合资企业”，载能源网，2010 年 10 月 13 日，参见 http：//www. china5e. com/show. php？contentid = 132922。

[41]“波兰政府批准与俄罗斯签署的天然气协议”，载汇金网，2010 年 10 月 29 日，参见 http：//www. 8884321. com/nengyuan/20101029_ 13038. html。

[42]“俄波签署天然气合作新协议”，载中国能源网，2010 年 11 月 3 日，参见 http：//www. china5e. com/show. php？contentid = 137560。

[43]“俄乌两国签署石油过境运输政府间协议”，载中国能源网，2010 年 11 月 29 日，参见 http：//www. china5e. com/show. php？contentid = 142936。

[44]“俄乌两国同意组建天然气合资企业”，载中国能源网，2010 年 12 月 3 日，参见 http：//www. china5e. com/show. php？contentid = 144043。

[45]“欧盟发布新版能源战略，计划减少对俄依赖”，载东北网，2010 年 11 月 12 日，参见 http：//commerce. dbw. cn/system/2010/11/12/000296185. shtml。

[46]“俄气公司计划 2011 年增加对欧洲的天然气出口”，载中国能源网，2010 年 12 月 9 日，参见 http：//www. china5e. com/show. php？contentid = 145507。

[47]“俄石油巨头考虑进入欧洲成品油零售市场”，载中国能源网，2010 年 11 月 3 日，参见 http：//www. china5e. com/show. php？contentid = 136854。

[48]“意大利与俄罗斯签署核电能源合作协议”，载中国能源网，2010 年 4 月 27 日，参见 http：//www. china5e. com/show. php？contentid = 94337。

[49]“俄外长：俄准备与欧盟在核能等方面展开广泛合作”，载中国能源网，2010 年 4 月 30 日，参见 http：//www. china5e. com/show. php？contentid = 95289。

[50]“俄罗斯将为土耳其建该国首座核电站”，载中国能源网，2010 年 5 月 14 日，参见 http：//www. china5e. com/show. php？contentid = 98398。

[51]“俄罗斯与保加利亚商谈天然气管道和核电站建设”，载中国能源网，2010 年 7 月 8 日，参见 http：//www. china5e. com/show. php？contentid = 110664。

[52]“俄罗斯欲进军欧洲核电市场”，载能源网，2010 年 10 月 20 日，参见 http：//

www. china5e. com/show. php？contentid = 134611。

[53]“俄气石油招标开发伊拉克巴德拉油田”，载中国能源网，2010 年 11 月 11 日，参见 http：//www. china5e. com/show. php？contentid = 139379。

[54]“俄气将组建合资企业开发以色列海上气田”，载中国能源网，2010 年 11 月 22 日，参见 http：//www. china5e. com/show. php？contentid = 141366。

[55]“俄要在敏感中东大建核电站”，载能源网，2010 年 5 月 14 日，参见 http：//a21014551. site. hichina. com/_ d270270710. htm。

[56]“俄罗斯与沙特阿拉伯就核能合作会谈”，载中国能源网，2011 年 1 月 6 日，参见 http：//www. china5e. com/show. php？contentid = 151169。

[57]“俄气公司对亚供气量短期内或增至对欧水平”，载中国能源网，2010 年 11 月 11 日，参见 http：//www. china5e. com/show. php？contentid = 139277。

[58]“俄气计划把年出口韩国天然气提高到 100 亿方”，载中国能源网，2010 年 11 月 11 日，参见 http：//www. china5e. com/show. php？contentid = 139374。

[59] “俄土两国签署协议 建输气管加强能源合作”，参见 http：//v. cn. real. com/vplay/ifeng/20100114/147643. shtml。

[60]“俄罗斯与印度展开大规模核电合作”，载中国能源网，2010 年 3 月 25 日，参见 http：//www. china5e. com/show. php？contentid = 86253。

[61]“俄罗斯将帮助越南建核能研究培训中心”，载中国能源网，2010 年 7 月 26 日，参见 http：//www. china5e. com/show. php？contentid = 114700。

[62] “俄越签署 56 亿核电大单”，载能源网，2010 年 11 月 1 日，参见 http：//www. china5e. com/show. php？contentid = 136827。

[63]这段管线大约长 360 公里（224 英里），从尼日利亚的西南部地区一直延伸到尼日利亚的北部地区，尼日利亚管道将是横贯非洲天然气管道的第一部分管道。俄罗斯天然气工业股份公司和尼日利亚国家石油公司还将组建一个双方各自拥有 50% 股份的合资公司，总投资预计将超过 20 亿美元。“2010 年俄能源巨头铺设尼天然气管道”，载世界能源网，2010 年 6 月 29 日，参见 http：//www. wef-web. com/news/2009629/0908014326. shtml。

[64]“俄气寻求获得尼日利亚天然气生产资产”，载中国能源网，2010 年 12 月 3 日，参见 http：//www. china5e. com/show. php？contentid = 144037。

[65]“BP 向 TNK-BP 出售阿尔及利亚气田计划受阻”，载中国能源网，2010 年 12 月 7 日，参见 http：//www. china5e. com/show. php？contentid = 144694。

[66]俄罗斯天然气工业股份公司（俄气/Gazprom）2011 年 10 月前对长期拖延的纳米比亚 Kudu 天然气发电项目作出最后的投资决定。这个天然气项目具有重要历史意义，将由俄气与纳米比亚 Namcor 公司和英国图洛石油公司组建一个新国际财

团来完成。该项目包括从位于170公里以外海上的Kudu气田向位于纳米比亚南部沿海地区的800兆瓦燃气发电厂泵送天然气。造成项目迟迟不能开始实施的主要原因是双方在商业条款上的分歧以及在管道输送天然气上存在的技术问题。"俄气将在明年10月前决定纳米比亚天然气项目"，载中国能源网，2010年11月3日，参见http：//www. china5e. com/show. php? contentid = 138212。

[67] "委内瑞拉总统访俄，俄将助委建核电站"，载能源网，2010年10月18日，参见http：//www. china5e. com/show. php? contentid = 133740。

[68] "俄批准俄澳和平利用核能合作协议"，载中国能源网，2010年7月2日，参见http：//www. china5e. com/show. php? contentid = 109616。

[69] "俄罗斯东方能源公司扩大对华电力出口"，载俄罗斯华人论坛，2010年1月28日，参见http：//baozhi. ru/viewthread. php? tid = 25163&extra = page% 3D1&sid = ASpEv0。

[70] "中俄500千伏直流联网工程黑龙江大跨越竣工"，载中国能源网，2010年12月3日，参见http：//www. china5e. com/show. php? contentid = 144130。

[71] "中俄经济合作最大项目田湾核电站一期通过中方验收"，载中国能源网，2010年4月28日，参见http：//www. china5e. com/show. php? contentid = 94513。

[72] "中俄签田湾核电站技术设计合同"，载能源网，2010年9月29日，参见http：//www. cnenergy. org/_ d270766318. htm。

[73] "中俄有意合作建设浮动核电站"，载中国能源网，2010年9月2日，参见http：//www. china5e. com/show. php? contentid = 125397。

[74] "俄中电力公司将在俄罗斯合资建设水电站"，载中国能源网，2010年11月25日，参见http：//www. china5e. com/show. php? contentid = 143170。

[75] "中俄原油管道11月1日正式运营"，载能源网，2010年9月28日，参见http：//www. cnenergy. org/_ d270764237. htm。

[76] "俄罗斯：未来5年对华煤炭供应将增加25%"，载中国能源网，2010年12月22，参见http：//www. china5e. com/show. php? contentid = 148059。

中国与东北亚地区能源合作

当今世界，能源对社会经济发展的重要性不言而喻。能否保证安全而又充足的能源供应，会在很大程度上影响一个国家经济的持续健康发展。另一方面，一国的经济发展水平也会反过来影响其能源市场和需求。在过去的2010年，世界经济正缓步从金融危机的阴影中走出来，而亚洲经济却以傲人的经济增长率先复苏。同时，由于经济的快速发展，人口的增长和大规模城市化进程，亚洲地区——尤其是中国与印度——对能源的需求将会保持持续的增长，因而能源的开发与供应对亚洲来说有着特别重要的意义。在此，我们将在这个背景下纵观东北亚地区国家在2010年能源战略和区域合作方面的新动向。一般来说，东北亚国家包括中国、俄罗斯、日本、韩国、朝鲜和蒙古六个国家。鉴于报告章节安排的需要和突出区域特色的考虑，2010年东北亚地区的能源动向分析将会集中在日本、韩国两个国家以及中国与二者的合作。

一、2010年日本能源政策及战略走势

在国际经济环境趋好、政府实施强有力的扩张性财政政策和超宽松金融政策的刺激下，2010年的日本经济逐渐回暖。经济增长开始回升、消费

需求稳定恢复、企业经营逐步改善，似乎显示日本经济已经出现止跌回升的拐点。同时，日本经济在回升过程中依然存在许多不确定因素。日元汇率持续攀升、财政赤字不断加重、国内市场萎缩、失业率居高不下、人口急速老龄化等多种风险的存在，可能会对这次回升产生严重阻碍。总的说来，2010年日本经济是“危”、“机”并存，前景并不十分明朗。

日本作为世界第三大经济体，一直是能源消费大国。同时日本国土面积小，资源匮乏，又是一个资源小国，因此日本能源供给长期依赖进口。2010年世界经济正逐步走出金融危机的阴影，出现复苏的迹象。日本经济主要由出口拉动，由于世界经济的复苏，特别是亚洲经济的拉动，出口稳定增长。

由于能源对外依赖度高，日本很重视能源资源的供应问题和能源安全问题。特别是经历了20世纪两次世界石油危机，日本经济受到了严重影响，充分暴露了日本能源基础非常薄弱的问题。痛定思痛的日本政府把保障能源安全提高到了国家战略的高度，在过去的30年时间里采取了一系列政策措施来保证能源的供给，比如加大能源的自主开发力度，改变能源消费结构的单一性，促进能源进口渠道的多元化，大力发展新能源的开发和应用等等。

这次的经济危机并没有影响日本坚持的能源安全战略，2010年日本能源战略保持了一定的连贯性。

（一）石油来源多元化，产业链纵深化

石油一直是世界主要的一次能源，是世界经济的发展动力。日本是世界第三大石油消费国，无论是石油危机之前还是之后，石油始终是日本能源消费最主要的部分。尽管日本近年来大力推进新能源战略和节能政策，并力图使能源结构多元化，但石油仍占其一次能源消费的大约50%，其重要性不言而喻。石油在世界上分布的区域性非常强，致使日本对中东石油的依赖程度长期保持80%以上。而中东地区的局势动荡不安，一旦出现供应紧张，将对日本经济造成严重影响。因此两次石油危机之后，日本制定了节能措施和新能源战略，以降低对石油的依赖。同时又在海外积极开拓石油产业的上游，增强在海外能源生产和供应的话语权，从而降低能源风

险。在2006年出台的《新国家能源战略》中提到“争取到2030年，把原有自主开发比例由目前的15%提高到40%”。[1]日本还大力实行能源进口来源多元化战略，在世界其他地区积极寻找新的石油合作机会，能源投资的重点逐渐从海湾地区转向俄罗斯、中亚、东南亚、南美等国家和地区，以确保日本的能源供应链不发生断裂。

从2010年日本的石油合作动态来看，其主要的能源战略没有改变。在最主要的能源进口地区中东，日本继续努力保持其石油供给。世界最大石油出口国沙特阿拉伯将在日本储存380万桶原油以便更大规模地进入亚洲市场。[2]11月份，正在阿联酋首都阿布扎比访问的日本国际协力银行总裁兼首席执行官渡边博史和阿联酋国营石油公司总裁签订了融资合同，总额为30亿美元（约2400亿日元）。这次合同的签订是为了在阿联酋陆上、海上油田即将分别迎来14年和18年的契约更新之际，加强两国的合作关系，以确保日本石油权益的保持或扩大，以及石油的稳定供给。对于日本来说，阿联酋是仅次于沙特阿拉伯的第二大石油输出国，石油输出量占日本石油进口总量的五分之一。为了实现日产石油350万桶的目标，阿联酋国营石油公司将把资金投入到配备等方面，同时还将和日本企业签订长期的石油贸易合同，将所得收入用于偿还欠款。[3]

出于能源安全的考虑，日本2010年在伊朗实行了战略收缩。据外电报道，日本国际石油开发株式会社（Inpex）15日正式宣布，将正式中止对伊朗阿扎德干（Azadegan）油田的开发工作，撤离伊朗。据悉这是由于美国向日本施压，要求其协助制裁伊朗后，日本被迫做出的决定。[4]因此日本转而向俄罗斯寻求更多的合作机会。俄罗斯是石油和天然气出口大国，并且出于地缘政治的需要，越来越关注亚洲市场。日本抓住这个机会大力开拓与俄罗斯的能源合作。日本的商行三井株式会社通过投标从俄罗斯第三大石油公司TNK-BP公司购买了10万吨的东西伯利亚石油。对日本来说，由于运输费用大幅减少，俄罗斯的东西伯利亚石油要比中东的石油更有利可图。[5]日本不但从俄罗斯直接进口原油，还积极参与俄罗斯的石油勘探，并于10月在东西伯利亚地区发现了一个中型规模的油气田，目前探明的油气储量为5亿桶。这个勘探活动是由日本政府的独立行政法人石油天然气—金属矿物资源机构（JOGMEC）和俄罗斯的民间石油公司（INK）一起实施的，日本拥有49%的股权，加上日本政府对这个油田的勘探和基础设施建设提供的资金援助，使得日本对于这一个油气田拥有绝对的控制权。日本政府计划通过铺设石油管道和大型运输船，将这一油气田的石油天然气运送到日本。[6]

2010年日本与南美洲的合作成果颇丰。秘鲁国家石油公司6月17日宣布，Inpex日前从巴西国家石油公司（巴西国油/Petrobras）那里购买了秘鲁的一个油气勘探区的25%股份。[7]此外，Inpex早前于2月22日已从壳牌巴西分公司购买巴西BM-ES-23区块15%股份。Inpex一直把巴西海上视为其国际业务核心地区，此前已参与多个油田的开发作业。[8]日本丸红株式会社（Marubeni Corp）10月25日宣布，已经同意以6.5亿美元的价格收购英国石油公司（BP）一个部门在墨西哥湾四个油气田中的股份，相关生产权益的日均产量总计约为1.5万桶。受大规模原油泄漏事故的影响，BP正试图出售自己在墨西哥湾的大部分资产。[9]日本还通过金融援助来增进和南美洲国家的关系。日本当地媒体3月5日报道说，日本国际合作银行将贷款6亿美元来帮助墨西哥国有石油巨头——墨西哥国家石油公司（Pemex）开发位于墨西哥城东北部奇孔泰佩克盆地（Chicontepec Basin）的油气田。这笔贷款对墨西哥油田项目来说是迄今为止最大的一笔贷款。[10]

在非洲，Inpex将从Soco国际公司购入其在刚果Nganzi区块中拥有的20%股份，另外，Inpex公司还将向位于刚果陆上区块的3口计划钻取的井提供40%的钻井费用。[11]

在中亚，日本JOGMEC将在一年内开始在位于乌兹别克斯坦Surkhandarya地区的Baysun油页岩矿以及Navoi地区的Sangruntau油页岩矿进行勘探作业。在勘探作业以及油页岩矿资源评价工作结束以后，日本方面将决定今后是否继续实施这个项目以及是否对组建一个开发油页岩合资企业进行可行性研究。日本JGS公司和Technopian公司还与乌兹别克斯坦政府签署了共同开发乌兹别克斯坦油页岩矿的谅解备忘录。乌兹别克斯坦的油页岩矿储量估计在470亿吨。[12]

（二）天然气进一步布局

日本是世界最大的LNG（液化天然气）进口国。亚洲LNG进口自日本1969年开始，1970年日本进口仅100万吨/年，但到2007年进口量竟达

888.2 亿立方米（6436 万吨）。2010 年日本进一步扩大 LNG 进口和经营业务。雪佛龙公司（Chevron Co.）周四表示，公司已经与日本石油（NipponOil Co.）签署了一项 15 年期协议，将每年向日本石油出售 30 万吨产自西澳大利亚州 Gorgon 项目的液化天然气。投资总额为 430 亿澳元的 Gorgon 液化天然气项目仍在建设之中，预计将于 2014 年投产。[13]此外，日本九州电力公司签署一项初步协议，最早从 2016 年起从以雪佛龙负责运营的澳大利亚 Wheatstone 项目每年购买 80 万吨的液化天然气（LNG），合同为期 20 年。[14]3 月 9 日，印度尼西亚能源监管机构 BPMigas 今天与日本电力巨头日本中部电力公司（Chubu Electric Power）签署了一项液化天然气（LNG）供应协议，根据这项协议，印尼在 2015 年前将向日本中部电力公司供应 200 万吨的 LNG。[15]3 月 31 日，英国天然气集团公司（BG Group）宣布，该公司日前与日本东京燃气公司（Tokyo Gas）签署了一项旨在向后者出售液化天然气（LNG）的合同。根据合同，英国天然气集团公司将在从 2015 年起的 20 年内每年向日本东京燃气公司供应 120 万吨的 LNG，其中大部分的 LNG 将来自位于澳大利亚昆士兰州的一个计划了的 LNG 生产设施。[16]

南美洲国家是日本“ODA”（政府开发援助）贷款和援助的重要对象国，并且也是日本进口自然资源和重要矿物资源的重要来源地之一。日本和南美洲国家天然气领域的合作也十分广泛。4 月 7 日，委内瑞拉石油部长拉斐尔·拉米雷斯宣布，日本的一家公司将向委内瑞拉提供 10 亿美元的贷款来开发委内瑞拉业已停止实施的拥有 14.7 万亿立方英尺天然气储量的 Mariscal Sucre 海上天然气项目。[17]7 月 8 日，日本国内最大的油气勘探公司日本国际石油开发株式会社（Inpex）今天宣布，该公司将通过全球股票发行融资 67 亿美元来资助其在澳大利亚的大型天然气项目 Ichthys 天然气项目。日本 Inpex 公司的此次售股计划是今年日本国内非金融性公司中最大的股权融资交易。[18]8 月 6 日，日本国内最大的石油生产商日本国际石油开发株式会社（Inpex）日前从巴西国有石油巨头——巴西国家石油公司那里获得了后者在秘鲁陆上 117 区块中拥有的 25% 股份，这标志着日本 Inpex 公司开始进入秘鲁的上游油气勘探领域。[19]

为了进一步加强能源战略储备，12 月 28 日，东京燃气公司宣布将于 3 年后建成全球最大的液化天然气储存库，该储存库位于日本横滨市与川崎市交界处人工岛上，预计可存储的天然气相当于 40 万户家庭一年的用气量。[20]

为了更好地应对天然气市场的国际竞争，日本最大的炼油企业——JX新日本石油和能源公司12月24日宣布，该公司与日本的两家著名贸易公司组建了日本国内最大的液化石油气（LPG）公司。注册资本为20亿日元（2400万美元）的新公司名为ENEOS全球公司，将在2011年3月1日开始运转，计划年进口和销售300多万吨LPG。组建新公司将能使LPG的进口费用大大降低并能在日本扩大LPG的销售市场。[21]

（三）新能源的发展是亮点

伴随着全球油价的持续走高和全球变暖的加剧，越来越多的国家开始重视新能源的开发和利用，以求进一步优化能源结构，提高能源安全保障，可以预期未来的20—50年将是新能源发展的黄金时期。日本在这方面由于起步早、投入大，在新能源开发领域的技术已经居世界先进水平，成为日本经济复苏的推动力之一。

1. 政府支持

日本新能源产业的发展，始终是通过计划与法律手段推进的。日本经济产业省3月19日制订出以“保护环境和经济增长两不误”为主题的能源基本计划草案，提出应对全球变暖、促进经济增长的基本方针。根据草案，日本将以确保安全为前提，重点发展以核电为主的低碳电源，到2030年至少增加14座核电站，核电站利用率从现在的60%提高到90%[22]。作为家庭环保手段，草案提出除了90%的家庭普及高效热水器之外，照明灯具全部置换为发光二极管（LED）等高效照明灯具。在运输领域，汽车燃油标准提高到每升40公里左右，促进电动汽车和混合动力车等下一代汽车的普及。[23]

2. 核能及太阳能的大力发展及技术输出

日本于20世纪60年代中期就开始利用核能。特别是经过两次石油危机之后，为了增加能源的自给率，日本便大力开发核能，陆续在全国建立了多家核电站。目前全日本共建有核电站55座，总装机容量为4712.2万

kW，是世界第三核能大国，核能占能源供给总量的15%，核能电化率近40%。日本政府3月21日发布能源基本计划修正案草案，称将在未来20年新增14座核电机组，以降低日本对进口能源的依赖和缓解减排压力。并在2020年将机组利用率从目前的60%提高到85%，力争2030年进一步提高，实现全球最高的利用率。[24]

日本开发核能主要关注两个问题：一是核燃料的供应问题；二是开发安全问题。日本核燃料全部依赖进口，除了原有的铀进口国加拿大、澳大利亚、纳米比亚、尼日尔和美国之外，2007年起日本还开始尝试与已探明的铀储量居世界第二的哈萨克斯坦进行签署原子能合作协议的谈判，并在2010年3月2日，日本外相冈田可和哈萨克斯坦驻日本大使卡迈勒季诺夫签署了两国原子能合作协定。[25]在核能开发的安全问题上，日本将最大限度地发挥政府在能源安全中的指导作用，加大对能源安全的投入。

核能国际合作方面，由于看重亚洲市场的巨大前景，以及本国核电技术输出以带动经济增长的战略需要，日本与亚洲国家的核合作进一步加强。在合作方式上，日本越来越重视借助政府力量推动核电设备出口，采取所谓“官民一体”在海外推介本国核电产品。2010年10月25日，日本首相菅直人与到访的印度总理辛格发表联合声明，宣布两国将加强稀土和核能等方面的合作。双方还正式确认两国达成的经济合作协定（EPA）。根据该协定，今后10年占日印双边贸易总额94%的商品和服务关税将被取消。[26]10月31日，日本首相菅直人与越南总理阮晋勇发表联合声明，宣布越南选择日本作为两座民用核反应堆的承建方，并在稀土矿的勘探与精炼方面进行合作。这个日本核项目将落址在越南南部的宁顺省，也是Japan Co国际核能开发公司的首个订单。该公司是上月成立的一家政府和私人合资企业，旨在帮助出口日本的核技术。[27]此外，土耳其正在和日本就建核电厂进行排他性的谈判。

日本是世界上太阳能开发利用大国，也是太阳能应用技术强国。日本太阳热能的利用，从1979年第二次石油危机后开始，1990年进入普及高峰。太阳能技术日益创新，能量转换率不断提高，成本也是新能源中最低的。日本太阳能电池技术不断提高，其光能转换率已将近20%。从过去20年来看，其成本随着电力累计产量的成倍提高而降低到原来的82%。

在太阳能领域，日本在发展低碳经济、建设低碳社会方面明显加快了步伐。日本自 2009 年 1 月对家庭太阳能用电恢复补贴以来，市场急剧升温，截至 2010 年 3 月的 1 整年来扩大为 3 倍多。为了支持可再生能源的利用和二氧化碳减排，日本经产省拟对其国内可再生能源发电实行全部收购制度。针对太阳能发电的全部收购制度拟从 2011 年开始实施，其他可再生能源发电的全部收购拟在 2015—2020 年期间实施。[28]受到政策利好的鼓舞和全球光伏产业不断增长的前景，不少日本光伏制造厂商 2010 年集体扩大产出。在位于滋贺县野洲市建造的太阳能电池新厂完工之后，京瓷太阳能电池各年度扩产计划分别为 2010 年度产能将由 2009 年度的 400MW 增为 600MW；2011 年度续增为 800MW；2012 年度达 1GW。另外，三菱电机（MitsubishiElectric）计划在 2011 年度将年产能提高为 60 万千瓦（KWp）；柯尼卡美乐达（KonicaMinolta）则表示将与美国业者合作进军太阳能电池市场。东芝（Toshiba）则拟在日本贩售家用太阳能发电系统。[29]在扩大产出的同时，2010 年日本光伏制造商还致力于在法国，德国，美国等太阳能发展较快的国家加大投资，打开市场。

智能电网是有效利用太阳能发电等绿色能源的先进技术之一。就日本国情而言，智能电网的主角由蓄电池充当。在电网设备规格标准方面，由于日本跟着美国走，因此积极与美国进行智能电网试验。目前，最重要的合作有两项：一项是日美两国在冲绳县和美国夏威夷州合作试验智能电网；另一项是日本新能源产业技术综合开发机构和日本的 30 家大型公司与美国新墨西哥州共同合作试验。值得一提的是，日本在智能电网方面出现了重视与中国合作的态势，日立公司 2010 年 5 月决定在中国天津环保生态城就实验智能电网与中国合作。2010 年 4 月中旬在奈良举行东北亚名人会议，中、日、韩代表在环境能源小组会议上就下一代电网合作进行了热烈的讨论，当时作为伊藤忠商事公司顾问参加会议的丹羽宇一郎呼吁中、日、韩包括美国就智能电网开发进行合作。[30]

3. 其他绿色能源

稀土方面，日本在 2010 年致力于摆脱对中国稀土进口的严重依赖。《日本经济新闻》近日的一则报道称，根据日本国家石油、天然气和金属开采公司的初步调查，南鸟岛附近海床蕴藏高科技产业需要的稀土矿和锰、钴、镍、铂、钕等矿物。为了加紧勘探和开采，日本政府已经做出决定，要直接管辖这项工作，并为此追加了6.6亿日元（约合人民币5320万元）的预算，开始以商业开采为目的对这一片区域展开调查。[31]日本官员表示，日方已经得到越南莱州省一处矿藏的开发权。日本双日株式会社、丰田通商株式会社和一个越南公司正在当地进行可行性研究，预计这个项目每年可产3000吨稀土，大致是日本每年所需量的10%。此外，日本和印度上周决定一起合作研究、回收和寻找稀土及稀有金属的替代品。[32]日本经济产业相大畠章宏11月18日在东京与美国能源部长朱棣文举行会谈，双方签署了合作开发清洁能源技术的联合声明。两国还将合作研发高科技产品必需的稀土的替代品。此外，两国政府还准备在亚太地区普及“智能电网”等环保技术。[33]

日本加速开发和推广新能源汽车，目标争夺下一代汽车主导权。日本政府不仅通过减税和补助金等优惠政策推广新能源车，并且在各种规划中也显示了其支持新能源车发展的决心。日本经济产业省（部）12日公开了名为“下一代（次世代）机动车战略2010”的日本国内机动车产业指导规划。规划中指出，到2020年，纯电动汽车（EV）和混合动力轿车（HYBRID）将在整体乘用车的销售比例中应占到50%。2020年，日本将为纯电动车型建成5000个快速充电站，200万个家用普通充电设备。并且规定中还指出，在制定未来机动车使用的蓄电池国际化标准时，日本企业必须起到主导作用。[34]日本汽车巨头也瞄准了机遇，纷纷推出自己的新款电动车和混合动力车型，并且通过合作力图制定行业标准。3月30日，丰田、日产、三菱、富士重工四大车企宣布已经与东京电力联手，成立电动汽车充电协会。而这个协会的目的就是制定电动车的快速充电标准。重要的是，这个标准不仅要求日本车企遵循，还要成为全球电动车的统一标准。[35]东京电力和东芝等273家企业以及团体于4月6日成立“智能电网协会联盟”。协议会设置了商讨国际战略和国际标准化的职能部门，计划4月派遣政府和民间团体组成的视察团到美国与当地企业交换意见，6月将召集欧美企业在东京召开智能电网峰会。该联盟除了对占领海外市场进行必要的战略协商外，还致力于将日本主导的相关电器的标准国际化。[36]

日本大力输出绿色技术也是为了减排考虑。日本经济产业省8月13日宣布，为了通过技术转让而使海外二氧化碳等温室气体减排部分能算入日本的减排量，日本将开展共15个项目，包括在印度尼西亚开发地热发电。

计划在印尼开展的项目有4个；在越南、菲律宾、印度和泰国分别有2个；在中国和秘鲁各有1个。此外还将在老挝和缅甸继续开展水泥工厂的节能化。野村综合研究所将在中国普及节能型住宅。此举可使对方国家获得先进的环保技术，日本则可从对方国家购买排放权。[37]

11月19日，安第斯开发银行（CAF）拟同日本国际合作银行（JBIC）签署总额3亿美元的融资协议，对拉美开展“绿色项目”提供资金支持。之前由安第斯开发银行（CAF）和联合国培训调查研究所（UNITAR）联合举办的“2010日本—拉美论坛：环境可持续性和产业政策”于11月18日在东京举办，日本和拉美国家的多位部长、副部长和政府高官参加了本次论坛。UNITAR亚太代表处负责人梅希亚表示，日本—拉美合作基金将于2011年投入运作，该基金旨在完善拉美国家可持续产业政策，支持转让或发明环保技术。[38]日本经济产业相大畠章宏11月18日在东京与美国能源部长朱棣文举行会谈，双方签署了合作开发清洁能源技术的联合声明。两国还将合作研发高科技产品必需的稀土的替代品。此外，两国政府还准备在亚太地区普及“智能电网”等环保技术。[39]

综上所述，日本的能源战略并不仅限于经济考虑，更涉及到政治因素和能源话语权的层面。

纵观2010年日本的国际合作，其能源战略可以归纳为以下几点：（1）依附于日美联盟在全球寻求能源资源，在重大的能源决策上仍要考虑美国的意见；（2）大力推进新能源的开发与普及，旨在占领全球新能源制高点；（3）通过政府开发援助，绿色技术输出等手段，在全球的绿色能源领域增强话语权。

二、2010年韩国能源政策及战略走势

韩国经过30多年的高速发展，一跃从一个贫穷小国迈入新兴工业国家行列，GDP和外贸总额分别位居世界第11、12位。目前韩国的经济特点是，服务业和制造业的比例不断上升，其中重工业占较大比重，尤其是造船、石化、汽车、电子等行业，均在世界上占有较为重要的地位。然而，

韩国国土面积狭小，能源资源匮乏，因此韩国对国外市场和资源的依赖程度高，贸易依存度高达60%以上。另一个较为独特的方面是韩国大企业举足轻重，三星、现代、SK等大企业数目虽少，但其创造的价值在国民经济中所占比重超过60%。[40]

随着世界经济不断从全球经济危机中复苏，2010年韩国的进出口、投资及总体经济不断步入正轨，GDP增长率也达到6.1%，出口总额也实现创纪录的4650亿美元。除了这些量化指标，G20首尔峰会的顺利召开也使韩国成为世界焦点。举办该峰会的意义在于提升了国家的品牌形象，也表明了韩国已正式从受援国发展为援助国。在此次峰会上，韩国在全球经济复苏的基础上，提出了一系列新的发展议题以及构筑全球金融安全网等议题，在发达国家和新兴发展中国家之间发挥了重要的桥梁作用。而对于热点问题——汇率问题，与会各国再次就以市场为导向的汇率政策达成共识。成功举办20国集团首尔峰会为韩国成为全球经济中心提供了一个很好的机会，这也为韩国与世界主要经济圈签订自由贸易协定提供了有利条件。2010年韩国与秘鲁、欧盟和美国签署了自由贸易协定，从而韩国就成为世界上唯一一个同时与美国、欧盟和东盟世界三大经济体签订自由贸易协定的国家。[41]

作为一个新兴的工业国，韩国的工业化进程迅猛，逐渐成为能源消耗大国，消耗量位居世界第十，石油、天然气等能源资源几乎都要依靠进口，因此对海外能源资源有很强的依赖性。此外，只拥有5000万左右人口的韩国市场规模较小，因而能源问题是韩国需要妥善解决的重要课题。2010年，乘着经济快速复苏的势头，韩国在能源领域也积极进军海外市场，进一步加大了对外能源资源开发的投资，努力寻求更多的全球能源合作，尤其在核能领域，韩国虽起步晚，但发展势头强劲，以其先进的核技术和核安全在过去的一年里赢得了多笔国际订单。韩国方面希望将核电出口发展成继半导体、造船、汽车之后的又一大出口产业。为拓宽能源供应渠道，韩国通过能源外交在世界范围寻找更多的开发区域和合作伙伴。此外，韩国在2010年还出台一系列具体措施以实施上一年提出的“低碳绿色增长”计划，努力构建节能型社会。

2010年韩国能源政策及战略走势主要有以下三点：

（一）积极参与海外能源资源开发，拓展能源外交

1. 政府金融支持

为保障能源资源的稳定供给，保证能源安全，韩国政府一直不遗余力地为能源开发提供金融支持，尤其是海外能源开发。2010 年初，韩国知识经济部表示，对与资源相关的公共企业和民间企业 2010 年海外资源开发投资计划进行分析的结果显示，投资规模达 120 亿美元，与 2009 年的 70 亿美元相比有了大幅提高，创历史最高纪录。其中，韩国石油公社和煤气公社拟对并购海外石油企业以及购买伊拉克生产矿区等大型项目分别投资 65 亿美元和 10 亿美元。[42] 另外在天然气领域，韩国计划在 2024 年前向天然气生产厂和天然气配送管网投资大约 8 万亿韩元（70.5 亿美元）。[43] 调查显示，2011 年将累计投资 78 亿美元开发海外油气资源，比 2010 年增加 29%，在上述 78 亿美元投资中，韩国的两个国营实体韩国国家石油公司和韩国天然气公司预计今年共将投资 65.5 亿美元，同比增加 21%，占总投资的 84%。其中，石油公司的投资将用于收购新的资产；天然气公司的投资将用于开发伊拉克的油气资源[44]。政府除直接投资外还鼓励民间企业积极参与海外能源开发项目，如韩国最大的炼油企业母公司 SK 集团表示将增加对天然资源的投资，到 2015 年把石油和天然气储备从现有的 5200 万桶提高到 10 亿桶。

2. 国际合作

在石油方面，2010 年韩国蔚山政府建成了新的石油储备基地，使石油储能增至 1.46 亿桶，确保了世界顶级水平的能源安全。[45] 韩国的石油开发合作对象主要集中在中东地区和俄罗斯。1 月 23 日，韩国天然气公社（KOGAS）表示将参与伊拉克最大油田之一的祖拜尔油田开发工程，参与此次开发，韩国天然气公社将拥有 18.75% 的股份，在今后的 20 年期间能确保 2 亿桶原油，日最大确保量达 22 万桶。[46] 另外韩国能源企业加快了收购国外石油公司的步伐，9 月 27 日，韩国石油公社成功收购了英国最大的独立油气勘探生产公司达纳石油公司，确保股份达 64.26%，这将使韩国的石油开采比重首次突破 10% 并能为韩国将海外石油开采据点从美国和前

苏联扩大到北海和非洲等地打下基础。[47]两个月后韩国石油公司又将接管另一家北海石油生产公司——伦敦上市的Premier石油公司。[48]此外，韩国养老基金——韩国国民年金公团联合私人股本投资机构KKR公司，收购了雪佛龙公司持有的美国Colonial石油管道公司23.44%的股权。Colonial石油管道公司是美国最大石油管道运营商之一，拥有5519英里（约8880公里）长的管道运输系统，主要业务为将美国墨西哥湾地区炼油商的石油及其他燃料运往华盛顿和纽约等美国东部地区市场。[49]

在天然气的海外开辟上，韩国将合作范围逐步扩大到多个国家和地区，在战略资源方面减少了进口风险，为国内能源供给提供了保障。在亚洲地区，韩国瞄准了石油和天然气都储量丰富的俄罗斯，两国计划加强他们在石油和天然气领域的合作，其中包括液化天然气贸易。[50]此外，韩国同意与缅甸联合开发缅甸的天然气区块，并已达成B-2陆上天然气区块和A-7海洋天然气区块的联合开发协议。[51]为了减轻对中东油气的依赖，韩国正大规模地购买澳洲天然气。2010年7月21日，韩国天然气公司（Korea Gas）与雪佛龙公司签署意向协议，拟在未来20年中，每年购买150万吨产自澳大利亚Wheatstone项目的天然气，合同总额达190亿美元。韩国方面表示，希望把澳洲天然气所占的进口比重提高至20%—30%。[52]两个月后，KOGAS又与法国能源巨头法国天然气苏伊士集团（GDF Suez）签署了一项价值10亿美元的液化天然气（LNG）供应协议，根据这项协议，法国天然气苏伊士集团将在2013年前向韩国KOGAS供应250万吨的LNG。[53]除直接购买LNG外，韩国还努力争取天然气的联合开发及上游气田的购买等。10月20日，韩国天然气公司和阿塞拜疆国家石油和天然气公司（KazMunai Gas）麾下的勘探和生产子公司组建的国际财团赢得了开发位于伊拉克西部地区的阿卡斯气田的协议。[54]此外，韩国STX能源公司于8月29日以1740亿韩元（1.456亿美元）的价格从加拿大最大的天然气生产公司EnCana公司那里购买了后者在加拿大西北部地区的一个天然气田。[55]

3. 能源外交

韩国97%的能源资源要靠进口，因此确保能源资源的进口安全是泛政府层面的重要议题，而能源外交对其海外资源开发发挥着重要的促进作用。自卢武铉政府开始，韩国通过各种首脑会晤，驻外公馆提供开发援助等能源外交活动，与主要资源富国有效建立政府间协商渠道，促进国内能源企业“走出去”，参与海外能源资源开发项目，加强能源资源合作。此外，在实现资源种类多元化的同时，合作国的数量也进一步扩大，推动世界范围内能源合作体系的建立。与此同时，韩国还积极参加国际多边资源合作组织。2010 年韩国的能源外交主要是与非洲各国和俄罗斯的合作探讨。3 月初，加纳副总统访问韩国期间，韩国总统建议两国在开发加纳的石油和天然气资源中逐步加强合作，还要求积极支持韩国公司参与加纳的基础设施和油气工厂的建造，加纳副总统也要求韩国扩大其对加纳的开发援助并分享韩国在经济增长中的经验。[56] 2010 年 8 月，韩国与赤道几内亚举行峰会，商讨石油等能源的开发合作方案，双方计划就世界第三大产油国赤道几内亚在撒哈拉沙漠南部开发石油、天然气等能源开发项目以及利用韩国技术建设基础设施等深入交换意见。[57] 2010 年是韩国与俄罗斯建立外交关系 20 周年，两国领导人于 9 月在俄罗斯举行会晤计划加强两国在石油和天然气领域的合作。[58] 之后在 11 月举行的 G20 首尔峰会上，两国领导人举行会谈，双方就加强共同开发俄罗斯石油、天然气和矿物资源，向韩国输送俄罗斯天然气、俄罗斯电网现代化事业的合作达成一致意见。两国首脑商定，加快韩半岛纵贯铁路（TKR）和西伯利亚横贯铁路（TSR）的连接，韩俄天然气管道和输电网的建设，以及共同努力开发远东俄罗斯港口及产业园区。期间，两位首脑发表了包含上述内容的《联合声明》。[59] 此外，韩国与产油国聚集的中东地区仍在努力寻求进一步合作。韩国和阿拉伯联合酋长国同意在能源勘探以及原油贮存方面进行合作，8 月 2 日韩国国家石油公司和阿布扎比国家石油公司签署一项有关该合作的初步协议。韩国和阿联酋将组建一个研究小组来研究在阿联酋拥有大部分石油储量的阿布扎比勘探石油和天然气的可能性。此外，双方还将讨论一项有关阿布扎比国家石油公司使用韩国国家石油公司拥有的原油贮存设施的问题。[60]

（二）开发新能源和可再生能源

目前韩国的新能源和可再生能源已进入产业化阶段。韩国扶持新能源产业，主要表现在支持前期研发、实施优惠政策等方面。韩国政府还制定目标，使韩国新能源和可再生能源占全国能源供应的比例在2011年前达到5%，2020年扩大到10%，到2030年将这一比重提高到11%。同时，韩国政府大力促进新能源和可再生能源的产业化以及相关设备制造技术的发展，以使韩国最终能够跻身新能源出口强国行列。

1. 经济支持

根据“绿色成长计划”，2010年韩国进一步加快新能源和可再生能源的发展进程，韩国政府决定将其发展成为主要出口产业，力求成为世界五大新能源及可再生能源强国。首先，为提高新能源方面的技术竞争力，韩国计划在2011年前投资9万亿韩元（1美元约合1114韩元）用于新能源和可再生能源的研发。随后于10月13日，韩国知识经济部在“绿色增长委员会会议”上就以上内容提出了新能源及可再生能源的发展战略报告，根据报告，2011年至2015年，韩国政府和企业将共投入40万亿韩元，推动能源领域的发展，其中，韩国政府将投资7万亿韩元，民间企业将负责投资33万亿韩元。在太阳能方向上的投资额为20万亿韩元，对风能的投资为10万亿韩元，在燃料电池领域将投资9千亿韩元。在水能方面，计划到2020年投入15530万亿韩元用于研发核心技术。此外，为解决资金周转问题，韩国大企业、发电公司、金融界将联合建立一个规模达1000亿韩元的再生能源担保基金，向中小企业提供贷款担保。[61][62]除了政府的金融支持，民间企业在能源发展上也有很大的积极性，例如：化工巨头SK集团计划到2020年前向替代能源和新科技投资17.5万亿韩元，包括在太阳能电池和生物燃料等新能源投资36亿美元，智能电网和污水处理厂等环境基础设施上投资33.6亿美元，新科技方面投资70.4亿美元。该集团希望从不断增长的可替代能源中寻求活力，因此设法减少污染，减轻对石油的依赖。[63]在7月13日举行的韩国第八次绿色增长报告大会上，韩国知识经济部和绿色成长委员会共同发布了关于搞活绿色市场的有关方案，韩国30个大型企业计划在今后的3年时间里，对绿色增长项目投资22.4万亿韩元。韩国总统也在大会上指出各大企业应对所有与绿色增长有关的技术和材料进行研发，以100%韩国自己的技术进军世界市场。[64]

2. 积极进军海外核电市场，核电发展势头强劲

2010年被称为韩国的“核电出口元年”。2009年12月27日，韩国国营企业韩国电力公司主导的联合财团韩国击败法国、美国和日本等竞争对手，承揽了阿联酋（UAE）400亿美元核电站大单。此为韩国历史上承揽的最大规模海外工程承包项目，也是韩国首次出口核电站技术。据悉，韩还与阿联酋决定将两国关系提升为“战略伙伴关系”。韩国也因此成为世界上第六个“出口”核电站的国家。[65]随后于2010年1月20日，韩国知识经济部表示即将向阿出口研究用反应堆。研究用反应堆的工程费用仅为商用反应堆的5%左右，但有利于培养核能人才，且可用于生产放射性同位素等医疗和相关产业产品。[66]7月1日，韩斗山重工业表示同韩国电力公社签署向阿联酋提供核电主机设备的合同，规模达40亿。[67]

阿联酋核电项目掀起了韩国核能出口大潮，2010年1月13日，韩知识经济部发表《核电发展产业化战略》称，韩将大力发展核电产业为未来的出口支柱产业。韩政府拟斥资约4.4亿美元，力争在2012年以前出口核电站10座，2030年以前出口核电站80座，并争取到2030年核电出口占到世界核电市场的20%的份额，成为世界核电出口国前三强之一。[68]除出口规模的计划外，韩国还致力于技术的研发，计划到2012年实现核电站设计的核心代码、核反应堆冷却材料泵和核电站控制测量系统三大核心技术完全国产化，并将核电站寿命由目前的60年延长到80年，建设工期由目前的52个月缩短到36个月。另外，为加强人才培养，韩国将于2011年9月正式开设世界首个原子能专业研究生院。[69]

在以上战略的指导下，韩国继拿下阿联酋的400亿美元大单后，加快了核电出口的步伐，其中约旦、土耳其、中国成为其核电出口的主要“公关对象”。2010年1月4日，由韩国原子能研究院和大宇建设组成的企业联合体，承揽约旦研究、教育用核反应堆（JRTR）建设项目。该项目系韩自拥有核反应堆技术50年以来首次向海外出口，并成为继阿根廷和俄罗斯之后的第三个研究用核反应堆技术出口国家。[70]随后哈萨克斯坦国有铀矿公司Kazatomprom（潜在全球供应的重要驱动者）4月22日宣布已经和韩国电力（Korea Electric Power Corp）和韩国资源公司（Korea Resources Corp）签署了一项协议。根据相关协议内容，哈萨克斯坦和韩国将在和平利用核能上加强合作，并在两国建设更多核电站。[71]在G20峰会期间，韩国和土耳其就扩大核电站建设方面的合作达成协议，双方商定将在核电站、国防以及社会基础设施建设等领域加强合作。[72]此外，韩企业开始进军非洲国家的核能市场，首个合作国家选定为南非，两国于10月8日签署《韩—南非核能合作协定》。《协定》的主要内容包括：在核技术研究、核电站和核反应堆建设、放射性废弃物处理等领域开展合作；建立韩—南非核合作联合委员会；禁止用于军事目的等。[73]

3. 其他新能源发展

除大力发展核能外，韩国还优先发展太阳能和风能，根据韩国国内调查报告显示，2010年太阳能电池单元的产能与供货量将达到986MW和13亿9000万美元。尤其是韩国重工在2010年完成了几项重大的国际合作，例如，年初成功打进世界最大且最成熟的太阳能市场——日本，预计通过对日本太阳能市场的开发，在2011年可为其带来大约1000亿韩元的利润。[74]随后，在8月11日，美国选定韩国现代重工作为加利福尼亚州和亚利桑那州一带建立总规模达900MW的太阳能发电站项目一期175MW电站工程的建造商，双方已签订合同，合同金额为7亿美元。根据合同，该项目一期工程包括一座150MW电站和一座25MW电站，于2012年年底前完成对上述电站的建设和试运转，完工后该电站将成为世界最大的单一太阳能发电站。这是韩国首次在太阳能发电领域进入美国市场。[75]

在风能方面，韩国重工也显示出强劲的势头，计划在韩国及中国等海外市场兴建更多的风力发电场，5年内将风电销售提高13倍。2010年初，韩国重工与巴基斯坦发包企业YUNUS BROTHERS签订谅解备忘录，承建巴基斯坦50MW风力发电站项目。该项目系巴可再生能源发展委员会（AEDB）自2006年起推进的共7个风力发电站中规模最大的一个，装机能力50MW，造价约7000万美元。[76]此外，5月31日，现代重工（中国）投资有限公司、大唐山东发电有限公司合资成立的威海现代风电科技有限公司项目签字仪式在文登举行。目前，项目进入基础设施建设阶段。据了解，该项目投资额达5亿美元，主要生产风电设备。[77]在推进风能项目海外合作的同时，韩国在本国的风能开发上也不遗余力，知识经济部在11月2日举行的海上风能促进协议会议上宣布了投资9万2000亿韩元在西南的釜山和灵光岸外，建造500台风力涡轮机的海上风能计划，这将形成2500兆瓦规模的海上风能园区。[78]

（三）走绿色增长之路，构筑能源低消费型社会

韩国政府于2010年4月14日公布了《低碳绿色增长基本法》施行令，这一法案是韩国政府在2010年1月制定的，其主要内容是在2020年以前，把温室气体排放量减少到“温室气体排放预计量（BAU）”的30%。这一法案的推行构筑了绿色增长的基本框架，今后将依法全面推行低碳绿色增长计划。《低碳绿色增长基本法》的主要内容包括制定绿色增长国家战略、绿色经济产业、气候变化、能源等项目以及各机构和各单位具体的实行计划。此外，还包括实行气候变化和能源目标管理制、设定温室气体中长期的减排目标、构筑温室气体综合信息管理体制以及建立低碳交通体系等有关内容。基本法生效后，将对绿色产业施行绿色认证制，可获得认证的项目包括新生和再生能源、水资源、绿色信息通信、环保车辆和环保农产品等10个项目、61项重点技术。对于大型建筑物，将实行“能源、温室气体目标管理制”，严格限制能源的使用。环境部将新设“温室气体综合信息中心”，负责推行在2012年以前将能源消耗量平均每年减少1%至6%的有关计划。而且此次推行低碳绿色增长计划的预算总额为310亿美元，仅次于中国和美国在低碳增长方面的投入。[79]例如，已经于2010年12月27日通过推行的“绿卡”和“低碳汽车”等制度，实现减排目标。推行绿卡制度后，在使用公共交通车辆、购买可反复使用的杯子以及绿色认证商品时能够累计积分，根据积分给予人们各种奖励，例如返还现金、赠送礼品券，以奖励他们为保护环境所做的努力。此外，政府还计划对购买每公里排放温室气体在100克以下的低碳汽车提供援助资金，扩大电动汽车普及率，以减少碳排放量，并使电动汽车的数量到2020年增加到100万辆。[80]此外，全球绿色增长研究所（GGGI）于2010年6月16日在首尔成立，该机构旨在提出低碳绿色增长战略，并向相关国家提供该战略支持。[81]

总体来看，韩国能源政策体现了作为新兴工业化国家能源发展战略的特点和发展趋势，首先为保证国内能源稳定供给积极推进海外能源资源开发战略，鼓励企业走出去，促成国际合作，同时充分发挥“能源外交”的

促进作用。此外，大力研发新型的绿色能源和可再生能源，目前已经进入产业化阶段。更为重要的战略调整是强调可持续发展，综合考虑能源、经济和环境（3E），推出一系列措施促进节能型低碳绿色社会的形成。

三、2010年中国与东北亚国家能源合作现状及区域合作前景

（一）中日能源合作与竞争

2010年中日两国的合作主要集中在官方战略对话、民间的研讨会和企业层面的合作。同时由于两国同属能源消费大国，并且能源进口地区趋同，在周边领海和其他地区资源拓展方面存在竞争关系。

1. 官方主导下的中日能源对话

国务院总理温家宝8月29日会见来京出席第三次中日经济高层对话的日本外务大臣冈田克也一行时表示，中国从日本的进口和对日投资增长较快，循环经济、绿色经济、节能环保有望成为双方合作新亮点。温家宝说，中日经贸关系经受住了国际金融危机的严峻考验，呈现积极向上的发展势头。中日在促进区域合作、推动全球经济治理改革、反对贸易保护主义等方面有着共同利益。中国国务院副总理王岐山8月28日主持第三次中日经济高层对话时表示，中日两国经济高度依存，经贸合作扎实推进，双边贸易快速恢复并已超过国际金融危机前的水平。这说明中日经济合作的内生动力十分强劲。[82]

广东省科技厅与株式会社日本综合研究所在广州签署合作框架协议，共同推动广东省节能科技服务业合作。省科技厅副厅长叶景图指出，根据省委省政府的重要部署，省科技厅将以半导体照明（LED）、太阳能光伏等产业为战略性新兴产业培育的突破口，组织和加强战略性新兴产业的技术攻关，推动广东节能减排事业发展，促进经济发展方式转变和产业结构

升级转型。根据合作协议，双方将在以下四个方面开展合作：一是开展节能政策研究，促进中日节能技术及管理经验的交流；二是促进日本节能领域先进技术向广东省转移；三是启动中日企业节能领域的合作项目；四是促进广东节能产业和节能服务企业发展。据悉，株式会社日本综合研究所致力开拓节能环保业务，在日本节能领域的调查、研究、咨询及政策建议等方面拥有丰富的实践经验。[83]

2. 民间交流非常活跃

中日之间的民间交流一直非常活跃，被视为政府层面交往之外的有力补充，其主要形式为技术研讨会，为两国企业的进一步实质性合作打下基础。2010 年两国的民间交流主要集中在智能电网、太阳能等技术领域。由日本新能源产业技术综合开发机构（NEDO）、青海省发展和改革委员会、日本 NEWJEC Inc. 公司、青海新能源（集团）有限公司、青海省太阳能学会共同举办的“中日合作大型光伏并网电站技术国际研讨会”于 3 月 5 日在西宁召开。中日有关专家以及国内各大电力集团和著名光伏企业的代表等 80 多人参加了本次研讨会。研讨会上，中日资深专家、研究人员就太阳能光伏并网技术进行了广泛深入的讨论和研究，围绕太阳能产业在中国和日本的发展现状和发展趋势，立足青海光伏发电的应用市场，为青海省光伏并网发展“把脉”。[84]

由国家电网公司国际部组织，40 多名中日专家参与的中日智能电网技术研讨会 3 月 26 日在中国电科院召开。论坛由中国电科院副总工程师白晓民主持，日方有 20 余位专家参加。双方技术人员针对当前最热门的智能电网标准化和技术应用问题，就配电管理、广域情景意识、需求响应、电储能、智能电表、电动汽车及充电设施等 7 个专题进行了深入讨论。会后双方表达了建立长期合作交流的意愿，并希望在具体领域有深入的合作，中方也希望在技术标准化领域进行务实合作。[85]

8 月 11 日，日本日立公司（Hitachi Limited）一行 6 人来访中国电科院，就智能电网与能源管理相关领域进行了交流。张春城书记对日本日立公司的来访表示热烈欢迎，并介绍了中国电科院在智能电网技术领域开展的相关研究情况。日本日立公司新能源和智能电网推进中心长吉栖立格介绍了该公司进行的智能电网研究情况，提出低碳素、供电可靠性、高效率的智能电网定义，构建未来智能电网系统概念图与技术解决方案。双方还就风力发电场、蓄电池等方面进行了交流和讨论，希望展开深入的交流与合作。[86]

3. 企业层面合作

中国汽车技术研究中心与日本丰田汽车公司签署新能源汽车战略合作协议，双方将在技术合作、产品研发、产业促进等多个层面展开交流。天津市副市长王治平出席签约仪式，并会见日本丰田汽车公司副社长内山田一行。[87]

日本三井物产9月14日宣布，已经与中国神华集团达成一致，将在分销、海外矿产开发、煤化工和煤炭使用效率等煤炭业务上进行广泛合作。上述两家公司计划联合竞投蒙古的塔班陶勒盖煤田的开发权。业务主要涉及扩大日中两国煤炭物流、海外煤炭资源的共同开发、共同研究煤化工项目以及促进能源与环境的有效推进这四项。实际上，此前三井物产长期代理神华集团所产发电用煤的在日销售业务，而此次业务则更加全方位。[88]

6月29日，日本JX持股公司旗下炼油子公司JX能源集团公司与中国石油天然气股份有限公司签署了初步协议，双方将组建合资公司，运营JX能源公司日加工115，000桶原油的大阪炼油厂。JX能源公司计划把在10月1日组建的这家合资公司生产的大部分成品油产品出口至中国。JX能源公司将持有合资公司51%的权益，中国石油天然气股份有限公司将持股49%。[89]

12月13日，甘肃公司会见东京制纲株式会社董事长助理千浦英二和欧力士集团公司中国室主任吴桐桐一行。双方商讨在电网建设领域的合作。东京制纲株式会社和欧力士集团公司主要从事碳纤维导线技术研发和产品制造，此次拜访目的是与甘肃公司交流和探讨碳纤维导线技术的应用和推广，表达了想参与甘肃电网建设的愿望。[90]

4. 复杂的竞争与纷争

中日两国同是能源进口大国，石油来源又有很大的相似性，两国在开拓有限的海外能源资源时经常成为竞争对手，难免存在许多竞争和摩擦。

中日东海问题不仅涉及两国的领土争端，而且展现了两国激烈的能源角逐。该区域是中日两国争议最大的区域，双方协调多次仍然难以达成双方满意的结果。2010 年事件进一步升级，9 月 7 日上午，一艘载有约 15 名船员的中国渔船被日本海上保安厅巡逻船冲撞。而后又与追踪的另两艘日本巡逻船中的一艘发生碰撞。随后日方登船检查，并非法扣押中国船长詹其雄。在中方的严正交涉下，17 天之后，詹其雄才被释放。该事件一度使中日两国关系陷入低谷。因为这一海域蕴藏着丰富的油气资源，显示了中日两国激烈的能源竞争关系。[91]

（二）中韩能源合作

中韩能源合作在数量和规模上虽不及中日，但中国作为最大的市场，是理想的能源合作对象，因此，韩国必将进一步加大与中国的合作，尤其在“绿色能源”合作方面。在 1 月 19 日，中华全国工商业联合会新能源商会和大韩商工会议所可持续发展经营院签署了新能源合作谅解备忘录（MOU），双方商定今后在研发新再生能源、培养人才、信息交流等方面加强合作。该项合作将使韩国企业加快开拓中国绿色市场的步伐。[92] 另一项合作谅解备忘录在 SK 集团和中国节能环保集团公司之间达成，双方商定在水处理、垃圾处理、土壤净化和能源储存用电池等四个项目上进行合作，具体合作项目将在对市场进行充分的研究和分析后再做决定。[93] 过去的一年中 SK 集团在中国市场表现活跃，先是于 7 月 1 日在北京成立 SK 中国，此后在同月 15 日表示目前 SK 中国业务额对 SK 集团整体收入的贡献大约为 20%，期望将来达到 50%，为此 SK 中国将加大投资力度，重点倾向于新能源、石油化工、下一代信息电信技术等产业。[94] 中韩两国在光伏和风能上仍推动着合作。例如，在很多国外太阳能企业开始对中国光伏企业展开投资攻势时，韩国韩华集团斥资 4300 亿韩元成功收购在纳斯达克上市的中国太阳能光伏企业林洋新能源 49.9% 的股份。通过这次股权收购，韩华集团将正式进入世界太阳能光伏市场，通过中国在制造业方面无可匹敌的竞争力和林洋的技术实力及市场开拓能力，加上韩华集团在全球范围内的竞争力，把林洋新能源培育成世界最大的太阳能光伏企业，使韩国成长为世界太阳能光伏产业的领导者。[95] 此外，值得一提的是，在 2010 年举办的上海世博会上，韩国企业馆以“绿色城市，绿意生活”为主题，由锦湖韩亚、斗山、乐天、三星电子、新世纪易买得、浦项钢铁、韩国电力、现代起亚汽车、晓星、LG、SK 电信、STX 等 12 家韩国知名企业共同参加，展示了诸多与城市生活息息相关的“绿色”高科技，包括 IT 尖端技术、能源循环利用等方面的研究成果，充分展示了韩国的绿色增长战略，以及韩中两国企业“携手共创美好明天”的核心概念。[96]

（三）东北亚国家间的多边合作

2010 年东北亚国家间的多边合作主要集中在论坛会议形式上，既包括三方会谈，也包括共同参加其他合作平台的对话。

中日韩环境部长会议 5 月 23 日在北海道苫小牧举行全体大会，围绕今后 5 年优先开展的课题，通过了包括在全球变暖对策、沙尘对策等 10 个领域合作的“共同行动计划”。这是三国首次在环境领域汇总共同行动计划。联合声明还提及鸠山政权打出的“东亚共同体构想”，并就环境领域合作是重要因素达成共识。行动计划记载了 2014 年前的应对方针。在防止全球变暖方面，计划提出 3 国开展合作行动及共同技术开发以缓和气候变动，并致力于确立兼顾发展中国家公害对策及减排的“协同效应方法”。针对跨国污染问题，3 国将着手共同研究大陆沙尘发生源对策及大气污染应对机制。围绕沙尘对策，日中环境部长就年内举行专家参加的工作会议达成了共识。[97]

国务院总理温家宝于 10 月 29 日出席在河内举行的中日韩领导人会议，与韩国总统李明博、日本首相菅直人就中日韩合作和其它共同关心的问题交换意见。日韩领导人表示，三国合作不仅符合三国各自利益，也有利于推动东亚区域合作，对东北亚乃至世界和平稳定具有重要意义。温家宝提出，推动在 2012 年如期完成中日韩自贸区官产学联合研究；本着务实、灵活的原则，妥善解决分歧，早日完成中日韩投资协议谈判；围绕节能环保、新能源和可再生能源等重点领域，加强科技创新合作；尽早启动“中日韩循环经济示范基地”筹建工作；加强卫生合作；完善三国合作机制。[98]

亚太经合组织第九届能源部长会议 6 月 19 日在日本福井市闭幕。会议重点讨论了加强亚太地区能源安全合作、提高能效、更加清洁利用化石燃料、促进可再生能源和核能发展、智能电网技术、低碳城镇示范项目等方面的议题。会议的主题是“通往能源安全的低碳之路：以能源合作促进APEC可持续发展”，中国、美国、俄罗斯和日本等21个经济体的能源部长参加了会议。会上通过了亚太经合组织第九届能源部长会议福井宣言，通过了中国和日本共同倡议的APEC低碳示范城镇项目，并确定天津滨海新区于家堡金融区作为首例低碳示范城镇。中国国家能源局局长张国宝率代表团出席会议，并作了大会发言介绍中国发展低碳能源和节能减排的情况，提出加强亚太地区能源安全对话与合作的五点建议。[99]

（四）中国与东北亚地区合作前景展望

在全球能源供应持续紧张的同时，东北亚地区将是世界能源需求增长最快的地区，能源安全问题显得尤为重要。中日韩同为石油进口国和能源消费大国，油气进口结构单一，3/4来自中东国家，该地区的政治局势不稳，使中日韩的能源安全面临极大考验。在经济全球化和区域一体化的大背景下，一个国家很难独自保证自身的能源安全，而通过与利益相关国家建立有效的合作机制，可以弱化风险。2010年东北亚地区冲突不断，使该地区特别是朝鲜半岛局势陷入极度紧张状态。受此影响，各国间的合作也比较局限，政治信任、经济互动效果较差。

1. 建立政治互信是关键问题

东北亚地区由于地区间的竞争，未解决的领土领海争端，政府间历史认识不同而互相缺乏互信，从而限制了东北亚国家共同解决能源问题的能力。这种竞争关系和互不信任加剧了各国能源安全的脆弱性。2010年的中日撞船事件，朝韩炮击事件以及美日、美韩联合军演，更是令东北亚局势陷入高度紧张状态。造成这种紧张局势的深层原因在于一些国家仍没有摆脱冷战思维的影响，习惯以冷战思维来解决问题。在全球化大背景下，紧张局面对该地区任何一个国家都没有益处。要取得共赢局面，东北亚地区国家必须摆脱冷战思维，向着对话努力，早日重启六方会谈，缓和地区局势。各方都应认识到和睦、和解才是地区关系的主题。中日韩作为地区经济大国，更要加强沟通，树立互利、互信，平等与合作的新型能源安全观，通过双边和多边协调以及建立互相信任措施，扩大交流与合作。

2. 建立东北亚能源合作机制符合区域内各国利益

（1）中日韩具有相同的能源需求和结构

中日韩是亚太地区最主要的能源消费国，且它们对石油、天然气和煤炭等能源的进口需求量将会随着经济的发展继续快速增加，是造成全球能源需求急速增长的主要区域。同时这三个国家能源的对外依赖度较大，尤其是国土面积狭小能源资源贫乏的日韩两国。因此开发海外能源资源，谋求能源进口多元化，以保证本国的能源供应是中日韩化解能源风险的基本思路。过去中日韩的能源主要从中东地区进口，原油价格不稳定和中东局势动荡为其海外资源的稳定供应带来许多风险。近年来，俄罗斯作为一个能源大国崛起，具有丰富的油气资源，且与中日韩为陆上或海上邻国。如果东北亚地区能建立多边合作机制，按照合作共赢的原则实现区域内的能源安全，建立以俄罗斯为主导、中日韩为核心的“1+3”合作模式，中日韩从俄罗斯进口油气不仅可以降低对中东能源的依赖度，促进油气进口多元化，还可以避免长途运输带来的困难和风险，保证运输安全，降低油气使用的运输成本。

（2）增强了中日韩的议价能力

迄今为止，中日韩之间并未达成真正的合作，不但处于“各自为战”的境地，还为抢占能源产生激烈的竞争，如中日之间的“安大线”和“安纳线”之争，可见东北亚地区缺乏能源合作机制和组织，没有协同一致的能源战略，因此在国际能源领域未能取得与其石油进口量相称的地位，众所周知，东北亚国家影响国际石油价格的能力大大弱于欧美国家。“亚洲溢价”问题表明中日韩任何一方都难以独自运用市场力量与中东石油输出国有效抗衡，只有通过合作才能争取到有利的石油价格。

（3）中日韩采取互补性合作方式实现多赢

中国正处于加速工业化时期，这在客观上决定了其能源资源需求量将持续上升。中国不断承接发达国家产业转移，成为全球加工制造基地，也加剧了国内能源资源供给压力。日韩由于国内土地、人力等要素成本过高，可以考虑向中国转移一部分高科技产业。中国要建立环境友好型、资源节约型社会，大力推进节能减排，必须要有相关技术作支撑，包括利用新能源技术和节能、节水技术，循环利用技术等等，提高能源资源的利用效率。而日韩的清洁煤技术、节能技术和系能源技术等都处于世界先进水平，中国可以与日本、韩国进行技术交流与合作，学习先进技术与经验，带动亚洲能源技术研发和普及应用，减轻日本与中国之间、以及日本与亚洲能源需求增长国家之间的能源类摩擦。另一方面，日本内需长期增长乏力，国内市场基本饱和，而中国可以为日本的相关产业产品提供广阔的市场，随着自贸区的进一步建立，必将为东北亚地区的经济增长带来新的动力，实现共同繁荣和发展。

注　释

[1] 经济产业省："新国家能源战略"，日本：经济产业省 2006 年。

[2] "沙特阿拉伯将在日本储存 380 万桶原油"，载 http：//www. in-en. com/oil/html/oil-0933093372677433. html，2010 年 6 月 17 日。

[3] "日本同阿联酋签 30 亿美元合同"，载 http：//www. wefweb. com/news/2010115/634245414217803750. shtml，2010 年 11 月 5 日。

[4] "日本石油公司正式宣布撤出伊朗油田开发项目"，载 http：//news. 163. com/10/1015/15/6J21LD0D00014JB6. html，2010 年 10 月 15 日。

[5] "俄罗斯首次向日本出口东西伯利亚石油"，载 http：//www. in-en. com/oil/html/oil-0911091192585938. html，2010 年 3 月 2 日。

[6] "俄罗斯东西伯利亚将出现'日本油田'"，载 http：//www. in-en. com/article/html/energy_ 1046104676789972. html，2010 年 10 月 23 日。

[7] "日本 Inpex 购买秘鲁石油勘探区块 25% 股份"，载 http：//www. in-en. com/oil/html/oil-0854085447679760. html，2010 年 6 月 21 日。

[8] "日本 Inpex 获得巴西海上区块 15% 股份"，载 http：//www. in-en. com/oil/html/oil-0848084813579098. html，2010 年 2 月 22 日。

[9] "日本丸红 6. 5 亿收购 BP 墨西哥湾资产股份"，载 http：//stock. eastmoney. com/news/1406，20101025101785973. html，2010 年 10 月 25 日。

[10] "日本贷款帮助墨西哥国油开发油气田"，载 http：//www. in-en. com/oil/html/oil-0916091694590824. html，2010 年 3 月 8 日。

[11] "日本 Inpex 获刚果 Nganzi 区块 20% 股份"，载 http：//www. wefweb. com/news/2010719/0637423770. shtml，2010 年 7 月 19 日。

[12] "日本公司将开发乌兹别克斯坦油页岩矿"，载 http：//www. in-en. com/oil/html/

oil - 0844084483695622. html，2010 年 7 月 8 日。

[13]“雪佛龙与日本石油签署 Gorgon 项目液化天然气销售协议”，载 http：//www. in-en. com/gas/html/gas - 0832083299548255. html，2010 年 1 月 8 日 。

[14]“日本一电力公司每年将从澳大利亚购买 80 万吨 LNG”，载 http：//www. in-en. com/power/html/power - 0950095063563029. html，2010 年 1 月 27。

[15]“印尼与日本电力巨头签署液化天然气供应协议”，载 http：//www. in-en. com/gas/html/gas - 1103110315593492. html，2010 年 3 月 10。

[16]“英国 BG 与日本公司签署 LNG 销售合同”，载 http：//www. sinopecnews. com. cn/news/content/2010 - 04/01/content_ 778802. html，2010 年 4 月 1 日。

[17]“日本将向委提供开发海上天然气项目贷款”，载 http：//www. in-en. com/gas/html/gas - 0903090335618885. html，2010 年 4 月 9 日。

[18]“日本 Inpex 将为澳天然气项目融资 67 亿美元”，载 http：//www. in-en. com/gas/html/gas - 0929092959696893. html，2010 年 7 月 9 日。

[19]“日本 Inpex 进入秘鲁上游油气勘探领域”，载 http：//www. in-en. com/gas/html/gas - 1041104130723320. html，2010 年 8 月 9 日。

[20]“日本 3 年后将建成全球最大液化天然气储存库”，载 http：//www. in-en. com/gas/html/gas - 1123112347877045. html，2010 年 12 月 28 日。

[21]“日本炼油巨头组建日本最大 LPG 公司”，载 http：//www. in-en. com/gas/html/gas - 1017101735874764. html，2010 年 12 月 27 日。

[22]鉴于海啸造成的核泄露事件，日本的核能战略将有所调整。

[23]“日本经济产业省：基本计划草案着重发展核电”，载 http：//www. wefweb. com/news/2010322/0857285185. shtml，2010 年 3 月 19 日。

[24]“日本核电步入新纪元 2030 年前新增 14 座核电站”，载 http：//www. in-en. com/power/html/power - 1025102530612771. html，2010 年 4 月 1 日。

[25]“日本和哈萨克斯坦签署原子能合作协定”，载 http：//www. in-en. com/power/html/power - 2306230615586639. html，2010 年 3 月 2 日。

[26]“日将与印加强稀土及核能合”，载 http：//www. in-en. com/power/html/power - 1500150046792523. html，2010 年 10 月 26 日。

[27]“日本和越南发表联合声明：开发核电和稀土”，载 http：//www. wefweb. com/news/2010111/634241977389871250. shtml，2010 年 11 月 1 日。

[28]“日本光伏政策再传利好 市场将进一步扩容”，载 http：//www. in-en. com/article/html/energy_ 0650065094742276. html，2010 年 8 月 30 日。

[29]“日本光伏厂商集体扩产 图谋全球市场”，载 http：//www. in-en. com/newenergy/html/newenergy - 1600160048591416. html，2010 年 3 月 8 日。

[30]“日本构建智能电网以新能源为主”，载 http：//www. in-en. com/newenergy/html/newenergy－0839083919820839. html，2010 年 11 月 25 日。

[31]“日本四面出击抢占资源 打造新能源大国”，载 http：//www. in-en. com/newenergy/html/newenergy－1000100099893448. html，2011 年 1 月 10 日。

[32]“日本与越南达成核能协议”，载 http：//intl. ce. cn/gjzx/yz/201011/03/t20101103_21939536. shtml，2010 年 11 月 3 日。

[33]“日美就清洁能源合作发表声明”，载 http：//www. in-en. com/newenergy/html/newenergy－0859085950815621. html，2010 年 11 月 19 日。

[34]“日本政府宣布 2020 年新能源车要占本土销量一半”，载 http：//www. in-en. com/newenergy/html/newenergy－1206120630621809. html，2010 年 4 月 13 日。

[35]“日四大车企与东京电力联手 日本车又抢了先机”，载 http：//www. in-en. com/power/html/power－1114111463610119. html，2010 年 3 月 30 日。

[36]“日本企业成立智能电网协会联盟”，载 http：//www. in-en. com/power/html/power－1258125889610414. html，2010 年 3 月 30 日。

[37]“日本敲定海外低碳减排等 15 个项目”，载 http：//www. wefweb. com/news/2010813/634172822863796250. shtml，2010 年 8 月 13 日。

[38]“日本拟同拉美加强清洁能源领域合作”，载 http：//www. in-en. com/power/html/power－0938093863818520. html，2010 年 11 月 23 日。

[39]“日美就清洁能源合作发表声明，载 http：//www. in-en. com/newenergy/html/newenergy－0859085950815621. html，2010 年 11 月 19 日。

[40]“韩国概况”，载 http：//kr. mofcom. gov. cn/aarticle/ddgk/zwjingji/201002/20100206776022. html，2010 年 2 月 4 日。

[41]“纵观 2010 年韩国经济发展”，载 http：//world. kbs. co. kr/chinese/program/program_ economyplus_ detail. htm? No＝2602，2010 年 12 月 27 日。

[42]“韩国计划今年投资 120 亿美元开发海外能源资源”，载 http：//kr. mofcom. gov. cn/aarticle/jmxw/201001/20100106754123. html，2010 年 1 月 20 日。

[43]“韩国 2024 年前将向天然气项目投资 70 亿美元”，载 http：//www. in-en. com/gas/html/gas－1124112421885469. html，2011 年 1 月 4 日。

[44]“韩国今年将投资 78 亿美元开发海外油气资源”，载 http：//finance. sina. com. cn/roll/20110126/14319314563. shtml，2011 年 1 月 26 日。

[45]“韩蔚山政府石油储备基地竣工，石油储能增至 1.46 亿桶”，载 http：//kr. mofcom. gov. cn/aarticle/jmxw/201005/20100506921644. html，2010 年 5 月 19 日。

[46]“韩国天然气公社将参与伊拉克油田开发工程”，载 http：//kr. mofcom. gov. cn/aarticle/jmxw/201001/20100106760197. html，2010 年 1 月 25 日。

[47]“韩国石油公社收购英国达纳石油公司”，载 http：//www. wefweb. com/news/2010927/634211988522475000. shtml，2010 年 9 月 27 日。

[48]“韩国石油公司瞄准新的北海接管目标”，载 http：//www. in-en. com/oil/html/oil-1041104147810747. html，2010 年 11 月 15 日。

[49]“韩国养老基金收购美石油管道公司股权”，载 http：//www. in-en. com/gas/html/gas-0944094432779464. html，2010 年 10 月 13 日。

[50]“韩国和俄罗斯将加强石油天然气领域合作”，载 http：//www. in-en. com/gas/html/gas-0855085557756588. html，2010 年 9 月 14 日。

[51]“韩国计划开发缅甸天然气区块”，载 http：//www. in-en. com/gas/html/gas-0924092471677394. html，2010 年 6 月 17 日。

[52]“韩国天然气公司签署 217 亿澳元合同购买澳洲天然气”，载 http：//www. in-en. com/gas/html/gas-1347134777707657. html，2010 年 7 月 21 日。

[53]“法国能源巨头苏伊士集团与韩国签署 LNG 协议”，载 http：//www. wefweb. com/news/2010928/634212651540600000. shtml，2010 年 9 月 28 日。

[54]“韩阿国际财团赢得开发伊拉克阿卡斯气田协议”，载 http：//www. in-en. com/gas/html/gas-0913091390787703. html，2010 年 10 月 21 日。

[55]“韩国 STX 能源 1. 45 亿美元购买加拿大气田”，载 http：//www. in-en. com/gas/html/gas-0852085286742613. html，2010 年 8 月 30 日。

[56]“韩国寻求与加纳加强能源合作关系”，载 http：//www. wefweb. com/news/201038/0943289319. shtml，2010 年 3 月 8 日。

[57]“韩将与赤道几内亚举行峰会，商讨能源开发合作方案”，载 http：//kr. mofcom. gov. cn/aarticle/jmxw/201008/20100807075203. html，2010 年 8 月 11 日。

[58]“韩国俄罗斯加强石油天然气领域合作”，载 http：//www. wefweb. com/news/2010916/634202276259786908. shtml，2010 年 9 月 16 日。

[59]“韩俄将共同开发俄石油和天然气”，载 http：//www. in-en. com/oil/html/oil-1042104231808254. html，2010 年 11 月 11 日。

[60]“韩国和阿联酋同意在能源勘探领域进行合作”，载 http：//www. in-en. com/oil/html/oil-0852085237718142. html，2010 年 8 月 3 日。

[61]“韩国积极支持新能源产业发展”，载 http：//www. in-en. com/newenergy/html/newenergy-2207220750777506. html，2010 年 10 月 11 日。

[62]“韩国将投 40 万亿韩元发展新能源”，载 http：//www. wefweb. com/news/20101014/634226415536093750. shtml，2010 年 10 月 14 日。

[63]“韩国 SK 拟向新能源市场投资 143 亿美元”，载 http：//www. in-en. com/newenergy/html/newenergy-1113111332690195. html，2010 年 7 月 1 日。

[64]“韩国30大集团今后3年对绿色项目投资22.4万亿韩元”，载 http：//kr. mofcom. gov. cn/aarticle/jmxw/201007/20100707023125. html，2010年7月14日。

[65]“韩企承揽阿联酋400亿美元核电站大单”，载 http：//kr. mofcom. gov. cn/aarticle/jmxw/200912/20091206708443. html，2009年12月29日。

[66]“韩将向阿联酋出口研究用反应堆并加强核电合作”，载 http：//kr. mofcom. gov. cn/aarticle/jmxw/201001/20100106755909. html，2010年1月21日。

[67]“韩斗山重工业与韩电向阿联酋供应核电设备”，载 http：//kr. mofcom. gov. cn/aarticle/jmxw/201007/20100707006519. html，2010年7月6日。

[68]“韩拟斥资约4.4亿美元发展核电产业”，载 http：//kr. mofcom. gov. cn/aarticle/jmxw/201001/20100106743500. html，2010年1月13日。

[69]“韩国欲打造世界核电大国”，载 http：//www. wefweb. com/news/20100118/1144031007. shtml，2010年1月18日。

[70]“韩国承揽约旦研究用核反应堆建设项目中标”，载 http：//kr. mofcom. gov. cn/aarticle/jmxw/201001/20100106749943. html，2010年1月18日。

[71]“韩国和哈萨克斯坦共同加强核电发展”，载 http：//www. wefweb. com/news/20100427/1522098586_ 0. shtml，2010年4月27日。

[72]“韩土就扩大核电站合作达成共识”，载 http：//kr. mofcom. gov. cn/aarticle/jmxw/201011/20101107247992. html，2010年11月16日。

[73]“韩国与南非签署核能合作协定”，载 http：//kr. mofcom. gov. cn/aarticle/jmxw/201010/20101007175005. html，2010年10月8日。

[74]“现代重工扩大产能成功打进日本太阳能市场”，载 http：//www. in-en. com/newenergy/html/newenergy -0837083777600207. html，2010年3月18日。

[75]“韩现代重工承揽世界最大太阳能电站建设项目”，载 http：//kr. mofcom. gov. cn/aarticle/jmxw/201008/20100807077679. html，2010年8月12日。

[76]“韩国现代重工承建巴基斯坦最大风力发电站”，载 http：//kr. mofcom. gov. cn/aarticle/jmxw/201001/20100106757822. html，2010年1月22日。

[77]“韩国”现代风电“落子南海造风机”，载 http：//www. in-en. com/newenergy/html/newenergy -1043104349764544. html，2010年9月21日。

[78]“韩国西南海岸投巨资欲建海上风能强国”，载 http：//www. in-en. com/newenergy/html/newenergy -1058105851800224. html，2010年11月3日。

[79]“韩国《低碳绿色增长基本法》正式生效”，载 http：//www. stdaily. com/kjrb/content/2010 -04/19/content_ 176702. html，2010年4月19日。

[80]“韩环境部将推行绿卡等环保制度”，载 http：//kr. mofcom. gov. cn/aarticle/jmxw/201012/20101207335396. html，2010年12月28日。

[81]“韩推动于6月16日成立全球绿色增长研究所”，载 http：//kr. mofcom. gov. cn/aarticle/jmxw/201005/20100506919484. html，2010年5月18日。

[82]“温家宝：绿色经济成中日合作新亮点”，载 http：//www. wefweb. com/news/2010830/634187704382126250. shtml，2010年8月30日。

[83]“广东省科技厅与日本综研所签约共推广东节能科技产业发展”，载 http：//tech. southcn. com/t/2010－11/10/content_ 17499377. html，2010年11月10日。

[84]“‘中日合作大型光伏并网电站技术国际研讨会’召开”，载 http：//www. in-en. com/power/html/power－0850085092593138. html，2010年3月10日。

[85]“中日智能电网技术研讨会在中国电科院召开”，载 http：//www. in-en. com/power/html/power－1146114626610325. html，2010年3月30日。

[86]“中国电科院与日本日立公司就智能电网技术进行交流”，载 http：//www. in-en. com/power/html/power－1544154487730220. html，2010年8月16日。

[87]“中日新能源汽车战略合作项目签约”，载 http：//news. hexun. com/2010－11－01/125362362. html，2010年11月1日。

[88]“中国神华与日本三井物产计划合作开发海外煤田”，载 http：//www. in-en. com/coal/html/coal－0748074890757513. html，2010年9月15日。

[89]“日本JX能源公司与中国石油签署大阪炼厂协议”，载 http：//www. wefweb. com/news/2010630/1038175778. shtml，2010年6月30日。

[90]“甘肃省电力公司与日本东京制纲株式会社商讨项目合作”，载 http：//www. in-en. com/power/html/power－1136113623857702. html，2010年12月15日。

[91]“海洋油气争夺之战”，载 http：//www. in-en. com/oil/html/oil－1427142743808624. html，2010年11月11日。

[92]“中华全国工商联与大韩商工会议所签署新能源合作谅解备忘录”，载 http：//kr. mofcom. gov. cn/aarticle/jmxw/201001/20100106754138. html，2010年1月20日。

[93]“韩SK集团与中国节能环保集团公司签订谅解备忘录”，载 http：//kr. mofcom. gov. cn/aarticle/jmxw/201011/20101107232661. html，2010年11月8日。

[94]“韩国SK将加大在中国投资力度倾向新能源等产业”，载 http：//www. in-en. com/newenergy/html/newenergy－1605160532702720. html，2010年7月15日。

[95]“中韩联手打造世界最大光伏企业”，载 http：//www. in-en. com/newenergy/html/newenergy－0724072460752563. html，2010年9月9日。

[96]“百度百科：中国2010年上海世博会韩国企业联合馆”，载 http：//baike. baidu. com/view/3390483. htm。

[97]“中日韩环境部长会议通过首个‘共同行动计划’”，载 http：//www. scio.

gov. cn/hzjl/zxbd/wz/201005/t646656. htm，2010 年 5 月 23 日。

[98]“温家宝出席中日韩领导人会议 完善三国合作机制”，载 http：//www. chinadaily. com. cn/hqgj/zwgx/2010 - 10 - 30/content_ 1107455. html，2010 年 10 月 30 日。

[99]“亚太经合组织第九届能源部长会议在日本闭幕”，载 http：//www. in-en. com/article/html/energy_ 0856085698679763. html，2010 年 6 月 21 日。

南亚能源政策及国际合作 2010

一、印度的政治经济及能源概况

2010 年，印度已经从全球金融危机中复苏，并在政治经济等多方面取得显著发展，社会建设特别是在基础设施投资等方面更是进入了提速阶段。亚洲开发银行发布报告称，其对印度 2011—2012 年经济增长率的预期为 8.7%[1]，并且预测从 2013 年起印度经济将实现两位数增长。同时，印度作为世界人口第二大国，以及经济高速发展的新型工业化国家代表，其对自身在国际社会中的大国地位的追求更加强烈。2010 年，印度开放国内民用核电市场，展现巨大吸引力，并借此极力与美国、日本交好展开核能发电合作。从国家高层人物的交往上看，在短期内英、俄、美、法、中五个联合国安理会常任理事国的领导人接连访问印度，同印度展开从经贸到社会等各个领域的交流与合作，印度的国际地位得到迅速提升，堪称世界强国争相拥抱的明星国家。

反观印度能源产业的发展，目前印度的能源消费结构中油、煤驱动的发电约占 60%、潮汐能占 22%、核能占 2.5%、风能太阳能占 8%、天然气占 6%。而从来源上看，印度石油的 70%、天然气的 50%、煤炭的 30% 都依靠进口，且集中于亚非几个国家；据估计，在 20 年内，印度对进口能源的依存度将上升到 90% 以上。[2] 总体而言，印度的能源产业具有化石资源需求量大、增长快，国内勘探和开采技术和力度有限，对外依赖性高，新能源和可再生能源发展落后等的特点。这样的印度和与其类似而发展在先的中国共同构成亚洲地区、乃至全球的增长点，能源消费中心已经开始向亚洲转移，而两国都在加紧海外能源资源的布局。这符合印度追求成为世界新兴大国的目标，也迎合了美国自奥巴马总统上任后将战略目标重新聚焦亚洲的战略需要；无疑印度借用西方大国孤立中国、抗衡中国崛起的时机发展自身，这是符合其现实主义逻辑的国家战略。

二、印度的能源发展战略

2010 年，为确保能源战略安全，保证供应长期稳定，缓解能源紧张带来的不利影响，印度政府采取多种措施，多管齐下，力求标本兼治。就其能源领域的实践来看，印度的能源战略大致可分为国内和国际两个层面。

国内层面：印度以成为世界大国为最终目标，以实现印度社会经济稳定发展为基本目标，采取诸多措施保障稳定可靠的能源供应、解决国内电力供需缺口。例如大力加强科研和科技进步，改善和优化能源管理机制，加大国内油气田以及其他矿种的勘探、开发与利用，加强电站和电力基础设施的建设，同时加速发展新能源，扩大核能、太阳能、地热能、风能、水能等资源的利用率。此外，印度政府给予能源企业更多的政策支持。一方面大幅削减能源进口关税，鼓励更多的国有和私营企业参与海外能源投资，另一方面在进口勘探设备方面给予优惠，促进国内能源企业与海外能源企业联合投标。

国际层面：首先，印度在全球开展能源外交。一方面，除继续巩固与中东、中亚、俄罗斯等传统能源合作伙伴的关系外，还加大了对非洲、拉丁美洲等地区的经济援助力度；另一方面，召开国际能源会议，争取在世界市场中扮演更加积极的角色。2009—2010 年，印度先后召开了印非石油会议、亚洲天然气伙伴峰会等国际和地区能源会议。其次，在保持现货购买的基础上，加大对国外能源资产的投资，例如鼓励和支持国内石油企业参与到世界石油资源的开发开采领域，加大收购海外油气田的股份并获得开采权等。主要表现在对非洲、拉丁美洲、东南亚等地的全球性油气布局。尤其是在2010年内与世界能源大国（依次为俄罗斯、美国、日本、法国和中国）开展频繁的高层领导人互访，签署包括能源安全、清洁能源开发等在内涵盖政治经济等各个领域全方位的合作协议，获取综合效益，成为国际舞台的亮点。

总的来说，印度的能源战略在2010年更加凸显其以能源多元化为核心，运用外交、政策、法规等多种手段，达到保障能源供应的目的的特点，并逐步向最终制订、实施统一的国家能源战略迈进。

（一）双管齐下应对煤炭缺口

在2009—2010财政年度，印度的经济经历着全球金融危机后的快速恢复与发展，国内电力钢铁、水泥等行业的煤炭需求节节攀升，为应对电力紧缺其国内的发电装机容量也极速增长，同时国际煤炭等原料价格居高不落，因此，印度国内的煤炭“赤字”进一步扩大。从数据上看，2010财年印度煤炭进口比2009年增加14%，达到8628万吨。其中，2580万吨为钢铁生产中使用的炼焦煤进口，其他的主要是动力煤进口，分别比上年增加了1.3%和大约24%。[3]而据印度国家电力部预计，2011—2012财年，煤炭缺口将达到1.04亿公吨，同本年度相比增加了23.8%。[4]其中，对国内高灰分煤炭需求缺口将扩大至9800万吨；而大约近2000万吨低灰分煤炭需求缺口只能依靠进口；另外，国内6500万吨的混煤需求缺口将通过加大进口和增加国内煤炭产量来进行弥补。[5]从进口国看，2009—2010财年，印度增加的煤炭进口依然来自几个有长期贸易关系的煤炭出口国，印度尼西亚、南非和澳大利亚。其中，作为非洲最大的煤炭出口港南非理查德港对印度的煤炭出口额在2010年6月到7月间激增74%，前7个月进口额增长14%至1163万吨。[6]

1. 延续获取海外煤炭资源的积极姿态

为了保证有充足的煤炭资源供应，满足国内工业发展的要求，印度国有和私营的煤炭生产商在2010年延续其获取海外煤炭资源的积极姿态。作为王牌企业的印度国家煤炭公司，截至2010年6月，就拥有600亿卢比可以用于 2009—2010 财年的直接并购计划，占其所持有现金和存款的近六份之一。[7]在 2010 年，其频繁出击，将眼光瞄准美国、澳洲及印尼等国的煤矿，计划通过收购海外矿藏以弥补一半的煤炭缺口。6 月，印度 JSW 能源公司于阿联酋迪拜的 Osho Venture FZCO 公司以及印度 Ocean Mining 公司关于收购 Osho 公司旗下 IOC 70% 股权的事宜进入最后阶段，Ocean Mining 公司在南非西北部地区的部分煤炭开采权将有助于 JSW 能源公司燃料供应的保障，由此，借用跨国公司间的操作为印度国内寻求较为长期稳定的煤炭进口渠道。[8]8 月，印度煤炭巨头阿达尼公司以 5 亿澳元和特许使用权费（5 亿澳元）购得澳大利亚昆士兰州加里里盆地的动力煤项目[9]。两个月后，印度国家煤炭公司宣布与其的合作提案，旨在联合开发澳洲这一煤矿投资项目。[10]10 月，公司主席透露其针对皮博迪能源（Peabody Energy Corp）旗下的一座澳洲煤矿、梅西能源（Massey Energy Co）旗下的一座美国煤矿以及另一座印尼煤矿部署收购计划[11]，对美国的投资更是锁定于高级热能煤项目，其更为长远的目标是不愿透露具体信息的澳洲另外两座煤矿。伴随着 2011 年 1 月印度煤炭部长的非洲之行（南非、莫桑比克、博茨瓦纳、马拉维、斯威士兰等国），印度必将弥补之前对非洲内陆地区煤炭资源开采的忽视。

2. 印度国家煤炭公司开启国内迄今最大规模的公开募股

2009—2010 财年内，印度煤炭行业国内的最大行动莫过于对煤炭开采业的改革。这一改革是参照之前石油天然气勘探业的改革的成功经验，旨于破除国有企业的垄断、提高市场的透明度、结束国家财政补贴。其中，最具影响力的是印度国家煤炭公司 2010 年 10 月份展开的公开募股，该公司计划发售 10% 的股票，融资不超过 1520 亿卢比（约 34 亿美元）。这是印度全国最大的首次公开招股，也建成了印度迄今最大的 IPO。股票公开发行后反应热烈，全球 20 余家金融公司寻求获得此次 IPO 授权，德意志银行、苏格兰皇家银行、花旗集团、高盛集团和摩根士丹利也均在其列。[12]10 月 19 日，《印度时报》头条刊文《印度史上最大 IPO 印度煤炭已获 32.5% 认购》[13]；11 月 5 日，《印度时报》头条再次刊文《印度煤炭挂牌首日股价飙升近 40%》。[14]

（二）积极进行全球油气布局

同作为基础能源的石油和天然气资源对于印度来说是稀缺资源，目前印度的石油和天然气消耗速度急速增加，缺口不断扩大。从需求数据看，在2010年9月，印度石油规划分析就表示2009—2010财政年度印度内消耗了1.38亿吨成品油，而2011财年印度成品油需求可达1.46亿吨，其中柴油需求可能将为6126万吨，汽油需求可能将为1445万吨，石脑油需求可能将为1147万吨。[15] 11月初，总理辛格在新加坡坦言，印度的石油需求在今后10年中将增加40%，然而，印度国内的成熟油田的石油供应在此期间预计只能增加12%左右。[16]另外从进口数据看，在2009—2010财年内，印度平均每天进口320万桶石油来满足本国369万桶/日的石油精炼能力。而2011财政年度内印度投产的新的精炼和贮存能力将需要印度每天多进口52.7万桶石油。并且由于新增4个炼油厂以及本国首个石油储备基地的计划，2011财政年度可能还需额外进口2633万吨石油。[17]总之，为加强能源安全、降低油气的对外依存度、增加油气供给，对于印度未来的发展具有重要的意义，印度势必加速探索有利于自身的全球油气资源的布局。

1. 加速国内石油和天然气的勘探和生产，建立能源储备

印度政府一直在设法提高本国的油气产量并减少对进口燃料的依赖，自1999年开始首轮NELP招标，通过竞标提供勘探区块，吸引外国公司来勘探本国巨大的未开发的沉积盆地。但是，其NELP招标很大程度上未能吸引全球的能源巨头，大部分的区块授予了当地的石油公司，在2010年的第8轮招标中更是对国际石油巨头颗粒无收。这一方面可以归因于全球性金融危机导致的经济衰退，但是，导致这些国际石油巨头对参与印度油气资源开发兴趣索然的主要原因是开发的不确定性风险，如印度政府新推出的资源开发许可证政策、资源税征收、对招标的油气区块实际储量的估计困难、操作缺少透明度和印度官僚腐败盛行等。[18]在2010年10月的第8轮NELP招标中，印度政府对外提供了70个区块并收到了76份涉及36个区块的报价。而直到2011年3月，在拍卖相关区块结束近6个月后，其中

33个油气勘探区块的开发才得到了批准。[19]10月，第9轮勘探区块许可证出售招标中将对外提供34个石油和天然气勘探区块，预计吸引投资140亿美元，这也将是印度有史以来最大的一轮油气勘探区块招标。[20]

关于战略石油储备，印度500万吨的原油储备计划在2004年由内阁提出，但进展缓慢。2010年3月份，印度的石油部长透露，政府会通过印度战略石油储备公司将在2012年底时建成容量达500万吨的三个战略原油存储设施，分别为维萨卡帕特南地区设立100万吨原油储备、在茫格洛尔地区设立150万吨的储备、在Padur设立250万吨的储备，以防突发性事件。[21]

（1）国内石油的勘探与开采，西海沿岸快于东海沿岸。印度最大的能源勘探公司——印度石油天然气公司（ONGC），在2010—2011财政年度的上半年，完成了印度全国67%的石油产量和43%的天然气产量。[22]2月，其计划在今后的5年里投资2500亿卢比（54亿美元）来勘探和开发位于克里希纳—戈达瓦里盆地（克戈盆地）的石油和天然气储量。[23]3月，批准向位于印度西海岸以外孟买湾的3个边际油田的第一阶段开发投资324亿卢比（7.12亿美元），并会提前投资41.9亿卢比来购买9个测井仪用于这3个边际油田的开发。[24]7月，决定联合开发印度西海岸以外海域的4个海上油田，估计拥有857万吨石油储量和110.24亿立方米天然气储量。[25]11月初，表示在2014—2015年前投资45亿美元来开发其位于印度东海岸以外海域的深水油气区块，并预计其投资计划在2011年1月前获得印度上游监管机构印度油气管理总局（DGH）的批准。[26]12月初，透露其计划增加33亿美元的投资来重新开发其最大的油田孟买油田，用以遏止20多年来的石油产量下降。[27]

此外，在6月，印度信任工业公司在位于印度坎贝湾的CB10A&B区块获得第6个石油发现，进一步增加在该区块内获得更多石油储量的潜力。[28]

（2）国内天然气方面谋求与澳大利亚、俄罗斯联合开采。6月，印度政府内阁批准颁发7个煤层气区块，其中5个煤层气区块授予印度公司，2个授予以澳大利亚阿罗能源公司（Arrow Energy）为首的国际财团。[29]10月，印度石油勘探公司（Oil India）在位于本国拉贾斯坦邦Thar沙漠地区的Jaisalmer和Baghewala发现了巨大的油气藏，天然气储量估计在92亿立方米，其中65亿立方米天然气为可采储量。[30] 12月，印度石油勘探公司邀请俄罗斯天然气工业股份公司开发印度国内的两个天然气项目，一个陆上气田和一个海上气田。[31]

2. 加强石油精炼能力，力图建成亚洲地区炼油中心

当前，印度的炼油能力处于过剩状态，但是从实践上看，印度仍在继续修建炼油厂，引进先进技术设备，加强自身石油精炼能力，其所追求的是成为陆地板块的一个炼油中心。

2010年初始（2月），为了能从亚洲不断增加的燃料需求中获利，印度第3大国营炼油企业印度斯坦石油公司日前重新启动了有关投资2000亿卢比（43亿美元）建造炼油石化厂的计划。这个项目具有年加工1500万吨原油和年产250万吨石化产品的能力，能满足印度国内的需求并出口到其他亚洲国家，在2010年曾被推迟实施。[32] 3月，印度石油天然气公司计划在3至4年内斥资100亿卢比（2.23亿美元）来提升古吉拉特邦的22个油气生产装置，同时作为计划的一部分，公司已订购5个流出物处理厂，并计划在两年内钻取9口高技术井，其中4口在2010年内完成，另外5口的作业将在2011年完成。[33] 4月，印度石油公司（Indian Oil Corp.，简称IOC）宣布将位于东部西孟加拉邦的哈尔迪亚炼油厂（Haldia Refinery）的日炼油能力提高了25%，达到了15万桶/日、750万吨/年[34]，并试运转了该炼油厂年产170万吨石油产品的氢化裂解装置来生产欧5标准柴油和其他石油产品，预计投资286.9亿卢比。[35] 9月，IOC又将Panipat炼油厂的炼油能力从此前的每天24万桶提升至每天30万桶，至此，IOC的炼能总量从102万桶/天提升至108万桶/天。[36] 同月，印度石油天然气公司公布其在今后2至3年内耗资400亿卢比（8.77亿美元）购买14部新钻机的计划。[37] 12月7日，印度政府内阁批准在印度东部奥里萨邦组建一个石化投资区的提案，预计吸引投资2.78万亿卢比（622亿美元），其中印度石油公司为石化投资区的“主要租户”，其他的包括Paradeep磷酸盐有限公司、化肥合作IFFCO以及埃萨公司的钢铁业务。[38]

3. 加速获取海外油气资源，与中国企业展开竞争

（1）对海外石油资源的行动。印度总理辛格在2010年11月的能源会议（新加坡）上坦言，印度的石油需求量预计在2010年到2020年将增加40%，而印度国内的成熟油田的石油供应在此期间预计只能增加12%左右。[39]中国的石油需求也将增加87%，达到24亿吨。化石能源是巨大需求，是中国和印度未来几十年发展关键期内的重要现实，收购海外潜力油田是两国保证经济稳定发展和国家能源安全的重要环节。至此，两国互视为最大的对手，其间的竞争一直在进行。中国的外汇储备高达2.4万亿美元，而印度外汇储备额仅为2500亿美元，加之近年来人民币的持续升值强化了中国购买海外资产的能力，这都使得印度的海外竞购处于劣势。据统计，截止到2010年3月底，过去10年印度用于石油进口费用上涨6倍，达到850.47亿美元，相当于国内生产总值的7%左右。即使如此，仅2009年，相比于中国，印度至少失去了125亿美元的合同。[40]由此，在2010年5月，印度提出建立能源主权财富基金，让印度石油天然气公司和印度石油公司成为主要收购对象，以提高印度在海外初级原材料市场的竞争力。收购价格只要不到500亿卢比（约合11亿美元）就不需要政府批准，主要瞄准非洲和俄罗斯。印度政府这种积极“走出去”的主张成为印度公司收购海外资产的新的强劲推动力。

在2010年，印度在国际原材料市场上的表现十分抢眼：首先是印度政府及其能源公司再次加大了对非洲的石油贸易合作。2010年初就对非洲重要油气出口国开展大规模访问，签订巨额投资协议。仅以印度石油天然气公司（ONGC）为例，其在2009年4月至2010年1月对非洲国家的投资总额就高达71.5亿卢比。[41]2010年1月，印度石油勘探公司（Oil India Ltd.）宣布公司目前拥有1145亿卢比（24.7亿美元）的资金可以用来购买海外油田，表示时下正在寻求购买非洲、拉丁美洲和澳大利亚的油田，开展与中国的石油公司对世界各地油气田的争夺战。[42]3月，印度石油天然气公司宣布其在今后的10年内投资200亿美元来与中国和韩国竞争购买海外的石油资产来满足国内的燃料需求[43]，其中需动用借款高达100亿美元。[44]

其次，印度能源公司积极与俄罗斯、挪威、美国、加拿大等国的主要能源公司研究相关合作开发计划。对此，印度往往谋求在能源领域外的合作，以及在其基础上的更深层次交往。2010年中，印度国有能源公司的举措，其获取能源供应目标外的共同抗衡中国、孤立中国的战略考量十分明显。例如，在3月22日，印度石油天然气公司与3家俄罗斯著名石油公司——俄罗斯石油公司、俄罗斯天然气工业石油公司以及石油—电信集团西斯捷玛公司讨论在俄罗斯和独联体地区建立石油和天然气合作伙伴关系。[45]9月，印度国营能源巨头印度石油天然气公司（ONGC）向俄罗斯自然资源部提交了其投标俄罗斯位于北极地区的两个战略大油田的标书。[46]又如，NELP全球招标中印度政府以维护国家安全为由拒绝中国三大石油公司以及在这三大石油公司中入股的跨国公司竞标。

（2）对海外天然气资源的行动。面对到2015年对天然气从目前的1.66亿立方米/天增加到2.3亿—3.2亿立方米/天的巨大需求，印度加速在全球范围内寻找天然气的步伐将更为迫切。3月初，先是获得卡塔尔同意，将其对印度供应的液化天然气在2010年增加30万吨，2011年增加50万吨，2012年增加250万吨，从2013年起每年增加400万吨。[47]之后，印度石油与天然气集团和印度天然气局向缅甸注资13亿美元开发缅甸油气资源。[48]5月末，印度向土库曼斯坦方面提议投资土库曼斯坦正在生产的气田以及在该国建立一个石化厂。[49]7月末，印度石油勘探公司提出与以印度石油天然气公司为首的国际财团合作共同购买英国石油公司在越南一个海上气田中所拥有的股份。[50]8月中旬，印度又表现出从其邻国伊朗购买天然气，开展石化领域合作的极大兴趣。[51]9月，印度埃萨能源公司（Essar Energy）透露其计划在10月投标印度尼西亚的煤层气（CBM）区块和页岩气区块，以及投标中国的相同资产。[52]

最受瞩目的是印度与中亚、南亚国家合作的一条天然气管道项目——TAPI（土库曼斯坦—阿富汗—巴基斯坦—印度）天然气管道项目。该项目经过一年反复谈判协调，在2010年12月才达成，价值80亿美元，建成后可以使印度获得3800万立方米/天的天然气供应。[53]但是，诸如天然气的价格问题、管道安全性问题、天然气供应问题、天然气运输费用问题以及成立财团等问题还有待后续解决。

（三）电力紧缺依旧，新能源发电赢得“大跃进”

印度作为世界经济增长第二快的国家，其电力市场也是世界上增速最快的市场之一。印度联邦计划委员会表示，印度用电高峰时段的供应缺口高达12%。国际能源署2010年10月的报告显示，印度当前依然有4.04亿人完全无法得到电力供应，能够用上电的人群中有一大部分每年平均也只能得到100千瓦时的电力供应，基本只能满足夜晚的照明需求。[54]印度政府曾公布其计划：即到2012年实现向所有居民供电，其中10%将来自可再生能源。但是该计划面临诸多阻力，目前可再生能源发电只占到国家发电量的8%，核能也只有不足3%。所以，印度在短期内的新增电力仍然主要来自燃煤发电的能源需求结构一时很难改变。进而，印度解决电力紧缺、保证电力供应的主要措施是保证电力企业的煤炭供应，增加国内煤炭产量和海外煤炭进口量，同时大力开发提高燃煤效率的技术和设备。

2010年，印度政府和各大能源公司一如既往地活跃在国内和国际的煤炭开采和投资市场上，一方面加大国内煤炭的开发力度，另一方面从资金、技术支持等多方面拓展海外收购业务。但是，面临国际能源价格高涨以及和中国等发展中国家的强烈竞争，印度在加强电煤供应方面的成果不甚理想。由此，弥补电力缺口的另一条路——新能源发电备受重视。

其实，印度政府的新能源发电战略发展已久。印度政府计划在“十一五”（2007—2012）期间启动77个可再生能源项目，并对各种研发机构进行资助。这些项目包括高效太阳能电池、氢燃料电池的开发、太阳能光伏和太阳热能发电、高度生物甲烷化、中型和大型沼气厂产能发电等。其中，仅仅新能源和可再生能源部就安排50亿卢比（约合1.1亿美元）用于新能源和可再生能源的研发和技术创新。10月，在世界创新峰会（孟买）上，印度总统帕蒂尔为印度提出“能源革命”的新口号，呼吁业界努力增加印度的产能，同时全力获取一切形式的可用能源。紧接着印度总理辛格呼吁清洁能源不可丢，要求大力发展新能源发电。2010年，面对煤炭能源进口的不利局面，印度对新能源发电更为重视，其中最突出表现在太阳能发电和民用核能上。

1. 太阳能发电方面

印度于2008年6月30日出台《国家气候变化行动计划》，2009年11月施行《国家太阳能计划》，旨在设立一个可行的政策框架，通过多种措施降低太阳能发电的成本。该计划准备在2013年前，在印度全国建设总发电量达到1000兆瓦的网络交互式太阳能电厂、100兆瓦的屋顶式小型电厂等。[55]2010 年 3 月，印度国家热电公司宣布启动截至目前为止印度最大的、装机总容量为 100 万千瓦可再生能源发电项目，覆盖古吉拉特邦、卡纳塔克邦以及拉贾斯坦邦，内容包括新修建多个装机总容量各为 50 万千瓦的风能、太阳能发电厂。此外，印度首座兆瓦级的太阳能并网发电厂也正在西孟加拉邦的阿散索尔区建设，另外两座位于卡纳塔克邦两兆瓦级和 1 座 1 兆瓦级的发电厂也正在计划当中，而一项建设 2. 8 万千瓦太阳能发电厂的提案获得通过。[56]5 月，印度政府表示将在 2012 年之前，在不借助任何外援的情况下，打造 60 座使用太阳能电力的城市。[57]6 月，印度政府表示转向拨款 100 亿卢比补贴太阳能发电，以促进可再生能源的资源利用率。[58]8 月，印度政府宣布，计划将可再生能源的发电比重从目前的 4% 提高到 2015 年的 10%，并在此基础上每年增加 1%，于 2020 年达到 15%，以顺利完成印度对国际社会的碳减排目标。[59]9 月，印度政府批准 1000 兆瓦太阳能发电项目。[60]12 月，印度政府完成总计 62 万千瓦的太阳能项目招标，国内的 37 家公司中标。[61]这次招标印度政府完全启用本土企业，政府将为这些企业提供资金补助，同时禁止他们从国外进口特定的太阳能设备，目的在于吸引用于太阳能发展的大量资金，表现出印度希望摆脱长久以来本国太阳能市场上美国一家独大的局面，也招致了后者的不满。

与此同时，印度对其国内太阳能发电产业的扶持仍给中国一些优秀的光伏企业进军印度市场的机会。继 2009 年江苏中盛光电集团对印度的太阳能组件的订单后，2010 年 10 月新德里第四届国际可再生能源大会展览会上，皇明太阳能公司、力诺光伏集团等多家中国企业表示会加大投入和在印度设厂。[62]

2. 核能发电方面

印度目前的 17 座核电站多因核燃料供应不足时常达不到满负荷运作，而核电在全国电力供应中的比例不足 3%。鉴于印度电力供应吃紧的问题愈发严重，2009 年 9 月，印度政府就宣布了一项全球最大的核能发展计划，称要在 2050 年时将印度的核发电能力提高 12 倍，成为全球最大核能发电国。具体来说，政府计划新建 20 座核电站，到 2030 年增加 6 万兆瓦的核电装机容量，预计这将开启一个价值 1500 亿美元左右的核电市场。2010 年，英、美、法、中等多国领导人频频走访印度，表现出进入印度核能市场的“迫切愿望”。而印度也寻求与这些核能应用先进国家进行以市场换技术、换资金的互利合作。然而，印度政府于 8 月份推出的颇有争议的核能责任法案以及印度至今还未加入《不扩散核武器条约》等又给合作的开展设置了阻碍。(在第三部分国际合作中详述)

此外，风电上也有一些活动。例如，3 月，总部位于新加坡的 Asian Genco 公司融资 4.25 亿美元投入印度清洁电力项目，包括位于印度 Gujarat 的一个容量为 10.5 兆瓦的风电项目。这一投资业印度电力领域迄今为止最大的产权交易，用以帮助后者实现 2010 年发电容量达到 10000 兆瓦的目标。[63]

三、印度的国际能源合作概况

（一）印度与俄罗斯——大规模核电合作成为亮点

印俄两国的能源合作渊源已久。早在冷战时期，为了各自的战略需求，印度与前苏联便结成了重要的盟友关系。后来因为苏联的解体，印俄间的关系曾经历过一段冰冻期。但是随着俄罗斯国内经济的复苏，以及西方国家对南亚地区的战略渗透，俄罗斯很快重新调整了南亚战略。1993 年 1 月，印俄两国签署了《印俄友好条约》，取消了以前条约中具有军事同盟性质的条款，从而奠定了建立正常国家关系的基石。1994 年 6 月，印度总理访问了俄罗斯，标志着两国关系真正走上了重新发展的道路。普京当选俄罗斯总统后，印俄关系又上了一个新台阶，经济和能源开始成为两国间的合作重点。2004 年 11 月，当时的俄罗斯总统普京对印度进行了友好访问，两国领导人强调应在防务和经济合作领域深化合作。到了 2006 年 3 月，俄罗斯联邦总理再次出访印度，贸易和经济合作成为这次访问的重点，并强调两国应在民用核能、石油和天然气领域加大合作力度。2007 年 1 月，印俄双方签署了近 10 项协议，内容涵盖油气、核电、文化、军售等诸多方面。

近几年来，双方在能源方面的合作愈加紧密，例如俄罗斯的“萨哈林-

1”石油开采项目中就有印度的身影。2009年底，俄总统梅德韦杰夫与到访的印度总理辛格正式签署了一份民用核能合作协议，这份协定对印度核试验“放行”，保证未来即便印度进行核试验，俄罗斯也会向印度提供核燃料。该协议标志着两国在核能方面的合作步入了更深层次的阶段，并最终催生了俄罗斯协助印度修建核电站的新闻事件。

2010年，两国合作又有新的进展。3月末，印度石油天然气公司与3家俄罗斯著名石油公司讨论在俄罗斯和独联体地区建立石油和天然气合作伙伴关系。[64]9月，印度石油天然气公司向俄罗斯自然资源部提交了其投标俄罗斯位于北极地区的两个战略大油田的标书。[65]11月，俄罗斯国家原子能公司向印度提出在俄境内以及第三国联合进行铀矿开采的建议。[66]12月中旬，印度石油勘探公司邀请俄罗斯能源巨头在印度国内的两个天然气项目上进行合作。[67]其中，最具有轰动效应的莫过于3月中旬，俄罗斯总理普京出访印度，印俄两国签署的核能、军售一揽子合作协议。协议包括印度购买俄罗斯“戈尔什科夫海军上将号”航空母舰，俄罗斯帮印度建造16座核电站、并向印度提供核燃料和核废料处理技术等。[68]

回顾两国间的历史关系，俄罗斯获得印度的核能大单应该称得上是水到渠成。同时，这对美印俄三国来说都意义重大。长期以来，印度因为没有加入《不扩散核武器条约》，其核设施地位一直没被国际承认。俄罗斯是同印度签署核能协议的第三个国家，2010年又采取如此巨大的举动与印度加强彼此的联系，这其中包含防止印度进一步倒向美国的目的。而从印度角度来说，印度则希望在俄美两国之间保持相对平衡的关系，在与俄罗斯签订这一大单后，印度不久可能也会拉拢美国来展开相关合作。就像当初美印两国签署核能协议，其中也包含美国拉拢印度来制衡中国的因素。但可以肯定的是，中国在这个关系网中被绝对的边缘化，因为俄罗斯《生意人报》表示，普京这次与印度签订的核电大单，其总金额已经超过了俄中，印度将成为俄罗斯在核电站建设领域的最大合作伙伴。

（二）印度与日本——核电和稀土合作曲折中前进

日本是印度的第六大投资伙伴，据印度外交部的数字，两国间2009年的贸易总额达到120亿美元。正如辛格在日本访问期间所说，日本拥有的是技术和资金，而印度有的是劳动力与市场，两国之间可望达成战略性互补，共同发展。

印度政府的核能发展计划于 2009 年 9 月宣布，在 2010 年一年内印度一直在寻求与全球核能强国的各种合作，而日本显然是一个不可或缺的潜在伙伴。另一方面，印度的价值超过 1500 亿美元的民用核能市场同样令日本心动的。早在 2010 年 6 月，就日本向印度出口民用核能技术和相关设备一事，日本与印度在东京举行了第一轮核能协定缔结谈判，但受到来自于日本核爆受害地广岛与长崎民众的反对和美国的阻碍。[69]之后，一方面，印度内阁批准了一个长期搁置的法案，该法案旨在为外国核能企业在印度原子能市场建立核反应堆扫清障碍。另一方面，日本外相冈田克于 8 月抵达印度，再次致力于推动日本和印度两国的民用核能合作。[70] 10 月初，两国在新德里举行第二轮核能协定谈判。日方建议印度加入《全面禁止核试验条约》框架下，用作监测核爆迹象的国际监测系统，还打算在民用核能合作协定中，加入如果印度进行核试验就停止合作的条款。[71] 10 月末，印度总理辛格访问日本，会晤首相菅直人，主谈核能合作。这次会晤取得诸多成果，如两国签署“全面经济伙伴关系协定”，将加强多方面合作，具体包括：开发和再利用稀土及稀有金属资源；启动两国有关核能的协商，尽快达成符合双方期待的决议；举行部长级经济对话等，将第三轮核能协定谈判定于 11 月举行。

其实，印日双方加强互惠互利战略合作关系的愿望很明显，其民间核能合作的最大障碍来自于印度拒绝签署《不扩散核武器条约》。如此，日本作为全球唯一遭受过原子弹爆破的国家，与拥有核武器且处于核不扩散框架以外的印度合作不甚合理，日本政府也不会为了大做印度核能生意，置本土反对声音于不顾。但同时要看到，两国的合作有着稳固的基础，那就是印度对发展核电的迫切需求和其核电市场的巨大规模，并且日本十分希望借助核电技术和设备的出口促进本国经济的增长。此外，印度之前已经与美国、法国、英国、加拿大等国家开展此方面的合作，尤其是美国对印度核能的放行，从根本上打开了印度民用核能发展找寻国际合作伙伴的大门。从这一趋势来看，我们可以对日本和印度之间达成合作协议持乐观态度，只是达成协议前的谈判会是一个不断博弈的耗时过程，并且协议的内容要求可能会更加明确、具体，在核技术、核燃料及核设备的再处理利用上要求会更加苛刻，特别是在核试验方面将会加以严格限制。[72]

此外，2010年内印度与日本的能源合作还覆盖其他领域。印度总理辛格访日期间，打算向日本企业开放稀土矿业，但仍不允许外国企业直接开采稀土矿。辛格说："我们希望吸引日本公司参与（稀土）提炼和加工过程，帮助提高我们的价格竞争力"。而日本丰田汽车公司也表示已打算在印度东部奥里萨邦新建一座稀土矿提炼工厂。[73]天然气方面，10月30日，印度最大的天然气运输和销售企业GAIL公司与日本丸红商事会社签署了一项为期3年的50万吨液化天然气（LNG）购买协议。[74]电力领域，11月24日，日本九州电力和印度最大的火力发电公司——NTPC签订了关于成立合资企业的协议。九州电力将出资约3千万日元（约合人民币238.2万元），占总投资的25%。双方计划在未来3年，实现以水力、风力发电为中心，发电50万千瓦时的目标。[75]

（三）印度与美国——"亲密关系"非同一般

1. 核能的合作深入展开

一直以来，美国企业都对印度的核能产业虎视眈眈，它们迫切希望在未来20年里从印度约1500亿美元的核能市场分得一杯羹，同时，印度也是美国老一套的以印制中、以印制俄战略的重要棋子。而印度，积极推动自身的发展，同时希望国际社会（主要指美国）对其作为凭借自身力量获得大国地位国家的认可。所以，在各有所需的前提下，美印两国有些仓促地"一拍即合"。

早在2008年，美国率先同印度正式签署民用核能协议，为后者带来了"核解放"。2009年7月美国同意在印度建设两个核电厂同时向其出口核设备。2010年3月，美印两国就核废料再处理达成协议，协议允许印度在国际原子能机构监督下再处理美方提供的核废料。尽管协议的达成略显"仓促"，明显受到了不久前俄印核能大单的"刺激"，外界对此评价十分积极，法新社认为，这份协议的达成"移除"了两个国家开展实质性核能合作的"关键障碍"。美国合众国际新闻社也评论称，该协议是自2008年美印签署民用核能合作协议以来的一次重大突破，两国间真正的合作已"近在咫尺"。[76]8月，印度颁布民用核工业责任法案，对印度核电站的部件供应商和投资运营商的责任范围施行较国际标准更为严格的责任范围，以及更加严厉的责任赔偿措施。[77]这引发美国、俄罗斯、法国等诸多大公司的不满。11月初，奥巴马出访印度，希望就该责任法案达成共识。美印签署共同建立全球核能中心的备忘录，以回应4月份印度在核安全峰会（华盛顿）上的提议，新建的全球核能中心将用于研发安全和防止扩散的核反应系统。同时，美国和印度计划在未来5年各自投入500万美元共同建立清洁能源研发中心，主要用于太阳能、第二代生物燃料和建筑节能技术方面的研究，资金来源覆盖双方政府和国内众多企业。[78]

回顾2010年美印两国的核能合作，可以再次以“仓促”二字形容，而其后隐含着的是诸多条件的干扰与约束。倡建“无核化世界”的美国与向《不扩散核武器条约》说不的印度谈合作本身有自相矛盾的意味，可以说是“利益使然”，是美国在防扩散问题上采取双重标准的鲜活例证，是美国一向自诩的在防扩散问题上“道德高地”的“沦陷”。而协议可能让核材料紧缺的印度将一部分原来用于民用核能的核材料转用于军事用途，进而让伊朗、朝鲜等国在核问题上更加我行我素等后续问题是合作过程中反对言论的集中攻击点。

2. 页岩气的合作加速进行

面对迫在眉睫的能源短缺问题，急于发展能源产业的印度在2010年除了加大国内页岩气的勘探力度，也加强了与国外的页岩气资源和技术的合作。美国作为在页岩气开发方面已获得重大突破的强国，是印度效仿与合作的绝佳选择。

2010年4月、6月、7月和8月印度信任工业公司四度购买美国页岩气资产的股份，分别是17亿美元的阿特拉斯能源公司页岩资产的股份[79]、13.15亿美元的美国先锋自然资源公司旗下伊格尔福特地区页岩气资产的部分股权[80]、未透露名称的美国某一页岩气资产的股份[81]和3.92亿美元的休斯敦Carrizo油气公司页岩气资产的股份[82]。而印度信任工业公司还对一块美国页岩气资产正在部署购买计划，即美国第2大天然气生产公司切萨皮克能源公司的页岩气资产。[83]11月，奥巴马访问印度期间，美国还和印度签署了一项在页岩气领域展开深度合作的协议。[84]这份协议的主要内容包括评估印度目前的页岩气储量、确定可能含有页岩气的沉积盆地的储气能力等。同时，美国还会协助印度争取在 2011 年全面展开招标活动。[85]

此外，自 2009 年 11 月美印就加强在节能和绿色电力开发领域的国际合作达成共识以来，2010 年两国在太阳能领域的合作有了一定发展。9 月，美印商务理事会成立了一个太阳能电力特遣队，目的在于：在国际上推销美国的领先太阳能电力技术；帮助印度减少对于进口煤矿和化石燃料的依赖，支持印度的“尼赫鲁国家太阳能任务”，保障其能源安全；推动两国间在亚洲新兴太阳能电力市场的国际贸易和投资。[86] 11 月，美印表示将携手进行太空间能源研究，目标是使这两个国家成为能源净出口国。该项目长达十五年，面临的主要挑战是将太阳能从太空传递到地球以及进行分配的解决方案。[87]

（四）印度与法国——“全方位核电合作”夺目开启

在 2010 年前 11 个月，法国与印度在能源领域交流较少，但作为大国，特别是核能技术强国，法国并没有错过分割印度核能市场大蛋糕的机会。12 月初，法国总统萨科齐率领 7 位部长和 60 名企业总裁对印度进行了为期 4 天的访问行程，签署了覆盖空间研究、电影制作等内容的 7 份合同，但其主要目的是谋求与印度的核能合作。12 月 6 日，萨科齐与辛格在联合新闻发布会上，法国阿海珐集团宣布与印度国有核能公司（NPCIL）就实质性核能合作签署了一份框架协议。[88] 在印度西部马哈拉施特拉邦先行建造两座 1650 兆瓦的欧洲第三代压水核反应堆（EPR），总造价为 93 亿美元。据透露，两座核反应堆的建设、安全审批及具体的技术调试于 2011 年初开始，2018 年正式投入运作，阿海珐集团将同时负责核反应堆 25 年的核燃料供应。这份协议表征着法国先于美、日等国，率先叩开了“价值数千亿美元”的印度民用核能市场大门。

萨科齐强调，法印两国的核能合作“没有任何限制”，双方将开展“全方位的核能合作”，并透露未来阿海珐集团还将在印度建设 4 座核反应堆。法国媒体认为此次框架合作协议的签署表明，在争夺印度核反应堆市场的竞争中，法国走在了竞争对手美国和日本等核电强国的前面，与俄罗斯速度持平。

（五）印度与中国——竞争居主、合作为辅

据国际货币基金组织公布的数据，2010 年中国以国际汇率计算的 GDP 总量达 5.75 万亿美元[89]，超过日本，成为世界第二大经济体；而印度为 1.43 万亿美元，排名第十三位，中国与印度两国合占全球 GDP 的 11.59%。[90]并且，当今世界，中国和印度又是世界上发展最快的两个发展中国家和世界上人口最多的两个国家，相似的能源消费结构使得两国在能源战略和能源政策的制定上有很多一致性，在实践领域又常常处于竞争大于合作的关系。在 2010 年，中国和印度在煤炭和油气资源领域的竞争更为激烈，新能源领域合作进展缓慢，而具有传统友好关系的电力领域也出现摩擦。年末，中国总理温家宝出访印度，成为短期内踏上印度的五个常任理事国的最后一个国家的领导人，目的在于促进中国与印度经贸往来、加强互信、增进共识等。

1. 煤炭和油气资源领域的竞争日趋激烈

两国的化石能源的储量都相对丰富，但由于两国经济发展迅速，能源需求量巨大，两国国内煤炭和油气资源都已经不能满足需求，进口量屡创新高。据国际能源机构（IEA）2010 年《世界能源展望》报告显示，印度和中国消费了 2009 年全球煤炭产量的 60% 以上，以其为首的新兴经济体将在未来 25 年里驱动全球能源需求。仅仅中国的能源需求量在 2008 年—2035 年间会上升 75%，到 2035 年，其占世界能源需求的比例将从目前的 17% 上升至 22%。[91]加之，中国与印度两国在化石能源领域的互补性不大，彼此的海外能源收购战略布局有很大的重叠，在资源争夺上更出于一种你得我失的“零和”博弈之中。所以，中国与印度在国际煤炭和油气市场上的竞争之激烈态势只增不减。

中国的煤炭进口对象已经逐渐由过去的印尼、澳大利亚和越南等国转向远至哥伦比亚、美国和加拿大等国。面对中国的挑战，印度发挥了地理上的巨大优势。印度比中国更靠近主要煤炭产地南非，运输成本较低。南非煤炭以往主要向大西洋地区国家出口，现在则有 75% 流向印度和太平洋地区国家。同时，印度还加强了与印尼的贸易关系，后者供给印度的煤炭

约占印度煤炭进口总量的80%。然而，印度高度依赖传统供应方的策略难以为继。一方面，印尼政府希望保留更多煤炭产量用于国内，另一方面，南非的劳工问题和运输问题迟迟得不到解决，这都给印度煤炭进口雪上加霜。[92]石油和天然气方面，虽然中东是两国石油的主要进口地，两国展开资源争夺战的地点却在非洲大陆。印度自2004年始逐渐重视非洲并开始恢复和加强与非洲各国的外交关系，开展印非石油会议、印非商业洽谈会以及印非峰会等。但由于印度的战略部署较中国更晚，在非洲油气资源的并购竞争中多败于中国企业。2009年以来，印度及时做出策略上的调整，效仿中国对非洲国家的基础设施建设、医疗教育援助以及技术设备支持等做法，对非洲的外交策略变得更加成熟、更加稳健。例如，2010年1月印度先后向非洲大陆派遣两个高级别代表团，取得能源投资领域的突破性进展，单单是与尼日利亚的石油投资协议就价值高达3.59亿美元。

总的来说，与中国相比，印度在海外能源投资方面乏善可陈。第一，中国拥有庞大的外汇储备，在资金方面占据优势，而且人民币的升值态势明显，也使得中国在国际油气资源竞争中更加掌握主动权。2007—2009三年间，中国的能源公司花费在海外煤炭矿业收购方面的金额就达209.6亿美元，而印度只有区区20.9亿美元。第二，印度缺乏统一的海外收购战略，虽然印度政府2010年早些时候宣布要成立主权基金用于海外能源收购，但一直没有出台具体方案。第三，中国和印度在谈判桌上的地位也有所不同。以煤炭为例，中国煤炭进口量仅相当于国内产量的3.8%，而印度为20%。中国的煤炭进口是由许多临时性因素驱动的，如库存重建、西南干旱、国内煤矿整顿和4万亿元人民币的财政刺激计划。中国进口煤炭一般视价格而定，不是非买不可。这使得中国在谈判桌上占据上风，在磋商供应协议时具有比印度更大的选择余地。而且如果有必要，中国可以重新开放因安全问题而关闭的小煤矿，同时中国还有大量未开采的煤炭资源。相比之下，印度采矿技术落后，社会不安定，官僚风气盛行且污染问题严重，致使该国煤炭产业积重难返。[93]

2. 新能源领域的合作空间大

投资海外能源资产是中国与印度两国近年来大举采用的保证能源供应的战略，但是这固然可望满足近期需求，却显然不是确保长期低成本供应的有效途径，提升自身的能源产业发展水平，加强新能源与可再生能源应用才是符合可持续发展的选择。对于中国和印度等发展中国家来说，在新能源开发和推广的过程中，都会遇到的一个障碍是开发成本相当高。发展中国家用自己的力量来开发研究，优于利用发达国家的技术，是避免知识产权纠纷以及其他经济政治利益交换的前提，也是其解决自身问题的必经之路。

2010年，在中印双方新能源合作方面，印度政府提出“四项合作空间”：首先，共同制造新能源设备，中国在制造高端、大型设备方面十分专业；其次，在开发太阳能、风能、潮汐能方面可以进行合作，这也是未来可能合作空间最大的领域；再次，在能源的交通运输方面中国与印度也可协同合作；此外，在如何转化生物质能方面也可形成合作。但是在实际操作环节却略显迟钝。印度在2010年大力发展的太阳能发电和民用核能发电项目不仅未谈及与中国的合作，还有借此密切自身与世界能源大国的交流、抢夺中国市场与发展前景、以及从政治上孤立中国的意味。这是新兴发展中大国之争的必然表现。

笔者认为，伴随着两国经济的高速发展，未来中国与印度对国际能源的竞争格局将逐步显现，尤其是短期内在一次能源的争夺方面，将出现竞争为主合作为辅的能源博弈格局。不过，长期来看，伴随着新能源等方面的合作和应用，笔者认为双方仍将是合作为主竞争为辅的格局。

3. 电力领域的合作曲折发展

与煤炭和油气领域相比，中国和印度在电力合作领域要素禀赋的互补性比较大，两国一直保持有良好的电力设备合作关系。甚至，印度政府自2012年开始的“十二五规划”中提出的10万兆瓦的总发电目标中，将有一半是使用中国电力设备供应的。[94]

在2010年，中国与印度两国这一合作关系得以继续发展。印度大量从中国进口电力设备，中国的电力设备也一直以“供货及时、价格低廉、质量上乘”在印度获得良好的口碑；同时印度还邀请更多的中国企业参与其国内水电、风电等电站项目建设[95]，这对于促进两国经贸往来以及外交关系发展都具有很重要的意义。具体案例有：2月，印度首次从中国企业采购765千伏特高压输电工程设备。[96]4月，国家电网所属山东电力基建总公司与印度沃丹特集团在印度签订了贾苏古达 3×660 兆瓦电站项目 EPC 总承包合同，总金额15 亿美元。该项目从设计、设备采购、施工安装、调试全过程由山东电建负责，所有锅炉、汽轮机、发电机主设备和绝大部分（约90%）机电辅助设备均从国内采购，可带动机电设备出口 70 亿人民币。[97]7 月 22 日，四川某电力设计公司 EPC 总承包模式承建的印度 WPCL4×135MW 发电项目正是移交业主商业运行。[98]12 月，中国国家开发银行、中国银行与中国进出口银行向印度信实电力（Reliance Power）公司投放10 亿美元的贷款，用以支付后者在此之前向上海电气集团订购的发电设备。[99]

然而，印度对于中国参与其电力市场也不是完全持积极态度。2010 年初，印度的计划委员会在报告中提出对电力设备进口征收 10% 的关税和 4% 的特别附加税。8 月，在国内电力设备制造商的游说下，印度电力部向内阁提议 2010 年 4 月后开始对来自中国的百万千瓦电力设备征收 21% 的关税。[100]此前，印度政府还曾以国家安全为由，禁止从中国购买电信设备，限制中国籍技术人员进入数量[101]，已引起中国政府的抗议。其实，这些都是保护印度本土电力设备制造商、排挤中国企业的不正当竞争的做法。业内人员认为，若执行税收政策，印度的整个电力项目建设成本将显著提高，不仅很多项目将被延期，更极有可能面临财政上的不可行。10 月，这一征税建议受到印度财政部的反对。[102]

（六）印度与亚非其他国家和地区的合作

中东的石油储量和出口量稳居世界首位。非洲大陆的石油储量占全球储量的 10%、天然气产量占全球产量的 7%，并且主要集中在安哥拉、阿尔及利亚、埃及、利比亚、尼日利亚和苏丹这 6 个国家。中亚五国以及东南亚的缅甸、越南等国也有丰富的未开采的天然气资源。中东、东南亚、中亚和非洲一直是印度获取海外煤炭和油气资源的主要对象国。2010 年，虽然印度在积极开展同世界强国的贸易往来以获得更多的国际认同、提升国际地位，但是可以使印度达到保证能源供应、满足经济发展与社会安全目的的经贸往来依然来自这些亚非国家。

从印度政府的行动上看：1 月末，印度先后派出了两个高级代表团访问非洲苏丹、刚果、尼日利亚、利比亚、加纳、安哥拉及乌干达等国，签署了一系列油田开发及冶炼协议。其中，仅印度石油天然气公司对尼日利亚的一项合同就有总值3.59亿万美元的投资额。[103]2月，印度政府表示将与缅甸签署一份价值13.5亿美元的油气开发协议，并将向缅甸海上A-1和A-3油田块追加投资；3月，印度政府又批准了印度3家石油公司提交的向委内瑞拉卡拉沃沃-1油区块投资21.8亿美元的计划[104]，并批准斥资28亿美元参与俄罗斯萨哈林岛油气资源开发。天然气方面，3月初，卡塔尔与印度达成协议，同意将其对印度供应的液化天然气在2010年增加30万吨，2011年增加50万吨，2012年增加250万吨，从2013年起每年增加400万吨。[105]

从能源公司的行动上看：2009年4月至2010年1月，仅印度石油天然气公司（ONGC）对非洲国家的投资总额就高达71.5亿卢比。[106]在2010年，印度在国际原材料市场上的表现更加抢眼。1月，印度石油勘探公司（Oil India Ltd.）宣布公司目前拥有1145亿卢比（24.7亿美元）的资金可以用来购买海外油田，表示时下正在寻求购买非洲、拉丁美洲和澳大利亚的油田，开展与中国的石油公司对世界各地油气田的争夺战。[107]3月，印度石油天然气公司宣布其将在今后的10年内投资200亿美元来与中国和韩国竞争购买海外的石油资产来满足国内的燃料需求[108]，其中需动用借款高达100亿美元。[109]月内，印度石油与天然气集团和印度天然气局就向缅甸注资13亿美元开发缅甸油气资源达成共识。[110]5月末，印度向土库曼斯坦方面提议投资土库曼斯坦正在生产的气田以及在该国建立一个石化厂。[111]7月末，印度石油勘探公司提出与以印度石油天然气公司为首的国际财团合作共同购买英国石油公司在越南一个海上气田中所拥有的股份。[112]8月中旬，印度又表现出从其邻国伊朗购买天然气，开展石化领域合作的极大兴趣。[113]9月，印度埃萨能源公司（Essar Energy）透露其计划在10月投标印度尼西亚的煤层气（CBM）区块和页岩气区块，以及投标中国的相同资产。[114]

印度2010年海外天然气获取项目中最受瞩目的是TAPI（土库曼斯坦—阿富汗—巴基斯坦—印度）天然气管道项目。TAPI项目经过一年多的反复谈判与协调，在12月中旬才正式落签。该项目价值80亿美元，建成后可以使印度获得3800万立方米/天的天然气供应。[115]但是，诸如管道的安全性问题、管道建成后的天然气价格协议的问题、天然气运输费用分摊的问题以及成立财团等等还有待后续解决。

四、中国与印度在未来能源领域的合作

中国和印度是在国土面积、人口、资源总量都位居世界前列的两个国家，也是世界上发展最快的两个发展中国家，金融危机后更是被称为世界经济的“双引擎”。然而，中国和印度在能源领域的竞争远远大于合作，而且在短期内不会发生改变。归其原因，笔者认为有以下三个方面：

第一，不可否认，中国与印度两国发展能源产业有一些相似点：1. 中国与印度两国在能源资源禀赋和消费结构上有一定的相似性——均具有相对丰富的煤炭资源储藏，缺乏石油和天然气资源，而国家的主要行业的发展在短期内还将过渡依赖传统化石能源。当前，以中国和印度为驱动的能源消费中心已经形成，两国对于世界能源的需求强劲增长。2. 中国与印度两国均对中东地区的石油依赖严重，且存在石油运输安全风险，承担国际石油溢价的压力。单单从能源需求角度讲，都对于美国这个国际石油消费和石油进口第一的“能源霸权”国家存有不满。3. 两国都处于经济快速发展阶段，也处于社会各方面的转型和改革时期，国内勘探和开采技术和力度有限，能源市场的监督管理体制不健全、市场化程度低，新能源和可再生能源发展相对落后。但是，这些相似点不仅没有构成中国和印度在能源领域开展合作的基础，还引发两国在能源进口和对外投资领域的激烈摩擦与竞争，而且多会发生非良性竞争。

第二，传统地缘政治中的外交圈理论——强邻为敌的现实主义思想远远超越和平共处五项原则以及和平崛起等“倡辞”。印度在其军事、经济和科技力量壮大后，争当亚洲大国以至世界大国的雄心日显。长期以来，印度对中国的政策具有明显的两面性，既有愿与中国发展合作的一面，也有防范敌视的一面，而其中把中国视为战略竞争对手甚至是潜在威胁的观念有着较深的影响。

总之，两国之间对地区乃至世界领导权的竞争关系蔓延至能源经贸往

来方面，在这种互相为威胁的思想上，加之两国因为边界问题等历史性矛盾未形成较高政治互信的现状，中国与印度两国未来在能源领城开展大规模合作必然十分很难。

第三，随着世界各国对能源安全问题的关注不断升级，以及产油国、消费国和能源过境国之间的能源博弈愈演愈烈，中国与印度能源合作的国际地缘政治环境非常严峻：（1）美国与印度间的战略互动过于活跃。印度是美国牵制中国的重要一环，美国由于自身亚洲地缘战略的需要，大肆抬高印度在亚洲的地位，不断通过多种手段尤其是经济手段来拉拢印度；其次，美印间建立了美印新的核能联盟。美国这么做的目的，一方面是为了维持和巩固其在亚太的霸权，另一方面是利用印度来平衡和抑制中国的影响。而冷战后，印度一直在积极寻求与美国建立战略伙伴关系，目的是希望以美国为首的西方国家能承认其大国地位，以便在经济和技术上得到更大利益。（2）日本、英国、澳大利亚等国紧随美国，积极发展同印度的关系；法国为彰显其大国地位抢先与印度开展大规模核能合作。而俄罗斯也与印度加强了包括能源领域和军售领域在内的战略合作。俄罗斯的目的首先是要抵抗美国的战略压缩，其次也是想利用印度抗衡中国、防范中国崛起。在这些错综复杂的利益诉求中印度获得了最大利益——一方面使以美国为首的西方国家承认其大国地位，在经济和技术方面得到好处，另一方面又可以在战略上保持对中国的牵制与平衡。如此看来，印度加强与中国之间的能源合作似乎更多是为了平衡印中关系，而并非为了合作而合作。并且，中国与印度之间的能源合作势必会受到上述国家的阻扰。

基于以上的原因分析和中国与印度两国在 2010 年国际能源市场上的表现，笔者对两国能源合作的前景看法如下：

首先，中国与印度在煤炭与油气领域合作的预期比较悲观。但是，如果中国与印度两国政府和企业在获取煤炭和油气资源上处处针锋相对，必然会抬高国际能源价格，最终落得两败俱伤。所以，中国与印度两国企业基于这样的避害底线，即使不能成为合作伙伴，也会做出相对缓和的行动。

其次，在传统的化石能源领域之外，中国与印度之间的合作空间比较大。电力领域，中国与印度一直保持有相对密切的合作关系，虽然印度电力部为首的一些政府要员对中国电力设备设置进口壁垒的舆论甚嚣尘上，但是两国的一些企业在合作上仍然保持有较强的互信和依赖关系，是今后开展合作的基础。

此外，在低碳经济、节能减排技术和全球气候谈判方面，中国和印度有着较多的共同利益，两国应该再次进一步加强交流和合作，取得共赢。

参考文献

1. 专著

付庆云、兰月、王威等编：《世界主要国家能源供需现状和政策分析》，北京：地质出版社，2008 年版。

付庆云、刘伟、张迎新等编：《各国能源概览》，北京：中国大地出版社，2004 年版。

【美】拉斐奇·多萨尼著，张美霞、薛露然译：《印度来了——经济强国如何重新定义全球贸易多萨尼》，北京：东方出版社，2009 年版。

倪健民、郭云涛著：《能源安全》，杭州：浙江大学出版社，2009 年版。

夏义善主编：《中国国际能源发展战略研究》，北京：世界知识出版社，2009 年版。

赵恒著：《印度核政策的历史分析》，合肥：安徽大学出版社，2007 年版。

中国现代国际关系研究院经济安全研究中心编：《全球能源大棋局》，北京：时事出版社，2005 年版。

2. 期刊和论文

方雯、曾琰："印度的能源对策分析"，《南亚研究季刊》，2009 年第 1 期。

刘伟："印度的能源政策对我国的启示"，《国土资源情报》，2006 年第 10 期。

刘增洁、许天良："印度油气资源现状及政策回顾"，《国土资源情报》，2010 年第 7 期。

纳拉辛哈·拉奥、葛丽仕·圣、苏德赫·切利亚·拉詹，黄莹、张建辉编译："印度能源趋势概述：低碳增长与发展的挑战"，《经济社会体制比较》，2010 年第 1 期。

牛建英："印度能源消费与经济发展关系"，《资源与产业》，2009 年 10 月刊。

伍福佐："美国对印度能源安全战略的影响"，《南亚研究季刊》，2009 年第 1 期。

杨翠柏："印度能源政策分析"，《南亚研究季刊》，2008 年第 2 期。

杨思灵、高会平："印度能源形势与发展趋势分析"，《南亚研究季刊》，2009 年第 3 期。

黄欣："印度能源战略研究"，湘潭大学 2006 级硕士论文。

李蓓蓓："印度能源战略研究"，外交学院 2007 级硕士论文。

3. 浏览网站（见尾注）

注　释

[1]"亚洲开发银行官员：预计 2011 年印度经济增长 8.7%"，载黄金网，2010 年 12 月 29 日，参见 http://gold.cnfol.com/101019/171，1984，8622784，00.shtml。

[2]"全球能源消费中心向亚洲移动"，载中国煤炭市场网，2010 年 11 月 4 日，参见 http://www.china5e.com/show.php？contentid=137644。

[3]"印度国内煤炭'赤字'扩大"，载国际能源网，2011 年 1 月 12 日，参见 http://www.in-en.com/coal/html/coal-1819181948898287.html。

[4]"印度 2011 年煤炭紧缺将加重"，载国际煤炭网，2010 年 12 月 1 日，参见 http://www.in-en.com/coal/html/coal-1514151419830877.html。

[5]"印度 2011 财年煤炭进口需求将达到 8500 万吨"，载中国煤炭市场网，2010 年 9 月 9 日，参见 http://www.china5e.com/show.php？contentid=127556。

[6]"南非理查德港对印度煤炭出口额激增"，载国际煤炭网，2010 年 8 月 9 日，参见 http://www.in-en.com/coal/html/coal-2319231912723847.html。

[7]"印度煤炭称考虑竞购梅西能源旗下煤矿"，载腾讯财经，2010 年 11 月 12 日，参见 http://www.china5e.com/show.php？contentid=139591。

[8]"印度 JSW 能源公司收购南非煤炭项目"，载国际煤炭网，2010 年 6 月 12 日，参见 http://www.in-en.com/coal/html/coal-1610161097675592.html。

[9]"印度煤炭审核联合阿达尼开发澳煤矿提案"，载国际煤炭网，2010 年 10 月 14 日，参见 http://www.in-en.com/coal/html/coal-1654165470781674.html。

[10]"印度大举投资澳大利亚煤炭产业"，载国际煤炭网，2010 年 8 月 2 日，参见 http://www.in-en.com/coal/html/coal-1817181749717757.html。

[11]"印度煤炭拟收购海外 5 个煤矿"，载中国能源网，2010 年 11 月 26 日，参见 http://www.china5e.com/show.php？contentid=142769。

[12]"高盛等 20 家金融公司竞争牵头印度煤炭"，载国际煤炭网，2010 年 6 月 5 日，参见 http://www.china5e.com/show.php？contentid=128446。

[13]"印度史上最大 IPO 已获 32.5% 认购"，载国际煤炭网，2010 年 10 月 19 日，参见 http://www.in-en.com/coal/html/coal-1624162432785715.html。

[14]"印度煤炭上市首日股价飙升 40%"，腾讯财经，2010 年 11 月 5 日，参见 http://www.china5e.com/show.php？contentid=138023。

[15]"本财年印度成品油需求或达 1.4608 亿吨"，载中国石化新闻网，2010 年 9 月 10

日，参见 http：//www. china5e. com/show. php？contentid = 127701。

[16]“辛格：印度石油需求今后 10 年将增加 40%”，载中国石化新闻网，2010 年 11 月 2 日，参见 http：//www. china5e. com/show. php？contentid = 137204。

[17]“印度下财年石油进口量或将增加 2633 万吨”，载国际石油网，2010 年 11 月 30 日，参见 http：//www. in-en. com/oil/html/oil – 0852085271825472. html。

[18]“印度拍卖 34 处油气田开发权 国际石油巨头不捧场”，载国际石油网，2010 年 10 月 18 日，参见 http：//www. in-en. com/oil/html/oil – 1527152733784283. html。

[19]“印度政府批准颁发 33 个油气区块”，载国际石油网，2010 年 3 月 22 日，参见 http：//www. in-en. com/oil/html/oil – 1049104912602833. html。

[20]“印度预计第 9 轮油气区块招标将吸引 140 亿美元投资”，载国际石油网，2010 年 10 月 18 日，参见 http：//www. in-en. com/oil/html/oil – 1148114850784044. html。

[21]“2012 年印度将建成 500 万吨战略石油存储设施”，载国际石油网，2010 年 3 月 10 日，参见 http：//www. in-en. com/oil/html/oil – 1608160838593769. html。

[22]“印度或将投资 45 亿美元开发东海岸深水区块”，载中国石化新闻网，2010 年 11 月 4 日，参见 http：//www. china5e. com/show. php？contentid = 137749。

[23]“印度同安哥拉及尼日利亚签署能源合作协定”，载国际石油网，2010 年 2 月 3 日，参见 http：//www. in-en. com/oil/html/oil – 0831083137568999. html。

[24]“印度投资 7 亿美元开发孟买湾边际油田”，载国际石油网，2010 年 3 月 26 日，参见 http：//www. in-en. com/oil/html/oil – 0829082978607316. html。

[25]“印度石油巨头同意联合开发 4 个海上油田”，载国际石油网，2010 年 7 月 3 日，参见 http：//www. in-en. com/oil/html/oil – 0914091474691641. html。

[26]“印度或将投资 45 亿美元开发东海岸深水区块”，载中国石化新闻网，2010 年 11 月 4 日，参见 http：//www. china5e. com/show. php？contentid = 137749。

[27]“印度计划增加投资重新开发本国最大油田”，载中国石化新闻网，2010 年 12 月 2 日，参见 http：//www. china5e. com/show. php？contentid = 143747。

[28]“印度最大私企在坎贝湾探获第五个石油发现”，载国际石油网，2010 年 6 月 1 日，参见 http：//www. in-en. com/oil/html/oil – 1314131484664015. html。

[29]“印度政府内阁批准颁发 7 个煤层气区块”，载国际燃气网，2010 年 6 月 28 日，参见 http：//www. in-en. com/gas/html/gas – 0916091623685985. html。

[30]“印度拉贾斯坦邦沙漠地区发现巨大天然气储量”，载中国石化新闻网，2010 年 10 月 21 日，参见 http：//www. china5e. com/show. php？contentid = 134775。

[31]“印度公司邀请俄能源巨头开发两气田”，载国际石油网，2 010 年 12 月 14 日，参见 http：//www. in-en. com/oil/html/oil – 1150115011855645. html。

[32]“印度斯坦石油重新启动炼油石化厂建造计划”，载国际石油网，2010 年 2 月 26 日，参见 http：//www. in-en. com/oil/html/oil－1054105480583868. html。

[33]“印度斥资 2. 23 亿美元提升 22 个油气生产装置”，载国际石油网，2010 年 3 月 31 日，参见 http：//www. in-en. com/oil/html/oil－1149114958611679. html。

[34]“印度 IOC 将霍尔迪亚炼油厂扩能至 750 万吨/年”，载国际石油网，2010 年 4 月 23 日，参见 http：//www. in-en. com/oil/html/oil－0905090574630939. html。

[35]“印度 IOC 提高哈尔迪亚炼厂炼油能力 25%”，载国际石油网，2010 年 4 月 21 日，参见 http：//www. in-en. com/oil/html/oil－0911091153628721. html。

[36]“印度 IOC 提高 Panipat 炼油厂炼油能力”，载中国石化新闻网，2010 年 11 月 5 日，参见 http：//www. china5e. com/show. php？ contentid＝139905。

[37]“印度石油巨头 8. 7 亿美元购买 14 部新钻机”，载国际石油网，2010 年 10 月 9 日，参见 http：//www. in-en. com/oil/html/oil－1401140131775794. html。

[38]“印度政府内阁批准组建石化投资区提案”，载中国石化新闻网，2010 年 12 月 8 日，参见 http：//www. in-en. com/oil/html/oil－0938093851846005. html。

[39]“辛格：印度石油需求今后 10 年将增加 40%”，载中国石化新闻网，2010－11－02，参见 http：//www. china5e. com/show. php？ contentid＝137204。

[40]“对于石油的购买从非洲、哈萨克斯坦、再到委内瑞拉 印度都败于中国”，载国际石油网，2010 年 6 月 30 日，参见 http：//www. in-en. com/oil/html/oil－1751175120689147. html。

[41]“印度 ONGC 寻求收购非洲国家油气项目”，载国际燃气网，2010 年 3 月 5 日，参见 http：//www. in-en. com/gas/html/gas－1017101747589800. html。

[42]“印度寻求购买非洲、拉丁美洲、澳大利亚油田”，载国际石油网，2010 年 2 月 1 日，参见 http：//www. in-en. com/oil/html/oil－0850085056566692. html。

[43]“印度 ONGC 公司迄今已在全球投资 100 亿美元”，载国际石油网，2010 年 3 月 15 日，参见 http：//www. in-en. com/oil/html/oil－1547154720597351. html。

[44]“印度 ONGC 将借款百亿美元收购海外石油资产”，载国际石油网，2010 年 3 月 9 日，参见 http：//www. in-en. com/oil/html/oil－0902090264592139. html。

[45]“印度拟与 3 家俄罗斯公司建立油气合作伙伴关系”，载国际燃气网，2010 年 3 月 24 日，参见 http：//www. in-en. com/gas/html/gas－0849084951604974. html。

[46]“印度石油公司：计划 2013 年投产两石化联合体”，载国际石油网，2010 年 9 月 26 日，参见 http：//www. in-en. com/oil/html/oil－1430143094767546. html。

[47]“卡塔尔增加对印度液化天然气的供应”，载国际燃气网，2010 年 3 月 23 日，参见 http：//www. in-en. com/gas/html/gas－0841084175603674. html。

[48]“印度将投资 13. 5 亿美元在缅甸开发天然气田”，载国际燃气网，2010 年 3 月 5

日，参见 http：//www. in-en. com/gas/html/gas－0840084029589455. html。

[49]“印度希望投资土库曼斯坦气田”，载国际燃气网，2010 年 5 月 26 日，参见 http：//www. in-en. com/gas/html/gas－0838083858657876. html。

[50]“印度公司希望合作投标 BP 越南资产”，载国际石油网，2010 年 7 月 29 日，参见 http：//www. in-en. com/oil/html/oil－0855085563714607. html。

[51]“印度有兴趣从伊朗购买天然气”，载国际燃气网，2010 年 8 月 17 日，参见 http：//www. in-en. com/gas/html/gas－0858085823730782. html。

[52]“印度埃萨计划投标中国和印尼煤层气区块”，载国际燃气网，2010 年 9 月 16 日，参见 http：//www. in-en. com/gas/html/gas－0832083280758856. html。

[53]“TAPI 协议落签 印度将从土库曼斯坦进口天然气”，载国际燃气网，2010 年 12 月 16 日，参见 http：//www. in-en. com/gas/html/gas－1406140668859980. html。

[54]“印度总统呼吁‘能源革命’”，载中国能源报，2010 年 11 月 11 日，参见 http：//a21014551. site. hichina. com/_ d270822776. htm。

[55]“印度 50 亿卢比大力支持本国可再生能源发展”，载国际新能源网，2010 年 3 月 11 日，参见 http：//www. in-en. com/newenergy/html/newenergy － 1322132249594810. html。

[56]“印度启动百万千瓦可再生能源发电项目”，载国际电力网，2010 年 4 月 1 日，参见 http：//www. in-en. com/power/html/power－1119111991612862. html。

[57]“印度拟建 60 座太阳能城市”，载国际新能源网，2010 年 5 月 26 日，参见 http：//www. in-en. com/newenergy/html/newenergy－1419141957658953. html。

[58]“印度政府专项拨款 100 亿卢补贴太阳能”，载国际新能源网，2010 年 6 月 1 日，参见 http：//www. in-en. com/newenergy/html/newenergy － 0840084015663215. html。

[59]“印度拟提高可再生能源发电比重”，载国际能源网，2010 年 8 月 12 日，参见 http：//www. in-en. com/article/html/energy_ 0640064083726419. html。

[60]“印度政府批准 1000 兆瓦太阳能发电项目”，载国际电力网，2010 年 9 月 2 日，参见 http：//www. in-en. com/power/html/power－0756075645753736. html。

[61]“印度携 37 家公司共赴太阳能‘大跃进’”，载载国际新能源网，2010 年 12 月 23 日，参见 http：//www. in-en. com/newenergy/html/newenergy－0850085027869689. html。

[62]“中国太阳能企业有望在印度建厂”，新华网，2010 年 10 月 29 日，参见 http：//www. china5e. com/show. php？ contentid＝136626。

[63]“印度清洁电力项目获 4. 25 亿美元投资”，载国际新能源网，2010 年 3 月 18 日，参见 http：//www. in-en. com/newenergy/html/newenergy － 1154115480600664. html。

[64]“印度拟与3家俄罗斯公司建立油气合作伙伴关系”，载国际燃气网，2010年3月24日，参见http：//www. in-en. com/gas/html/gas－0849084951604974. html。

[65]“印度石油公司：计划2013年投产两石化联合体”，载国际石油网，2010年9月26日，参见http：//www. in-en. com/oil/html/oil－1430143094767546. html。

[66]“俄原子能公司拟与印度合作开采铀矿”，载中国证券报，2010年11月23日，参见http：//news. cnfol. com/101123/101，1588，8849383，00. shtml。

[67]“印度公司邀请俄能源巨头开发两气田”，载国际石油网，2010年12月14日，参见http：//www. in-en. com/oil/html/oil－1150115011855645. html。

[68]“俄罗斯与印度展开大规模核电合作”，载国际电力网，2010年3月24日，参见http：//www. in-en. com/power/html/power－1354135425605538. html。

[69]“印度向日本派遣总理特使推动核能协定缔结的谈判”，载国际电力网，2010年7月9日，参见http：//www. in-en. com/power/html/power－1113111373697411. html。

[70]“日本称若印度重启核试验将停止双方核能合作”，载国际电力网，2010年8月23日，参见http：//www. in-en. com/power/html/power－1606160688736848. html。

[71]“日本与印度计划在新德里举行第二轮核能协定谈判”，载国际电力网，2010年10月8日，参见http：//www. in-en. com/power/html/power－1435143561774395. html。

[72]目前可以肯定，因为日本发生了因海啸导致的十分严重的核泄漏事件，日本与其他国家的核能合作应该会有一定时期的搁浅。

[73]“印度拟向日本开放稀土加工 不允许直接开采”，载国际能源网，2010年10月26日，参见http：//www. in-en. com/finance/html/energy_ 0801080167791648. html。

[74]“印度天然气销售巨头与日本公司签LNG协议”，载中国石化新闻网，2010年11月2日，参见http：//www. china5e. com/show. php？ contentid＝137184。

[75]“日本九州电力将与印度国有电力公司合作”，载中国经济网，2010年11月26日，参见http：//www. china5e. com/show. php？ contentid＝142771。

[76]“觊觎印度核电 美印‘急签’核废料再处理协议”，载国际电力网，2010年4月8日，参见http：//www. in-en. com/power/html/power－1315131577618156. html。

[77]“印度通过民用核工业责任法案”，载国际能源网，2010年8月28日，参见http：//www. in-en. com/article/html/energy_ 0817081750742207. html。

[78]“美国与印度签署共同建立全球核能中心的备忘录”，载国际电力网，2010年11月9日，参见http：//www. in-en. com/power/html/power－1700170096806124. html。

[79]“印度信任17亿美元购买阿特拉斯页岩资产股份”，载国际燃气网，2010年4月12日，参见http：//www. in-en. com/gas/html/gas - 0854085463620037. html。

[80]“印度公司斥资13亿美元收购美国页岩气资产”，载国际能源网，2010年6月25日，参见http：//www. in-en. com/article/html/energy_ 0839083971684420. html。

[81]“印度信任即将获得美国第三份页岩气协议”，载国际燃气网，2010年7月15日，参见http：//www. in-en. com/gas/html/gas - 0901090176702063. html。

[82]“印度信任计划购买美国页岩气合资公司60%股权”，载国际燃气网，2010年8月6日，参见http：//www. in-en. com/gas/html/gas - 1028102884722086. html。

[83]“印度信任考虑投资切萨皮克能源页岩气资产”，载国际燃气网，2010年9月19日，参见http：//www. in-en. com/gas/html/gas - 0918091863761899. html。

[84]“美国与印度在新能源寻求合作——两国就洁净能源及印度当地页岩气探勘进行合作”，2010年11月11日，参见http：//www. eepw. com. cn/article/114442. htm。

[85]“美在新兴国家开展页岩气‘扶贫’”，载中国化工报，2010年10月29日，参见http：//www. ccin. com. cn/ccin/news/2010/11/29/153658. shtml。

[86]“美印做出增强太阳能发展新承诺”，载中国煤炭市场网，2010年9月8日，参见http：//www. china5e. com/show. php？ contentid = 127230。

[87]“印度和美国携手进行太空太阳能发电研究”，载国际新能源网，2010年11月9日，参见http：//www. in-en. com/newenergy/html/newenergy - 1132113277805762. html。

[88]“法国拟助印度建两座核电站 协议价值数十亿美元”，载国际电力网，2010年12月8日，参见http：//www. in-en. com/power/html/power - 1356135633846787. html。

[89]“国家统计局关于2009年年度国内生产总值（GDP）数据修订的公告”，2010年12月30日，参见http：//hi. baidu. com/300760/blog/item/c3cb3513960ea6c3c2fd78b8. html。

[90]“2010年世界各国GDP及人均GDP排名（IMF权威公布）”，2011年2月17日，参见http：//bbs. classic023. com/thread - 1240185 - 1 - 1. html。

[91]“国际能源机构称中印两国驱动全球能源需求”，载国际能源网，2010年11月13日，参见http：//www. in-en. com/article/html/energy_ 1105110544810056. html。

[92]“争夺煤炭资源 印度中国角力”，载中国煤炭市场网，2010年9月16日，参见http：//www. china5e. com/show. php？ contentid = 129245。

[93]此为笔者个人意见，可能与事实有所出入。

[94]“印媒称印度一半发电量将靠中国电力设备供应”，载国际电力网，2010年8月5日，参见http：//www. in-en. com/power/html/power - 0910091031720741. html。

[95]“中印双方在电力合作上成效显著”，载国际电力网，2010 年 10 月 25 日，参见 http：//www. china5e. com/show. php？contentid = 135532。

[96]“印度正式授标沈变 8 个 765 千伏变电站成套工程”，载国际电力网，2010 年 2 月 27 日，参见 http：//www. in-en. com/power/html/power – 0754075439584145. html。

[97]“国家电网签署 15 亿美元印度火电站总承包合同”，载国际电力网，2010 年 4 月 2 日，参见 http：//www. in-en. com/power/html/power – 1424142485614315. html。

[98]“中国电力设计企业在印度首个 EPC 发电项目首台机组成功投入商业运行”，载国际电力网，2010 年 8 月 5 日，参见 http：//www. in-en. com/power/html/power – 0735073561720344. html。

[99]“中国 10 亿美元贷款支持印度信实电力采购上海电气设备”，载国际电力网，2010 年 12 月 16 日，参见 http：//www. in-en. com/power/html/power – 1438143838860048. html。

[100]“印度拟向中国产电力设备征收高额关税”，载国际电力网，2010 年 8 月 31 日，参见 http：//www. in-en. com/power/html/power – 0739073930743555. html。

[101]“金融时报：印度限制人员引进 中国企业电力项目被迫暂停”，载国际能源网，2010 年 3 月 25 日，参见 http：//www. in-en. com/article/html/energy_ 0755075522605746. html。

[102]“印度财政部不赞成征收电力设备进口关税”，载国际电力网，2010 年 10 月 25 日，参见 http：//www. in-en. com/power/html/power – 1355135532791048. html。

[103]“印度同安哥拉及尼日利亚签署能源合作协定”，载国际能源网，2010 年 2 月 3 日，参见 http：//www. in-en. com/article/html/energy_ 0937093773569347. html。

[104]“印度公司获取委内瑞拉石油开采大单”，载国际石油网，2010 年 2 月 21 日，参见 http：//www. in-en. com/oil/html/oil – 1355135552578730. html。

[105]“卡塔尔增加对印度液化天然气的供应”，载国际燃气网，2010 年 3 月 23 日，参见 http：//www. in-en. com/gas/html/gas – 0841084175603674. html。

[106]“印度 ONGC 寻求收购非洲国家油气项目”，载国际燃气网，2010 年 3 月 5 日，参见 http：//www. in-en. com/gas/html/gas – 1017101747589800. html。

[107]“印度寻求购买非洲拉丁美洲澳大利亚油田”，载国际石油网，2010 年 2 月 1 日，参见 http：//www. in-en. com/oil/html/oil – 0850085056566692. html。

[108]“印度 ONGC 公司迄今已在全球投资 100 亿美元”，载国际石油网，2010 年 3 月 15 日，参见 http：//www. in-en. com/oil/html/oil – 1547154720597351. html。

[109]“印度 ONGC 将借款百亿美元收购海外石油资产”，载国际石油网，2010 年 3 月 9 日，参见 http：//www. in-en. com/oil/html/oil – 0902090264592139. html。

[110]“印度将投资13.5亿美元在缅甸开发天然气田”，载国际燃气网，2010年3月5日，参见 http：//www. in-en. com/gas/html/gas－0840084029589455. html。

[111]“印度希望投资土库曼斯坦气田”，载国际燃气网，2010年5月26日，参见 http：//www. in-en. com/gas/html/gas－0838083858657876. html。

[112]“印度公司希望合作投标BP越南资产”，载国际石油网，2010年7月29日，参见 http：//www. in-en. com/oil/html/oil－0855085563714607. html。

[113]“印度有兴趣从伊朗购买天然气”，载国际燃气网，2010年8月17日，参见 http：//www. in-en. com/gas/html/gas－0858085823730782. html。

[114]“印度埃萨计划投标中国和印尼煤层气区块”，载国际燃气网，2010年9月16日，参见 http：//www. in-en. com/gas/html/gas－0832083280758856. html。

[115]“TAPI协议落签 印度将从土库曼斯坦进口天然气”，载国际燃气网，2010年12月16日，参见 http：//www. in-en. com/gas/html/gas－1406140668859980. html。

澳大利亚能源政策与能源国际合作

一、2010 年澳大利亚政治经济环境

（一）政治一波三折

2010 年是澳大利亚大选之年。自年初起，澳政府在资源能源和低碳减排领域的政策就一再左右澳洲政治。积极应对气候变化，一直是前总理陆克文和其领导的工党的施政重点。陆克文致力于在 2011 年之前引入碳排放交易系统以减少温室气体的排放，使澳大利亚下一个十年的温室气体减排额度比 2000 年减少 5% 至 15%。但是，该方案被国会多次否决，不幸夭折。5 月，陆克文又下令推出“资源超额利润税”（Resource Super Profits Tax）征收计划，以调整近年来由于矿业过于发达导致的产业发展不平衡。但该计划触动了大型矿业公司的根本利益，而后者恰恰是澳大利亚经济复苏的根基。随后，矿业公司市值狂跌，民众支持率下滑，根本性地动摇了陆克文的政治根基。6 月 24 日，迫于工党内部压力，陆克文不得不辞职，让位于副总理吉拉德（Julia Gillard），后者成为澳大利亚第一任女总理。

吉拉德上台后，立即宣布修改“资源超额利润税”，变前者为新的“矿产资源租赁税”（MRRT），向矿业公司做出大幅度让步，谋求后者的政治支持。与前方案相比，新税方案只对铁矿石和煤矿征税，税率也从原

来的40%下降到30%。这一变化赢得了大部分矿业公司的欢迎。其中作为全球最大矿业公司的必和必拓，考虑到方案只对铁矿石和煤炭业务征税，公司经营的其他多种金属业务得以幸免，而对上述方案大为赞赏。

8月，澳大利亚迎来议会大选。最终角逐在现任总理——工党领袖朱莉亚·吉拉德和自由党—国家党联盟领导人托尼·艾伯特之间展开。其中两党在采矿行业的财政政策上的分歧成为辩论焦点。工党坚持其在2007年大选中获胜的主要政策支点——气候变化政策。吉拉德表示上任后将实施气候变化政策，给碳定价、向排放企业征税等。而艾伯特则根本不相信人类活动引起气候变化一说，明确表示不给碳定价，坚决反对工党向排放企业征税的政策。结果，吉拉德和艾伯特都未能在大选中获得绝对多数席位。在众议院150个议席中，自由党—国家党联盟获得73席，执政的工党只获得72席，剩余5席由绿党和4个独立小党瓜分。最终，工党在独立党派议员的支持下，以76：74席的微弱优势战胜自由党—国家党联盟，获得组阁权[1]。

9月，获得连任的总理吉拉德表示为应对气候变化，政府决定在今后10年内投入10亿澳元创建全国可再生能源市场，同时投入1亿澳元资助可再生能源技术的研发，并将严厉禁止新建发电厂使用煤炭发电。同时，先前备受关注的碳排放交易计划，也会在吉拉德的领导下重新提上日程。

（二）经济全面复苏

在过去的一年，澳大利亚经济迎来全面复苏，且复苏步伐明显快于其他发达经济体。据国际货币基金（IMF）预计，由于澳大利亚贸易水平已经恢复至历史高位，其2010和2011年的GDP增幅将达到3%—3.5%。作为发达国家中为数不多的几个摆脱2009年经济衰退的国家之一，澳大利亚走出危机，主要得益于中国对其自然资源的强劲需求以及有效的货币财政政策、浮动汇率机制和运转正常的银行系统。[2] IMF称，私人投资矿业和大宗商品出口是提振澳大利亚经济增长的主要动力，但IMF也警告，如果经济的复苏符合预期，则该国需要进一步收紧货币政策，以防范采矿业蓬勃发展而引发的通货膨胀压力。为应对国内较高的通胀率，澳大利亚央行自2009年10月起已七次加息。12月7日澳央行宣布，鉴于过去几个季度通胀率保持稳定，决定将基准利率维持在4.75%不变。澳央行货币政策委员会一致认为“可以进一步放松货币政策对经济刺激的力度，提高基准利率是适宜的。尽管升息可能对澳大利亚家庭构成影响，但这符合澳大利亚经济发展的实际情况和规律。”

于9月14日就职的新总理吉拉德表示，工党政府在金融危机中的成功表现为澳大利亚未来更好地发展奠定了基础，并实施提高养老金、支持小企业等政策。其中政府的经济刺激计划使持续飙升的失业率有所控制。2010年1月，澳大利亚失业率下降至5.3%，为澳大利亚11个月以来最低水平。经济学家称，失业率连续下降说明澳经济总体恢复态势良好，而且还有进一步增长的空间。政府及时有效的经济刺激措施是保障就业和支撑澳经济有力恢复的重要因素。[3]

但同时，澳洲经济也面临着各种外部风险，首当其冲的是全球经济恢复的停滞和中国商品需求的下降。此外，对财政持久性的担忧也可能会影响到全球金融市场的恢复，并使澳大利亚的借贷成本增加。若亚洲经济增长快于预期，则将会给澳大利亚经济造成明显的产能压力。因此，其财政政策还需针对与亚洲新兴经济体进行融合的过程中所暴露的不足进行适应性弥补。

（三）水灾重创能源产业

2010年末，位于澳大利亚东北部的煤炭重镇——昆士兰州连降暴雨，造成了120年来最严重的水患。[4]据澳政府公布，受灾面积达90万平方公里，一度形成了一个比德法两国面积总和还大的“内海”。40多个城镇成为水乡泽国，与外界切断联系，约20万民众受灾，至少10人在洪水中丧生，犹如“《圣经》中的大浩劫一般”。[5]洪水来袭后，该州四分之三的煤矿被迫关闭，全国近1/4的煤矿无法正常生产。其中，力拓、斯特拉塔等企业相继宣布位于灾区的煤矿已无法正常生产或暂时关闭。[6]据初步估计，灾区重建费用起码需要50亿澳元，直接经济损失至少达50亿美元，出口损失也近90亿美元。

由于洪灾发生在澳大利亚的主要产煤区，其严重程度足以降低这个“坐在矿车上的国家”的经济增长率。一些机构已经下调了他们对澳大利亚第四季度国内生产总值（GDP）的预测。其中，澳大利亚国民银行将其第四季度 GDP 增速预测下调 0.1 个百分点，目前预测为 0.5%。摩根大通的经济师预计，由于昆士兰州的农作物受到广泛破坏，将推高水果、蔬菜和乳制品的价格，令澳大利亚本季度的通货膨胀率升高 0.3 个百分点。

此次洪灾不仅重创澳大利亚经济，对全球经济也造成相当大的冲击。作为全球最大的煤炭出口国，在全球炼焦煤贸易中，澳大利亚约占三分之二。而昆士兰州又是全球最大的海运煤炭出口基地。因此，此次水灾使得澳大利亚 35% 的炼焦煤生产和出口陷入瘫痪。据英国《金融时报》报道，必和必拓、力拓、英美资源集团和博地能源等公司在过去一个月均宣布在昆士兰州的生产遭遇不可抗力，不能如期向国际市场供货。麦格理资本驻纽约分析师柯特·伍德沃斯表示，约 9800 万吨炼钢煤年产能力受到不可抗力的影响，相当于昆士兰正常煤炭出口量的 73%，这占到钢铁制造商使用的全球年海运煤供应的 37% 左右。

除了开采被洪水中断外，向出口港的运输也宣告停止。铁路运营商 QR Nationall 2011 年 1 月 5 日表示，由于受洪水影响，昆士兰州的输煤系统需要数周时间才能恢复正常。昆士兰州最大炼焦煤出口港达林普港的运输量只是正常情况的 60% 至 70%，这还是在动用库存的情况下。而另一个炼焦煤出口港格拉德斯通港则已经关闭。由于库存很快就会用光，新货却不可能马上供应。国际市场的炼焦煤价格上涨成了理所当然的事。澳大利亚联邦银行 6 日在一份报告中说，开采及运输中断将使炼焦煤的现货价格从目前约每吨 250 美元升至每吨 350 美元。

炼焦煤价格的上扬将给中国造成较大影响。炼焦煤是钢铁生产必须的材料，其价格的上涨可能会推高钢铁成本，从而导致其他日常商品成本的上升，进而增加中国和印度等新兴经济体的通胀压力。中国是澳大利亚炼焦煤的主要进口国。2010 年前 11 个月，共从澳大利亚进口煤炭 3277 万吨，占中国煤炭进口总量的 22.2%，其余来自印度尼西亚、蒙古、俄罗斯、美国和加拿大等国。但值得庆幸的是，目前国内钢铁产能第二的宝钢集团表示，充足的煤炭储备使得公司运营未受影响。[7] 澳大利亚另一炼钢原料——铁矿石，2010 年价格也已上涨 44%。但近来在铁矿石产区——西澳大利亚州肆虐的洪水对铁矿石的影响并不太大。

二、澳大利亚能源资源发展新战略

澳政府最新出台了《能源安全评估2009》，报告对其能源结构和战略调整做出了新的诠释。“能源安全”是其国家能源发展的核心战略目标，《评估》中将其定义为“能源得以充足、可靠、可承受的供应，以支持国家经济运行和社会发展。”此外，报告还对液态燃料、天然气和电力三部门未来五年、十年、十五年的发展做出了整体评估，同时为《能源白皮书》的出台奠定基础。20世纪六七十年代以后，澳大利亚的能源安全政策经历了从国家主义到自由主义，再次向国家主义回归的历程。21世纪伊始，澳大利亚即重新采用国家主义性质的政策来维护能源安全。[8]如今，澳大利亚能源资源的新战略主要体现为三个方面，即巩固传统能源市场的占有，促进能源市场和能源使用的多元化；强调能源技术革新和可再生能源的发展；继续有针对性地参与国际能源合作。[9]

（一）澳大利亚积极推进传统能源产业发展

澳大利亚是世界上最大的煤炭生产国和出口国，其生产的煤炭成本低、品质高、供应可靠，具有很强的国际竞争力。亚洲国家，尤其是中国是其最主要的海外市场。近年来，得益于中国钢铁行业持续不断的需求推动，澳煤炭生产快速扩张，成为本国经济复苏的强劲动力。但随着低碳排放技术的提高、可再生能源的利用和碳减排措施的实行，澳大利亚煤炭行业将受到一定程度的冲击。预计在未来20年内，澳大利亚的煤炭生产仍将增长，但增速将放缓至年均1.8%；国内消费量将以年均0.8%的速度减少；煤炭占初级能源消费的份额将降至23%，煤炭发电占电力供应的比例也将降至43%。相反，因为发展中国家的强劲需求，澳大利亚的煤炭出口却将以年均2.4%的速度继续增长。[10]

大选之后，新政府是工党和绿党构成的联盟。外界一度担心新政府低碳减排的强烈倾向将严重影响煤炭行业的继续发展。譬如前总理陆克文竭力推崇的碳排放交易计划、刚刚出台的资源税方案等，都将给煤炭企业带来不可小觑的成本压力。介于此，新任气候变化部长格雷格·康贝特表示，“在政府政策引导下，全国煤炭行业将会有光明的发展前景”。虽然上述表态缺乏实质性的政策支持，但鉴于目前煤炭行业在澳洲国民经济中举足轻重的地位，在可见的未来，澳洲煤炭行业仍然会有十足的发展。

但是2010年末天灾接踵而至。澳大利亚东北部的特大洪灾重创了当地的煤炭行业。由于洪灾中心南威尔士州和昆士兰州集中了澳96%以上动力煤和冶金用煤的生产以及两煤的全部出口，洪灾造成该区域四分之三的煤矿关闭、港口停运，迫使煤炭生产几尽陷入瘫痪。而灾后清理和重建将是一个耗资巨大且耗日持久的工程，这无疑拉低了澳洲第四季度的经济增长，同时抬高了全球煤价。

澳大利亚的天然气储量和产量仅占世界份额的2%，但其中50%都用于出口，为世界第6大液化天然气出口国。主要出口目的地为日本、中国和韩国，此外，印度、泰国和新加坡等国以及中国台湾地区也已成为新的目的地。由于天然气发电相对于煤炭发电更为清洁，碳排放少，故澳天然气的生产、消费和出口均持续增长。2009—2010财年澳大利亚液化石油气的产量同比增加了7.5%，从1740万吨增加到1870万吨。增长的主要原因是日本、中国和中国台湾地区对其液态天然气需求量的不断增加。其中，最大买主日本在该财年就进口了澳全部出口量的三分之二，其余中国占了20%。[11]预计2029—2030财年，澳天然气产量将达到8505帕焦，其中煤层气2466帕焦，占天然气总产量29%；同期澳国内天然气消费将达到2575帕焦，占初级能源消费的比重也将由现在的22%上升至33%；液化天然气出口占天然气生产总量的比例也将由现在的50%提高到70%。[12]据澳农业和资源经济署报告称，其液态天然气出口量在未来的四年内将以平均9%的速度增长，并在2014—2015年度达到新的峰值。[13]能源部长弗格森表示，导致出口量增加的主要原因是中国和印度等新兴经济体对这种清洁燃料需求量的持续攀升。[14]此外，澳大利亚正在谋求成为世界上仅次于卡塔尔的第二大液态天然气出口国。国际能源署（IEA）的年度世界能源展望报告也预计，2035年前澳大利亚天然气产量将跃居经合组织（OECD）国家中的第三位。[15]天然气可望接替黄金、煤炭和铁矿石之后，成为澳大利亚下一波经济繁荣的主要增长引擎。其中，开采澳洲西北部外海海底天然气田的计划就可使澳洲未来的液态天然气出口暴增三倍，为澳成为一流天然气出口大国增加动力。

澳大利亚矿业资源丰富，但石油资源匮乏，是石油净进口国。本国石油产量已从2000年350亿桶/年的峰值下降至2009年的约200亿桶。2008年该国石油的对外依存度达到44%，而到2015年则可能会升值58%。澳大利亚石油行业不仅上游资源储量有限，与其它主要国家相比，其下游炼制技术也不占优势，石油已成为澳资源行业的“短板”。[16]

据美国《油气杂志》报道，截止到2010年1月1日，澳大利亚拥有探明石油储量33亿桶，比上年增长了一倍多。[17]据悉，新增探明石油储量主要来自于西澳大利亚海岸天然气液体产品和其它液体产品储量大幅增加。[18]21世纪以来，国际诸多大型能源公司都投入巨资在澳大利亚周边海域勘探石油，但始终未获得根本性突破。直至2010年4月7日，澳政府宣布将发力开发深海石油，三个“有希望”的区域[19]位于澳大利亚广阔大陆区的海上深水区边缘，面积是澳大利亚国土面积的近乎两倍。通过新技术对深海资源的探索发现，其中澳海湾地区的岩层中就存在潜在的石油或天然气资源。[20]这一发现无疑为澳石油行业带来希望。

（二）澳大利亚加速可再生能源领域开发

通常所说的新能源或清洁能源主要是指包括太阳能、风能、潮汐能、波浪能、地热能等在内的可再生能源和核能。为应对气候变化，澳政府推出了“清洁能源倡议”计划，旨在2020年前使可再生能源使用比例达到20%。同时在清洁能源使用上，政府也态度明确，即将大力发展可再生能源，而坚决反对利用核能。《澳大利亚清洁能源报告2010》表明，目前该国可再生能源使用率仅为8.67%，其余93.77%皆为化石燃料。在可再生能源中，水能利用率达到63.4%，其次是风能达到22.9%，生物能达到11.5%，太阳能光伏达到2.1%，其余为波浪潮汐能达到0.02%，太阳热能达到0.02%和地热能达到0.002%。[21]

水能是澳大利亚实现清洁能源计划最为坚实的基础，目前贡献率已超过一半。截止到2010年，全国共有122个水电站长期运行，另有7个工程在建。

风能是成本最低，且最具发展前景的新型能源。由于其低廉的价格和成熟的电力输入技术，风能将成为清洁能源计划中的领先技术。在过去的十年中，风能发电以平均每年 30% 的速度增长。其中澳洲南部的利用最多，达到全国总额的 48.3%。如今，全国有 52 家发电量超过 100 千瓦的风能电厂投入使用，另有 7 家在建。2010 年新建的 17 个大规模可再生能源电厂中，最大的三个项目都是风能电厂。

太阳能方面，良好的光照条件提升了光电转换的效率，大大降低了光伏发电的成本，加上政府的政策支持，澳洲光伏市场前景广阔。当前澳政府积极推行的清洁能源计划更是对大型发电项目以及太阳能技术研究等提供宽裕的财力支持。[22]其中，联邦政府在 2010 年和 2011 年的财政预算中都拿出了 6.52 亿美元作为可再生能源的未来基金。作为 51 亿美元清洁能源发展项目的一部分，可再生能源基金将通过鼓励政府与私营部门的商业合作来促进更多私人资本对低排放项目的投入，借此加强澳洲的能源吸纳效率，减少碳排放。[23]实践方面，在引入上述大型光伏电厂 FIT 补助政策后，维多利亚州便立刻开始了电厂级太阳能项目的建设。到 2020 年，该州 25% 的能源将来自可再生能源，届时州内会有多达 10 个此类大型太阳能发电厂保障州内电力供应。此外，联邦政府更旨在将维多利亚州打造成澳大利亚的“太阳能首都”，将此类模式向全国推广，实现全国 5% 的电力来自大型太阳能电站的目标。[24]

生物能方面，2010 年 3 月，位于昆士兰州的电力公司“Engon Energy”与麦基糖果公司（Mackay）签订了一份购电协议，以支持后者利用甘蔗的废料进行发电。该项目不仅有利于环境保护和利用可再生资源发电，更将为本地区制糖工业赢得长期独立生存和发展的机会，还将为 Mackay 社区带来更多的经济利益。[25]显然，政府乐见更多此类为实现可再生能源计划目标的努力。

波浪能方面，目前澳洲对波浪能的利用尚处在初级阶段。但研究表明，澳洲海浪发电潜能巨大，其南部海岸持续的海浪能源平均达到了 1460 亿瓦。如果将这些能量用来发电，可以满足澳洲全国三倍的电力需求。只需利用 10% 的海浪能，就可以轻松满足 2020 年前使可再生能源比例达到 20% 的目标要求。这将大大减少国内对煤电的依赖程度，有效缓解这个世界上人均碳排放量最高的国家敏感而棘手的减排问题。但大规模利用海浪能还面临着诸多技术和成本问题。一方面，海浪发电需要设置水下设备，但目前此类设备的耐久性和稳定性还有待研究；另一方面，如何将电力输送到电网是波浪发电走向大规模生产更大的难题之一。[26]

地热能方面，澳大利亚拥有丰富的地热资源，但目前的利用率极低，仅为0.002%。所以地热行业呼吁政府更多的政策支持。澳洲地热能源协会表示，政府在清洁煤行业已投入资金25亿澳元，太阳能行业15亿澳元，但地热基金会收到的赠款却仅为2亿澳元，而这些也早已耗尽。相比于清洁煤和太阳能，地热碳排放更少，并且成本更低。在输电过程中，每美元地热可以比风能多产生三倍的电力。如今，地热协会希望通过推动碳排放权交易制度的实现来提高能源生产效率，促进本行业的创新。[27]

核能方面，澳大利亚铀矿资源丰富，主要集中在西澳大利亚地区，是世界上第三大铀矿出口国。政府积极支持铀矿开采，以提供更多的就业机会。但在核能利用上却是坚决的反对态度。澳政府明确表示其减排的重点在于扩大可再生能源的利用，而非开发核能。

（三）澳大利亚资源税政策影响全球铁矿石市场

澳大利亚是全球优质的铁矿石产地之一，其拥有的铁矿石含磷低、质量好、埋藏浅，大都适宜露天开采。因此，与煤炭一起是澳出口的支柱产业，2010年成为拉动澳经济走出低谷的关键动力。2010年澳大利亚铁矿石出口量达到3.97亿吨，同比增长9.4%。据澳大利亚农业资源经济局预测，2009—2015年间，全球铁矿石将保持6%的年均增长率，到2015年达到13亿吨，其中大部分来自澳大利亚和巴西。澳大利亚铁矿石良好的出口趋势主要得益于中国蓬勃发展的钢铁工业。2010年中国铁矿石进口同比增长1%，达到6.34亿吨。[28]中国已成为澳洲铁矿石最主要的出口市场。

本年度影响铁矿石行业最关键的因素是5月前总理陆克文宣布的将于2012年7月起对资源开采类企业征收的高达40%的资源超额利润税（RSPT）。此提案一出立即引起轩然大波，直接导致陆克文总理下台。此后，在国内矿业巨头的压力下，新总理吉拉德做出了重大让步，变资源超额利润税（RSPT）为矿业资源租赁税（MRRT），将原先40%的税率下调至30%，起征点由资本收益率的5%提高至12%，征收对象由海上油气资源公司扩展至岸上公司。新税将只针对铁矿和煤矿，而不是之前提议的大多数能源矿产项目，这意味着矿业资源租赁税只覆盖在澳的320家公司，远低于此前资源超级利润税框架下的2500家。

资源税的推行在于防止资源部门的过于发达而挤压其他部门的发展空间，产生所谓的“荷兰病”。2008年以来，全球资源尤其是矿业资源价格激升，澳大利亚矿业部门收益大幅提高，但同时也恶化了国内非矿业部门的生存环境。一方面，矿业资源的大幅出口推高了澳元汇率，2009年至今，澳元升值了近50%，这大大降低了国内制造业部门的国际竞争力，从长远看不利于澳大利亚经济增长和产业升级。另一方面，资源产品的价格上扬吸引了大量国际金融资本流入，加剧了国内的通货膨胀，加大了金融系统的波动，提高了整个经济的系统风险。此外，矿产资源部门的高利润率抬高了国内的原材料、劳动力和资金的成本，使得非矿业部门的采购、招聘以及融资环节的成本上升，相对矿业部门的竞争力下降，经营困难进一步加剧。过去10年中越来越高的资源和能源价格，让在澳大利亚经营的矿产公司的净利润增加了800亿澳元，但却仅为澳大利亚政府税收带来90亿澳元的增长。也就是说，澳大利亚的实际资源税收比率从2000年的34%下降到了2009年的14%。基于以上三点原因，澳政府急需税制改革，以保障经济的平衡发展和稳固的税收基础。

新税一经推出，各方反应不一，但以反对声音为主。首先招致的当然是国内大小矿商们的反对。40%的资源税加重了矿商的税收负担，引致对总理陆克文的不满，使得后者成为1972年以来任期最短的总理。最后在多方博弈下，资源税的税率和税收范围都有所调整，才勉强赢得矿业巨头的首肯。但令人意想不到的是，澳大利亚民众也大都反对资源税新政。一份来自尼尔森的民意测验显示，有超过47%的民众对新税持反对意见。这是由于在澳大利亚有很多人都直接或间接与矿业公司紧密相连，或是供职于各大矿业公司以其相关机构，或是购买了矿业公司的股票及其它金融产品，因此都不乐见矿业公司发展受阻。此外，21家在澳的主要机构投资者也认为，这一新税改革计划构想拙劣。无论从短期还是长期看，都将对澳大利亚资本市场和实体经济产生非常不利的影响。他们将这些影响归结为：阻碍了潜在国际资本进入澳大利亚的可能；将重创澳洲现在和未来的投资市场；可能会引发国家主权风险，以及造成人们对资源产业的误解等。[29]

资源税于中国，则是产品成本转嫁的风险。尽管业界认为在短期内资源税的开征不会给大宗商品价格带来多大影响，但从长期来看，必将推高铁矿石、煤炭等大宗商品价格。一方面，随着中国和印度工业化进程快速推进，资源性产品需求将持续增加，国际市场在很长时间内都会处于卖方市场；另一方面，资源性产品垄断程度很高，卖方定价能力很强。矿商们势必会依靠自己对市场的控制力，通过提高价格来继续赚取超额利润。[30]此外，资源税的出现还将使放慢中国企业赴澳投资的步伐，愈加谨慎地考虑新的资本投入。目前，很多在澳有投资项目的中国企业都被迫重新评估其在澳洲的投资。一旦资源税实行，影响最大的是新建矿山。毋庸置疑，新建项目的经济性和盈利能力都会大幅下降，回报降低，银行和投资方对此也会增加顾虑。长期来看势必影响企业的投资意愿。不过，也有观点认为即使最终资源税得以开征，对华影响也会很有限。武钢表示，即使新税制得以实施，只要还有适度回报，武钢依然会继续去澳大利亚买矿。兖州煤业也表示，在计算新的超额利润税时资本支出是可抵税项目，因此如果澳大利亚的采矿商增加投资，则可以减少支付的税款。另外，由于有一些减免以及企业税降低，新税收对公司收益的影响也将有限。

三、中澳能源合作

澳大利亚是世界上为数不多的几个对华贸易顺差国之一，2010 年中国已超越美日，成为澳第一大贸易伙伴。这源自于澳洲能源资源出口在中国市场的巨大优势，也反映出两国经济上极强的互补性以及未来深化合作的广阔前景。2009 年，中澳合作由于铁矿石风波一度陷入低谷，但正如澳能源、贸易和旅游部长福格森所言，两国在经历了一段略显“颠簸”的合作旅程后，经贸领域的合作正开始走向成熟。[31]2010 年 6 月 19 日，中国国家副主席习近平访澳，表明两国已跨过先前的起伏，步入新的合作发展阶段。访问期间，两国在资源和投资领域坦诚交流，成果颇丰。共签署了 10

项，总价值高达 88 亿美元的合作协议，其中 7 项集中在能源与矿产行业。[32]

（一）中国企业继续进军澳大利亚煤炭产业

目前，澳大利亚是中国最大的煤炭进口来源地，2009 年中国共从澳进口煤炭 4390 万吨。不仅如此，凭借我国大型国企与澳大利亚的煤矿协议，我国已超越英国，成为仅次于美国的澳大利亚第二大外资投资国。据澳外资审查委员会年度报告显示，2009 财年，批准来自中国的投资额就高达 266 亿美元，是 2007 年的近三倍之多，其中 99% 投放在煤矿工业上。[33] 其中中铝集团对力拓公司的投资就近 198 亿美元，成为投资猛涨的主要原因。

数年前我国煤炭企业就已经有进入澳大利亚煤炭开采行业的最佳时机。当时国际市场上煤炭价格较低，参股澳洲煤炭企业成本较小，而同时澳洲煤炭企业又由于资金短缺，急需外资注入。不过，我国一些企业并没有抓住这样的良机。一方面由于当时国内煤炭资源丰富、煤价较低，从而对开发海外煤炭兴趣不大；另一方面，国内企业对于投资国外项目大都希望获得绝对控股权，而在澳大利亚，要获得绝对控股权必须通过更为复杂的审批和谈判。种种原因，使得中国企业错过了投资澳大利亚煤矿的最佳机会。不过也有一些企业在进军海外煤炭市场中走在了前列。1999 年，兖矿集团在国内煤炭业务经营尚佳的前提下，着手为进入澳大利亚煤炭开采行业做准备。2004 年 12 月，兖矿集团成功收购了澳大利亚南田煤矿（后更名为澳思达煤矿），并在 2009 年再次并购澳大利亚菲利克斯资源公司，成为中国企业在澳大利亚最大的一宗并购案。兖矿集团海外发展的经验对国内其他的煤炭企业“走出去”产生了积极的借鉴意义。

2010 年 9 月，中煤集团下属的中国煤炭进出口公司取得了商务部颁发的“澳大利亚中煤资源有限公司”的《企业境外投资证书》。这意味着中煤集团将实施“走出去”战略，在海外开展资源开发，而首战就是澳大利亚。[34] 此后，中煤集团将与澳大利亚都市煤炭公司共同勘探开发哥伦布拉项目，其主采煤层资源就达到约 194 亿吨。2011 年 2 月，澳大利亚中煤资源有限公司在澳大利亚注册成立，此为中国煤炭进出口公司的全资子公司；3 月，哥伦布拉资源开发项目通过澳大利亚外资审查委员会的审查。

今后几年，澳大利亚中煤资源有限公司在完成勘探的基础上，将转入煤矿建设工作。先期规划1座年产1000万吨的矿井，露天与井工配合开采；后期再建设3座同等规模的矿井，形成年产4000万吨的矿区。[35]随着中煤集团这样的大型煤炭企业相继出海，我国煤炭企业将会更多地参与到国际煤炭市场中去。

同时，中国最大的煤炭勘查公司——中国地质工程总公司，也将在未来5年内在澳勘查开发百亿吨煤炭资源。此项目位于澳昆士兰州的主要聚煤盆地——苏拉盆地，勘探面积达924平方公里。自2009年11月获得澳大利亚当地探矿权后，公司已向昆士兰州和塔斯马尼亚州递交了7个煤炭和金属矿的探矿权申请，目前申请尚在审批过程中，公司计划将与澳当地企业共同开发包括铁矿、铜矿在内的多项矿种。[36]

（二）中澳天然气领域合作平稳发展

2010年，中澳在天然气领域的合作主要反映为三件事：第一，3月中海油400亿美元购买澳洲煤层气；第二，5月澳批准中石油和壳牌收购阿罗（Arrow）能源公司；第三，10月中石油勘探澳致密气远景构造。

3月24日，中海油总公司与英国天然气集团（BG）在京签署了为期20年的液化天然气购销合同及澳大利亚柯蒂斯液化天然气项目有关协议，总采购量达7200万吨。这是世界上第一个以煤层气为原料的液化天然气项目，也是澳大利亚迄今最大单一买家的液化天然气协议之一。除液化天然气的购销外，该协议还包括煤层气开发、天然气液化处理、造船、运输等，是一项涉及液化天然气整个产业链的全方位合作。[37]5月，澳大利亚最大的煤层气生产商阿罗能源有限公司被中石油和荷兰皇家壳牌公司以34.4亿澳元的价格联合收购。该公司主要经营澳洲东部及亚洲的煤层气体开发、发电以及液化天然气生产。[38]10月，澳大利亚Lakes Oil NL公司（LKO）和中石油麾下的中国石油勘探开发研究院西北分院（NWGI）同意共同研究澳大利亚维多利亚州致密气远景构造的未来开发。西北分院将研究LKO公司石油致密气的地球科学技术并与在中国正在做的类似工作相对比以及提供先进的地震再处理技术。双方还将利用LKO公司的资料来对可能的储层和液体进行详细的评价以便向未来的商业化开发提供依据。[39]澳大利亚液化天然气具有较强的国际竞争力，近年来其出口额度不断上升。其海外市场集中在东亚地区，以日本为首，中国次之。作为优质的清洁能源，在可见的未来，中国将会加大对澳液化天然气的进口，以满足国内能源需求，同时在技术改进上与澳增强交流合作。

（三）中石化开拓澳大利亚成品油市场

澳大利亚石油资源困乏，所以中澳几乎不存在石油贸易上的往来。2010年，涉及油料领域的合作主要是：一是中海油与阿尔塔纳能源公司（Altona Energy）共同投资估值为30亿美元的南澳Arckaringa煤制油项目。在煤制油项目上，目前全球只有南非一家获得了市场推广的成功，中国国内也早已政策收紧，只有神华一家获批。这时候，中海油重金下注煤炼油，并且选择了在此领域毫无建树的澳大利亚，成功与否值得观察。二是中石化在澳大利亚拓宽润滑油市场。2009年，以矿用油为切入点，中石化已成功进入澳大利亚矿业系统，为10多家企业提供润滑油产品，其中高档油的比例达到了82%。2010年，公司计划将车用油覆盖澳大利亚悉尼、墨尔本、珀斯等一级城市，实现2011年覆盖所有主要城市的目标。[40]在石油资源稀缺，炼油技术落后的澳大利亚，成品油将会有更为广阔的市场。

（四）中澳加强太阳能领域合作

清洁能源方面，2010年中澳两国主要加强了清洁煤和太阳能领域的合作。9月，中澳决定投资10亿澳元联手在澳维多利亚州建设一座60万千瓦的双气源IDGCC（集成干燥气化联合循环发电技术）示范发电厂项目。这是中国第一个在发达国家的电站总承包项目，更将是全球规模最大的尖端褐煤低排放项目，也是中澳两国在低排放领域规模最大的合作。[41]另外在太阳能光伏领域，中国著名的光伏发电企业——尚德电力11月宣布，将和澳洲Infigen Energy公司联合投资7.92亿美元在澳建设4个太阳能发电厂。[42]无锡尚德是世界头号的太阳能板生产商，目前其抓住澳政府积极扶持太阳能技术的机会，已成为澳最大的光伏发电供应商，占据市场份额的30%之多。尚德相信澳洲先进的太阳能技术联合中国杰出的技术商业化能力，必将在清洁能源领域收获双赢。[43]

（五）中澳积极开展核燃料合作

2010年2月，中国广东核电集团有限公司下属的中国铀业发展有限公司成功收购了澳大利亚能源金属有限公司（EME）。这是中国企业首次收购海外铀矿开采公司，它不仅为中广核的核电业务确保了1.3万吨的铀矿资源，更为中澳两国进一步在清洁能源领域的合作提供了崭新的平台和契机。从2005年到2020年期间，中国将把单位GDP的碳排放量减少40%—45%。为了达到这个目标，中国将大力发展核能和其他清洁能源。目前，中国18个核能发电机组正在建设中，比其他任何国家都更需要铀矿资源的支持。而澳大利亚丰富的铀矿将进一步促使两国成为清洁能源领域更为紧密的合作伙伴。

四、对中澳能源合作与中国企业落实“走出去”战略的启示

（一）继续加强中澳传统能源领域合作

由澳大利亚当前的国家能源战略以及中澳两国签署的一系列合作协议可知，在一定时期内，两国能源合作的重心还将集中在传统能源领域。对澳大利亚而言，传统能源资源的强势出口是其振兴经济的关键动力。新政府也表示在大力推动新型能源的同时不会忽视传统能源产业的进一步发展。而“资源税”政策的出台一定程度上将限制煤炭和铁矿石的开采和出口，尽管如此，2010年中国依旧在澳大利亚矿业上投入巨额资金，项目涉

及勘探、开发甚至后期炼制技术。可见，中国看好中澳两国的能源合作，相信两国经济的完美互补必将促使双方成为更紧密的贸易伙伴。

（二）着重加快中澳清洁能源领域合作

两国在清洁能源领域都有极强的合作意愿。澳大利亚赞赏中国在清洁能源领域的努力。近日，一家澳洲智库公布的一项研究显示，中国目前在清洁能源领域的努力已超越美、日，出乎意料地成为了领头羊。研究称，中国在鼓励减少发电污染上的单位投入仅次于英国，位居世界第二。其中英国为每吨二氧化碳排放投入的资金达 29. 30 美元，中国是 14. 20 美元，美国为 5. 10 美元，澳大利亚为 1. 70 美元，而韩国仅为 70 美分。总量上，2009 年中国在清洁能源方面的投资为 350 亿美元，超过英国的 110 亿美元和美国 180 亿美元。中国政府还将为绿色能源项目提供高达数亿元的补贴，并旨在 2020 年前实现全国能耗的 15% 来自可再生能源。[44]同时，澳大利亚也通过法案，要求在 2020 年前全国可再生能源使用比例达到全部能耗的 20% 。双方在能源发展战略上不谋而合，是进一步加强经验分享、技术交流、项目合作的重要前提。实际上，在过去的一年，两国尤其是地方政府和企业间已经展开了多项合作洽谈和项目签署。在太阳能光伏领域，两国合作前景广阔。

（三）密切关注澳大利亚能源政策未来动向

当前，澳大利亚能源政策正处在变化转型时期。年初，碳排放交易计划宣告破产，总理陆克文也因此下台。新总理上任后不敢再在此问题上一意孤行，但同时又担心自身在环境问题上的不作为会招致新的非议，因此一方面吉拉德宣布在未来会继续推行碳排放交易计划，给碳定价，并出台资源税限制传统资源能源产业的发展，另一方面对大型能源结构有所妥协，在双方都可接受的范围内为环境和经济谋求平衡。总之，在这段时间内澳能源政策一日三变，这在一定程度上损害了澳作为投资市场的可信度，令不少国际投资者望而却步。中国选择了勇往直前。因此，中国政府和企业有必要时刻密切关注澳大利亚能源政策的新动向，即时调整合作方式，维护我国在澳能源利益。

（四）合理调整中国企业海外合作方式适应全球矿业资产竞争

2011年中国在澳投资者最应该关注的是，澳大利亚“资源超额利润税”政策的提出及其带来的澳投资环境的不确定性。在此环境下，一方面，国内进口商需谨慎资源税带来的成本转嫁。众所周知，资源超额利润税一旦推出，将给澳采矿行业，尤其是煤炭和铁矿石行业带来30%的新增成本。即使在短期内矿商不会直接提价，但从长期来看，价格上扬也是大势所趋。因此，中国企业需尽早做好矿价上涨，甚至供求紧张的准备。另一方面，在澳投资者需密切关注澳矿业开采环境的变化。国内有学者认为，资源税的提出是矿业成本显著提高和开矿环境恶化的重要信号，甚至今后会有更多的国家紧随其后。实际上在此之前，已有不少国家提出提高赋税或国有化的方案。如智利、玻利维亚、印度尼西亚等[45]。这对正积极实施“走出去”战略的中国企业来说并不是一件令人愉悦的事。针对日渐恶劣的国际环境，中国企业应尽快以投资入股等形式进入产业链上游，成为供给方生产方的股东，从而避免矿石价格谈判中的被动局面。

2010年6月安永在其发布的《中国如何应对全球愈演愈烈的矿业资产竞争》报告中指出，2009年中国完成的全球矿业交易份额位列世界第一，但从2010年一季度的数据来看，这一位置恐怕难以蝉联。中国在全球矿业领域并购行动的主要压力来自三个方面：一是产品价格的恢复。安永的调查显示，81%的采矿类企业对自身前景较6个月前更为乐观，47%的企业期望通过自身的经营性增长实现盈利成长。这意味着，中国企业的传统优势——资金优势在大宗商品价格恢复阶段的体现要逊色于去年。第二，日本、韩国、印度以及其他主权财富基金和新兴投资者陆续加入到全球矿业并购的竞争中来。日本曾一度淡出全球矿业并购，如今卷土重来，其强项在于铁矿石、煤炭、锂等矿产。安永认为，竞购者数量的增加将使得全球矿业的并购环境不如去年。不再是只要有足够资金就能拿下项目的时代。矿商的考量不仅涉及价钱，还包括投资者能为交易带来的其他价值。第三，矿产国的国有化倾向以及在矿业领域更强的政府影响力，限制了外国企业的投资并购。澳大利亚声势浩大的资源税拉响了投资警报。中国企业不仅需要重新评估对澳投资，更开始担心其他矿产国依法炮制。

安永在报告中称，2009 年全球并购投资的热点地区聚焦在澳大利亚、加拿大、美国等发达国家，上述三国的并购资产就占去了全球交易额的 44%。但 2010 年随着这些低风险矿区资产价格的走高，令类似中国这种更关注成本的投资者望而却步，相反一些高风险地区因其超值的产品性价比而更引人注目。非洲、拉美和中亚等高风险地区成为投资者的新宠。但这些地区脆弱的政治经济关系，使得投资者不得不慎重衡量它将面临的安全风险。此外，在安永对中国投资者的建议中还包括更为艺术的并购手段，即采用少数股权甚至债权方式的投资，以减少外国股东的忧虑，同时采用共同投资的策略，与合作方共同进行矿山的开发。[46]

目前，中国是澳大利亚第一大贸易伙伴，是仅次于美国的第二大对澳投资国。中澳两国在能源合作领域已经取得了丰硕的成果。2010 年，铁矿石风波早已平息，两国关系回暖。6 月习近平副主席的访澳之旅，将两国合作关系推向新的高度。未来随着中国十二五规划“走出去”战略的进一步落实，中澳两国必将迎来更为成熟更为多层次的合作前景。

参考文献：

1. *National Energy Security Assessment 2009*, www. ag. gov. au/cca.

2. *Energy in Australia 2010*, April 2010, www. abare. gov. au.

3. Clean Energy Council: “*Clean Energy Australia Report 2010*”, December 2010, www. cleanenergycouncil. org. au.

4. 《澳大利亚的天然气资源状况》，载于驻布里斯班总领馆经商室，2010 年 11 月 23 日，参见 http://brisbane. mofcom. gov. cn/aarticle/ztdy/201011/20101107261341. html。

5. 《澳大利亚的煤炭生产和贸易》，载于驻布里斯班总领馆经商室，2010 年 06 月 18 日，参见 http://brisbane. mofcom. gov. cn/aarticle/ztdy/201006/20100606973418. html。

6. 《澳大利亚石油工业的现状与前景》，载于国土资源部，2010 年 08 月 19 日，参见 http://www. mlr. gov. cn/zljc/201008/t20100819_ 742456. htm。

7. 刘增洁：《澳大利亚铀资源及供需现状》，载于《国土资源情报》，2010 年第 12 期。

8. 苏亚红、刘小燕：《澳大利亚铁矿石资源现状及政策分析》，载于《国土资源情报》，2010年第12期。

9. 唐小松、许嬉：《澳大利亚能源新战略评析》，载于《国际观察》，2010年第3期。

10. 李化：《澳大利亚能源安全的法律政策保障及其借鉴》，载于《中国地质大学学报（社会科学版）》，2010年11月，第10卷第6期。

11. 何金祥：《澳大利亚煤炭工业的现状与前景》，载于《中国煤炭》，2010年8月第36卷第8期。

12. 何金祥编著：《澳大利亚国土资源与产业管理》，北京：地质出版社，2009年11月。

13. 何金祥：《澳大利亚天然气工业的发展现状及展望研究》，载于《国土资源情报》，2010年11月8日。

14. 李刚：《澳大利亚能源安全政策演进研究》，载于《资源与产业》，2010年4月，第12卷第2期。

15. 于文珂：《澳大利亚煤炭工业现状及其在世界能源中的作用》，载于《中国煤炭》，2010年5月，第36卷第5期。

16. 胡德胜、肖国兴主编：《确保澳大利亚的能源未来》，胡德胜译，郑州：郑州出版社，2010年9月。

注　释

[1]“澳大利亚大选尘埃落定，吉拉德获继续执政机会”，载于人民网，2010年06月09日，参见 http：//news. 163. com/10/0907/17/6G0BPJLH00014JB6. html。

[2]“IMF：澳大利亚2010和2011年GDP增幅将达3%到3.5%”，载于《世华财讯》，2010年9月29日，23：35，参见 http：//content. caixun. com/NE/02/87/NE0287e7. shtml。

[3]“澳大利亚经济缓慢复苏”，载于《人民日报海外版》，2010年12月11，13：33，参见 http：//finance. jrj. com. cn/2010/12/1113338759229 - 1. shtml。

[4]“澳大利亚出口受水患重创”，载于国际煤炭网，2011年1月21日，参见 http：//www. in-en. com/coal/html/coal - 0904090477910430. html。

[5]“澳大利亚洪灾波及中国经济”，载于青年参考，2011年01月12日，10：50，参见 http：//www. grainnews. com. cn/xw/financial/jr/2011/01/12_ 62985. html。

[6]“澳大利亚出口受水患重创”，载于国际煤炭网，2011年1月21日，9：03：00，参见 http：//www. in-en. com/coal/html/coal - 0904090477910430. html。

[7]“澳大利亚洪灾可能推高炼焦煤价格 波及中国经济”，载于国际煤炭网，2011年1

月 12 日，参见 http：//www. in-en. com/coal/html/coal－09140914728 96836. html。
[8] 李刚：《澳大利亚能源安全政策演进研究》，载于《资源与产业》，2010 年 4 月，第 2 期。
[9] 唐小松、许嬉：《澳大利亚能源新战略评析》，载于《国际观察》，2010 年第 3 期。
[10] “澳大利亚的煤炭生产和贸易”，载于驻布里斯班总领馆经商室，2010 年 06 月 18 日，参见 http：//brisbane. mofcom. gov. cn/aarticle/ztdy/201006/20100606973418. html。
[11] “澳大利亚本财年 LNG 产量再创历史新高”，载于山西煤炭销售网，2010 年 09 月 09 日，参见 http：//www. sxmtxs. com/trq/1163637/articlenew. html。
[12] “澳大利亚的天然气资源状况”，载于驻布里斯班总领馆经商室，2010 年 11 月 23 日，参见 http：//brisbane. mofcom. gov. cn/aarticle/ztdy/201011/20101107261341. html。
[13] “2011 年度澳大利亚石油和液化天然气产量都将增长”，载于国际能源网，2010 年 3 月 2 日，参见 http：//www. in-en. com/article/html/energy_ 1512151249586522. html。
[14] “澳大利亚 LNG 出口 2016 年前或将增加 4 倍”，载于国际燃气网，2010 年 4 月 19 日，参见 http：//www. in-en. com/gas/html/gas－0917091718626248. html。
[15] “澳大利亚 2035 年前将成为第三大天然气生产国”，载于世界能源金融网，2010 年 11 月 11 日，参见 http：//www. wefweb. com/news/20101111/634250628243180832. shtml。
[16] “澳大利亚石油工业的现状与前景”，载于国土资源部，2010 年 08 月 19 日，参见 http：//www. mlr. gov. cn/zljc/201008/t20100819_ 742456. htm。
[17] 截止 2009 年 1 月 1 日，澳大利亚只拥有 15 亿桶的探明石油储量。
[18] “美国《油气杂志》统计数据显示澳大利亚探明石油储量大幅增长”，载于中国天然气网，2010 年 09 月 09 日，参见 http：//www. ccgas. cn/zi. asp？ id＝889。
[19] 三个区域分别是 Bight 地（水深 500m—4000m）、Wallaby Plateau 地（水深 2000m—4000m）、Lord Howe Rise 地（水深 1300m—2500m）。
[20] “澳大利亚将发力深海石油开发”，载于国际石油网，2010 年 4 月 8 日，参见 http：//www. in-en. com/oil/html/oil－1729172941618334. html。
[21] 参见《Clean Energy Australia Report 2010》。
[22] “澳大利亚太阳能光伏市场潜力巨大”，载于国际新能源网，2010 年 10 月 8 日，参见 http：//www. in-en. com/newenergy/html/newenergy－2012201262 774675. html。
[23] “澳大利亚发布 2010 年和 2011 年预算大力支持太阳能”，载于国际新能源网，2010 年 5 月 14 日，参见 http：//www. in-en. com/newenergy/html/newenergy －

1635163 550648642. html。

[24] “澳大利亚的维多利亚着眼于电厂级太阳能项目”，载于国际新能源网，2010 年 7 月 23 日，http：//www. in-en. com/newenergy/html/newenergy－092409247 0709755. html。

[25] “澳大利亚发电厂签约使用生物能发电”，载于中国电力网，2010 年 3 月 24 日，参见 http：//www. chinapower. com. cn/newsarticle/1115/new1115630. asp。

[26] “海浪能：澳大利亚能源新希望”，载于《 中国能源报 》2010 年 8 月 23 日，第 09 版。

[27] “澳大利亚地热产业呼唤更多政府支持”，载于一绿网，2010 年 12 月 6 日，参见 http：//policy. geo-show. com/201012/06/48838. shtml。

[28] “2010 年澳大利亚铁矿石出口量 3. 97 亿吨”，载于中国矿业网，参见 http：//www. chinamining. com. cn/news/listnews. asp？ classid＝162&siteid＝278355。

[29] “澳大利亚资源税制改革的近期动向及外媒评论”，载于金融界，来源国土资源部，2010 年 08 月 24 日，参见 http：//finance. jrj. com. cn/2010/08/2515298022936－2. shtml。

[30] “澳大利亚能源部长：矿业税不影响铁矿石价格” 载于《国际金融报》，2010 年 9 月 29 日，参见 http：//finance. qq. com/a/20100929/002012. htm。

[31] “中澳签署 88 亿美元大单，七项双边协议涉及能源及矿产”，载于新疆能源网，2010 年 06 月 23 日，参见 http：//www. xjnengyuan. com. cn/content/2010－06/23/content_ 5055015. htm。

[32] “中国投资澳大利亚主要集中在煤矿”，载于国际煤炭网，2010 年 5 月 18 日，参见 http：//www. in-en. com/coal/html/coal－0937093794650604. html。

[33] “中煤集团海外挖煤 澳大利亚成为首选”，载于中国投资咨询网 2010 年 09 月 07 日，参见 http：//www. chinacoal. com/n1071/n1114/n1520/820532. html。

[34] “中煤获准入澳合作开发煤炭”，载于中国能源网，2010 年 09 月 07 日，参见 http：//power. in-en. com/finance/html/energy_ 0824082450750134. html。

[35] “中国煤炭勘查企业拟在澳开发百亿吨煤矿”，载凤凰网，2010 年 10 月 11 日，参见 http：//finance. ifeng. com/news/20101009/2688651. shtml。

[36] “中海油 400 亿美元购澳洲煤层气”，载于国际煤炭网，2010 年 3 月 26 日，参见 http：//www. in-en. com/coal/html/coal－0802080226607224. html。

[37] “澳大利亚批准中石油与壳牌收购 Arrow 能源公司”，载于国际能源网，2010 年 5 月 1 日，参见 http：//www. in-en. com/article/html/energy_ 094709477563 7652. html。

[38] “中国石油将勘探澳大利亚致密气远景构造”，载于中国石化新闻网，2010 年 10

月 20 日，参见 http：//www. cppei. org. cn/fz _ text. asp？id = 42305&cla-ssid = 11。

[39]“中国石化润滑油：拓展澳大利亚市场”，载于国际石油网，2010 年 8 月 26 日，参见 http：//www. in-en. com/oil/html/oil – 1343134370740554. html。

[40]“澳中最大清洁煤电站项目落定 投资额约 10 亿澳元”，载于 21 世纪经济报道，2010 年 9 月 8 日，参见 http：//news. sohu. com/20100908/n274805328. shtml。

[41]“无锡尚德欲投资 8 亿美元在澳大利亚建太阳能厂”，载于国际新能源网，2010 年 11 月 8 日，参见 http：//www. in-en. com/newenergy/html/newenergy – 1131113156804371. html。

[42]“澳中在太阳能领域加强合作将缔造双赢局面”，载于中国新能源网，2010 年 11 月 29 日，参见 http：//www. newenergy. org. cn/Html/01011/11291037365. Html。

[43]“澳大利亚智库感慨中国清洁能源超美日”，载于国际新能源网，2010 年 10 月 21 日，参见 http：//www. in-en. com/newenergy/html/newenergy – 110311 0375788110. html。

[44]“澳大利亚拟征矿产重税 中国企业迎‘税’而上”，载于铁矿网，2010 年 06 月 24 日，参见 http：//www. ubun. cn/news/show. php？itemid = 3407。

[45]“中国海外投资：在全球矿业领域并购中正在遭受到越来越多的挑战”，载于科本铝业，2010 年 06 月 09 日，参见 http：//copen. com. cn/Cn/NewsView. aspx？ArticleBaseID = c6447c59-b0b4-4509-804f-ed38fb50fd97。

案例 3　必和必拓的多元化发展之路

一、必和必拓在整合中成长

澳大利亚必和必拓公司（BHP Billiton Ltd.）是目前全球最大的资源矿业公司，以经营石油和矿产为主业，当前位于世界 500 强中第六位，市值 2099 亿美元。作为全球最大的动力煤供应商，三大铁矿石、铜、镍供应商之一，以及锌、铀、原铝、氧化铝和石油天然气等主要供应商，必和必拓的发展战略在于牢固把握产业链上游、低价收购新型业务、产品多样化发展以及掌控资源定价权等。依靠大宗商品收益上的互补性，必和必拓发展平稳，业务不断扩大，逐渐成为澳洲资源企业中的翘楚。

如今的必和必拓由碧海壁公司（BHP）和比利顿公司（Billiton）合并而成，其中碧海壁公司持股 58%，比利顿公司持股 42%。成立于 1885 年的碧海壁公司和成立于 1860 年的比利顿公司本就是两家高度互补的公司。其中碧海壁公司作为澳大利亚历史最悠久、规模最大的公司，拥有多样化的矿产组合，包括金属、石油、天然气和钢铁等，以在澳大利亚国内外不断开发新业务而闻名；而比利顿公司则拥有一流的金属和其他资源类资产组合，包括锰、铝、动力煤等，通过收购、扩建和开发新项目，在全球矿业领域内以创新和严格的成本控制著称。[1]

1995 年到 2002 年这七年，对全球矿业公司来说本不是个好时期，下游对原材料需求萎缩，矿产价格被压低。但就在这些“糟糕”的日子里，澳洲两大矿业巨头宣布合并，并决定出售其下游的钢铁企业和船队，将核心业务集中在上游资源产品上。对于当时都拥有庞大钢铁企业和船队的两大公司而言，下决心放弃下游产品并不是件容易的事，但值得庆幸的是，这个决定是明智的。这次合并为必和必拓能够在不到20年的时间里成为全球最大的资源矿业公司打下了坚实的基础。

合并后的必和必拓进一步实施其并购战略。2004年，必和必拓高价收购了当时的澳大利亚上市公司——西部矿业公司（WMC）。业界普遍表示，目前西部矿业的市值已超过400亿澳元。其主要矿产“奥林匹克大坝”是世界上少有的同时拥有金、铜、铀三种金属的矿山，而且储量分别排名世界第五、第四和第三。2008年，必和必拓更志在收购其铁矿石业务竞争对手力拓集团。尽管最终这项矿业史上最大的并购交易未获成功，但必和必拓的并购之路却并未停滞。

如今的必和必拓，在全球20多个国家开展业务，合作伙伴超过90个，员工约3.5万人，主要产品有铁矿石、煤、铜、铝、镍、石油、液化天然气、镁、钻石等，这些矿产资源遍布澳洲、南美洲和非洲。[2]

二、必和必拓的多元化发展战略

2010年，必和必拓声势浩大地展开了对加拿大萨斯克彻温省碳酸钾公司（Potash Cop.）的全现金收购。后者是全球最大的化肥、相关工业品和饲料综合性公司，2009年，它的钾肥业务占全球产量的11%和全球总产能的20%。如果本次收购成功，必和必拓将成为全球钾肥市场的绝对主导者。但好运再一次背弃了必和必拓，上述收购成为必和必拓2年内第3桩失利的大型并购交易。11月15日，必和必拓宣布，放弃收购加拿大萨斯克彻温省碳酸钾公司，彻底关闭了这桩为期三个月之久的大宗交易。

必和必拓之所以如此看好钾肥在于：第一，全球钾肥供需结构严重不对称，资源高度集中，产能有限；第二，价格变化平稳，未来需求旺盛；第三，当前钾肥价格被低估，此时收购公司将以最小的成本获得最大收益。据统计，超过 150 个国家消费钾肥，但只有包括加拿大、俄罗斯、中国在内的 12 个国家生产。前 10 位的生产商把持了 90% 的产能和产量。即使维持全球 90% 以上的开工率也只能勉强满足未来每年 4% 的需求增长。必和必拓看好新兴市场对钾肥的需求前景，因此摆出了一副势在必得的架势。另一方面，与绝大多数大宗商品不同的是，钾肥没有期货市场，其价格主要由供需关系决定，市场风险小，价格有较强的确定性。上游资源企业只需按需生产，即可确保稳定的收益。此外，在过去 20 年间，钾肥的产量以每年 1% 的速度缓慢增长，但价格扣除通胀因素后却下降了 35%。2008 年钾肥价格一下子上涨 3 倍，达到每吨 800 美元的合同价格，甚至一度超过 1000 美元大关。但 2009 年受经济危机的影响，又下降到每吨 300 多美元。当前国际市场价格维持在 300—350 美元之间。近期受危机影响，Potash 公司的股价也由最高时 241 美元暴跌一半。必和必拓公司认为目前 Potash 产品生产的成本曲线处于或接近于同行业水平的最低谷，因此于此时提出收购计划。

此次收购行动，充分反映了必和必拓多元化拓展的发展战略。所谓多元化发展，主要是指商品生产多元化和地理分布多元化。前者表现为公司生产多种矿业和能源。例如，必和必拓是少数几家包含原油开采的矿业公司。过去十年正逢原油价格上涨，好运令必和必拓的业绩锦上添花。后者表现为公司的矿藏分布在世界各地，对于任何有前景的矿区，公司都表现出浓厚兴趣。这样可以有效避免某一国家或地区因政治动荡或自然灾害导致的生产停滞所引起的供应紧张。这种多元化的发展思路，在于努力以资产多元化对抗市场的风险，不至于为应付市场波动而频繁调整战略。正如必和必拓首席执行官高瑞思（Marius Kloppers）表示的，我们对不同增长走势的商品都感兴趣，这些商品在经济周期的不同阶段价格上扬，为股东确保了最多元化的敞口。[3]利用大宗商品之间的强弱互补来抚平市场波动，确保企业在任何年份都游刃有余，这正是必和必拓不断壮大的理念核心。

过去的十年，必和必拓多元化发展的战略本并不为外界看好。尤其在 2004—2007 年 11 月必和必拓意欲收购力拓期间，前者的市场远期市盈率均值仅为后者的 21%。业界将必和必拓不如人意的表现归因于过度注重业务多样性而导致的力不从心。即使在遭遇了必和必拓的敌意收购和资本重组之后，力拓依然保持铁矿石 58% 的盈利占有率，而必和必拓却仅为

29%。但出人意料的是，在石油和工业金属价格持续走高，这个原本只有如斯特拉塔公司（Xstrata）矿商这样具有更大杠杆性公司的股票才有优势的时代，必和必拓却脱颖而出，成为最大赢家。必和必拓的股息再投资收益超过了570%。而力拓、英美资源集团以及斯特拉塔公司股息再投资收益分别为249%、259%以及202%，只达到前者的半数。那些不看好必和必拓多元化发展的投资者们似乎忽视了关键一点，即必和必拓可以通过多样化策略在运营和财务层面增强业绩，而非仅仅依赖市场。

自2007年市场触及历史峰值以来，必和必拓的股价表现一直远好于其竞争对手。截至2010年6月，铁矿石对公司利润的贡献超过了其他所有大宗商品。集团息税前利润总额为197亿美元，其中铁矿石贡献了60亿美元。第二大利润来源是包括铜矿在内的贱金属部门。铜价上扬，该部门实现息税前利润46亿美元，较上一财年贡献的12亿美元出现了大幅增长。贱金属部门的表现强于炼焦煤部门，后者2009财年表现强劲，但2010年远为逊色。换言之，在大宗商品市场剧烈波动的这两年中，从财务上看，必和必拓旗下9个大宗商品部门的波动正好大致相互抵消。长期来看，必和必拓收入持稳，从502亿美元微增至528亿美元；不计一次性项目的息税前利润也相对稳定，从182亿美元增至197亿美元。凭借广阔的盈利基础，必和必拓将净负债削减了23亿美元，降至33亿美元。目前其净杠杆比率为6%，也是多样化经营的矿业公司中最低的。实力与之最为接近的力拓（Rio Tinto），截止到6月30日的杠杆率降至20%；斯特拉塔目前的杠杆率为19%。与此同时，必和必拓持有的现金从2009年6月末的108亿美元，增加到了125亿美元。数据表明，必和必拓正在多样化发展战略中不断彰显实力。[4]

三、必和必拓成功经验对中国矿业企业发展的启示[5]

（一）坚持资源开发为根基，重点掌控产业链上游

必和必拓于19世纪后期成立，在其百余年的发展历程中，非常明确地

将资源开发作为主业。在稳固产业链上游的前提下，逐步向行业内部的中下游延伸。在必要的时候，毅然放弃下游产业以确保资源开采业务的国际竞争力。即使在所谓的多元化经营模式中，也是力争在做精做强之后进而做大做宽。近年来，西方众多矿业公司为降低价格风险而采取多样化经营模式。但随着国际竞争加剧，要求企业将有限的资源集中。必和必拓之类的国外一流矿业公司大都采取资产重组的方式，将企业内缺乏竞争力的非核心部分剔除出去，譬如碧海壁（BHP）和比利顿（Billiton）毅然剥离了旗下的钢铁企业和船队等；或将一些标准化业务外包，以便降低成本，集中使用资源，从而形成核心竞争力。目前，中国矿业企业在实力、规模、管理和技术等方面还都不成熟，这时候不能盲目追求大而全的经营模式，而因坚持矿业开采为主业，牢固发展根基。

矿业企业的根基在于优质的矿藏和充足的储备。必和必拓的勘探业务遍布全球，其中2007财年的项目就包括安哥拉和刚果（金）的钻石矿，刚果（金）、蒙古和哈萨克斯坦的铜矿，西澳大利亚、菲律宾、俄罗斯、中国和非洲的镍矿。除此之外，还在澳大利亚、南美、西非和东南亚等地成矿条件良好的地区开展资源风险探矿。由此可见，一流的矿业公司必须拥有自己的上游资源，从而降低原料价格的市场风险。

反观中国，尽管金属冶炼能力位居世界前列，但在原料供应上却严重依赖国外。2009年铁矿石风波反应了中国这一“短板”的严重性。因此，建设为我所用的原料基地是中国相关行业的当务之急。要建立可靠的原料来源主要有两大路径：一是向国外矿山购买精矿等原料或接受来料加工的长单，但是由于国外供应商所给加工费低廉，因此利润微薄而且易造成环境污染；二是积极进行海外开矿，储备上游资源，如果抓紧开展海外资源风险勘探工作，同时通过国际矿业资本市场进行开发融资和矿权收购，则可能获得雄厚而稳定的原料供应基地，同时避免持续扩大的冶炼吃料行动增加中国金属加工企业发展的风险性。

（二）遵循专业化—一体化—多元化的战略发展模式

碧海壁（BHP）公司在1885年成立之初主要开采银、铅、锌等有色金属矿产资源。1890年和1899年，冶炼厂和精炼厂分别投产。1925年公司收购煤矿，此时距成立已有40年。1935年收购澳大利亚钢铁有限公司，介入黑色金属行业。1965年和1967年在澳大利亚巴斯海峡发现天然气和可供商业开采的油田，介入石油能源行业。1984年BHP公司以24亿澳元收购美国犹他国际公司等三家公司，主要资产包括加拿大艾斯兰德（Island）铜矿和智利埃斯康迪达（Escondida）铜矿，大举“走出去”开始全球化经营，此时距成立已近百年。比利顿公司的发展历程也与此类似。

可见，国际一流矿业公司大多是由矿山采选业或冶炼业起步，在公司发展前期大多实行专业化经营；经过多年发展，逐步向上、下游延伸，实行一体化经营；然后再向多品种经营发展，直至壮大成为具有相当经营规模和拥有雄厚经济实力的集团公司。专业化——体化—多元化的发展模式说明，专业化是多元化的基础，公司只有立足根本，细化主业，才能成功实现多元化发展。而后者的实施，有利于对抗市场风险，为企业赢得最广阔的收益空间。因此，中国矿业公司在选择战略模式上可以参考上述三步骤，以提高战略选择的科学性和可行性，避免有色金属强烈的周期性兴衰等因素掣肘企业的健康快速发展。

（三）大力实施全球化经营和本土化发展模式

由于矿业公司的生产地点不能自由选择，只能在矿产资源赋存地生产，而矿床的分布是全球性的，这就意味着矿业公司的发展必须全球化，因此国际一流矿业公司普遍实行全球化经营战略。例如，必和必拓公司在全球25个国家拥有100余个项目，包括智利埃斯康迪达铜矿（Escondida）、秘鲁廷塔亚铜矿（Tintaya）、澳大利亚坎宁顿银铅矿（Cannington）等国家的矿山。公司主要在南半球的澳大利亚、拉丁美洲和南部非洲生产矿产品，销售地更是呈现全球多元化的格局。再如，南非安格鲁黄金公司（Anglo gold）是由在南非的13个地下开采金矿和一个金属冶炼厂以及分布在非洲、北美、南美和澳洲的13家独资和合营矿山组成的有限责任公司。必和必拓从机构组成到业务分布都凸显出其全球化的发展特征和目标方向。

在大力实行全球化经营战略的同时，作为国际一流矿业公司的必和必拓也重视本土化的发展模式。立足当地、服务当地是必和必拓的发展宗旨。譬如在澳大利亚，必和必拓致力于在调动当地员工生产积极性的同时，努力做到对员工“零伤害”，对环境“零破坏”，竭力保护环境、恢复矿区生态平衡，尽力为矿区居民提供就业机会和生活便利，与矿区居民保持良好的互动关系。必和必拓的社会服务意识，赢得了当地政府和百姓的一致认同与支持。对必和必拓而言，本土化发展理念不仅为公司在生产效率和价值收益上有所贡献，更重要的是赢得了更为积极的全球声誉。

（四）通过兼并收购做大做强

观察碧海壁公司和比利顿公司的发展年表，可以清晰地发现，运用收购兼并做大做强这一成长路径贯穿其整个百年历史。BHP 正式成立于 1885 年，经过 40 年生存期的积累，于 1925 年开始了第一桩收购交易，获得了澳大利亚新南威尔土北部煤区的约翰达林（John Darling）和埃灵顿（Ellington）煤矿，前者于 1922 年投产，后者于 1928 年投产。此后，碧海壁公司继续探索新建开发项目和收购在产项目两种路径，获得快速发展。比利顿公司也于 2000 年通过收购的方式，获得了世界级的智利塞罗科罗拉多（Cerro Colorado）、斯宾塞（Spence）铜矿和秘鲁安塔米纳（Antamina）铜锌矿。2001 年 6 月，两公司宣布合并，成为全球最大的矿业资源公司。合并后的必和必拓更为强大，可以大手笔地收购潜力巨大的矿业资源。2009 年，该公司以 72 亿美元的价格收购了澳大利亚西部矿业资源公司（WMC），既为公司现有的镍、铜产品增加了世界级的资源储备，也通过新增铀矿完善了能源产业链。而在 2006 年底和 2010 年，必和必拓向另一矿业巨头力拓集团和全球最大钾肥供应商加拿大碳酸钾公司的收购计划尽管最终失败，但从中其做大做强的魅力却展现无疑。

注　释

[1] “必和必拓：在‘坏’时代炼就好公司”，载于《第一财经日报》，2008 年 4 月 25 日，参见 http：//www. p5w. net/news/gjcj/200804/t1628626. htm。

[2]“必和必拓：在‘坏’时代炼就好公司”，载于《第一财经日报》，2008 年 4 月 25 日，参见 http：//mnc. people. com. cn/GB/7164946. html。

[3]“必和必拓 CEO 高瑞思：矿业猎食者”，载于经理人网，2010 年 4 月 21 日，参见 www. sino-manager. com。

[4]“必和必拓在多样化中彰显实力”，载于腾讯财经，2010 年 08 月 30 日，参见 http：//finance. qq. com/a/20100830/003687. htm。

[5]陈银军：“必和必拓进入中国模式：国际市场营销案例研究之九”，载于人大经济论坛，参见 http：//www. pinggu. org/bbs/thread－499205－1－1. html。

中国与欧盟能源合作

一、2010 年欧盟政治、经济、社会形势

2010 年是欧盟历史上罕见的困难之年，年初爆发的希腊债务危机刚息，爱尔兰债务危机又起，一场前所未有的“危机综合征”在欧洲四散，给欧盟的政治、经济、社会形势都深深打上了“债务危机”的烙印。这一年欧盟各国，尤其是德、法、英三国，在政治上纵横捭阖，博弈不断；经济上更是惊涛骇浪，险象环生；社会改革的推行亦十分缓慢，举步维艰。不少成员国为了尽快摆脱经济危机的羁绊，不得不降低赤字、大幅砍削福利，导致了强烈的社会反弹。欧洲一体化、欧盟社会发展及欧盟国际地位亦随之受到了严重影响。

（一）政治上人心思变，中右政党是主流

2010 年是《里斯本条约》在欧盟开始实施的第一年，根据该条约，欧盟的决策方式和机构设置都进行了大刀阔斧的革新：一是取消原来由轮值主席国首脑担任欧盟理事会主席，设立欧盟理事会常任主席，主持和协调欧盟的首脑会议；二是合并原有的欧盟理事会负责外交和安全政策代表与欧盟委员会负责对外关系事务的委员两个职务，设立相当于外长的欧盟外

交与安全政策高级代表，并成立欧洲对外行动署，统一协调和领导欧盟的外交活动；三是成立了具有超国家性质的金融监管机构，对欧盟范围的金融活动进行监督管理，以避免金融危机再次爆发。在决策方式上，为提高运营机制的效率，避免某项政策因一国反对而不能通过的尴尬局面，新条约把一些原本必须采用一致通过原则的政策领域划归到多数表决制的领域。

2010 年，欧洲政治的主流是中右政党。欧洲议会的第一大党是中右的欧洲人民党党团；法国、德国、意大利、波兰等国亦均为中右政党执政。英国 2010 年大选的结果虽是中右的保守党和中左的自由民主党联合组阁，但仍以保守党为主。相较于 2009 年，2010 年欧洲经济急剧下挫的趋势有所缓解，但政府巨资注入的负面效果逐渐显现出来，希腊、爱尔兰的金融危机已经转为债务危机，在这种情况下，欧洲多国政府的财政政策转为保守，纷纷制订削减支出、严格预算的计划。德国、法国、意大利，特别是英国，都开始大幅削减财政赤字。此外，为了应对危机，欧洲中右政府还采取了其他一些具有右翼色彩的经济与社会政策，比如裁减公共部门职位，提高退休年龄，紧缩住房福利，改革医疗保健体系，等等。

希腊债务危机的爆发更是暴露出欧洲货币联盟存在的致命缺陷。货币联盟要求其成员将各自的货币发行权交给欧洲中央银行，但成员国政府保留财政政策的制定权，因此在任一成员国内部，如果货币政策和财政政策之间出现不协调，就极有可能会引发危机。这是欧洲货币联盟存在的两难困境，也是欧元目前的现状。究其深层次原因，则是欧洲经济发展模式长期失衡的结果，尤其是欧洲经济一体化与货币一体化发展之间的失衡。欧元区虽然使用了统一货币，但各成员国之间经济结构差异以及由此带来的经济政策差异巨大，欧洲经济一体化严重滞后于货币一体化，使欧元不断陷入危机。

另一方面，比欧元受损更严重的是，成员国民族主义情绪抬头，欧洲意识进一步弱化。这在德国表现最为明显。多年来德国一直是欧洲一体化的“模范生”和“出纳员”，但在债务危机刺激下，近来一直潜滋暗长的“疑欧”主义又有新的增长。多数民众反对政府出钱援助希腊，对欧元支持率急速下滑。在这种情况下，德国政府对欧盟援助希腊提出了严格的条件，并在谈判中坚持立场，不愿妥协，导致欧盟迟迟不能做出援助希腊的决定，在一定程度上加重了希腊债务危机。德国的“与众不同”和“格格不入”及由此导致的欧盟内部争吵，增加了成员国特别是德法两个主要国家之间的猜疑，降低了欧盟凝聚力。欧洲政治一体化由此面临严重冲击[1]。

（二）经济上复苏缓慢，各国发展不平衡

2010 年初，希腊主权债务危机爆发并持续延烧，市场对希腊无力按期偿还到期债务的担心愈益严重，标准普尔、穆迪、惠誉等国际评级机构多次下调希腊主权债务评级，希腊国债利率急速上升，希腊政府已经无力向市场筹措资金偿还到期债务。与此同时，受希腊债务危机影响，爱尔兰、西班牙、葡萄牙等国财政赤字问题也开始受到市场更多的关注，这些国家的主权信用评级也遭到降级。因为欧元大幅下跌，加上欧洲股市暴挫，德国等欧元区的龙头国都开始感受到危机的影响，整个欧元区正面对成立 11 年以来最严峻的考验，更有评论家推测欧元区最终会解体收场。

主权债务危机的爆发严重影响了欧盟的经济复苏进程，各国在复苏进程中亦呈现出极不平衡的态势。2010 年上半年，在德国的带动下，欧洲经济显示出迅猛的复苏势头，但这一势头未能保持且更难扩大。根据欧盟统计局公布的预估数据显示，欧元区和欧盟 2010 年国内生产总值均增长 1.7%[2]。而欧盟委员会 11 月 29 日发布的秋季预测则报告称，欧盟经济预计 2011 年增长 1.7%，2012 年增长 2%；欧元区经济同期可望分别增长 1.5% 和 1.8%。这样低的增速很难令人满意。

从经济现实来看，各国复苏进程也不平衡。欧洲最大的经济体德国增速强劲，投资、出口和消费等方面都力拔头筹，又一次显现出“欧洲火车头”的本色。德国国内生产总值第二季度的环比增幅为 2.2%，创下了德国自 1990 年统一以来最快增长纪录，德国 2010 年经济增长达到 3.7%，对欧元区经济增长的贡献率高达 2/3。与之相比，法英两国的表现有些不尽如人意。法国 2010 年经济增长率为 1.5%，预计 2011 年和 2012 年将分别为 1.6% 和 1.7%，英国分别为 1.8%、2.2% 和 2.5%。受主权债务危机影响严重的国家，境况更为不佳。2010 年—2012 年，希腊经济增长率为 -4.2%、-3% 和 1.1%；爱尔兰分别为 -0.2%、0.9% 和 1.9%；而 2010

年西班牙经济增长 -0.1%，为1996年欧盟统计局有数据以来首度低于欧盟平均水平[3]。

（三）社会改革上砍削福利动大刀

欧洲一向以“福利社会”而著称，“从摇篮到坟墓”的高福利政策在二战后一直风行欧洲。然而，当越垒越高的福利日益成为制约经济发展的沉重包袱，欧盟各国为摆脱危机使经济得以复苏，不得不采取紧缩政策，向高福利体制开刀。

2010年欧盟社会改革上砍削福利主要表现在以下四个方面：一是裁减公务员，削减公务员工资。英国计划今后几年裁减约50万公共部门雇员，约占总数的1/10；西班牙决定削减公务员工资5%，并在2014年前裁减公务员10万人。希腊等国也出台了类似措施。二是改革退休体制。法国计划将退休年龄从60岁提高到62岁，英国计划将退休年龄从65岁提高到66岁。葡萄牙、西班牙还分别作出冻结退休金的决定。三是改革医疗体制。德国决定，从2011年起将资方和劳方为员工交纳的医疗保险金共提高0.6个百分点，即从现在占工资的14.9%提高到15.5%。四是改革教育体制。最典型的是英国提议将大学的学费最高上限由目前的每学年3290英镑调至9000英镑，几乎增加2倍，并计划从2012年开始实施[4]。

大幅度砍削社会福利，无疑是动了老百姓的“蛋糕”。2010年以来，欧盟各国罢工和示威不断，法国抗议提高退休年龄的大罢工、英国对涨学费的抗议示威等层出不穷，此起彼伏。但由于各国国情不同，改革遇到的阻力也不同。总的来说，像德国这样渐进式改革——一是在危机爆发前即开始实施若干改革；二是危机期间改革幅度相对不大；三是经济复苏进程较快为改革提供了较好基础——的国家改革阻力较小。而希腊、爱尔兰、西班牙等国，由于是在危机加剧后被迫进行改革的，而且改革幅度很大，给老百姓的生活带来了不小的影响，其由削减福利支出导致的社会矛盾呈激化趋势。

二、2010年欧盟能源战略、政策的新形势、新变化

在经济乍暖还寒、脆弱复苏之际，欧盟委员会2010年3月3日发表欧盟成立以来的第二份10年经济社会发展战略——“欧洲2020战略”，意在为欧盟经济社会下一个10年的发展勾画蓝图、寻找动力。由于曾被寄予厚望的欧盟历史上第一份经济发展战略“里斯本战略”的实施困难重重，未能实现预定目标，因而“欧洲2020战略”的推出，受到各界广泛关注。

“欧洲2020战略”提出了欧盟未来10年的发展重点和具体目标，即三大发展重点、五大要实现的具体目标、七大框架计划。三大重点是：实现以发展知识经济为主的智能增长、实现以发展绿色经济为主的可持续增长、实现以提高就业和消除贫困为主的全面增长。五大目标是：使20岁至64岁的劳动人口就业率达到75%；增加研发投入，把研发经费在欧盟国内生产总值中所占的比重从目前的1.9%提高到3%；将温室气体排放量在1990年的基础上削减20%，提高可再生能源在欧盟总能源消耗中的比例，使之占到20%；把未能完成基本教育的人数控制在10%以下，将30岁至34岁年轻人获得高等教育文凭的比例从31%提高至40%；将生活在贫困线以下的人数从8000万降到2000万。七项发展计划是：实施智能增长的计划有三个，分别是面向创新的“创新型联盟”计划、面向教育的“流动的青年”计划和面向数字社会的“欧洲数字化议程”；实施可持续增长的计划有两个，分别是面向气候、能源和交通的“能效欧洲”计划和面向提高竞争力的“全球化时代的工作政策”计划；实施全面增长的计划有两个，分别是面向提高就业和技能的“新技能和就业议程”、面向消除贫困的“欧洲消除贫困平台”计划[5]。

“欧洲2020战略”在能源部分主要强调了“20/20/20”气候能源目标必须实现，即必须实现2007年欧洲理事会通过的雄心勃勃的2020年能源与气候变化目标：温室气体排放减少20%，如果条件许可则增加到30%；可再生能源份额增加到20%；能源效率提高20%。“能效欧洲”计划则旨

在支持转向资源使用高效率和低碳的经济，让欧盟经济增长不再仅依赖于资源和能源的使用，减少二氧化碳排放量，增强竞争力和提高能源安全。为此，在欧盟层级，欧盟委员会将履行以下工作：（1）动员欧盟财务工具，作为持续资助战略的一部分，汇聚欧盟和各成员国国内公共部门和私营部门的资金；（2）强化使用基于市场机制的政策工具的框架（如排放交易、能源税的修订、国家补助框架、鼓励更为广泛的使用绿色政府采购等）；（3）提出让交通运输业现代化和低碳化的方案。为此可出台和实施一系列措施，如尽快部署智能电网，智能交通管理，改进物流，降低机动车以及航空业和海运业的二氧化碳排放量，包括推出一个欧洲“绿色”汽车计划，通过科研设定共同标准和必要地基础设施支持、促进新技术的开发和利用；（4）加速实施具有更高增加值的战略项目，以消除重大瓶颈：油气是跨境和国内交通运输节点的瓶颈；（5）完成内部能源市场的建设，实施战略能源技术计划，此外促进单一市场上可再生能源的发展也将是重点工作；（6）提出升级欧洲网络的计划，包括跨欧洲能源网络，以建立跨欧洲的特大功率电网、“智能”电网，让可再生能源发电量接入电网，这包括促进在波罗的海、巴尔干、地中海和欧亚地区实施对欧盟具有战略重要性的基础设施项目；（7）通过使用结构性资金和其他资金，基于现有的已经很成功的创新计划投资模式，提供新融资，促进重大能效项目计划的实施；（8）制定在2050年前让欧洲转向低碳的、资源使用高效率的和对气候变化有适应力的经济所需的结构性和技术变革远景，这将可以让欧盟实现其减排和生物多样性目标。“计划”要求在成员国层级，各成员国需要：（1）停止给予不环保产业的补贴；（2）运用基于市场机制的政策工具，如财务激励和政府采购等，改变企业和消费者的生产和消费方式；（3）建设智能化的、升级的和全面互联的运输和能源基础设施，充分使用信息和通信技术；（4）确保在欧盟核心网络内实施基础设施项目，为实现全欧盟运输系统的有效性作出贡献；（5）侧重于处理存在严重拥堵和高碳排放量问题的城市交通运输；（6）使用法规、建筑性能标准和基于市场机制的政策工具，降低能源和资源的使用量；使用结构性资金投资于公共建筑项目和循环经济项目；（7）积极实施可提高能源密集型产业能效的政策措施，如基于使用信息和通信技术等。

作为“欧洲2020战略”的重要组成部分，欧盟委员会于2010年11月

10 日正式出台了欧盟面向 2020 年的能源新战略。这份名为《能源 2020：具有竞争力的、可持续的和安全的能源战略》（Energy 2020：A Strategy for Competitive，Sustainable and Secure Energy）的文件开篇第一句话是："失败的代价太高"！报告指出，能源是社会生命之血液；欧洲经济依赖于安全、可持续以及人们支付得起的能源供应；能源消耗同时又是气候变化的罪魁祸首。因此，能否解决好能源问题，是欧洲面临的重大任务和挑战。报告提出未来 10 年欧盟需要在能源基础设施、科研创新等领域投资 1 万亿欧元，以保障欧盟能源供应安全和实现应对气候变化目标。

欧盟能源新战略的核心内容是未来 10 年欧盟国家能源领域的五大优先目标。这五大优先目标是：第一，建设"节能欧洲"，特别是要在交通以及建筑领域进行节能革新，促进能源行业的竞争，提高能源供应的效能。通过节能行动，要实现欧盟国家平均家庭每年节约 1000 欧元的能源费用。第二，推进欧盟内部的能源市场一体化进程，除了制订统一的政策，还要在未来 5 年内完成泛欧能源供应网络的基础设施改造，主要是成员国内部以及成员国与成员国之间的天然气管道建设、供电网络建设、新能源网络建设，把欧洲所有地区纳入统一的能源供应网。第三，制订"消费者友好型"能源政策，为全体欧洲人提供安全可靠的、负担得起的能源。第四，确保欧盟国家在能源技术与创新中的全球领先地位。第五，强化欧盟能源市场的外部空间，把能源安全与外交相结合，与主要能源伙伴展开合作，并在全球范围内促进低碳能源，具体行动包括：与周边国家保持能源市场和监管框架一体化；与主要合作方建立特殊的伙伴关系；加强欧盟对于全球低碳能源未来的作用；促进具有法律约束力的全球核安全、保障和防扩散标准[6]。

欧盟能源新战略要求欧盟实行科技转变，重点开展欧洲四大计划：第一，实施"欧洲智能电网计划"，连结整个欧洲电网系统。从北海的离岸风力发电场、南方的太阳能发电厂与现有的水电大坝，到家家户户，使电网更智能、高效、可靠。第二，重新建立欧洲对大型电能储存的领导地位。欧盟准备在开发水电装机容量、压缩空气存储、电池仓等其他创新存储技术领域展开雄伟计划。准备研究方便大量摄取小规模分散的与大规模集中的可再生电力的电网系统。第三，实施大规模可持续生物燃料生产，包括正在进行的关于间接土地利用变化的影响的审查。短期内，欧盟将推出90亿欧元的“欧洲工业生物能源计划”，以确保市场可以快速吸收可持续第二代生物燃料。第四，为城市、郊区和农村地区提供更多节能手段。2011年年初推出的“智能城市”创新伙伴关系将汇聚可再生能源、能源效率、智能电网、清洁城市交通这些领域的最佳技术，并与高度创新信息和信息通信技术工具相结合。欧盟区域政策可以有效释放本地潜力。农村地区可以充分利用资金支持，发掘巨大潜力。通过以上措施，欧盟希望完成科技转变，建立一个能源高效型社会。

在“欧洲2020战略”和欧盟新能源战略的规范和引导下，欧盟及区内各国在过去的2010年无论是在传统能源领域还是新能源领域都采取了一系列政策措施来实践欧盟的能源战略规划。

（一）传统能源

欧盟国家中，仅挪威和英国拥有较为丰富的石油资源。根据英国石油公司去年发布的《BP世界能源统计年鉴2010》，挪威截止到2009年底已探明石油储量71亿桶，2009年平均石油产量为2342千桶/日，储采比（R/P）为8.3年；英国已探明石油储量31亿桶，产量为1448千桶/日，储采比（R/P）为5.8年。从储采比数据可以看出，英、挪两国也将面临石油资源逐渐开采殆尽的局面。统计数据显示，2009年全年，欧盟27国石油总产量仅为0.987亿吨，而消耗量则高达6.708亿吨，其中5.721亿吨依赖进口，对外依存度高达85.29%。

天然气方面同样如此。根据《BP世界能源统计年鉴2010》，截至2009年底，欧盟已探明天然气储量2.42万亿立方米，储采比（R/P）为14.1年，主要分属于北海附近海域的英国、挪威和荷兰三国。欧盟27国2009年全年天然气产量为1712亿立方米，而消耗量则高达4599亿立方米（413.9百万吨油当量），其中2887亿立方米依赖进口，对外依存度达62.77%。

煤炭方面，根据《BP世界能源统计年鉴2010》，截至2009年底，欧盟27国已探明煤炭储量295.7亿吨，其中波兰（75.02亿吨）、德国（67.08亿吨）、捷克（45.01亿吨）、希腊（39亿吨）、匈牙利（33.02亿吨）等国储量较为丰富。2009年全年，欧盟27国煤炭总产量为158.4百万吨油当量，而消耗量为261.3百万吨油当量，对外依存度为39.38%。

从上述数据可以看出，在欧盟传统能源消费结构中，石油消耗仍然排在第一位，2009达到6.708亿吨油当量，天然气紧随其后，为4.139亿吨油当量，第三为煤炭，消耗量为2.613亿吨油当量。而在欧盟能源消耗总量中，传统能源仍占据绝对优势地位。据欧盟统计局发布的2008年能源统计报告，欧盟27国全年内陆能源消耗总量为17.53亿吨油当量，其中石油消耗总量为6.38亿吨油当量，占比36.4%。接下来依次是天然气(25.1%)、核能（13.0%)、硬煤（12.0%)、可再生能源（8.0%)、褐煤（5.5%)[7]。

在过去的2010年，欧盟在传统能源领域的战略和政策主要呈现以下几个特点：

1. 继续勘探、开发区内油气资源

为减少对外依赖、增加能源供应、发展本国经济，尽管此前发生了骇人听闻的墨西哥湾漏油事件，欧盟区内油气资源较为丰富的英国、挪威、荷兰、丹麦等国在过去的2010年仍继续推进区内各海域和陆地油气资源的勘探、开发，并取得一定进展。

英国政府在2010年7月8日就拒绝了欧盟官员所提——在搞清楚墨西哥湾石油平台爆炸原因之前暂停所有深水石油钻探工作的要求[8]，并在11月份颁发了144个北海石油与天然气开采执照，英国石油公司、美国埃克森美孚公司等83家企业获准在北海英国海域开采石油和天然气[9]。挪威石油和能源部也打算在2011年春天颁发新的挪威海油气生产许可证，由此在2010年开始第21轮许可证招标，挪威此轮许可证出售招标提供了94个区块，其中51个区块位于巴伦支海，而另外43个区块位于挪威海，目前37家公司已申请挪威海上的油气生产许可证[10]。挪威政府8月还正式批准了意大利石油巨头埃尼公司投资6.49亿美元开发位于挪威海的马鲁尔克油气田（Marulk field）的计划，马鲁尔克油气田估计拥有7100万桶油当量的商业储量，预计将在2012年年中前投产[11]。而为了维持国内石油产量水平，德国国内最大的石油和天然气生产公司、德国化工巨头巴斯夫公司麾下的油气生产子公司Wintershall公司11月份宣布拨款6000多万美元，今后的5年里在位于德国和荷兰接壤边境地区的Emlichheim作业区内钻取

16口新井[12]。保加利亚第一个天然气田11月4日也正式投产，新天然气田位于保加利亚东北部瓦尔纳，按照目前产能（每年约4亿立方米），可以满足保加利亚15%的天然气需求，它标志着保加利亚在能源来源多样化方面向前迈进了一步[13]。

除油气资源开发外，油气勘探领域也有捷报传来。挪威国有石油巨头挪威国家石油公司（Statoil）8月20日就宣布，该公司日前在位于北海古德朗油田以东3公里的海域发现了估计在300万至1900万桶油当量的石油和天然气储量[14]。德国著名油气勘探公司RWE公司8月也宣布在位于挪威北海PL435许可证区块内的齐达内-1勘探井中发现了石油和天然气资源，据估计，这个远景构造可能拥有1亿至1.55亿桶油当量的油气储量，天然气和凝析油是“最有可能的产品”[15]。此外，英国凯恩能源公司8月也在格陵兰岛海岸附近发现了天然气和含油沙，尽管此次在巴芬湾发现的天然气储量太小，还不足以满足商业开采，但是这表明该区域会有可应用于商业开采的更重大发现[16]。据悉，格陵兰岛以及北极地区的油气资源储量极为丰富，可能拥有2000亿桶石油当量资源，凯恩能源公司在格陵兰岛的油气勘探成果，必将引来大批国际石油公司参与到格陵兰岛乃至北极地区的油气勘探开发之中，这不仅会加剧该地区的油气勘探竞争，更将对格陵兰岛周边环境带来极大考验。

2. 继续推进能源进口多元化战略

由于石油和天然气等传统能源相对匮乏，欧盟约一半的能源需要进口，进口量居世界第一，每年石油和天然气进口开支高达3100亿欧元，且进口途径过于单一，对近邻俄罗斯的依赖尤为严重。欧盟四分之一的天然气消费量来自俄罗斯，而其中80%要从乌克兰过境。俄乌双方因天然气价格、过境费用以及债务偿还等问题上杯葛，导致俄罗斯先后于2006年和2009年两度切断经乌克兰转输欧洲用户的天然气供应，让欧盟各国饱尝“断气”之苦。铭记“断气之苦”的欧盟一直积极谋求减少对俄罗斯能源和单一运输通道的依赖，寻求能源进口渠道的多样化，并在过去的2010年取得以下积极成果：

“北溪”天然气管道工程顺利开工。通过波罗的海从俄罗斯到德国的“北溪”天然气管道在4月9日正式开始建造。全长1224公里的北溪管道将从俄罗斯靠近芬兰边境的维堡市开始，绕过诸如乌克兰和白俄罗斯那样的传统过境国，通过波罗的海海底一直延伸到德国的梅克伦堡州—西波美拉尼亚。这个预计耗资75亿欧元（约合100亿美元）的北溪天然气管道项目预计将在2011年底前投入使用，投产后预计将年输送天然气275亿立方米。

俄罗斯与欧盟多国签署协议，“南溪”天然气管道项目进展顺利。南溪管道通过黑海海底输气管道，西延900千米，将俄罗斯天然气经过保加利亚、塞尔维亚等送往西欧国家。按计划这条管道将于2015年建成并投入使用，建成后每年将向欧洲输送630亿立方米天然气，占俄罗斯对欧天然气出口的35%。由于俄罗斯目前80%输送到欧洲的天然气要经过乌克兰，而俄乌两国在天然气收费和过境费问题上不时发生摩擦，使得俄罗斯一直致力于修建新的绕开乌克兰的天然气管道，南溪管道便是这一计划的产物。“南溪”管道的成功实施，将使得俄罗斯及中亚地区又多了一条向欧洲出口天然气的通道。在过去的2010年“南溪”项目进展顺利，俄罗斯政府与欧盟各国相继签署了项目协议：1月30日，俄罗斯与匈牙利就铺设“南溪”天然气管道匈牙利段项目正式签署协议；2月，俄罗斯天然气工业股份公司和匈牙利开发银行签署了有关组建南溪管道匈牙利合资公司的组建文件；3月2日，克罗地亚与俄罗斯在莫斯科签署了加入“南溪”天然气管道项目的政府间协定；4月，俄罗斯与奥地利两国政府就“南溪”天然气管道奥地利段建设事项达成一致；10月，俄罗斯Gazprom和罗马尼亚当局就南溪管道通过罗马尼亚领土的可能性签署意向备忘录；11月13日，保加利亚能源控股集团与俄罗斯天然气工业公司签署协议，将成立合资公司，共同建设、管理“南溪”天然气管道保加利亚段项目[17]。

“纳布科”天然气管道项目取得进展。纳布科输气管道项目由欧盟投资，全长约3300公里。修建这条管道的目的是将里海地区的天然气经土耳其、保加利亚、罗马尼亚和匈牙利四国先输送至奥地利，然后再输往欧盟其他国家。这条管道预计将于2014年投入运营，建设所需资金达109亿美元，年输送天然气能力为310亿立方米。建设纳布科输气管道是欧盟实现能源来源多元化的重要举措。2月份，保加利亚议会批准纳布科天然气管道项目；3月份，土耳其议会批准纳布科管道过境协议；9月6日，欧洲投资银行、欧洲复兴开发银行和国际金融公司的代表与纳布科天然气管道国际有限公司签署初步协议，同意将对纳布科项目展开评估，并有望于2011年最终决定提供贷款一事，预计贷款总额将达40亿欧元[18]。

此外，阿塞拜疆、格鲁吉亚和罗马尼亚三国9月14日在巴库签订一项耗资约15亿至58亿美元的天然气输送协议，根据协议，阿塞拜疆和格鲁吉亚之间将建成管道输送天然气，从格鲁吉亚至罗马尼亚之间将通过货轮运送天然气。工程完工后，阿塞拜疆每年可向罗马尼亚和欧洲腹地输送20亿到80亿立方米的天然气[19]。保加利亚和希腊11月份签署总价1.2亿欧元的天然气管道建设协议，保希双方将共同建设170公里的连接两国天然气管网的天然气输送管道，这条管道将于2013年建成投入使用，届时每年希腊将向保加利亚以及周边国家输送30亿至50亿立方米的天然气[20]。这是保加利亚为摆脱对俄罗斯的天然气依赖，实现天然气供应多样化所迈出的重要一步。另外，美国也于11月开始使用轮船向英国提供天然气，这是美国50年来首次向英国供应天然气[21]。而埃及、突尼斯、利比亚等北非国家也正着眼于振兴天然气工业以满足不断增长的国内消费和欧洲市场的需求[22]。

3. 积极建设统一能源市场

在降低对外依赖的同时，欧盟也将把手伸向了成员国内部能源整合方面。欧盟委员会2009年11月出台了专门的能源战略文件，提出未来10年将从五个重点领域着手确保欧盟能源供应，即提高能效，完善统一能源市场和基础设施建设，推动技术研发和创新，对外用一个声音说话，以及为消费者提供安全、可靠、用得起的能源。这次的能源新战略提出在2014年前建成欧洲统一的能源市场，方便天然气和电能在欧盟范围内自由输送和供应。同时，还将加强能源基础设施建设，实现各成员国网络的跨境连接，确保到2015年任何成员国都不会成为“能源孤岛”，陷入能源供应被完全切断的境地。为此，欧盟在过去的2010年主要作了以下努力：

欧盟正在积极推动一项欧盟成员国从第三国购买能源的统一政策。欧盟能源专员欧廷格（Guenther Oettinger）9月3日就表示，因为部分成员国缺乏议价能力造成各国价格差异较大，欧盟应联合与俄罗斯签订天然气供应合约，欧盟的油气市场应以一个整体来运行[23]。欧盟委员会11月17日公布了今后20年里发展电力和天然气输送网络的新规划，提出前10年需要在基础设施领域投资2000亿欧元，以确保欧盟各国电力和天然气供应安全。根据欧盟委员会的新规划，欧盟在电力领域将优先发展以下四个电力走廊：北部海域风能电网和中北欧电网走廊；西南欧风能、太阳能、水能电网和欧洲其他地区的电网走廊；东中欧和东南欧电网走廊；波罗的海能源市场与欧洲市场走廊。在天然气领域，欧盟委员会确定了三个优先发展的走廊：里海和欧洲南部走廊；波罗的海能源市场与中欧和东南欧市场走廊；贯穿西欧的南北走廊[24]。

全长62公里，年输气能力达44亿立方米的罗马尼亚—匈牙利天然气管道10月份顺利开通，该管道将罗马尼亚纳入欧洲天然气输送网络中以摆脱对俄罗斯的天然气依赖，此前，罗马尼亚只能通过乌克兰自俄罗斯进口天然气，进口量约占天然气消耗总量的三分之一[25]。塞尔维亚与保加利亚3月5日在布鲁塞尔签署了天然气管道联网协议，根据协议，两国间将修建一条长180公里的天然气管道，从而实现天然气管道网的互联。该项目投资约1.2亿欧元，年输气量将达到20亿立方米，这将有利于保障两国的天然气供给，同时也将在“南溪”工程建成后解决俄罗斯经乌克兰输往欧洲天然气可能存在的瓶颈问题。立陶宛能源部9月宣布，立陶宛将独立修建克莱佩达液化天然气接收站，但愿与拉脱维亚和爱沙尼亚共享，以打破俄罗斯对波罗的海地区天然气市场的垄断，该接收站年接收能力将达30亿立方米，超出立本国需求5亿立方米[26]。立陶宛还将修建克莱佩达至尤尔巴尔卡斯天然气管线，与其他国家建立天然气交换机制，推进新核电站项目，加快与瑞典和波兰的电网联网，并最终并入欧盟电网系统[27]。7月土耳其电力传输公司通过GE的智能电网技术并网到欧洲电网，土耳其电力传输公司将因此能够在欧洲电力市场买卖电力[28]。土耳其与欧洲其他国家并网是欧洲能源政策的重要一步，欧洲国家需要土耳其丰富的新能源资源，这一跨国系统将给欧洲带来新的、更清洁的能源体系。欧洲电网力图通过同步多重网络，导向单一的市场模式，增加电力供应的可靠性，最大化能源发电、传输、配送和消耗的效率，同时把对环境的影响降到最低。匈牙利总理鲍伊瑙伊2月24日倡议，在中东欧建立东南北天然气供应“三角”网，以确保中东欧地区能源供应的安全[29]。这个连接中东欧国家的天然气供应“三角”网将能确保能源的自由流动，其中“三角”的东角是指以纳布科天然气管道为主的欧盟南部能源走廊，北角是指计划在波兰建设的液化天然气接收站，南角是指将在克罗地亚克尔克岛建设的另一个液化天然气接收站。

（二）新能源

由于欧盟27国中的大部分国家油气煤等传统能源贫乏，发展包括核能和可再生能源在内的新能源自然成为欧盟国家保障能源充足、稳定供应的必然选择。另外，气候变化所带来的挑战也迫使包括欧盟在内的世界各国普遍寻求低碳经济发展道路，大力发展新能源尤其是可再生能源也自然是低碳经济的必由之路。欧盟一直是碳减排的积极倡导者，早在2008年12月，欧盟首脑会议就通过了《气候行动和可再生能源一揽子计划》。该计划承诺到2020年欧盟温室气体排放量将比1990年减少20%；可再生能源占总能源比例达到20%，运输部门中生物质燃料占总燃料消费的比例不低于10%；能源效率将提高20%[30]。

根据欧洲电力工业联盟发布的截至2007年欧盟27国电力装机容量和发电量构成的最新统计数据，2007年欧盟27国电力装机总容量为794.9 GW，其中化石燃料发电装机容量为442 GW，占到约56%；核电和水电的装机容量分别为133 GW和140 GW，分别占到约17%和18%；可再生能源发电装机容量约为77 GW，占到近10%。化石能源电力装机容量构成中，燃煤发电占到约一半的份额；天然气发电占到39%；燃油发电占到约11%。过去近20年来，天然气电力装机容量增长显著，预计这一趋势未来还将持续。近10年来，可再生能源电力装机容量的增长速度也是最快的，从2000到2007年增长了250%以上，而同时期内化石燃料电力装机容量仅增长了13%。而根据欧盟委员会去年7月5日发布的可再生能源报告，欧盟2009年的总耗电量为3042太瓦时（TWh），其中19.9%来自可再生能源，发电量为608太瓦时。在可再生能源中，水电占11.6%，风电4.2%，生物质能电3.5%以及太阳能电0.4%。报告还显示，欧盟2009年新增发电装机容量为27.5兆瓦，其中风电所占比例最大，为10.2兆瓦，占新增发电装机容量的37.5%；太阳能光伏发电占21%，生物质能发电占2.1%，水电占0.4%以及太阳能发电占1.4%；其余为天然气、煤、石油、废物焚烧和核能发电。[31]

从以上数据可以看出，虽然化石燃料仍在欧盟电力装机容量中占据重要地位，但随着可再生能源电力装机容量的迅猛发展，其重要性在不断下降。在可再生能源中，水电也占据着重要地位，但随着风电、太阳能光伏发电装机容量的迅速增加，其重要性同样在下降。而根据《BP 世界能源统计年鉴 2010》，欧盟核能发电近 10 年来基本维持在 220 百万吨油当量左右保持不变。

在过去的 2010 年，欧盟的新能源战略和政策措施呈现以下几个特点：

1. 加大对新能源开发利用及相关基础设施建设的投资

(1) 新能源开发硕果累累

核电。7 月 1 日，芬兰议会通过投票表决最终批准了芬兰政府要求增建两座核电站的提案，增建新核电站是芬兰政府气候和能源战略的一部分，旨在减少芬兰温室气体排放，并通过高效节能的技术提高芬兰竞争力[32]。瑞典议会 6 月 17 日晚通过政府提出的议案，决定取消该国限制发展核能的政策，这为建造新核电站开了绿灯。不过，根据瑞典议会通过的决议，瑞典今后的核电站仍将限制在目前现有的 10 座数量上，即只有在现有的核电站老化报废后才能兴建的新核电站[33]。

氢能。世界上首座氢能源发电站 7 月 12 日在意大利正式建成投产，该发电站功率为 16 兆瓦，年发电量可达 6000 万千瓦小时，一年可减少相当于 6 万吨的二氧化碳排放量，电站所需 7 万吨燃料来自于威尼斯及附近城市的垃圾分类回收[34]。

太阳能。7 月，世界上最大的太阳能电站——50 兆瓦的新拉佛罗里达聚光太阳能电站在西班牙建成投产，凭借其安装之后，西班牙的太阳能容量目前达到世界级的 432 兆瓦，超过美国 10 兆瓦，成为全球最大的太阳能发电国。西班牙当局预计，到 2013 年，其太阳能安装量将达到 2500 兆瓦[35]。斯洛文尼亚绿色能源公司 Bisol 及其投资者 Keter 公司决定在斯洛文尼亚开设最大的太阳能发电站。该电站每年产量 1200 兆瓦时[36]。

风电。世界最大的海上风力发电场投入运营——赛尼特风电农场 11 月在英国投入运营，该电场耗资 7.8 亿英镑，历时 2 年建成，设计寿命为 25 年，总装机容量为 300 兆瓦，发电量能满足 20 万个英国家庭的电力需求。[37]英国在风力发电方面的开发可谓“方兴未艾”：英国目前正在兴建的风力发电场 37 个，装机容量 2234 兆瓦；已经决定兴建的风力发电场 198 个，装机容量 6170 兆瓦；正在计划兴建的风力发电场 274 个，装机容量近 9590 兆瓦。由于风电的迅猛发展，可再生能源在英国电力构成中的比例已经从 2002 年的约 2% 上升到现在的约 10%。按这种速度发展，英国提出的到 2020 年实现 30% 的电力来自可再生能源的目标是可以实现的[38]。德国的第一座深海风电场也于 4 月底建成投产，该风电场装机容量 6 万千瓦，距离海岸线近 50 公里，成为世界上距离陆地最远的海上风电场，此举充分显示了德国在海上风电技术上的雄厚实力。按照德国政府的规划，到 2030 年该国的海上风电装机容量将达到 2500 万千瓦[39]。此外，法国政府决定投资 100 亿欧元用于海上风电建设，9 月开始对有关建设工作进行招标，预计未来 5 年法国将在沿岸 10 个选址区建 600 座风机，此项目有望为法国新增 3000 兆瓦的风力发电[40]。

（2）基础设施建设蓬勃开展

欧委会 7 月正式批准资助 1 亿欧元，用于建设芬兰和爱沙尼亚的海底输电电缆，该项目总投资为 3.2 亿欧元，设计输送能力为 650 兆瓦，预计 2014 年正式建成投入运营[41]。该项目的建设将更好地促进北欧波罗的海共同电力市场的发展，同时将进一步改善爱沙尼亚的电力出口和电力保障。德国经济和技术部 1 月表示，德国计划与其他 8 个欧洲国家在欧洲北部的北海沿岸地区铺设大型输电网，以便将这些国家由可再生能源产生的电力更便捷地传输到欧洲大陆电网中。按计划，拟建的这一大型输电网可将德国和英国的北海风力发电厂与挪威的水力发电站、比利时和丹麦的潮汐发电站以及欧洲大陆的一些风能、太阳能发电厂连接起来，凭借这一互通的输电网，可以解决单个发电厂由于天气等原因造成的供电不稳定问题[42]。这是北海周边国家首次开展大型能源合作项目，目的是迅速推动可再生能源发展，把利用可再生能源产生的电力纳入电网中。法国和其他欧洲国家共 13 家企业及银行 7 月 5 日在巴黎签署“绿色输送”（Transgreen）项目协议。“绿色输送”是创建跨越地中海电网项目，投资总额 60 亿欧元，目的是将在地中海南岸生产的电力输送到对岸的欧洲。预计到 2020 年，北非太阳能发电装机容量将达到 20GW，其中 5GW 左右的电力将通过海底电缆出口到欧洲[43]。

2. 加大对新能源产业研发投入

作为2020年欧洲“智能、可持续与包容经济”战略的7个旗帜性规划之一的“创新联盟”计划，欧盟将会在接下来几年时间内至少花费1.25亿欧元建设一批新的研究基地，包括大约需要花费4500万到6000万欧元的“风扫描计划”和另一个大约需花费超过8000万欧元的发展浓缩太阳能新技术的太阳能研究项目，剩余资金将被用于一个核裂变研究机构，它将仔细研究放射性核废料的减排[44]。欧盟委员会11月9日提出拍卖3亿份碳排放许可，以筹资45亿欧元支持欧盟低碳和可再生能源创新项目研发的计划，并打算在赞助商和各成员国政府的支持下使总金额达到90亿欧元。欧盟委员会计划支持的项目包括至少8个以碳捕获和存储技术为重点的项目和34个与可再生能源有关的创新技术项目[45]。这些项目的实施是为了促进欧盟低碳经济的发展，创造更多的“绿色”就业，帮助欧盟实现其已确定的2020年应对气候变化的目标，像其他绿色能源技术一样，这些技术也是未来经济增长和促进就业的重要动力。

德国Evonik工业股份公司3月1日表示，它将联合戴姆勒汽车公司和一些研发机构共同开发世界上储电量最大的锂陶瓷电池，以使风能和太阳能发电将来可以实现大容量、低成本的储存[46]。新电池一旦开发成功，将可以解决引入风能和太阳能发电给电网造成的供电波动问题。德国美因茨大学7月13日发表公报，该校研究人员参与的太阳能薄膜电池研究项目取得重要进展，有望使太阳能薄膜电池突破目前20%光电转化率的纪录[47]。9月底，拥有高度自治权的苏格兰当地政府不但豪掷亿英镑设立大奖，鼓励海浪和潮汐能创新技术的发展，还制定了一项行动计划，旨在为海上可再生能源行业筹措到2000亿英镑发展资金，以期实现到2025年，当地可再生能源提供的电力达到甚至超过当地电力总需求水平[48]。

3. 新能源价格补贴和政策优惠面临削减

过去两年的经济危机使许多投资者撤离欧洲，相关投资项目也随之搁浅。经济衰退对欧洲可再生能源业的影响还未散去，希腊和西班牙的债务危机的爆发让欧洲的可再生能源业雪上加霜，大规模的补贴削减政策又在上演，欧洲可再生能源业前途未卜。

上网电价补贴政策曾使德国成为全球太阳能行业的佼佼者，安装总量为达到9GW。但在2010年1月份，德国联邦环境、自然保育及核能安全部共同宣布拟下调德国光伏上网电价，方案主要内容包括：屋顶系统上网电价从4月起下调15%，幅度大于德国新能源法案（EEG）规定的10%；地面系统和农场系统的上网电价则于7月起分别下调15%和25%。如果今年年度总安装量超过3GW（1GW=10亿瓦），则会进一步再下调费率。方案同时规定，根据年装机容量动态调整光伏上网电价。从2011年起，如果全年新增装机超过3.5GW，光伏上网电价将额外再下调2.5%；如果新增装机超过4.5GW，将额外下调5%；但如果2011年新增装机不足2.5GW，光伏上网电价则将回补2.5%。德国的削减政策可能放缓急速增长的太阳能产业，但是德国仍然计划在未来20年将太阳能装机总量达到60GW[49]。

由于丰厚的补贴政策，西班牙太阳能装机容量紧跟德国。西班牙风能和太阳能的扩张速度惊人，仅2009年，西班牙太阳能新增装机容量就达到2.5GW，总装机容量超过3.5GW；风能总装机容量达到19GW。可再生能源在西班牙虽然一时兴盛，但是这使已经入不敷出的西班牙财政预算又添沉重负担。因此，在2009年大幅削减对太阳能补贴的基础上，西班牙政府11月19日发布新规，对新安装的地面光伏电厂减少45%的补贴，对大型的屋顶装置减少25%、小型屋顶装置减少5%的上网电价补贴，将太阳能光伏发电补贴从上年的27.5亿欧元（折合36.4亿美元）下调30%[50]。

在英国，可再生能源的处境同样举步维艰。英国联合政府财政部计划在未来4年削减830亿英镑的财政赤字，目前英国的财政赤字约为该数字的2倍。为了削减赤字，英国政府可能会削减上网电价补贴率，而这一规定是上一届工党政府2009年4月通过的，并允诺到2013年才会重议，上网电价补贴政策前途如何，人们对此也普遍猜测。但是在最近的政府全面支出审议中，英国财政大臣表示，英国将保持到2013年复审上网电价补贴政策的决议，届时将主要关注节能技术。这也给英国太阳能产业留下了发展机会[51]。

另外，意大利目前也债台高筑，并表示将根据太阳能的安装类型来下调补贴率，从10%—27%不等，此计划将在未来逐步实施。从2005年起，意大利安装了9.5万块太阳能电池板，其装机容量达到1.4GW，这是过去总装机容量的一半[52]。

法国能源部针对可再生能源市场表态说，太阳能屋顶发电的电价买回补助，将由2006年每度电0.55欧元降为0.42欧元，跌幅高达24%[53]。法国的发电主要来自核能，最近法国也有其最新的可再生能源计划，法国政府承诺将现有可再生能源支出维持到2013年。虽然欧盟其他国家有大幅削减的举动，法国仍计划到2020年将太阳能装机容量达到5.4GW[54]。

虽然欧洲太阳能的前景将比以前要好，但是还尚未摆脱困境。融资问题仍然没有得到很好解决，由于2009年欧洲不少政府出台刺激投资以应对经济衰退，太阳能产业尚且过得去，但是仍然有风险存在，因为随着政府的刺激投资褪去，新的问题又将来临，信用紧缩也将成为难点。经济衰退、削减补贴和信贷紧缩可能会导致可再生能源业重新洗牌。

三、2010年中欧能源合作

（一）传统能源领域合作

在传统能源上，欧盟是世界上最大的能源进口和能源消费地区。鉴于传统能源在欧盟能源消费结构中的绝对地位，欧盟及区内各国政府和企业都特别重视与世界上其他国家开展传统能源领域的各项合作。特别是在油气煤资源的勘探和开发方面，实力雄厚的欧洲几大能源公司（壳牌、英国石油、道达尔、埃尼等）在世界范围内进行着能源开采和合作项目。而中国作为世界上第二大能源消费国，能源对外依存度也在不断提高，近年来也逐渐“走出去”，在世界范围内广泛寻求与他国政府和企业在传统能源领域开展探测和开采合作。欧洲能源企业旗下油气资产丰富，技术优势明显，而中国则积极谋求充足、稳定、多样化的能源供应，能源企业资金丰厚，中欧在传统能源领域存在着广泛的互补性，合作前景广阔。在过去的2010年，中欧政府和企业在传统能源领域主要开展了以下重要合作：

1. 欧盟企业“走进来”

欧盟能源企业历史悠久，实力雄厚，在油气煤等传统能源的勘探和开发方面经验丰富，技术优势明显，而中国能源企业在工业技术方面则略显落后，因此欧盟企业纷纷进军前景广阔的中国能源市场。

煤炭方面：中国自2009年开始实行煤炭资源整合以来，一大批产能低、技术装备落后的小煤矿被关闭，矿井则需通过技术改造升级，全部实现大型机械化开采，由此形成巨大的煤机市场。目前，中国已经超过美国成为德国矿山机械第二大出口市场，在7月举行的第三届国际能源产业博览会上，就有来自德国北威州的17个煤机制造相关企业参展[55]。拥有先进理念和先进的技术设备的德国煤机制造企业纷纷选择在中国建厂，实现本土生产、本土销售。联合国欧洲经济委员会10月12日发布了一份《煤矿甲烷抽采与利用最佳技术方案》，就如何对煤矿气体进行收集和排放进行了指导，以改善煤矿安全状况，并鼓励对煤矿甲烷加以开发利用，在避免资源浪费的同时减少温室气体排放[56]。为推广该技术方案，欧经委与矿难频发的中国共同举办一系列研讨会，首次研讨会于10月20日在北京召开。在10月27日开幕的2010中国国际煤炭发展高层论坛上，波兰经济产业部副部长表示，波兰政府鼓励波兰采矿企业和中国企业在煤炭生产、技术转让、服务和设备维护等诸多领域加强合作[57]。法国道达尔集团11月5日与中电投集团签署一份合作框架协议，计划在内蒙古就建设一个百万吨级规模、以煤基甲醇为原料的聚烯烃项目开展可行性研究。该项目的总投资预计在20亿—30亿欧元之间，计划在2015年后投产[58]。

石油方面：11月9日英国首相卡梅伦访华，卡梅伦在华期间就英国石油公司与中海油在南海合作勘探开发油气资源一事与中国政府进行了协商[59]。

天然气方面：带给美国“天然气革命”的页岩气距离中国石油企业越来越近，目前，页岩气先进的开采技术掌握在多个国际能源企业手中，中国企业完全没有页岩气的技术，而购买技术又要花费巨资。为了节省初期引进技术的成本，中石油3月和壳牌签署了30年的产品分成协议和壳牌组建合资企业，在四川省中部金秋区块约4000平方公里的范围内对致密气（盆地中心气）进行评估和开发。壳牌9月份还表示考虑在今后的5—7年内每年向中国投资10亿美元，与中石油寻求进一步合作来扩大其在中国大陆的天然气储量[60]。在非常规天然气项目上拥有丰富技术经验的壳牌看中的正是中国无限广阔的页岩气市场。与此同时，国家发改委也邀请了来自美国能源部、雪佛龙公司、哈利伯顿公司、先进资源国际公司等从事页岩气勘探和开发的专家，对国内从事页岩气勘探开发的企业人员进行技术和管理方面的培训。主要为客户提供技术领先的产品解决方案和服务的德国科德宝集团7月份也表示，将在中国市场不断扩展和投资，今后将致力于开发新的战略性领域，以确保更广泛的业绩增长，其中医疗保健和石油天然气业务是科德宝新的增长领域。

2. 中国企业“走出去”

随着中国经济的迅猛发展和能源消费的不断攀升，中国的能源对外依存度也不断提高，为了保证充足、稳定和多样化的能源供应及国家的能源安全，中国政府不断鼓励能源企业“走出去”，获取海外能源，开拓海外市场。中国能源企业在“走出去”的过程中与在国际市场浸淫多年的欧盟能源企业开展了广泛合作。

石油方面：10月1日，中石化集团（Sinopec）与西班牙最大的石油天然气公司雷普索尔（Repsol）签署协议，由中石化集团支付22%溢价在雷普索尔巴西子公司注资71亿美元，收购巴西业务40%的股权，共同开发雷普索尔已经在巴西开展的勘探项目。这是中石化集团自公司2009年斥资80亿美元收购总部位于瑞士的阿戴克斯石油公司（Addax Petroleum）以来最大的一次石油协议[61]。收购有成功，亦有失败。英国石油公司10月就与日本丸红株式会社下属的丸红油气开发公司（Marubeni Oil and Gas）达成一项协议，将该公司位于墨西哥湾的四处深海油气田开发权以6.5亿美元价格出售给后者，此举令中国石油企业颇感失望，此前包括中国石油天然气集团公司、国家海洋石油公司和中国石化集团在内的多家中国公司都曾对收购英国石油公司资产表示浓厚兴趣[62]。

天然气方面：中国石油天然气股份有限公司子公司中石油国际投资有限公司和荷兰皇家壳牌公司子公司澳洲壳牌能源控股有限公司于3月22日达成收购协议，将以35亿澳元收购该公司100%的股权[63]。根据收购提案，中石油和壳牌组建的合资公司将拥有该公司在昆士兰州的煤层气资产和国内电力业务、澳洲壳牌在昆士兰州的煤层气资产以及澳洲壳牌在格拉德斯通市柯蒂斯岛的拟建液化天然气厂址。合资公司还计划在柯蒂斯岛建设年出口能力达700万至800万吨的液化天然气厂。中国海洋石油总公司在随后的3月24日还与英国天然气集团签署液化天然气购销及澳大利亚柯蒂斯液化天然气项目的有关协议[64]。根据协议，中国海油将每年从英国天然气集团采购360万吨液化天然气，为期20年，这是世界上第一个以煤层气为原料的液化天然气项目，也是澳大利亚迄今最大一单买家的液化天然气协议之一。除液化天然气的购销外，该协议还包括煤层气开发、天然气液化处理、造船、运输等，是一项涉及液化天然气整个产业链的全方位合作，根据协议，中国海油将获得煤层气资源储量权益的5%、第一条生产线10%的权益，双方还将共同组建船东公司，在中国建造两条液化天然气运输船。中石油5月16日还联合壳牌集团，与卡塔尔石油集团签署为期30年的天然气勘探与产量分成协议，如果勘探评价成功，壳牌和中国石油将在卡塔尔石油的监督下联合开采位于卡塔尔北部的面积为8089平方公里D区块天然气田[65]。此外，法国燃气苏伊士集团（GDF）10月9日与中国就2013至2016年供应液化天然气（GNL）约250万吨签署了相关合同[66]。

（二）新能源与可再生能源领域合作

欧洲是新能源发展的起源地，也一直是全球低碳经济的领头羊，其清洁能源技术和科研开发水平均处于世界领先水平，与此同时，欧盟还创建了许多低碳发展的独特机制，欧盟发展新能源产业的有效模式正成为全球典范。而中国有广大的清洁能源市场，在能效提高领域需要引进更多的先进技术和管理经验，这一切都表明中欧双方在低碳新能源领域具有很强的互补性和很大的合作空间。如今在中欧经贸往来和技术交流中，清洁能源已经成为一个最重要的领域和新的增长点，双方在能源政策、产业合作和科技交流方面已形成了比较成熟的合作机制。在过去的2010年，中欧双方在这三个方面的合作又取得了丰硕成果：

1. 政府间能源政策合作

（1）中国——欧盟能源合作

2010年中国与欧盟双方高层交往依然频繁，欧盟领导人相继访华，中欧战略对话提升级别，首轮对话取得积极成效。2010年4月29日至5月1

日，欧盟委员会主席巴罗佐携众欧盟委员，开始其新一届任期内的首次访华，与中方领导人探讨中欧的下一个5年议程。2010年4月30日，中欧清洁能源中心在北京启动，该中心发起于2009年5月第11次中欧峰会签署的《中欧清洁能源中心联合声明》，是中国和欧盟在清洁能源方面加强研究和发展的一个标志性合作项目。中欧清洁能源中心的项目实施由意大利都灵理工大学和中国清华大学承担，资金规模达1240万欧元，执行期限为5年。该中心着力于实现欧洲清洁能源和节能技术在中国的本土化，并将为中国提供能够有效地回报政府和企业在清洁能源和节能领域投资的技术方案，涉及清洁煤、可再生能源、低能耗建筑及智能电网等领域。[67] 2010年8月6日，欧盟中国经济文化委员会与石景山区人民政府签署了《战略合作协议》，双方将合作在石景山建设首个“欧盟清洁能源示范基地”，基地将以研发和技术交流为主，引入欧洲知名企业前来发展，将先进的技术和理念带入中国，着力帮助中国企业解决能源综合利用效率低等问题。[68]2010年9月1日首届中欧高级战略对话在中国贵阳举行，并由以往的中国与欧盟轮值主席国的副外长级提高到中国国务委员与欧盟委员会副主席级别，欧盟外交与安全政策高级代表兼欧盟委员会副主席阿什顿与国务委员戴秉国一起主持中欧战略对话。[69]2010年10月6日第六届中欧工商峰会在欧盟总部布鲁塞尔举行，主题是“创新是保障增长的双赢出路”。欧盟委员会主席巴罗佐在峰会上指出，创新是连接中欧两个世界最主要经济体的纽带，中欧在气候变化、人口问题、能源、水以及粮食短缺等问题上都面临同样的挑战，而要应对这些挑战则必须打开思路，寻求新的答案和解决方案。[70]

2010年10月2日—9日温家宝总理对希腊、比利时、意大利、土耳其进行正式访问并出席在布鲁塞尔举行的第八届亚欧首脑会议。10月6日，温家宝总理在布鲁塞尔出席第十三次中欧领导人会晤，这是欧盟《里斯本条约》生效后举行的首次中欧领导人会晤。会后双方发表联合声明，认为中欧应采取适当的气候变化和能源政策，以支持双方在节能、提高能效和促进绿色低碳发展等方面的共同努力；强调将进一步加强中欧气候变化伙伴关系和能源对话框架下的政策对话与务实合作，合作的重点应包括可再生能源、能效、智能电网和包括碳捕存在内的清洁煤技术；双方鼓励研究单位特别是中小企业开展能源研发合作，以促进节能减排。[71]12月21日，第三次中欧经贸高层对话21日在北京举行。中国国务院副总理王岐山和欧方联合主席欧盟委员会副主席兼竞争委员阿尔穆尼亚、经济与货币事务委员雷恩、贸易委员德古赫特共同主持对话。双方同意继续在节能降耗减排、提高能效等领域，开展科学研究和技术合作，推动双方创新人才流动，深化联合创新合作，加大研发资金支持。[72]

（2）中欧双边能源合作

在过去的2010年，中国与欧盟各成员国双边互访不断，在能源安全、气候变化、清洁能源等一系列重要议题上取得了广泛共识，达成了一系列双边协议。2010年2月9日国家能源局负责执行的中国—丹麦可再生能源发展项目在北京启动，中丹可再生能源发展项目是目前中丹两国政府最大的可再生能源合作项目，计划执行期5年（2009—2013年），丹麦政府为项目实施提供1亿丹麦克朗（约1.3亿元人民币）的赠款支持，国家能源局为项目的中国政府执行机构。[73]中国国家主席胡锦涛5月1日下午在会见前来出席上海世博会开幕式的荷兰首相鲍肯内德时表示，双方要发挥各自优势，推进务实合作，深化农业、水利、科技等传统领域合作，开拓高端制造业、生物技术、环保、新能源等新兴领域合作。[74]6月21日—25日，丹麦环境部长凯伦·埃勒曼对中国进行为期5天的访问，以加强与中国在能源方面的合作。22日，埃勒曼会见了中国水利部部长陈雷，签署《丹麦王国环境部与中华人民共和国水利部在水资源领域合作谅解备忘录》，并就新协议的执行事宜与中方讨论。[75]

7月16日，温家宝总理会见来访的德国总理默克尔，会后双方发表联合公报，同意建立能源和环境伙伴关系，加大在节能环保、新能源和绿色经济领域的合作。中德两国还积极探索清洁能源技术，双方同意建立一个1.59亿美元的基金，鼓励两国企业节约能源，减少有害气体的排放。两国还将扩大高新技术贸易，建立联合科研中心和联合研究室，并且在电动汽车领域开展示范性合作。两国政府有关部门和企业当天还在北京签署了价值数十亿美元的涵盖财政、环保、文化等领域的各项合作协议。[76]11月4日，中国国家主席胡锦涛赴法进行国事访问，双方就在民用核能领域建立战略合作伙伴关系达成共识，“两国决定在核能领域展开无限的战略合作，这种合作将进一步延伸至核活动的所有领域”，双方还将在核反应堆、核燃料循环及铀矿开采方面展开合作，并将考虑把其合作成果销售给第三方。[77]11 月 9 日，英国新任首相卡梅伦访华，在能源领域，两国讨论了能源安全、可再生能源、清洁能源等一系列重要议题。两国领导人共同见证了 12 份涉及中英双方 24 家企业的贸易及双边合作文件的签署，这些协议分别涉及绿色技术转让、城市规划、房地产开发、软件支持和维修、碳足迹和能源利用、高校间人才建设、燃气工程技术的培训和管理服务等。国务院总理温家宝表示，欢迎英国企业在高端制造业、航空航天、创新产业、金融服务业、节能环保等领域扩大同中方的合作。[78]

2. 产业合作和技术交流

自 2003 年开始，欧盟就开始大力推进气候变化问题的解决进程，为此，欧盟及其成员国在节能减排、发展清洁能源、发展高新技术产业、教育和培训等方面大规模投入，其相关产业化技术已经位居世界前列。而中国的新能源产业近年来发展迅速，特别是可再生能源的市场规模迅速扩大。但是，发展的高速度并没有使中国摆脱装备制造能力和技术创新能力不足的制约，为避免在新能源领域再次成为世界工厂，中国政府迫切需要技术的升级和研发能力的提升。可以看出，中欧双方在清洁能源的产业合作和技术交流方面有广阔的合作空间。据统计，截至 2009 年底，中国自欧盟引进技术 3 万项，其中风电、太阳能光伏发电和核电为代表的清洁能源技术占相当比例。在过去的 2010 年，中欧双方进一步加强了在清洁能源领域的产业合作和技术交流：

（1）政府层级

法国开发署 3 月 11 日同中国财政部签署了一份贷款协议，法国将为中国可再生能源项目提供 1.2 亿欧元的信贷支持。这个项目将由中国招商银行、华夏银行和上海浦东发展银行共同实施，每家银行负责 4000 万欧元贷款。所有在华开展工业节能和可再生能源项目的企业，都可以向这三家银行申请贷款，同时获得项目开发所需的技术支持。[79]5 月 16 日—22 日，国家能源局和欧盟委员会能源总局共同举办中欧可再生能源研讨会，中国代表团在比利时、西班牙进行了为期 7 天的考察访问。访问期间代表团与欧盟能源总局邀请的全球知名专家就可再生能源产业政策、激励机制、可再生能源管理规范、可再生能源发电并网规划以及可再生能源发电并网运行和管理等问题进行了研讨和交流，考察了比利时 C-Power 公司及其海上风电场，相继与欧洲输电运营商联盟、丹麦国家电网公司的专家就风电并网调度运行相关问题进行了专题讨论，还参观了西班牙电网公司的可再生能源控制中心，走访了全球太阳能基金会。在中欧清洁能源双边合作中，中德两国政府间的合作最为瞩目，目前中德两国在清洁能源领域已建立多个合作平台。[80]3 月 6 日，武汉市与德国北威州能源事务署签订“就电动汽车市场准备和市场引入的示范项目开展经验交流意向书”，内容包括电动汽车、充电基础设施、供电及储电以及交通与运输方案。作为中德可再生交通能源合作项目的一部分，7 月 16 日至 17 日，中国科技部与德国交通部在武汉召开了一场“中德电动汽车技术合作研讨会”，商谈电动汽车技术和标准合作事宜。在研发领域，科技部主要与德国教育与科研部合作，在同济大学共同建立了“中德电动汽车联合研究中心”，双方还签署了中德《关于开展电动汽车科学合作的联合声明》，6 所德国大学与 4 所中国大学签署了《中德高校关于电动汽车领域联合研究的备忘录》；在示范推广领域，科技部与德国交通部合作在武汉开展项目；在新能源车商业模式上，科技部则与德国经济技术部建立了合作关系。10 月 20 日，德国技术合作公司（GTZ）和中国汽车技术研究中心分别受德国环境部和中国科技部的委托，签署了《中德电动汽车及气候保护合作项目执行协议》，该《执行协议》是作为 7 月 16 日德国总理默克尔访华期间两国签署《关于两国在气候保护和电动汽车领域合作的谅解备忘录》的具体落实行动而诞生的。《执行协议》确定了四大重要的合作领域：新能源车产业化效果研究、新能源车相关标准和政策建议、电池回收利用研究和结合试点城市探索新能源车商业模式。这些领域同时也是中国新能源汽车产业化尚未定论且非常核心的问题。[81]10 月份，德国莱茵集团还分别与中国汽车技术研究中心和中国质量认证中心在京签署了合作备忘录，就汽车行业和光伏行业的产品认证、系统安全评估和项目管理等领域进一步强化合作，双方希望通过提供全球最先进的检测和认证经验，提高根据国际标准执行研发、生产、测试和认证的能力，帮助中国的企业提高效率，增强具有全球竞争力的市场优势。[82]

（2）企业合作

太阳能。中国机械工业集团有限公司控股的中国电线电缆集团进出口有限公司与汉龙集团旗下的钟顺太阳能集团公司 4 月 1 日初步达成合作意向，双方将建立起长期紧密的战略合作关系共同开拓欧洲的光伏市场。未来三年之内，国机集团将以中缆公司为国际业务平台，向汉龙及钟顺集团订购其自主研发的太阳能聚光光伏发电机（CPV）和平板跟踪光伏发电机（TPV）等成套设备100万套，用于在国外建设总规模达1000MW的光伏电站群[83]。此外，英利绿色能源控股有限公司5月17日与MAETEL公司签订了光伏组件销售合同。根据该合同，英利绿色能源将从2010年10月至2011年4月向MAETEL公司——法国最大的太阳能电站供应33兆瓦光伏组件。这批组件将全部用于法国太阳能光伏电站建设，该电站的装机总量为33兆瓦，竣工后将成为，预计年发电量为4，350万度，相当于1.45万个家庭的年用电量（不计供暖用电），每年可减少二氧化碳排放12万吨[84]。皇明太阳能股份有限公司7月17日与德国诺瓦蒂公司签署有关协议，向西班牙出口长达25公里、30兆瓦的菲涅尔式高温热发电的核心部件镀膜钢管[85]。7月27日，中国光伏组件制造商林洋新能源有限公司与意大利的两家公司签署了协议，为意大利正在兴建的工程提供12MWPV发电模组[86]。8月，保威新能源科技有限公司与世界上最大的EPC承包商之一——意大利Consortile Arcobaleno公司签署协议，为Consortile Arcobaleno提供100兆瓦光伏支架系统[87]。9月由江苏苏美达集团旗下的江苏辉伦太阳能科技公司中标建设，并以“PHONO SOLAR”自主品牌为项目独家提供全部太阳能光伏组件的全球第9大、中东欧最大的35兆瓦太阳能光伏电站VEPREK在捷克正式并网发电。该项目占地84公顷，总投资约2亿美元，全部建设、安装和调试用了近1年时间[88]。

风电。国家发改委4月13日核准湖南湘电风能有限公司收购荷兰达尔文公司项目，这笔交易标的1000万欧元，收购的内容包括：达尔文公司共有的存货、合同、营业执照、档案、设备与配件、信息与通信技术、可动资产、知识产权及其他资产，这笔收购预计可以实现湘电在海上风机领域的跨越式发展[89]。作为世界风力技术领域的领跑者，丹麦Vestas公司8月初签约落户江苏省如东经济开发区，主要生产风电发电设备的机舱及其零部件，项目分三期实施，一期总投资3000万美元。在江苏海上风电开发提速的背景下，Vestas公司的上述投资旨在抢夺迅速膨化的海上风机市场[90]。丹麦科技大学瑞索可再生能源国家实验室与浙江运达风电股份有限公司所建的风力发电系统国家重点实验室8月在杭州签署协议，合作开展大型风电机组关键技术研究，项目历时约两年，总投资3500万元。这也是两国首次在风电领域开启国家实验室之间的合作[91]。

核电。11月4日胡锦涛主席赴法进行国事访问期间，法国和中国就在民用核能领域建立战略合作伙伴关系达成共识，两国将联手修建核反应堆并开发铀矿[92]。中法双方并签下重量级的核电合同，其中包括：法国阿海珐集团（Areva）与中广核集团签署了为期10年，价值25亿欧元（约合35亿美元）的2万吨铀的长期供应合同，同时法国设备供应商阿尔斯通集团（Alstom）与中广核则签署了价值约1500万美元的核岛放射性流出物处理设备的采购合同。

资金支持。7月5日，欧洲委员会宣布全球能源效率和可再生能源基金原则性同意向中资的绿星节能减排基金投资1000万欧元。绿星基金是中国首支专注投资于能源效率的私募基金，主要对发电余热回收利用的中小型项目进行投资，以节省水泥、钢铁、焦炭生产等能源密集型高能耗企业的电能消耗，以及投资于可再生能源和清洁技术行业[93]。此外，欧洲投资银行于12月同意进一步向中国提供5亿欧元贷款，用于替代能源投资项目，支持中国应对气候变化[94]。这些贷款将主要投向风能、生物能源、太阳能、地热等可再生能源项目，以及提高能效方面。

四、中欧能源合作的重点、方向及争议

（一）中欧能源合作前景广阔

在刚刚结束的十七届五中全会上，党中央通过了“十二五”规划建议，建议明确提出加强现代能源产业的建设，推动能源生产和利用方式的变革，构筑安全、稳定、经济、清洁的现代能源产业体系，加快新能源的开发，推进传统能源清洁高效利用，在保护生态的前提下积极发展水电，在确保安全的基础上高效发展核电，加快电网建设，发展智能电网，加快油气管网，扩大油气战略储备。这为中欧能源合作提供良好契机，中国在“十二五”能源产业发展的重点，正好有些是欧洲具有的传统优势。“十二

五”规划建议还提出要加快建设资源节约型、环境友好型社会，提高生态文明水平，要积极应对气候变化，把降低二氧化碳的排放强度作为约束性指标，有效的控制温室气体的排放，合理控制能源消费的总量，抑制高耗能产业部分增长，提高能源效应，强化节能法律和标准，健全节能市场化机制，同时还提出要逐步建立碳排放交易市场。在这些方面中欧之间也都有巨大的合作空间[95]。具体看来，中欧可以但不限于在以下领域开展合作[96]：

1. 中欧能源技术合作

欧盟在节能减排技术、清洁能源和新能源技术、碳捕捉技术和近零排放发电技术方面居于世界前列，即使美国也要从欧盟进口相关的节能减排技术。此外，在推进全球节能减排和防止气候变暖方面欧盟最为积极，但却一直饱受各方阻挠，亟需志同道合的盟友。而随着中国国际地位的日益提升，欧盟通过对华提供更多节能减排方面的技术，来让中国帮助欧盟实现其在全球的减排目标和抱负无疑是一种明智的战略选择。另一方面，中国要缩小与发达国家能源强度差异，提高技术无疑是突破口之一。因此中欧可以在能源技术方面的合作潜力巨大，双方可进一步加大合作的广度和深度。

2. 低碳经济的理念与政策

欧盟被称为全球碳减排急先锋，在节能减排方面提出了许多先进的理念和政策，比如“低碳经济”理念、“智能能源计划”、“航空碳排放管制”等等，在这些方面，欧盟的许多理念与政策创新值得我们借鉴，尤其是和“知识经济”相提并论的新型经济形态——低碳经济。

低碳经济是一种以低能耗、低污染、低排放为基础的经济模式。低碳经济意味着传统的以高能耗、高污染为代价的经济发展思路将得到彻底的扭转和改变；意味着在经济发展中必须最大限度地减少或停止对化石燃料的依赖，实现以清洁能源为核心的能源利用转型和产业转型；意味着要在能源利用转型的基础上和过程中实现经济和社会发展的稳定和可持续性，走出一条经济增长与社会发展相互促进、共同进步的前所未有的人类社会发展道路。低碳经济的实质就是高能源利用效率和清洁能源结构问题，核心在于能源技术创新、能源结构转变、产业变革、制度创新和人类生存发展观念的根本性转变。欧盟低碳经济的理念以及在该理念指导下的具体政策实践非常值得正处于高速工业化阶段、谋求可持续发展的中国借鉴和学习。

3. 中欧清洁发展机制（CDM）项目合作

清洁发展机制（CDM）是发达国家缔约方为实现其部分温室气体减排义务与发展中国家缔约方进行项目合作的机制。该机制要求发达国家帮助发展中国家建设具有温室气体减排效应的项目，并用这些项目所产生的低成本的“核证的温室气体减排量”（CERs）抵消发达国家的部分减排义务。针对发展中国家有许多能够减少或避免排放温室气体的项目，但是却因为经济效益不好、技术不过关、市场有风险、缺乏资金等原因而无法开展这些项目，按照 CDM 的安排和要求，发达国家有义务帮助发展中国家解决上述问题，共同防止由于发达国家上百年的高碳经济工业化模式而造成的全球气候变暖的人类共同面临的灾难。中国被认为是世界清洁发展机制最大的投资市场，作为全球第二大碳排放资源国，2008 年中国清洁发展机制项目（CDM）产生的核证减排量的成交量，已占世界总成交量的84%。因此，中欧在此领域有着广泛的合作空间。

目前由于美国执意拒绝强制减排承诺，不愿参与 CDM 项目的 CER 额度，欧盟国家成为全球 CDM 项目的最大买家，约占全球每年 CDM 项目交易额 80% 以上。但在过去的 2010 年，中欧 CDM 项目合作却遭遇了重大挫折。3 月份，欧洲最大的二氧化碳期货交易中心——欧洲气候交易（ECX）所实施了一项新的决议，禁止大型水电项目的核证减排量。11 月 25 日，欧盟委员会又发布提案，要求从 2013 年 1 月起，全面禁止特定工业气体减排用于欧盟排放权交易体系（EU-ETS），该提案禁止的特定工业气体范围包括三氟甲烷（HFC-23）分解项目和乙二酸生产中的氧化二氮 N_2O 减排项目。此项提案如果最终获得欧盟 27 国批准，以后欧盟企业将不能从发展中国家购买 HFC-23 和 N_2O 项目产生的减排量用于欧盟排放权交易体系（EU-ETS）上进行交易，中国 CDM 减排项目以后将面临无法获得减排补贴，这对中国一些严重依赖 CDM 补贴发展的企业的影响是显而易见的。

4. 中欧碳信用合作

碳信用（carbon credit）与清洁发展机制密切相关。排放到大气中的每吨碳相当于一个碳信用。企业如果没有用完分配给它们的碳信用，就可以把剩下的份额卖给需要更多碳信用的企业。通过中欧 CDM 项目合作，欧盟企业可以从援助中国的减排项目中获得其折算的碳信用。因为能效高，欧盟企业从中国获得的碳信用就会有剩余，可以拿到碳信用交易市场出售，从中获得的收益将远远大于其对中国援助的减排项目的投资成本，投资收益率相当可观，从而实现双赢的目的。

5. 中欧碳排放权国际贸易合作

据测算，日本减少 1 吨 CO_2 排放的成本为 234 美元，美国为 153 美元，欧洲为 198 美元，而发展中国家平均仅几美元至几十美元。减排成本的巨大差异使国际贸易的比较优势原理在这一领域再次显神威，碳排放权国际贸易近年来发展迅猛。2008 年，全球碳交易额达 1260 亿美元，比上一年翻了近一番，预计 2030 年碳排放交易可达 6000 亿美元，有望成为全球最大的商品交易品种。中欧在减排成本方面的差异互补性强，有助于双方开展双赢的 CDM 项目下的碳排放权国际贸易。

6. 中欧碳金融合作

“碳金融”泛指所有帮助限制温室气体排放的金融活动，包括直接投融资、碳指标交易和银行贷款等，其中碳基金（carbon trust）较为引人注目。碳基金是专门从事温室气体排放权交易的基金，主要对与节能和低碳有关的技术、产品、生产过程和服务进行评估、培育、投资开发与交易，以促进长期节能减排。截至到 2007 年 11 月，全球共有碳基金 58 只，规模超过 118 亿美元。世界银行在 2006 年 9 月《洁净能源与发展投资框架：进展报告》中指出，从现在起到 2050 年期间，向低碳型经济转型全球每年的资本成本会增长 400 亿美元。其中大部分资金要求用于确保在飞速发展电力生产能力的过程中，应采用高效发电技术，对二氧化碳进行高效捕获和储存，实现环保发展。对碳基金的需求巨大，也预示着中欧碳基金相互投资潜力巨大。

另外，碳排放权交易所及其相关衍生金融工具发展迅速。伦敦、纽约证券交易市场相继推出了碳排放权证券化的衍生金融工具，欧洲气候交易所推出与核证减排量挂钩的期货和期权产品。中国于 2009 年 11 月 17 日在深圳启动筹建亚洲碳排放权交易所。中欧在交易所的监管、技术、信息、交易和产品开发等方面可以开展广泛的合作与交流。

（二）新能源将成为中欧能源合作关键领域

欧洲是新能源发展的起源地，也一直是全球低碳经济的领头羊。自2003 年开始，欧盟就开始大力推进气候变化问题的解决进程，作为其扩大在国际事务中主导地位的博弈手段。为此，欧盟各国在新能源开发与利用领域进行了大量的投入，其相关产业化技术已经位居世界前列。新能源发展战略成为欧盟全球气候控制战略的一个重要组成部分。金融危机爆发后，欧盟各国为了强化其在新能源领域已经获得的相对优势，进一步加大了政策支持力度。如今，欧洲是世界上新能源产业发展最快的地区之一。欧盟及其成员国在节能减排、发展清洁能源、发展高新技术产业、教育和培训等方面大规模投入，力图将低碳产业培育成未来的经济支柱。与此同时，欧盟还创建了许多低碳发展的独特机制，欧盟发展新能源产业的有效模式正成为全球典范。通过可再生能源发电强制上网、价格激励、税收优惠、投资补贴和出口信贷等一系列政策的长期培育，欧盟本身已经成为全球新能源产业的主要市场。但是，随着市场的开发程度不断升高，欧盟本身的市场容量正不断减少。如何强化其在新能源领域已获得的相对优势，并利用这一优势充分扩展国际市场，并将优势真正转化为经济上漂亮的数据是欧盟各成员国最为关心的问题。

就中国而言，中国政府已经将新能源产业视为维持经济增长速度的重要推动力和产业升级的重要载体。2007 年 9 月，国家发改委公布《可再生能源中长期发展规划》，规划提出到 2010 年和 2020 年可再生能源将分别占能源消费总量的 10% 和 15%。而即将出台的新能源发展规划中，2020 年中国风电、光伏和核电的总装机容量将分别达到 15000 万千瓦。2000 万千瓦和 8000 万千瓦，将为目前规划的 5 倍、11.11 倍和 2 倍。在明确的国内政策支持下，中国的新能源产业近年来发展迅速，特别是可再生能源的市场规模迅速扩大。但是，发展的高速度并没有使中国摆脱装备制造能力和技术创新能不足的制约，联合国开发计划署《2010 年中国人类发展报告》指出，中国实现未来低碳产业的目标，至少需要 60 多种骨干技术支持，其中有 42 种是中国目前不掌握的核心技术[97]。为避免在新能源领域再次成为世界工厂，中国政府迫切需要技术的升级和研发能力的提升。

数据显示，中欧双方约占全球能源消费总量的 30%，温室气体排放也约占全球排放总量的 30%，中国与欧盟在能源和气候安全方面具有相互依存性，共同的利益也导致双方在新能源领域内有着广阔的合作空间。据欧洲商务部推测，中国清洁能源市场规模到 2020 年将达 5550 亿美元，是全球最大清洁能源市场[98]。而作为目前全球碳排放交易规模最大的欧盟，早在 2003 年就确立了排放交易系统（ETS）。欧洲清洁能源技术和科研开发水平均处于世界领先水平，而中国有广大的清洁能源市场，在能效提高领域需要引进更多的先进技术和管理经验，这一切都表明中欧双方在低碳新能源领域具有很强的互补性和很大的合作空间。其实早在 20 世纪 80 年代，中国与欧洲就在能源领域开始了合作，如今在中欧经贸往来和技术交流中，清洁能源已经成为一个最重要的领域和新的增长点。据统计，截至 2009 年底，中国自欧盟引进技术 3 万项，其中风电、太阳能光伏发电和核电为代表的清洁能源技术占相当比例。目前双方已在政策层面、双边合作和科技交流方面形成了能源合作机制[99]。近一年来，从开展中欧能源对话到签署中欧清洁能源中心联合声明，从达成启动近零排放碳项目第二阶段合作谅解备忘录到成立中欧清洁能源中心，欧盟进入中国清洁能源市场的脚步在不断加快，中欧新能源合作可以说是硕果累累。

（三）碳关税成为中欧能源领域争议焦点

欧盟国家的碳税实施较早，所谓“碳税”（carbon tax），即各国政府对石化能源用户的二氧化碳排放强制征税，欧盟国家的具体做法是对石化能源使用量或对二氧化碳排放量分别征税或同时征税。最早开征碳税的欧盟国家包括瑞典、芬兰、丹麦、荷兰、英国，这些国家构成了欧盟内部的“碳税俱乐部”。在“碳税俱乐部”国家的示范和欧盟的推广下，目前德国、意大利、瑞士、挪威、捷克等许多国家也开始征收碳税。在欧盟内部，碳税与能耗和温室气体排放有着明显的线性关系，例如，欧盟“碳税俱乐部”国家在 2004 年的能源需求同比下降了 2.6%，温室气体排放量平均下降了 3.1%，而且税率越高两项指标降幅越大，其中芬兰的税率最高，结果芬兰的温室排放降幅达到了5.9%。

同碳税相比，欧盟在推行碳关税上的进展并不顺利。所谓“碳关税”（carbon t ariffs）即一国政府对尚未实施强制性节能减排的外国企业产品进口征收的一种惩罚性关税，在国际贸易上属于“边境调节税”的范畴。国际上公认，碳关税概念是法国前总统希拉克首创，法国总统萨科奇是欧盟内部碳关税理念的积极推销者。对于法国总统提出的“碳关税”计划，欧盟多数国家反应并不积极，欧盟贸易官员担心：欧盟实行碳关税必将遭到主要贸易伙伴的报复，并会由此引发新一轮贸易战。当然，在欧盟内部也有不少力量主张实行碳关税，认为如果不对尚未实行强制减排措施的国家的进口征收碳关税，那么欧盟企业将面临不公平的国际竞争，例如2009年12月，欧盟智库——“欧洲政策研究中心”提交的一份研究报告中称：“欧盟应该考虑对没有采取减排手段国家出口到欧盟的商品征税。”

欧盟实行碳关税的前景究竟如何，这是欧盟主要贸易伙伴非常关心的问题。考虑到美国和法国前一阶段在这方面的挫折（美国参议院否决了已经被众议院通过的具有碳关税性质的《边界调节税法案》；法国宪法法院否决了萨科奇提交的、已经被国民议会和参议院通过的碳关税建议），欧盟在近期内推行碳关税的可能性不大。欧盟在碳关税建设上有两种方案可供选择：第一种方案费时较长，即先在欧盟国家推广碳税，然后将各国分别实行的碳税政策予以统一，形成欧盟的碳税政策，在此基础上推出欧盟的碳关税政策；第二种方案耗时稍短，即借助欧盟排放交易系统（ETS）第三阶段任务的实施，观察主要贸易伙伴对这种排放配额市场机制的反应，然后根据具体情况推广碳关税，由于ETS第三阶段任务在2012年开始实施，因此有人预测欧盟可能会在2013年前后试行碳关税[100]。

碳关税究竟是一种合理的环境保护诉求，还是用“可持续发展理念”包裹着的一种新的贸易保护主义战略？鉴于我国目前的产业结构和出口结构（碳排放量较高），如果欧盟实行碳关税，我国同欧盟的经贸关系必将受到不利影响，其中对欧出口很可能遭受相当大的损失。目前，中国对欧美国家出口的商品不仅量大，且集中于高能耗产品。2008年，中国对美国、欧盟出口的商品以机电产品、家具玩具和纺织品及原料为主，出口总额分别为2254.5亿美元、2431亿美元，占中国对美国、欧盟出口总额的66.8%、67.3%，这些出口产品大多是高耗能、高含碳而低附加值的产品，极易成为“碳关税”的课税对象。据世界银行研究报告称，如果“碳关税”全面实施，在国际市场上，中国制造可能将面临平均26%的关税，出口量因此可能下滑21%[101]。

中国方面坚决反对欧盟的“碳关税”设想，反对欧美发达国家利用碳关税歧视发展中国家的做法。商务部指出，“碳关税”不仅违反了WTO的基本规则，也违背了《京都议定书》确定的发达国家和发展中国家在气候变化领域“共同而有区别的责任”原则，是“以环境保护为名，行贸易保护之实”。WTO“最惠国待遇”原则其涵义是缔约一方，现在和将来给予任何第三方的一切特权、优惠和豁免，也同样给予其他成员。而征收“碳关税”，各国环境政策和环保措施都不同，对各国产品征收额度也必然差异甚大，这就会直接违反最惠国待遇原则，破坏国际贸易秩序。《京都议定书》实行的是“共同而有区别的责任”原则，发展中国家暂不承担排放额度。发达国家向发展中国家产品征收“碳关税”，结果只能是发达国家一箭双雕——在堂而皇之地将发展中国家的财富纳入自己国库的同时，让发展中国家背负污染环境的恶名。这就违背了“共同而有区别的责任”的原则[102]。目前，中欧乃至欧盟内部关于碳关税的争论仍在继续……

注　释

[1]“2010欧盟危机中苦寻变革之路”，载《中国日报》，2010年12月24日，参见http：//www.chinadaily.com.cn/hqcj/2010－12/24/content_ 11755606.htm。

[2]“欧盟和欧元区2010年经济增长1.7%”，载《中国新闻网》，2011年2月17日，参见http：//www.chinanews.com/fortune/2011/02－17/2849911.shtml。

[3]“这一年，欧盟走得不轻松（2010年终报道？欧洲篇）”，载《人民网》，2010年12月27日，参见http：//world.people.com.cn/GB/57507/13585110.html。

[4]“2010年欧盟遭遇历史上少见的多事之秋”，载人民网，2010年12月27日，参见http：//www.022net.com/2010/12－27/484919373354719.html。

[5]贾凤兰：“欧盟战略2020”，载《求是》，2010年第10期。

[6]“欧盟公布未来十年能源战略 建设能源基础设施”，载环球网，2010年11月11日，参见http：//world.huanqiu.com/roll/2010－11/1245922.html。

[7]石油、煤炭、天然气相关数据来源：《BP世界能源统计年鉴2010》

[8]“英国政府拒绝欧盟所提暂停深水石油钻探的要求”，载国际能源网，2010年7月

9日，参加 http：//www. in-en. com/oil/html/oil－0845084543696635. html。

［9］“英国发放一批北海油气开采许可”，载国际能源网，2010年11月4日，参见 http：//www. in-en. com/oil/html/oil－1332133287801789. html。

［10］“挪威国油寻求获得巴伦支海新生产许可证”，载国际能源网，2010年11月5日，参见 http：//www. in-en. com/oil/html/oil－0850085083802428. html。

［11］“挪威批准埃尼开发马鲁尔克油气田计划”，载国际燃气网，2010年8月11日，参见 http：//www. in-en. com/gas/html/gas－0823082376725420. html。

［12］“德国 Wintershall 计划提高国内石油产量”，载国际能源网，2010年11月9日，参见 http：//www. in-en. com/oil/html/oil－0942094273805384. html。

［13］“保加利亚第一个天然气田正式投产”，载国际燃气网，2010年11月5日，参见 http：//www. in-en. com/gas/html/gas－1559155971803299. html。

［14］“挪威国油在北海古德朗油田发现油气储量”，载国际燃气网，2010年8月23日，参见 http：//www. in-en. com/gas/html/gas－0854085486736040. html。

［15］“德国 RWE 在挪威北海一探井中发现油气资源”，载国际燃气网，2010年8月27日，参见 http：//www. in-en. com/gas/html/gas－1432143288742018. html。

［16］“凯恩能源在格陵兰海上获天然气发现”，载国际燃气网，2010年8月25日，参见 http：//www. in-en. com/gas/html/gas－0827082734738383. html。

［17］“保加利亚和俄罗斯在‘南溪’天然气管道项目上取得实质性进展”，载国际能源网，2010年10月25日，参见 http：//www. in-en. com/gas/html/gas－1137113796790856. html。

［18］“三家国际银行要向欧洲输送天然气的纳布科管道线贷款52亿美元”，载于国际能源网，2010年9月7日，参见 http：//www. in-en. com/gas/html/gas－1654165442751005. html。

［19］“阿塞拜疆、格鲁吉亚和罗马尼亚签订天然气输送协议”，载国际燃气网，2010年9月15日，参见 http：//www. in-en. com/gas/html/gas－1800180096758696. html。

［20］“保加利亚和希腊签署跨境天然气管道协议”，载国际能源网，2010年21月1日，参见 http：//www. in-en. com/gas/html/gas－1054105432829394. html。

［21］“美国50年来将首次向英国供应天然气”，载国际燃气网，2010年11月9日，参见 http：//www. in-en. com/gas/html/gas－1013101396805513. html。

［22］“北非国家大力发展天然气产业 扩大向欧洲出口”，载国际燃气网，2010年11月13日，参见 http：//www. in-en. com/gas/html/gas－1156115643810074. html。

［23］“欧盟寻求按整个地区一个价格购买俄天然气”，载国际能源网，2010年9月21日，参见 http：//www. in-en. com/gas/html/gas－1141114121764777. html。

[24]"欧盟提出发展电力和天然气输送网络新规划",载国际能源网,2010 年 11 月 8 日,参见 http://news. xinhuanet. com/world/2010 - 11/18/c_ 12787175. htm。

[25]"匈牙利、罗马尼亚天然气管道落成",载国际燃气网,2010 年 10 月 21 日,参见 http://www. in-en. com/gas/html/gas - 0929092968787759. html。

[26]"波罗的海三国将共享液化天然气接收站",载国际能源网,2010 年 9 月 20 日,参见 http://www. in-en. com/gas/html/gas - 0953095387763128. html。

[27]"立陶宛为实现能源独立大力发展天然气和电力项目,载国际能源网,2010 年 7 月 24 日,参见 http://www. in-en. com/power/html/power - 1624162460710324. html。

[28]"土耳其并入欧洲电网",载国际能源网,2010 年 9 月 7 日,参见 http://www. in-en. com/article/html/energy_ 0836083612750155. html。

[29]"匈牙利总理倡议建立中东欧天然气供应'三角'网",载新华网,2010 年 2 月 25 日,参见 http://news. xinhuanet. com/world/2010 - 05/13/c_ 1296376. htm。

[30]"欧盟实现可再生能源目标困难重重",载国家重大技术装备网,参见 http://www. chinaequip. gov. cn/xnykjzb/2010 - 05/13/c_ 13291994. htm。

[31]详见《欧盟可再生能源概览 2010》,载 http://re. jrc. ec. europa. eu/refsys/pdf/Snapshots_ EUR_ 2010i. pdf,转引自"欧盟联合研究中心发布 2009 年可再生能源发展报告",转引自国家重大技术装备网,2010 年 9 月 30 日,参见 http://www. chinaneast. gov. cn/zhuanti/2010 - 09/30/c_ 13607529. htm。

[32]"芬兰议会同意增建两座核电站",载国际能源网,2010 年 7 月 8 日,参见 http://www. in-en. com/power/html/power - 0735073528695437. html。

[33]"瑞典议会决定继续发展核能",载新华网,2010 年 6 月 18 日,参见 http://news. xinhuanet. com/fortune/2010 - 06/18/c_ 12232996. htm。

[34]"世界首座氢能发电站在意大利建成投产",载国际能源网,2010 年 7 月 14 日,参见 http://www. in-en. com/power/html/power - 1529152924701496. html。

[35]"西班牙取代美国成为新的太阳能王国",载国际能源网,2010 年 7 月 21 日,参见 http://www. in-en. com/power/html/power - 0909090959706994. html。

[36]"斯洛文尼亚兴建太阳能发电站",载国际能源网,2010 年 8 月 3 日,参见 http://www. in-en. com/power/html/power - 0730073060717802. html。

[37]"英国风能发电方兴未艾",载新华网,2010 年 11 月 2 日,参见 http://jjckb. xinhuanet. com/opinion/2010 - 11/12/content_ 269499. htm。

[38]"英国风能发电方兴未艾",载新华网,2010 年 11 月 12 日,参见 http://jjckb. xinhuanet. com/opinion/2010 - 11/12/content_ 269499. htm。

[39]"欧洲海上风电一枝独秀:份额最大 技术领先",载新华网,2010 年 7 月 12 日,

参见 http：//jjckb. xinhuanet. com/cjxw/2010 - 07/12/content_ 235928. htm]

[40]“法国斥资 150 亿欧元发展海上风电”，载新华网，2010 年 9 月 2 日，参见 http：//www. qh. xinhuanet. com/qhpower/2010 - 09/02/content_ 20799212. htm。

[41]“欧委会资助 1 亿欧元建设芬兰爱沙尼亚海底输电电缆”，载国际能源网，2010 年 7 月 27 日，参见 http：//www. in-en. com/power/html/power - 0733073382711708. html。

[42]“欧洲 9 国计划在北海建大型可再生能源输电网”，载新华网，2010 年 1 月 6 日，参见 http：//news. xinhuanet. com/tech/2010 - 01/06/content_ 12763409. htm。

[43]“法国启动地中海‘输送绿能’项目”，载国际能源网，2010 年 7 月 15 日，参见 http：//www. in-en. com/power/html/power - 0934093460702225. html。

[44]“欧盟太阳能与风能研究花费超 1. 64 亿美元”，载国际能源网，2010 年 12 月 2 日，参见 http：//www. in-en. com/newenergy/html/newenergy - 1116111666833811. html。

[45]“欧盟计划拍卖碳排放许可 资助低碳和新能源创新项目”，载新华网，2010 年 11 月 10 日，参见 http：//news. xinhuanet. com/world/2010 - 11/10/c_ 12755865. htm。

[46]“德公司宣布开发风电、太阳能发电大容量储电电池”，载国家重大技术装备网站，2010 年 3 月 2 日，参见 http：//www. chinaequip. gov. cn/2010 - 03/02/c_ 13193426. htm。

[47]“德国太阳能薄膜电池研究取得重要进展”，载新华网，2010 年 7 月 14 日，参见 http：//news. xinhuanet. com/2010 - 07/14/c_ 12332543. htm]

[48]“竞逐欧洲能源新中心”，载中国新能源网，2010 年 10 月 16 日，参见 http：//www. newenergy. org. cn/Html/01010/10161036444. html。

[49]“德国削减太阳能补贴 国内光伏企业相对受益”，载中国政府采购网，2010 年 1 月 28 日，参见 http：//www. ccgp. gov. cn/site13/gysh/jdjx/schq/1102486. shtml。

[50]“补贴大减，欧可再生能源前途未卜”，载中国新闻网，2010 年 11 月 3 日，参见 http：//www. chinanews. com/ny/2010/11 - 03/2630832. shtml。

[51] 同上。

[52] 同上。

[53]“欧洲多国拟削减光伏电价补贴 专家称影响有限”，载中国政府采购网，2010 年 1 月 21 日，参见 http：//www. ccgp. gov. cn/site13/gysh/jdjx/xgbd/1097353. shtml。

[54]“补贴大减，欧可再生能源前途未卜”，载中国新闻网，2010 年 11 月 3 日，参见 http：//www. chinanews. com/ny/2010/11 - 03/2630832. shtml。

[55]“德国煤机借煤炭资源整合之机抢占中国市场”，载于国际能源网，2010 年 9 月 20 日，参见 http：//www. in-en. com/coal/html/coal - 0823082361762855. html。

[56]“联合国欧洲经济委员会发布关于抽采和利用煤矿甲烷的指导方案”，载国际能源网，2010 年 10 月 13 日，参见 http：//www. in-en. com/coal/html/coal - 0927092767779408. html。

[57]“波兰政府鼓励采矿企业和中国煤炭领域加强合作”，载国际能源网，2010 年 10 月 27 日，参见 http：//www. in-en. com/coal/html/coal - 1713171373793958. html。

[58]“中法研究建设煤化工项目”，载国际能源网，2010 年 11 月 6 日，参见 http：//www. in-en. com/coal/html/coal - 1725172519803488. html。

[59]“中海油将与英国石油公司合作开发南海油气资源”，载国际能源网，2010 年 11 月 27 日，参见 http：//www. in-en. com/oil/html/oil - 0850085037823292. html。

[60]“中石油壳牌试点页岩气 应对天然气涨价”，载凤凰网，2010 年 11 月 20 日，参见 http：//auto. ifeng. com/news/domesticindustry/20101120/470890. shtml。

[61]“西班牙雷普索尔和中石化联手对拉丁美洲的影响”，载国际能源网，2010 年 10 月 28 日，参见 http：//www. in-en. com/oil/html/oil - 1640164090795298. html。

[62]“英国石油将墨西哥湾油气资产出售给日公司 中石油失望”，载国际能源网，2010 年 10 月 27 日，参见 http：//www. in-en. com/oil/html/oil - 1603160342793910. html。

[63]“中石油壳牌合作开发天然气 两天内两度牵手”，载和讯网，2010 年 3 月 25 日，参见 http：//news. hexun. com/2010 - 03 - 25/123099344. html。

[64]“中海油与英天然气集团签署 20 年期天然气协”，载人民网，2010 年 3 月 24 日，参见 http：//energy. people. com. cn/GB/11215113. html。

[65]“卡塔尔与壳牌、中石油签署合作开发天然气田协议”，载新华网，2010 年 5 月 17 日，参见 http：//news. xinhuanet. com/world/2010 - 05/17/c_ 12109052. htm。

[66]“法国燃气苏伊士集团与中国签署液化天然气供应合同”，载商务部网站，2010 年 10 月 12 日，参见 http：//tzswj. mofcom. gov. cn/aarticle/f/201010/20101007180638. html。

[67]“中欧清洁能源中心正式启动”，载《财经网》，2010 年 4 月 30 日，参见 http：//www. caijing. com. cn/2010 - 04 - 30/110428662. html。

[68]“石景山区携手欧盟打造首个清洁能源示范基地”，载《新华网》，2010 年 8 月 7 日，参见 http：//www. bj. xinhuanet. com/bjpd _ sdzx/2010 - 08/07/content _ 20556666. html。

[69]“中欧战略对话在贵阳举行 戴秉国阿什顿共同主持”，载《网易新闻》，2010 年 9 月 1 日，参见 http：//news. 163. com/10/0901/11/6FGA0F9D000146BD. html。

[70]“第六届中欧工商峰会成果显著中欧谋划未来能源合作新篇章”，载《新浪财经》，2010 年 10 月 11 日，参见 http：//finance. sina. com. cn/chanjing/b/2010

1011/15173480429. shtml。

[71] “温家宝出席第十三次中欧领导人会晤”，载《搜狐新闻》，2010 年 10 月 7 日，参见 http：//news. sohu. com/20101007/n275447441. shtml。

[72] “第三次中欧经贸高层对话在北京举行”，载《凤凰网》，2010 年 12 月 22 日，参见 http：//news. ifeng. com/gundong/detail_ 2010_ 12/22/3630782_ 0. shtml。

[73] “中国与丹麦两国合作开发可再生能源”，载《中国气象局》，2010 年 2 月 10 日，参见 http：//www. cma. gov. cn/qhbh/gjhzyjl/201002/t20100210_ 59227. html。

[74] “丹麦环境部长访华？与中国加强能源合作是重点”，载《人民网》，2010 年 6 月 23 日，参见 http：//world. people. com. cn/GB/11952979. html。

[75] “丹麦环境部长访华？与中国加强能源合作是重点”，载《人民网》，2010 年 6 月 23 日，参见 http：//world. people. com. cn/GB/11952979. html。

[76] “中德建能源和环境伙伴关系”，载《东方早报》，2010 年 7 月 17 日，参见 http：//www. dfdaily. com/html/51/2010/7/17/499556. shtml。

[77] “中法建立民用核能战略合作伙伴关系”，载《欧洲时报》，2010 年 11 月 5 日，参见 http：//www. oushinet. com/178 - 505 - 94982. xhtml。

[78] “英国首相卡梅伦首次访华”，载《环球网》，2010 年 11 月 9 日，参见 http：//www. huanqiu. com/zhuanti/world/ygCameronfanghua/。

[79] “法国开发署将向中国可再生能源项目提供 1. 2 亿欧元”，载《国际在线》，2010 年 3 月 11 日，参见 http：//gb. cri. cn/27824/2010/03/11/3365s2782245. html。

[80] “国网能源院参加‘中欧可再生能源研讨会’考察访问”，载《国家电网公司》，2010 年 5 月 25 日，参见 http：//www. sgcc. com. cn/xwzx/gsxw/2010/05/223998. shtml。

[81] “德国车企加速介入中国新能源车产业化进程”，载《中金在线》，2010 年 10 月 22 日，参见 http：//auto. cnfol. com/101022/169，1691，8648096，00. shtml。

[82] “德国莱茵 TV 与中国汽车技术研究中心和中国质量认证中心签署协议”，载《中国经营网》，2010 年 10 月 22 日，参见 http：//www. cb. com. cn/1634427/20101022/158770. html。

[83] “‘国机’与‘汉龙’联手开发欧洲光伏市场”，载新华网，2010 年 04 月 01 日，参见 http：//www. sc. xinhuanet. com/content/2010 - 04/01/content_ 19411838. htm。

[84] “英利绿色能源将为法国最大的太阳能电站供应光伏组件”，载凤凰网，2010 年 5 月 17 日，参见 http：//finance. ifeng. com/usstock/realtime/20100517/2197913. shtml。

[85] “皇明太阳能向西班牙输出高温热发电核心部件”，载新华网，2010 年 7 月 9 日，参加 http：//www. sd. xinhuanet. com/news/2010 - 07/19/content_ 20381513. htm。

[86]“林洋新能源与意大利公司签署协议”，载中国煤炭资源网，2010 年 07 月 28 日，参见 http：//www. sxcoal. com/news/1083986/articlenew. html。

[87]“保威新能源科技有限公司与意大利电站签署 100 兆瓦支架系统供应协议”，载新电力网站，2010 年 9 月 18 日，参见 http：//www. xindianli. com/news/129/201009/18 – 104748. html。

[88]“中国公司成为捷克最大太阳能光伏电站光伏组件独家供应商”，载新华网，2010 年 09 月 9 日，参见 http：//news. xinhuanet. com/fortune/2010 – 09/09/c_ 12534211. htm。

[89]“湘电风能 1 亿元海上追风 收购荷兰达尔文公司 加速海上风机研发进程”，载凤凰网，2010 年 4 月 15 日，参见 http：//finance. ifeng. com/money/roll/20100415/2053877. shtml。

[90]“丹麦 Vestas 落户江苏 布局海上风电开发”，载新华网，2010 年 8 月 3 日，参见 http：//www. js. xinhuanet. com/xin_ wen_ zhong_ xin/2010 – 08/03/content_ 20518735. htm。

[91]“中国与丹麦合作展开风电研究”，载新华网，2010 年 10 月 29 日，参见 http：//www. zj. xinhuanet. com/newscenter/2010 – 10/29/content_ 21261500. htm。

[92]“中法建立民用核能战略合作伙伴关系”，载搜狐网，2010 年 11 月 5 日，参见 http：//stock. sohu. com/20101105/n277172620. shtml。

[93]“欧盟加强与中国能源技术合作”，载天津网 010 年 7 月 6 日，参见 http：//www. tianjinwe. com/rollnews/gn/201007/t20100706_ 1159861. html。

[94]“欧盟向中国提供 5 亿欧元贷款支持中国应对气候变化”，载国际能源网，2010 年 12 月 6 日，参见 http：//www. in-en. com/finance/html/energy_ 140014005 8842621. html。

[95]“发改委高世宪：中欧能源合作空间巨大”，载《每日经济新闻网》，2010 年 10 月 30 日，参见 http：//www. nbd. com. cn/newshtml/20101030/20101030193753482. html。

[96] 齐绍洲：“中欧能源效率差异与合作”，载《国际经济评论》，2010 年第 1 期，第 138—148 页。

[97]“技术与市场互补欧中能源合作前景广阔”，载《国际金融报》，2010 年 10 月 19 日，参见 http：//paper. people. com. cn/gjjrb/html/2010 – 10/19/content_ 647883. html。

[98]“欧洲和中国能源合作：两大经济体的有机结合”，载《清洁能源网》，2010 年 9 月 2 日，参见 http：//www. 21ce. cc/search/detail. aspx？ newsid = 20017。

[99]“欧洲和中国能源合作 新能源是突破口”，载《中国新闻网》，2010 年 9 月 30

日，参见 http：//www. chinanews. com/ny/2010/09 - 30/2565448. shtml。
[100]“薛彦平：欧盟的碳税与碳关税”，载《中国社会科学院欧洲研究所》，2011 年 1 月 13 日，参见 http：//ies. cass. cn/Article/cbw/ozkj/201101/3468. asp。
[101] 陈洁民：“‘碳关税’：国际贸易新热点”，载《中国经贸导刊》，2010 年第 7 期，第 38 页。
[102]“商务部：部分国家提出碳关税违反 WTO 基本规则”，载《新浪财经》，2009 年 7 月 3 日，参见 http：//finance. sina. com. cn/j/20090703/16506437490. shtml。

第三编

专 题 篇

能源国际化人才培养机制建设研究*

进入21世纪以来，我国经济持续快速发展，经济总量和规模不断扩大，综合国力不断增强，目前已经成为世界第二大经济体。同时，能源需求也持续增长，使我国成为世界第一大的能源生产国和第二大能源消费国。2010年，我国石油、天然气、煤炭等能源消费量和进口依存度在2009年的基础上将继续保持增长势头，其中，石油表观消费量约4.49亿吨，进口量约2.46亿吨，石油表观消费对外依存度为54.8%，再创历史新高；天然气消费量约1058亿立方米（国内生产量967亿立方米），进口量达166亿立方米；煤炭消费量31.2亿吨，进口量约1.6亿吨，我国从2009年开始成为煤炭净进口国。我国电力边贸开始起步，2010年我国从俄罗斯进口电量9.8亿千瓦时，从缅甸进口电量14.32亿千瓦时，向越南出口电量41.4亿千瓦时。“十一五”期间，我国能源国际合作成效显著，能源贸易量不断增加，进口的能源由石油扩大到天然气、LNG、煤炭和电力，我国能源的对外依存度和国际化程度明显提高。今后这一趋势不可逆转。

新形势对我国能源国际合作提出了更高、更新的要求。为促进我国能

* 本文作者为顾骏、杨洋、苏国良，国家能源局“能源国际化人才规划”课题组成员。

源发展多元化，我国大型能源企业迅速拓展海外业务，加强与世界各国在能源领域的合作，能源国际化人才严重缺乏的矛盾日益凸显。因此，如何加快建立能源国际化人才培养机制，适应日益增长的国际合作任务需求与激烈的竞争环境，是当前我国能源行业亟待解决的重要问题。

一、能源国际化人才的特点及现状

（一）能源国际化人才及其主要任务

1．能源国际化人才的特点

能源国际化人才是指在能源资源全球化配置的背景下，依靠一定的能源国际合作知识和技能，直接或间接参与能源国际合作，为维护国家能源安全、实现能源科学发展、促进能源科技进步作出积极有益贡献的人。

与能源行业其他类别人才相比，能源国际化人才具备复合性、适应性和国际性等特点。复合性是指该类人才具有多种专业背景，需要能源、外语、金融、法律、国际关系、管理等方面的知识和经验积累；适应性是指具有快速适应工作和生活环境变化的能力和素质，以符合能源国际合作加速发展，新领域、新项目开展，工作岗位随时发生变化的需要；国际性是指能源国际合作必须充分利用全球人力资源，因此需要具有国际化视野，能够在国际团队中胜任工作的素质。

2．能源国际化人才的主要任务

一是能源外交和国际合作政策制定和实施。包括制定和实施我国能源外交和国际合作政策，代表我国政府参与国际能源组织的管理及其他国际能源活动，与伙伴国开展对话交流、政策协调以及合作协议的制定和执行。

二是国际能源研究分析。包括跟踪了解国际形势、分析研究资源开发、供求形势、价格波动、市场趋势和热点问题，开展对合作对象国政治环境、经济环境、法律环境、安全环境、社会环境、人文环境等宏观环境问题的调研，结合国情和能源实际，研究提出能源国际合作相关决策建议和实施方案。

三是能源国际合作项目的实施。包括参与境内外能源国际合作项目的调研评估、统筹决策、商务谈判、融资贷款、风险控制、勘探开发、工程建设和管理运营等工作。

四是能源技术交流与合作。包括与外国政府、企业和科研机构开展节能提效、可再生能源和新兴能源技术合作，实施相关技术的投资、研发、引进、消化、推广和再创新等工作。

（二）我国能源国际化人才现状及存在的主要问题

国际化人才是中国实施能源“走出去”战略的第一资源。在 2003 年全国人才工作会议精神和人才强国战略的指导下，我国在能源国际化人才队伍建设上取得了可喜成就：人才队伍规模有所扩大；结构有所优化；科学合理的人才工作机制初步建立；培养开发、评价发现、选拔任用、流动配置、激励保障等系列配套机制有所完善和创新；对能源国际化人才成长规律的认识和把握更趋深刻和准确。

但在能源国际化人才队伍建设方面仍然存在着诸多问题：

一是队伍规模亟待扩大。我国能源国际合作虽然起步较晚，但发展迅速，目前中国已成为世界重要的原油和煤炭进口国，重要的海外能源资源投资国和能源高新技术进口国，同时也是重要的能源装备出口国。但是，无论是开展能源国际合作实务的人才、直接执行能源国际合作项目的人才，还是为能源项目的开展提供智力支持的人才均严重不足，极大地影响了我国能源“走出去”、“引进来”战略的实施，无法适应全方位、多层次、宽领域的能源国际合作迅速扩展的新要求。同时，队伍规模的不足导致人才的高频度和高强度使用，不利于人才队伍的可持续发展。

二是队伍结构尚需优化。目前，我国能源国际化人才队伍的质量总体偏低，结构不够合理。首先，从层次结构上来看，具有敏锐的战略眼光、宽广的国际视野、复合知识背景和丰富实践经验的高端人才严重匮乏，而这些人才在能源国际合作中发挥着核心导向作用。他们的严重不足，直接影响着我国能源国际合作的战略高度和国际定位。其次，从分布结构来看，能源国际化人才大多集中在大型能源企业，企业内部又多集中于海外项目。人才分布的总体不均衡，不利于人才的梯队培养和整体可持续开发。第三，从行业结构来看，油气等领域国际化人才发展较好，而新兴能源产业和能源装备领域的国际化人才匮乏。随着新能源产业的迅猛发展和我国能源行业的国际化运营，供需不足矛盾将进一步加剧，严重影响行业的全面健康发展。

三是体制机制需进一步创新。科学培养人才，广泛聚集人才，用好用活人才，都需要体制机制作保障。当前，我国能源国际化人才培养的体制机制不能适应能源国际合作日益广泛、日趋复杂的要求。体制不完善，机制不灵活现象仍然存在。

二、完善国际化人才培养机制的迫切性和必要性

纵观全球，在能源资源争夺日益激烈的大背景下，大力培养能源国际化人才已成为世界各国的重要战略选择。突出表现在以下三个方面：

（一）能源国际组织作用日益增强

目前，我国参与了二十多个能源国际组织和国际会议机制。我国是国际能源论坛、世界能源理事会的会员，积极参与了国际能源署、能源宪章、亚太经合组织、上海合作组织的多项活动以及“东盟+3”能源部长会、东亚峰会能源部长会、IFNEC部长级会议国际可再生能源大会等多项会议。

随着全球政治多极化和经济一体化深入发展，全球性和区域性的能源国际组织成为有关经济体，包括能源生产国、消费国及过境运输国进行交流对话、促进合作、共同发展的平台，也成为各国进行政治角力和贯彻本国战略意图的博弈场所。目前，国际能源秩序正在进行深刻调整，欧、

美、日等主要发达国家继续主导有关进程。我国需要一大批能源国际化人才积极参与规则的制定，在尽快融入、有效利用的同时积极推动国际能源秩序向着有利于新兴国家的方向调整，发挥与我国能源大国地位相称的国际影响力，为我国能源发展创造良好的国际政策环境和舆论环境。为更好地适应经济全球化和我国能源对外合作日益扩大的需求，提高青年干部国际化水平，更多更好地了解掌握国际能源发展形势和国际能源组织的基本情况和游戏规则，我们正积极探索向能源国际组织派员的机制。

（二）能源务实合作日益深入

近年来，我国能源行业抓发展机遇，顺势而为，务实合作取得显著成效。

油气领域。西北、东北、西南和海上四大油气战略通道基本形成。中俄原油管道正式投入商业运营。中俄天然气管道谈判取得积极进展。中亚天然气管道一期双线完工，运行稳定，二期已开工建设。中缅油气管道计划于2012年建成投产。贷款换资源成效显著。我国充分利用充足的外汇储备，向哈萨克斯坦、土库曼斯坦、巴西、委内瑞拉等国给予一定数额的贷款，积极推进油气上游勘探开发、油气贸易、装备出口和工程承包在内的一揽子合作。非常规天然气开发及贸易开始起步，2010年3月，中海油与英国天然气集团正式签署液化天然气购销及澳大利亚柯蒂斯天然气项目有关协议，以煤层气为原料的液化天然气将销往中国。11月，中海油完成美国鹰滩页岩气项目权益收购。

煤炭领域。中俄签署奥格贾煤田综合开发合作文件，兖矿收购澳大利亚菲利克斯资源公司。神华、中煤集团、内蒙古庆华等中央及地方企业与蒙古、澳大利亚、越南、印度尼西亚等国开展煤炭资源合作，扩大煤炭进口贸易，呈现良好势头。

电力领域。国家电网公司在2009年接管菲律宾国家电网的基础上，2010年又成功议标收购巴西特许权输电线路。南方电网公司和中电投联合投资越南永兴大型燃煤电厂。华电在印尼投资燃煤电站。中水电、中工国际等企业在第九届中委高委会上签署在委建设燃机、水电、输变电、设备制造等项目合同和意向书。中电投在缅甸投资密松大型水电站项目。中俄签署2011年电力边贸合同及共同开展电网建设领域合作协议。

新能源领域。沈阳动力集团参与美国600MW风电场项目，龙源集团积极参与南非风电建设，中广核集团、上海航天汽车机电股份有限公司和中国节能投资公司积极参与意大利、新加坡等国太阳能光伏电站建设。2009年我国太阳能光伏电池产量约400万千瓦，其中95%出口国际市场，2010年继续保持增长势头，为世界开发利用太阳能资源，应对气候变化、节能减排做出了积极贡献。

在开展双边能源交流与合作方面，我国已与三十多个国家建立了合作机制。中美、中俄能源合作呈现高层次、多领域趋势，合作范围涉及油气、电力、核能、新能源、能效等多个方面。中南（美）合作展现出良好发展态势。中国—印尼能源论坛、中欧能源对话、中—南（非）能源分委会会议、中澳基金LNG论坛、中土（库曼）合作委员会会议等一系列活动的开展为双方政府部门开展对话交流创造了条件，又为企业加强务实合作搭建了平台。同时还起到了增进理解、形成共识、加深友谊的积极作用。

为保障经济社会的可持续发展，与各国开展能源务实合作，有效利用境外能源资源是我国的必然选择。能源国际化人才是开展能源务实合作的基础和保障。我国需要有一大批具有全球视野，熟稔伙伴国国情、能源政策与法律环境，精通当地语言和文化习俗，具备一定能源专业知识和技能的国际化商务人才，以使我国在能源国际竞争中占据较为有利的地位。

（三）国际能源研究的重要性日益凸显

为了更好地开展能源国际合作，需要加强对国际能源形势、国际能源关系的跟踪研究，掌握能源生产和消费大国的政策走向及战略规划，了解国际能源商务信息和动态。国际能源研究应该包括能源战略研究、能源经济和商务研究以及能源技术研究等方面的内容。为此需要拥有一批能源国际化研究人才，为国家和企业作出科学决策提供有力的智力支持和信息保障。

三、能源国际化人才的培养目标及原则

（一）目标

在发挥市场对人才配置基础性作用的前提下，通过加大能源国际化人才培养的投资、推动人才结构战略性调整、改革人才发展体制机制、加强人才能力和素质建设，培养和造就规模宏大、结构优化、布局合理、素质优良、富于创新的国际化人才队伍，有力推进我国能源“引进来”和“走出去”战略的实施。具体包括以下五个方面：

1. 政府层面。培养一批具备长远战略眼光、综合素质高、熟悉国际规则、能够制定和有效执行能源国际合作政策的人才。通过向主要国际能源组织派驻任职人员，培养一批能够参与全球能源治理，推动国际能源秩序调整的高端人才。

2. 驻外能源机构。中国政府应考虑在25—30个主要能源生产国、消费国和运输国派驻能源专员，企业和科研机构根据业务发展需要设立海外分支机构。依托驻外能源机构，培养一批了解当地政策法律环境、精通海外项目实务、善于在当地开拓和发展业务的人才。

3. 研究与教育层面。培养一批专业的能源国际合作研究人才，集中力量开展国内外能源政策、能源形势、能源技术及能源数据等的分析与研究，为国家能源国际合作政策的制定提供强有力的支持。

4. 企业层面。通过能源国际合作项目带动培养和锻炼一批政治素养高、专业技能过硬、语言基础好、沟通能力强的企业国际化人才队伍。

5. 人才引进层面。拓宽国外能源国际化人才引进渠道，加大引进力度，充分发挥其使用效能并带动本国人才发展。着重引进能源国际合作项目管理人才、能源战略研究人才。

（二）原则

1. 优先发展原则。紧紧围绕国家能源发展大局，确立能源国际化人才优先发展的基本思路，坚持国际化人才资源优先开发、结构优先调整、投入优先保证、制度优先创新，以国际化人才优先发展促进能源国际合作事业又好又快发展。

2. 统筹兼顾原则。着力抓好复合型、高层次能源国际化人才开发。加强统筹协调，注重整体推进，促进规模扩大、素质提高和结构改善相协调，使人尽其才、才尽其用。推进能源各行业、各区域、本土和海外国际化人才协调发展，有效整合能源国际化人才资源优势，充分调动各级各类人才的主动性、积极性和创造性。

3. 改革创新原则。围绕用好用活人才、提高人才效能，积极探索能源国际化人才工作新思路。充分发挥市场配置人才的基础性作用，激发人才培养工作的活力。通过理顺人才管理机制，构建合理人才培养体系，搭建高效人才交流平台，减少人才流动壁垒，实现人才价值的最大化。

4. 使用为本原则。建立健全有利于人才充分发挥作用的使用机制，最大范围地开发各类人才的智慧，最大限度地激发各类人才的创造力。坚持依托国际能源组织、驻外能源机构、重大海外能源项目和国外能源科研机构等平台，培养、锻炼和发现人才，在实践中实现国内人才国际化、国际人才本土化的目标。

四、建设人才培养机制的具体措施

（一）提高在职人员的综合素质

在能源多边和双边合作中，需要决策者具有强烈的国家利益意识，深谙国际政治经济格局，立足国家利益与能源安全，具有政治意识和国际视野的高度，能够从国家的立足点出发，整体把握能源资源国际合作的战略方向。同时需要对能源生产国、能源过境国和能源消费国的政治、经济、法律、社会、宗教、文化等进行较为全面和深入的把握，需要具备纵观全局的能力。有计划地安排在职人员进行全职业生涯培养和培训。每年向国际组织、驻外使领馆派驻一定数量能源官员，了解世界能源合作环境和国际规则，培养独立工作和危机处理能力；依托重大科研项目、重点工程和重大建设项目，定期选派一定数量人员前往任职，用项目发展带动人才成长；同国内外大型企业、高校、科研机构合作，创新人才培养模式，建设人才培养基地。建立完备的能源国际化人才培训体系。培养一批具备长远战略眼光、综合技能的专业人才，提高我国能源政策的可行性和针对性。

（二）重视高端人才培养

打造一批从事能源国际合作的各界领军人物。实施“能源国际化高端人才培养计划”，以中高级领导干部为重点，培养造就一定数量具备全球能源战略思维和视野、跨文化经营能力和多元化团队领导能力的高层次人才，充分发挥这些人才在能源国际合作方面的领导作用。依托大型国内外能源企业和国内外著名高校，进行领导力培训和拓展。为高端人才参与国际能源事务协调提供机会和支持。

（三）多渠道选拔优秀从业人员

要不拘一格选拔人才。破除束缚人才发展的体制性障碍，建立“公平、公正、公开”的人才选拔机制，充分体现公开、平等、竞争、择优的原则，提高透明度，引入竞争机制，全方位、多领域选拔人才。完善公开考试、竞争上岗等选拔制度，确保选拔出的人才真正具备较高政治素质和协调能力，具有广阔的国际视野和大局观念、外语功底好、能源行业背景丰富。

（四）加强政企研学界人才交流

有序推进人才合理流动。推进人才交流和挂（任）职锻炼制度化、经常化。要坚持部门内部轮岗交流，加强跨部门流动。打破身份、单位、部门和所有制限制，营造开放的用人环境。加大交流和挂（任）职力度，扩大交流和挂任职范围。拓宽政府人才来源渠道，完善从企事业单位和社会组织选拔人才的制度。制定完善政府机关人员向企事业单位流动的政策和社会保险衔接办法。有计划地选派党政人才到国有企事业单位的相关岗位任职和挂职。对到国外艰苦地区工作的人才，在职务职称晋升和工资待遇方面实行倾斜政策。

（五）加大青年英才开发培养力度

建立多渠道、多层次的青年英才培养体系，加大对创新型、国际化青年人才的培养力度。在重点学科、重点产业等领域培养一批青年拔尖人才。积极推进青年人才队伍国际化，每年选派一定数量的青年人才赴境外学习交流，同时招收一批相关专业、行业的优秀留学生到国内继续深造。同政府、企业、研究机构、学校建立协调机制，建立能源国际合作优秀青年英才培养体系，建设一批培养基地，每年组织一定数量青年人才开展学习实践，鼓励青年人才到一线锻炼。

（六）加强海外人才引进

目前，我国能源国际合作人才队伍和培养与世界发达国家还存在较大差距，主要表现在人才的综合素质、知识结构和专业技能方面，所以有必要引进国外先进的人才，特别是海外归国学生、相关领域专家和国际合作谈判专才。引进的商务类、驻外类国际合作人才，应当具备海外留学或者海外工作背景，具有运作跨国项目经验，语言能力强，胜任不同海外地区的能源投资项目。要坚持人才自主培养和引进海外人才相结合，开发利用好国内国际两种人才资源。建立高层次人才引进“绿色通道”。支持大型国有企业、高等院校、科研院所等机构加强国际交流与合作，吸引海外高层次能源国际化人才（回国）来华发展，完善国外智力资源开发利用的政策措施。鼓励海外留学人员回国发展，完善符合留学人员特点的引才机制，实行有吸引力的政策措施，吸引海外高层次优秀专业人才和团队来华工作。引导留学人员以不同方式为我国的能源国际合作事业服务。

五、完善人才培养实施的保障机制

国家能源主管部门应承担能源国际化人才发展的领导责任，同时会同外交、商务、教育等部门以及能源企业、能源科研院所共同组织、协调和保障能源国际化人才规划的实施。具体保障措施包括：

（一）进行能源国际化人才培养试点

选取试点高校，在开设的能源专业中增加能源国际业务的比重。课程设置中应包括能源专业外语、世界能源资源情况、国际能源关系、国际能源规则、重点国家能源合作宏观环境、国际法、经济法、国际商务谈判、金融、能源国际合作案例研究等，使能源专业人才和国际化人才同步培养。

（二）建立人才培训体系

本着“服务发展、以用为本、整体开发”的方针，有计划、有步骤、有目标地开展能源国际化人才培训。为有效整合和利用现有资源，能源主管部门应负责制定和实施全行业的国际化人才基础培训计划及国际化高端人才培训计划；企业和科研院所应结合自身业务联合或独立开展国际化人才的专项培训。具体形式包括中、长、短期培训（长期为1—2年、中期为6个月—1年、短期为6个月以内）、定期不定期举办研讨班、邀请相关领域和行业的专家、学者开办讲座等。目的在于快速、有针对性地为本行业人员扩充知识、补其短板，优化知识结构，提高整体业务水平。

（三）完善各机构之间交流机制

引导人才在政府部门、能源企业、驻外机构、国际组织、社会团体和研究机构之间的合理有序流动。能源主管部门会同外交和商务部门、能源企业和科研院所共同制定能源国际化人才年度交流计划，并监督执行。企业和科研院所根据实际情况，科学合理地制定本单位的人才交流计划。根据能源国际业务发展需求，结合人才个体差异和目标定位，将不同类型人员派往不同类型和领域的单位进行交流，同时积极引进“新鲜血液”，补充人才队伍，优化人才结构。努力形成健康良性的政商学三方交流机制、政商交流机制、政学交流机制、商学交流机制以及各界内部交流机制。

（四）建设人才信息库

能源国际化人才信息库是培养能源国际化人才的重要保障。本着“服务发展、人才优先、以用为本、创新机制、高端引领、整体开发”的指导方针，从增强人才合理流动、提高人才利用效率、扩展人才跨领域跨专业交流出发，分层次、分领域、分类别地建立国家级能源国际化人才信息库和民间能源国际化人才信息库。

国家级能源国际化人才信息库由国家能源主管部门指定专门机构负责，进行信息库的建立、日常维护、数据更新等，并对人才信息的真实性负责；同时根据用人单位需求，进行初步考核，向用人单位推荐适合人选。该专门机构对国家能源主管部门负责，并接受社会监督。

民间能源国际化人才信息库以商业化模式运行，面向社会，其主要目的在于在用人单位和个人之间搭建一个较为便捷的平台，以个人自行提交信息、自我推荐，用人单位自行筛选、自行考核的方式促进能源国际化人才的交流。

（五）成立能源国际化人才俱乐部

由国家能源主管部门牵头，搭建由政产学研共同组成的能源国际化人才俱乐部。俱乐部是政府和企业开展能源国际合作的决策咨询机构，通过开展国内外重大能源国际合作项目的跟踪研究，为国家能源国际合作事业的开展作好参谋助手。俱乐部还是能源国际化高端人才的储备库，政学企研选拔、使用和配置国际化人才的基地，是国家能源主管部门开展全行业能源国际化培训和国际化人才库建设的执行机构。俱乐部也是海外高层次人才为国家能源事业提供服务的平台。

（六）加大资金投入

切实将人才作为第一资源，优先保证人才培养资金的投入，保障人才培养重大项目的资金支持。由国家财政出资设立能源国际化人才发展基金，支持人才培训、交流、信息库、人才俱乐部建设以及海外高层次人才引进等各项基础工作。企业与科研院所应完善分配、激励以及保障制度的建设，建立健全与工作业绩紧密联系、充分体现人才价值、有利于激发人才活力和维护人才合法权益的激励保障机制。

俄罗斯东部资源开发与对外能源合作*

2009年是俄罗斯遭受金融危机打击最大的一年，其GDP下降了7.9%，不仅在“金砖四国”中是最高的，在G20国家中也是最高的。为了克服此次金融危机，俄罗斯几乎耗尽了前几年因石油、天然气涨价而建立起来的储备基金，但由于俄政府及时采取了适当的应对措施，金融体系没有受到多大冲击，2010年俄宏观经济保持稳定。俄总统梅德韦杰夫满怀信心地认为，俄罗斯已经走出了经济危机，尽管困难和问题依然存在，但俄经济已经在稳定地增长。

2010年俄国内总产值的增长率为3.8%，工业产值增长率为8.3%。俄罗斯成功地控制了通货膨胀，2009年其通货膨胀率只有8.8%，是1991年以来最低的，2010年通货膨胀率也被成功控制在了8.8%以内。现阶段，俄罗斯正在努力改变经济增长方式，现代化进程进入启动实施阶段，俄企业也更加重视创新，纠正经济发展中过分依赖能源的现象。正如梅德韦杰夫总统所言，“不实施现代化政策，俄罗斯经济就没有未来”。只有最终完

---

* 本文作者系中国人民大学国际能源战略研究中心研究员陈小沁博士。本文系中国人民大学科学研究基金（中央高校基本科研业务费专项资金资助）项目成果，项目名称：国际能源安全问题综合研究与中国的战略选择，批准编号：10XNJ051。

成结构性改革，俄罗斯才可能成为真正的经济大国，否则，只会反复陷入“能源附庸”的尴尬之中。

2010年俄“双头鹰外交”变得更加名副其实，突出表现在俄罗斯希望借助亚太市场加快西伯利亚和远东地区的开发，梅德韦杰夫总统多次强调要搭上亚洲这辆飞速发展的经济快车。东西伯利亚和远东对于俄罗斯的整体发展具有十分重要的地缘政治和社会经济价值。鉴于此，2009年11月13日俄联邦政府通过的《2030年前俄罗斯能源战略》对东部地区给予了特别关注，此外，近些年俄政府还陆续出台了一系列规划性文件，为东部地区的能源发展制定了具体细则。这些文件包括：

1. 《2025年前远东和北加尔地区的社会经济发展战略》；

2. 《2030年前东西伯利亚和远东能源综合体发展战略》；

3. 《东西伯利亚和远东地区的石油加工设施发展规划》；

4. 《关于在东西伯利亚和远东建立统一的天然气开采、运输和供应体系，并将其出口到中国及其他亚太国家市场的规划》等。

一、东部资源开发的意义和举措

近年来，由于俄罗斯不断与邻国发生“斗气”风波，极大地损害了俄罗斯作为可靠能源供应商的地位，出口多元化、平衡东西方，成为俄罗斯能源战略的必然选择。发展东部地区的能源产业一直是俄罗斯能源政策的优先方向之一。但是，时至今日，俄东部能源政策的实施并没有使该地区的地缘政治和社会经济潜力得到充分发挥。例如，东西伯利亚和远东丰富的油气资源还有待进一步开发利用，在该地区还未形成能够满足日常需求的油气化工产业链，能源基础设施建设滞后，能源出口潜力尚未完全释放，生态环境依然面临严峻挑战等。因此，《2030年前俄罗斯能源战略》高度重视东部地区的能源可持续发展问题，国家能源政策所采取的一揽子措施主要包括[1]：

1. 能源出口市场多元化——“到2030年将亚太地区国家在俄能源出口结构中所占的比重提高到26%—27%”；

2. 鼓励高附加值的能源生产、出口和国内消费——“采取综合性措施在东西伯利亚和远东发展油气化学工业，国家支持发展清洁煤和煤炭深加工技术”，这是对东部地区的发展具有转折意义的重大举措；

3. 充分调动能源部门人力资源的积极性——“不断扩充和吸引专业人员开发位于东西伯利亚和远东、亚马尔半岛和北极大陆架新探明的油气产区，保障他们在复杂自然环境下的从业条件，依靠动员社会基层组织系统，包括采用轮岗制度”。

2030—能源战略列举的五个有关俄能源部门发展的战略性倡议当中，有四项与东部能源产业的长远发展问题直接相关。

第一，在东部地区建设油气综合体（萨哈林岛大陆架、雅库特、马卡丹斯克州、伊尔库茨克州、克拉斯诺亚尔斯克边疆区），同时，修建相应的生产和运输设施，使上述地区的资源开发不仅能够满足自身发展的需求，还可以出口到亚太地区国家，实现俄罗斯能源出口多元化。复合碳氢化合物资源的大规模开发利用将有力推动当地油气化学工业的发展，有助于东西伯利亚和远东地区的社会经济实现跨越式发展，届时该地区总产值的年均增长率将有望超过全国平均水平0.5%—1.5%。

第二，开发北极海域和俄北方领土的碳氢化合物资源，预计2020年将逐步开发北极东部大陆架并开辟北方海上新航道。由于气候变暖和北极冰川融化，连接俄罗斯欧洲部分和东部地区的新航道将成为促进北方领土发展的助推器，以及重要的能源交通运输要道之一。

第三，为了实现能源运输线路多元化，预计在东部地区将实施一系列大型的基础设施建设草案，包括完成东西伯利亚—太平洋石油管道（BCTO）的建设，实施东部天然气规划，形成油气化工生产体系。

第四，发展非燃料型能源。结合东部地区电力需求与负荷的特点，将大力发展水电工程。在能源平衡结构中引入可再生能源（新能源），如地热、太阳能、风能、生物质能等，此举有助于平衡能源需求，降低能源企业对自然环境造成的生态污染，并提高东西伯利亚和远东一些能源供应不足地区的能源安全保障程度。

二、东部能源发展：任务和前景

东西伯利亚的石油综合体发展预计对位于克拉斯诺亚尔斯克边疆区西北部、东西伯利亚—太平洋石油管道沿线、伊尔库茨克州、萨哈共和国（雅库特）的原油产区进行开发和工业化采掘。在远东地区将继续实施“萨哈林-1”、“萨哈林-2”及其他（萨哈林岛大陆架）开发项目草案。在这些新开采的区域将建立起大型石油综合体，它包括原油和伴生石油气的开采与加工企业，以及与此相配套的油气化工生产。在石油运输方面，最重要的任务依旧是要按时完成东西伯利亚—太平洋石油管道的建设，管道一期工程已于2009年12月开始试运行。

俄罗斯东部地区的天然气蕴藏量非常丰富——超过67万亿立方米，约占全国天然气资源总量的27%。其中，52.5万亿立方米分布在陆地，大约有15万亿立方米分布在沿海大陆架。东部天然气工业的发展预计到2030年前将形成4个新的大型天然气开采中心：

1. 萨哈林天然气开采中心——萨哈林岛大陆架气田（“萨哈林-1”和“萨哈林-2”草案），以后还将陆续实施“萨哈林-3”、“萨哈林-4”、“萨哈林-5”和“萨哈林-6”勘探项目；

2. 雅库特天然气开采中心——恰扬金斯克气田及其周边产区，如中博图奥宾、塔斯—尤里亚赫和上维柳昌等产区；

3. 伊尔库茨克天然气开采中心——科维克金气田，还将陆续开采南—科维克金和伊尔库茨克州北部的产区；

4. 克拉斯诺亚尔斯克天然气开采中心——索宾斯克—巴伊金和尤鲁伯切诺—多霍姆气田，还将陆续开采奥莫林、古尤姆宾、阿卡列耶夫等产区。

按照《俄罗斯东西伯利亚及远东天然气发展规划》，这四个中心将由统一的天然气运输系统连接起来，并成为俄罗斯统一天然气供应系统和预计于21世纪中期将建成的欧亚天然气管道系统的重要组成部分。根据《规划》，伊尔库茨克和克拉斯诺亚尔斯克天然气开采中心将主要负责俄国内的天然气供应，而萨哈林和雅库特开采中心开发的天然气除了满足国内需求外，还将经过管道或者加工成为液化天然气出口到中国、韩国等亚太国家的能源市场（见示意图）。

由于俄东部产区的天然气当中乙烷、丙烷、丁烷、氦及其他碳氢化合物成分的含量较高，《规划》拟在这里修建一系列面向出口的大型天然气加工厂和天然气化学工厂，对原材料进行综合加工并生产高附加值的能源产品，其产量预计到2030年将达到每年至少1360万吨的水平。

俄罗斯东部统一天然气供应系统及出口线路示意图

资料来源：Мастепанов А. М.，Тимошилов В. П.，Некоторые международные аспекты восточной газовой программы // Энергетическая политика. 2008. № 4. С. 45.

2030年前煤炭工业的发展预计将在库兹涅茨克和干斯克—阿钦斯克等主要矿区进行煤炭开采。与此同时，位于东西伯利亚和远东其他一些新矿区的煤炭开采到中长期也将获得巨大发展。由于俄罗斯几乎90%的煤炭出口需要经过海上运输，因此，为了保证与亚太国家的贸易往来，在东部地区将陆续建成一系列专门的中转站，铺设通往瓦尼诺港（库兹涅佐夫隧道）及东部港口的铁路干线。根据扩大远东码头吞吐量的规划，到2015年远东地区全部港口的总吞吐能力将至少提高1.5倍，达到每年4400

万吨。

考虑到2030年前东西伯利亚和远东电力消费的预期增速将远远高于全国平均水平，按照能源战略的规定，在东部地区将大力发展使用“煤炭清洁燃烧”技术的火力发电站，以及水力发电站。由于新型水力发电设施的广泛应用，西伯利亚和远东水电站发电量的快速增长将成为这些地区的发展可能出现倍增效应的主要原因。根据有关的经济与生态论证，为实现倍增效应需要修建下安加尔斯克、南雅库特、韦基姆、下叶尼塞等大型的系统水电工程。

上述水电工程的电能将用于开发当地丰富的自然资源，发展地区采矿业和加工工业，并沿为此目的而建造的输电线路向乌拉尔的高山地区、俄罗斯的欧洲部分，以及西伯利亚和远东的工业区输送直流电和交流电。

关于健全供热体系和利用可再生能源，能源战略拟在东部地区积极发展分散式供电与供热，而在一些难以到达的偏远地区则主要利用当地现有的燃料与能源种类。

三、东部地区实施2030—能源战略的初期成果[2]

《2030年前俄罗斯能源战略》实施的初期成果表明，尽管受到全球性金融危机和一连串紧急事态的影响，如萨亚诺—述申斯克水电站事故，以及2009/2010年冬天相继爆发的俄乌天然气争端，俄能源产业的发展轨道大体上符合战略所设定的目标和任务。其中，俄能源政策实施的最显著成效更是突出地表现在东部地区，截至目前：

1. 东西伯利亚和远东原油开采量所占的比重从3%增长至4.6%（2030—能源战略第一阶段设定的参考指标为10%—12%）；

2. 东西伯利亚和远东天然气开采量所占的比重从2%增长至3.7%（2030—能源战略第一阶段设定的参考指标为7%—8%）；

3. 液化天然气在俄天然气出口结构中所占的比重从0增长至3.5%

（2030—能源战略第一阶段设定的参考指标为4%—5%）；

4. 亚太地区国家在俄天然气出口结构中所占的比重从0增长至3.5%（2030—能源战略第一阶段设定的参考指标为11%—12%）；

5. 与2005年相比，海港煤炭转运码头的吞吐量已从110%增长至122%（2030—能源战略第一阶段设定的参考指标为125%）。

俄罗斯原油开采量的增长主要依靠大规模开发位于东西伯利亚的旺果尔产区（2009年开始进行机械化开采），上琼斯克和塔拉干斯克产区，以及在“萨哈林-2”的框架内完成了输油管线设施的建设和实现全年不间断运行海上开发项目。

2009年12月，东西伯利亚—太平洋石油管道的一期工程已经开始运营，它负责将东西伯利亚产区开采的原油输送到亚太国家的能源市场。

2009年2月，随着在“萨哈林-2”草案框架内修建的俄境内第一座年产量为960万吨的液化天然气加工厂的正式启用，俄罗斯开始自主生产液化天然气，标志着俄能源产业的发展实现了历史性突破，完成了预先设定的战略任务。

根据《俄罗斯东西伯利亚及远东天然气发展规划》，已于2009年7月开工建设萨哈林—哈巴罗夫斯克—符拉迪沃斯托克天然气管道干线。该管道建成后将负责哈巴罗夫斯克和海滨边疆区的天然气供应，并在萨哈林大陆架上的资源被有效开发之后用于出口部分天然气。俄联邦政府已责成“俄罗斯天然气工业股份有限公司”最迟于2011年第三季度保证该天然气管道投入使用，管道一期的年输气量为65亿立方米，以便在预计于2012年召开的亚太经合组织（APEC）峰会前夕实现对符拉迪沃斯托克的供气。

考虑到哈巴罗夫斯克边疆区已有的生产能力，“萨哈林—哈巴罗夫斯克—符拉迪沃斯托克”天然气管道的建设将有步骤、分阶段地进行。在初期阶段，供应该管道的天然气将主要来自萨哈林天然气开采中心。首先，这是指“萨哈林-1”草案框架内的商用天然气，现在俄方正准备与草案的其他参与实施方继续相关的谈判；其次，是指“萨哈林-1”和“萨哈林-2”框架内开发的国有天然气部分。该管道实现完全负荷将取决于“萨哈林-3”草案的进展情况，其框架内的天然气开采活动有望于2015—2016年开始。“中国石油化工集团公司”也参与了“萨哈林-3”勘探项目，拥有该项目中韦宁区块开发项目25.1%的股份。

随着远东天然气运输系统的进一步建设，注入该系统的还将有产自恰杨金斯克凝析油气田的天然气，也正是在这个阶段，整个天然气运输系统将初步具备出口能力。按照《规划》的要求，建设中的天然气运输系统力求达到这样一种技术标准，即用于出口的天然气可以有选择地被输送至不同的地点，而最终的目的地将取决于商业谈判的结果。

在煤炭领域，新增了3座矿山和1个露天采矿场的开采业务，其煤炭年产量为750万吨，以及新建了3个年产量为900万吨的选矿厂。为了提高采矿的安全性，在库兹巴斯开始使用煤层脱气和沼气利用综合系统。此外，正在逐步扩建包括东部码头和瓦尼诺港在内的俄罗斯港口的煤炭终端站设施。据统计，2009年俄煤炭工业重组的国家预算总开支超过了190亿卢布。

在俄联邦政府的支持下，东部地区正在优先实施一系列电力草案，包括尽快修复在萨亚诺—述申斯克事故中遭到破坏的水电站设施，保证东西伯利亚—太平洋石油管道一期工程的供油，为2012年在符拉迪沃斯托克市即将举行的亚太经合组织峰会做好准备，以及建设总功率为30兆瓦的风力发电站等。

综上所述，尽管目前俄罗斯各界对2030—能源战略实施所取得的初期成果总体上持谨慎乐观的态度，但为了顺利实现能源战略制定的发展国家东部地区的战略目标，必须要有相应的政策法规体系来保障它的实施，同时与此配套的其他规划性文件也要与该战略目标保持一致，使俄罗斯东部地区成为助推俄能源发展的主导力量之一。

四、俄罗斯能源出口多元化与亚太能源安全

积极发展与中国、日本、韩国及其他东北亚国家之间互利的能源合作符合俄罗斯的国家利益。作为世界上经济增长速度最快的区域，亚太地区逐渐成为最具吸引力的俄罗斯能源出口市场。尽管全球性金融危机仍在蔓延，但亚太地区能源需求的增长势头并未减弱。

据预测，到2020年俄罗斯经过管道出口到亚太地区国家的天然气可以

达到每年250亿—500亿立方米，到2030年向该地区的天然气出口总量（管道天然气+液化天然气）将有望达到每年600亿—900亿立方米。

关于中俄天然气合作，2009年10月13日，在普京总理访华期间，“俄天然气工业股份公司”与“中国石油天然气集团公司”签署了关于俄罗斯向中国供应天然气基本条件的框架协议，中俄两国总理出席了签字仪式。根据协议，未来俄罗斯每年将向中国输送约700亿立方米天然气，中国有望成为“俄气”的最大主顾，但俄罗斯天然气的购买价格目前尚不明确。由于天然气现尚未形成统一的国际市场，国家间管道天然气交易的价格对比，参照系数较少，因此，中俄间天然气价格谈判可能仍十分艰难。

至于中俄在天然气价格上的分歧，有报道称，中国不愿意按高于从土库曼斯坦购买的天然气价格（每千立方米160美元）购买俄罗斯天然气，而“俄气”则要按向欧洲出口天然气的价格，包括消费税和各种费用每千立方米为280美元。尽管目前双方就天然气价格问题还存在不小分歧，然而正如俄能源界人士所分析的，“双方都像需要空气那样需要就俄出口天然气达成长期协议。中国需要为快速发展的经济提供有保障、源源不断的原料和能源。俄罗斯则在西部天然气出口量下降的情况下需要有新的购买者”[3]。

2010年9月，俄罗斯总统梅德韦杰夫访华期间，“中国石油天然气集团公司”与“俄罗斯天然气工业股份公司”签署了《关于对华供气基础性条件协议》。该协议包含经西线对中国供气的主要条件，其所有主要参数将被列入2011年双方即将签署的具体合同当中。这表明，在经历长时期的艰苦谈判之后，中俄天然气合作正蓄势待发，准备进入最后的冲刺阶段。中俄天然气合作对于中国发展生态清洁能源具有重要意义，也有助于巩固俄罗斯在与欧洲天然气合作中的战略地位，并对俄东部地区资源的开发利用起到促进作用。

亚太地区的原油市场同样极具发展潜力，该地区国家将俄罗斯视为除中东波斯湾以外原油进口的最佳补充来源。目前，中国是该地区国家当中俄罗斯石油最主要的进口国，而日本、韩国等也是俄石油潜在的进口国。

2008年10月28日，中国总理温家宝与俄罗斯总理普京签署了一系列协定和备忘录，双方还商定了合理的计算俄罗斯出口到中国的石油价格公式。标志着在世界能源价格下跌的时候，俄罗斯打算同中国开展长期能源合作。中俄关于石油领域合作的备忘录规定，俄罗斯将通过“东西伯利亚—太平洋”管道的支线对华供应石油。2010 年 11 月 1 日，中俄石油管道已交付试运营，标志着两国能源合作取得了实质性进展。

备忘录中还约定，作为保障石油供应和建设输油管的交换条件，中国同意向俄罗斯公司提供总额达 250 亿美元的贷款，以供油偿还。其中“俄罗斯石油公司”以供油为担保将获得 150 亿美元，“俄罗斯石油管道运输公司”将获得 100 亿美元。根据协议，2011—2030 年将按照每年 1500 万吨的规模通过管道向中国供应总计 3 亿吨石油，同时俄方通过铁路运输向中国供应的石油拟增加到 1500 万吨/年。中俄以“贷款换石油”方式达成的一揽子能源合作协议，充分考虑了双方的利益关切，应该说是两国践行“互利共赢”理念、携手应对危机的理性选择，推动了两国战略协作关系的进一步深化。

此外，中俄双方在共同开发油气资源方面也取得了重要进展。2009 年 10 月，“中俄能源投资公司”宣布购买俄罗斯“苏尔古特油气公司”51% 的股份，该公司由此获得开发位于东西伯利亚的两个蕴藏量达 600 亿立方米的天然气田的权利。在未来两年半的时间里，“中俄能源投资公司”计划共投入 3 亿美元用于开发这两座气田。上述事件表明，全方位的中俄石油合作已经涵盖所有层次和领域。

俄罗斯煤炭出口的发展前景同样有赖于与亚太地区国家的能源合作。2002—2009 年，俄罗斯向亚太国家出口的煤炭占俄煤炭出口总量的比重从 13.7% 上升到 23.5%，达到 2480 万吨。相对于 2008 年仅 30 万吨的水平，2009 年俄罗斯往中国的煤炭出口量急剧增至 960 万吨。预计到 2015 年俄罗斯出口到亚太地区国家的煤炭总量有可能增长至 5600 万—6000 万吨。

2010 年，中俄双方在布拉戈维先斯克签署了煤炭合作协议。根据该协议，在未来五年内中国每年至少从俄罗斯进口 1500 万吨煤炭，而在随后的 20 年煤炭进口量将增至每年 2000 万吨。为此，中国将向俄罗斯提供 60 亿元人民币的贷款，主要用于共同开发俄远东阿穆尔河流域的煤炭资源，帮助俄方修建运送煤炭的铁路和公路，以及购买开采设备等。与油气合作一样，中俄在煤炭领域的合作同样以“互利双赢”作为指导性原则。一方面，煤炭合作可以部分地弥补中国在煤炭供应方面的不足；另一方面，能够有效缓解俄能源企业在资金短缺方面的压力，而且有利于俄东部地区的社会经济发展和基础设施建设。

对于俄罗斯电力工业来说，中国的电力市场是最具发展前景的出口市场之一。随着中国逐步实施于2007年通过的振兴国家东北部地区的规划，与俄联邦接壤的中国东北部省份的电力需求预计将会有快速增长。预计2010年俄罗斯向中国的电力出口将突破10亿千瓦时，2014年有望达到70亿—100亿千瓦时，2030年有可能再增至600亿—800亿千瓦时。中俄双方计划加强水电合作，以此带动从俄西伯利亚到中国东部和东北部地区的电力出口。

2015年以后俄罗斯将有可能实现向韩国出口电力，并争取2030年达到每年出口100亿—150亿千瓦时。

综上所述，从长远看亚太地区国家是最值得俄罗斯期待的能源出口市场，再考虑到俄东部地区蕴藏有丰富的自然资源，因此，实现面向东方的能源出口多元化被列为《2030年前俄罗斯能源战略》的首要任务之一。

至于俄罗斯能否切实参与到亚太能源合作当中来，以及它能否在保障地区能源安全方面发挥重要作用，则在很大程度上取决于俄东部地区资源开发的潜力，即指东西伯利亚和远东——国土面积约1030万平方公里，占全国总面积的60%，人口约1700万。这里的自然资源蕴藏量十分丰富（包括远东和北极海域大陆架在内）：石油的预测地质储量约为178亿吨，天然气预测地质储量约56万亿立方米，但它们的探明程度较低。按照2030—能源战略的规定，到2015年俄东部地区的原油开采量预计可达到4500万—6000万吨，而此后还可再提高至每年7000亿—8000万吨的水平，其中每年约有4000万吨可用于出口。俄东部地区的天然气开采量预计到2015年可以达到450亿—550亿立方米，其中300亿—350亿立方米产自萨哈林大陆架，而天然气出口潜力约为每年500亿立方米[4]。

俄罗斯东部地区拥有巨大的已探明石炭和褐煤资源：$A+B+C_1$级储量约为1150亿吨，C_2级储量超过550亿吨。俄东部地区的水力资源约占全国的75%——超过6400亿千瓦时，其中已开发的（包括在建的水电站）有1350亿千瓦时（33%位于东西伯利亚，6%位于远东）。2010年俄东部地区的发电规模估计可以达到预期的2550亿—2600亿千瓦时，其中国内用电量为2300亿千瓦时，而两者之差即形成出口潜力[5]。

与此同时，地理上与俄联邦最接近的东亚国家（中国、日本、韩国）

都属于资源进口大国，这些国家的资源状况详见下表。

2009年中、日、韩三国资源开采、消费和进口状况

资源类型/指标	中国	日本	韩国
煤炭			
开采量（百万吨）	3050	1.3	2.5
消费量（百万吨）	3019	202	130
净进口量（百万吨）	**—**	**201**	**128**
探明储量（十亿吨）	114.5	0.4	0.1
石油			
开采量（百万吨）	189	—	—
消费量（百万吨）	405	198	104
净进口量（百万吨）	**216**	**198**	**104**
探明储量（十亿吨）	2.0	—	—
天然气			
开采量（十亿立方米）	85	—	—
消费量（十亿立方米）	93	86	34
净进口量（十亿立方米）	**8**	**86**	**34**
探明储量（万亿立方米）	2.5	—	—

资源来源：BP Statistical Review of World Energy June 2010，http：//www.bp.com/statisticalreview.

可见，东亚国家对从其近邻俄罗斯的东部地区进口碳氢化合物资源和电力具有客观上的需求，而目前正在实施的一系列连接俄东部地区与这些国家的能源基础设施草案为深化它们之间的合作奠定了基础。

与俄罗斯开展能源合作对东亚国家的积极意义在于：

1. 实现碳氢化合物资源进口多元化：这些国家的传统进口来源——石油主要来自波斯湾国家和非洲，天然气主要来自东南亚和澳大利亚，而俄罗斯作为补充来源客观上需要有稳定的东亚原油、特别是天然气市场，同时俄国内的资源开采格局也实现了多元化（伊尔库茨克州、萨哈共和国

［雅库特］、萨哈林岛）；

2. 优化东亚国家的能源消费结构，如更多地使用高质量的生态清洁能源——天然气；

3. 为这些国家的公司进入新兴的俄罗斯投资、设备、技术及其他商品和服务市场提供更多的机会；

4. 随着一系列电力草案的实施，显著提高东亚国家电力供应的安全性。对于资源进口国来说，通过扩大电力输入可以实现能源进口种类的多元化，从而保障本国能源安全。

从保障俄罗斯及其东部地区的能源安全的角度看，与东亚国家的能源合作可以带来以下好处：

1. 解决长期困扰的投资严重不足的问题，为俄东部地区的资源开发获得充裕资金，不仅可以保证对东亚的能源出口规模，还能够满足国内市场的需求，包括建设相应的交通及其他基础设施；

2. 获得先进的技术和设备用于能源企业生产设施的更新改造；

3. 形成新的、稳定的俄能源出口市场；

4. 各项能源工程和与其配套的基础设施建设，以及日后大量的维护工作可以提供更多的就业岗位。

作为影响双方能源互利合作的消极因素主要有两个：一个是当前俄罗斯的国家能源政策尚不够稳定、透明，还有待进一步完善；另一个是亚太地区国家在解决具体的能源合作问题时存在过度政治化的倾向。但无论对亚太地区的能源进口国来说，还是对俄罗斯来说，继续扩大能源合作的意愿与现实条件都已经具备。从长远看，随着俄东部地区资源开发的步伐加快，俄罗斯在充分满足本国能源需求的同时，对亚太地区能源安全的影响力会显著增强。

注　释

［1］参见 Энергетическая стратегия России на период до 2030 г.（утверждена распоряжением Правительства РФ от 13 ноября 2009 г. № 1715-р）.

［2］参见 Громов А. И.，Энергетическая стратегия России-2030 и ее восточный вектор // Энергетическая политика. 2010. № 4 – 5. С. 36 – 38.

[3] 谢尔盖·谢列布罗夫：《中国龙吞食俄罗斯》，载［俄］《晨报》，2010 年 9 月 28 日。

[4] Энергетическая стратегия России на период до 2030 г.（утверждена распоряжением Правительства РФ от 13 ноября 2009 г. № 1715-р）.

[5] 以上数据参见 Воропай Н. И.，Сендеров С. М.，Энергетическая безопасность мира и России：предпосылки，возможности，проблемы // Энергетическая политика. 2010. № 4 – 5. С. 27 – 28.

气候变化组织与中国*

伴随着人类工业化的进程，气温和海平面温度升高、北极冰川缩减、农作物产量下降、森林面积减少、飓风加重、持续干旱等等的气候变化问题愈益严峻地在全球范围内凸显出来。它们不仅成为威胁人类生存的一个又一个环境陷阱，同时也催生了大量以解决气候变化问题为己任的国际组织。这些气候变化组织不仅在全球气候治理中扮演着重要的主体角色，同时因努力求解气候治理良方而占据着绝对的道德制高点，它们又自然对在气候变化方面利益攸关的各个主权国家构成了不同程度的压力。作为目前世界最大的碳排放国，中国国内经济发展的实际需要和外部世界纷至沓来的舆论苛责都要求中国审时度势，在以最大诚意践行节能减排的同时，将与气候变化组织富有成效的积极互动作为中国应对气候变化问题，同时彰显负责任大国形象的一项重要战略选择。

一、气候变化组织的分类

根据《联合国气候变化框架公约》的定义，“气候变化是指除在类似

* 本文作者系中国人民大学国际能源战略研究中心研究员徐莹博士。

时期内所观测的气候的自然变异之外，由于直接或间接的人类活动改变了地球大气的组成而造成的气候变化”。[1]既然人类活动是造成气候变化的重要诱因，那么从科学的高度了解气候变化的真相，评估其造成的可能危害，找出相对可行的应对措施和策略，从而控制气候变化的节奏，甚至一定程度上抑制气候变化，就成为大势所趋的全球共识。而在全球范围内促进“节能减排，低碳发展”是当下大多气候变化组织存在的首要目标。

根据气候变化组织的主体构成，可以将它们分成政府间气候变化组织和非政府类气候变化组织两大类。其中，政府间气候变化组织还可以细分为全球和地区组织两类。目前全球最为活跃的政府间气候变化组织有两个：一个是联合国政府间气候变化专门委员会（Intergovernmental Panel on Climate Change IPCC），另一个是甲烷市场化合作伙伴计划（Methane to Markets Partnership MMP）。IPCC 这个由世界气象组织（WMO）和联合国环境规划署（UNEP）于 1988 年建立的政府间国际组织，旨在客观、公开和透明的基础上对有关全球气候变化的科学、技术和社会经济信息进行全面评估。而其评估报告除了力图体现有关气候变化的最新科学进展外，对制定气候变化应对策略和相关国际谈判的实施也具有重要影响。[2]1992 年签署的《联合国气候变化框架公约》和 1997 年签署的《京都议定书》，就是在该委员会评估报告的基础上达成的政府间合作。MMP 则是于 2004 年由来自中国、印度、巴西、美国、英国、俄罗斯等 14 个伙伴国发起的合作计划，旨在回收和利用煤矿、垃圾填埋场以及石油和天然气系统逃逸的甲烷，在确保煤矿生产安全、促进能源安全的同时，减少其引起的温室效应。该计划下设指导委员会和煤矿、垃圾填埋场、农业和油气系统等几个专业分委会。各伙伴国的企业可加入项目网络，以参加相关领域的合作。[3]

从地区层面看，目前最为活跃的区域性政府间气候变化组织是亚太清洁发展与气候变化新伙伴关系计划（The Asia-Pacific Partnership on Clean Development and Climate）。该组织于 2006 年 1 月正式启动，旨在促进亚太地区清洁能源和高效能源技术的开发和推广。在该计划最高管理机构“政策和实施委员会”下设的八个行业工作组分别是：更清洁化石能源、可再生能源和分布式供能、钢铁、制铝、水泥、煤矿开采、发电和输电，建筑和家用电器节能。

就组织的工作重心而言，非政府类气候变化组织又可以分成两类：一类是将抑制气候变化作为其工作重心之一的环境非政府组织，如世界自然基金会（WWF）、绿色和平组织（Green Peace）、美国自然资源保护委员会（Natural Resources Defense Council）、保护国际（Conservation International）等等。事实上，这类组织一直以来的环保行动都与气候变化息息相关，只不过近年来因为气候变化问题日渐凸显，作为其核心解决措施的节能减排便被列入了大多环保组织的重要议事日程。另一类是将气候变化作为其核心行动目标的专门性非政府类气候变化组织，如气候组织（The Climate Group）、国际气候变化行动（CAN International）、卡斯凯迪亚气候网络（Cascade Climate Network）等。其中，气候组织是2004年由时任英国首相的托尼·布莱尔先生和来自北美、欧洲和澳大利亚的20位商业精英和政府领袖共同发起成立，专注于气候变化解决方案的非政府组织。该组织目前有90余名员工分布在英国、美国、中国、澳大利亚、印度、加拿大和比利时的多个办公室。[4]而国际气候变化行动组织则是一个由550多个非政府组织构成的大型全球网络，覆盖亚洲、欧洲、美洲、非洲的多个地区，其根本宗旨就是促进政府和个人采取行动，抑制人为导致的气候变化，并实现生态可持续发展，而其东南亚网络于1991年开始便已非正式运行。[5]卡斯凯迪亚气候网络则是一个由来自美国俄勒冈和华盛顿15个大学的400多名学生组成的青年组织，旨在通过能源政策倡导和社区环保项目实施，促进气候变化问题的解决。

二、气候变化组织的组织特点与行动方式

（一）政府间气候变化组织的特点

首先，政府间气候变化组织在组织内部的专业细化上相对严密。无论是联合国政府间气候变化专门委员会，还是甲烷市场化合作伙伴计划，亦或是亚太清洁发展与气候变化新伙伴关系计划，这些政府间气候变化组织都下设了三个以上的专业工作组或是专业分委会。以联合国政府间气候专门委员会为例，其下设的三个工作组分工非常明确：第一工作组主要评估

气候系统和气候变化的科学问题；第二工作组主要评估气候变化所导致的社会经济和自然系统的脆弱性、气候变化的正负两方面后果及其相关的适应方案；第三工作组评估限制温室气体排放和减缓气候变化的方案。工作组分别从气候变化现状，影响后果和应对策略三个方面对气候变化问题进行全面把握。而亚太清洁发展与气候变化新伙伴关系计划则下设了八个平行的行业工作组，从八个不同侧面实践节能减排。严密的专业细化确保了政府间气候变化组织可以较为全面系统地寻找应对气候变化的万全之策。

其次，政府间气候变化组织的人员组成相对高端。一般而言，政府间气候变化组织的成员都是由来自世界各国的顶级气候专家构成。比如，在联合国政府间气候变化专门委员会成立之初，当选为委员会主席的便是具有国际声望的瑞典气象学家波林（Bert Bolin）。他是瑞典国王的科学顾问，从20世纪五十年代末就开始研究大气中二氧化碳含量变化对气候的影响[6]；第一工作组主席由英国气象局长霍顿教授担任。苏联水文气象局长任第二工作组主席。第三工作组的第一副主席是加拿大环境部副部长兼气象局长汤斯威尔女士（Downsville）；第二副主席则由中国气象局原副局长骆季斌担任。[7]而MMP和APP各个项目工作组，也都是由各国相关领域的顶级专家组成，这在很大程度上确保了此类组织的科学技术含量。

最后，政府间气候变化组织的运作模式通常是谈判导向型或项目导向型。谈判导向型的运作在联合国政府间气候变化专门委员会的工作中最为明显。尽管IPCC第一、二工作组是侧重于对气候变化的现状和影响进行科学评估，但第三工作组则要根据前两个工作组的科学数据提出相应的对策，如减少温室气体排放量的幅度，以降低全球气温上升的速度等。因此，第三工作组的讨论常常类似于谈判。而根据其评估报告制定出的《联合国气候变化框架公约》、公约的《京都议定书》，以及后续的哥本哈根大会和坎昆会议等，都涉及到各国代表团旗下大量经济、环境和法律专家围绕气候变化的激烈谈判。但近年来建立的MMP和APP则是完全以项目合作带动其组织发展。以MMP为例，在2007年召开的第一届国际甲烷市场化大会暨展览会上，有90多个可以市场化的项目机会得到识别和认证。而在2010年的新德里国际甲烷市场化大会上，项目机会则达到了150个。此外，APP的组织工作也是围绕项目合作来进行。目前，在该组织部长会议的指导下，其成员国之间已经展开了包括20个旗舰项目在内的175个合作项目。这些项目涉及帮助电厂提高运行效率，促进水泥厂设备节能，推进太阳能光伏发电商业化，改善建筑和家电设计等各领域。在成员国之间广泛技术交流的基础上，有效提高了各国应对气候变化能力。

（二）非政府类气候变化组织的特点

首先，非政府类气候变化组织一般都由业内专家团队组成，确保其专业可信度和号召力。像在环保领域久负盛名的世界自然基金会、绿色和平组织、美国自然资源保护委员会等，因为在全球建有多个分部，其有着丰富知识积累和多年实践经验的专家队伍，统合着大量来自全球各地的气候变化信息，同时也能够为相关政府和政府间气候变化组织不断提供切合实际的应对策略。在组织的领军人物方面，像气候组织（The Climate Group）大中华区总裁吴昌华就是中国环境与发展政策分析方面的高级专家；而国际气候变化行动（CAN International）这个覆盖全球的大型气候变化 NGO 网络组织，其秘书处主要协调人员也都是出身于环境研究，并多年从事关涉环境保护的资深人士。

其次，非政府类气候变化组织的组织行动呈现运作（Operation）和倡导（Advocacy）两者兼具的模式。所谓“运作”是指设计并具体实施一些关涉气候变化的节能减排项目，从而直接达到抑制气候变化的相关效果。如世界自然基金会“能源与气候变化项目”子项目中的“低碳城市发展项目”就属于运作型模式。该子项目选择不同规模、不同发展类型的城市，在工业、建筑、交通节能以及可再生能源领域探索低碳发展模式，并将成功的低碳发展经验推广到其他城市中去。当然，这个项目的具体内容中也包括面向公众的低碳宣传，而这就是一种“倡导”。所谓“倡导”，是指通过媒体宣传、游说等方式唤醒或提升公众或政府部门的气候变化意识，从而促进他们在气候变化方面进行配合行动。比如，绿色和平组织的“气候变化与能源项目”就于2009 年3 月发起中国首个以保卫气候为主题的公众参与环保活动“我在乎”。倡导公众参加“我在乎”的网上活动，用行动表达在乎，采取行动阻止全球暖化的趋势。而气候变化组织的项目内容中，既包括运作型的“汇丰与气候伙伴同行项目”、“低碳实践项目”、“千村计划”、“百万森林”等运作型项目，也包括“企业低碳领导力”和

“碳路未来”等的倡导型项目。事实上，许多非政府类气候变化组织的节能减排项目都兼具运作和倡导的双重功能。

三、中国与气候变化组织的互动现状与特点

众所周知，化石能源的大规模低效开发，在造成巨大资源浪费的同时还导致了严重的环境污染和温室气体的过量排放。而中国“多煤、贫油、少气”，特别是以煤为主的能源结构，决定了中国不得不面对能源短缺、环境污染和气候变化问题给可持续发展带来的多重压力。而各类气候变化组织在应对气候变化问题上深厚的专业知识和长时间的经验积累，则为中国提供了与之密切合作以应对上述困境的有效渠道。于是，中国一方面通过与谈判主导型政府间气候变化组织的积极互动，全面了解并理性认知气候变化造成的严重后果，在国际气候治理中发挥制度建构作用，携全球之力共同寻找气候变化的应对之策；另一方面则最大限度地依托项目主导型气候变化组织的各个项目平台，在节能降耗、能源的清洁利用以及合作开发新能源和可再生能源方面力争获得突破。

（一）全面参与 IPCC 工作组的气候变化评估和后续气候变化谈判

目前，针对“节能”、“减排”、“低碳”等的全球气候变化问题进行国际气候治理已经成为一种世界共识，而国际气候治理的主要依托平台便是联合国气候变化谈判会议。自从 1990 年国际气候变化谈判进程正式启动以来，中国不仅一直全程参与其中[8]，同时还对相关国际气候变化制度发挥了积极建构的作用。中国的多名专家从 1990 年便开始参与并主持联合国政府间气候变化专门委员会的气候变化评估报告。特别是在 IPCC《第四次评估报告》的编写中，中国不仅有两名气象专家主持了第一工作组的评估[9]，同时还有多名国内顶尖专家学者全面深入地参与到第二、第三工作组关于气候变化导致的结果和应对策略的研究之中。其中，中国科学院院

士、中国气象局前局长秦大河在2008年当选连任联合国政府间气候变化专门委员会第一工作组联合主席之后，在任期内将领导完成拟于2014年完成的气候变化第五次评估报告。就具体气候谈判而言，中国始终努力使国际气候制度能够最大限度地反应发展中国家的国情和呼声。在1991年2月至1992年5月就制定《联合国气候变化框架公约》所进行的多轮谈判中，正是在以中国为主的发展中国家的积极争取之下，公约的最后文本才引入了“人均排放”和“共同但有区别的责任”这两个重要的国际气候治理概念。[10]它们既丰富了国际气候治理的合理内涵，同时也为广大发展中国家的能源结构调整和节能减排争取到了宝贵的时间。而这两个对于广大发展中国家而言来之不易的治理原则，已经被纳入到包括《京都议定书》在内的多个国际气候变化规制的制度设计之中。此外，中国还一直以灵活务实的方式切实推进着国际气候变化谈判的进程。在2010年12月底结束的联合国坎昆气候变化大会上，中国首先以开放的姿态积极向各国政府、非政府组织和媒体介绍中国有关减排的立法安排，并展示自身的减排成效；之后中国又积极与印度、巴西、南非三国磋商并联合公布了三项共同原则立场。在强化“基础四国”在77国集团中的核心地位的同时，重申了快速启动资金、技术支持等发展中国家优先关注的问题，从而尽自己的最大努力维护了国际气候利益的公正分配。

（二）以伙伴发起国身份积极参与项目导向型政府间气候变化组织的项目运作

作为甲烷市场化合作伙伴计划和亚太清洁发展和气候新伙伴计划这两个项目导向型政府间气候变化组织的发起国之一，中国从参与之初便以最大诚意积极组织承办相关工作会议，并开展各种围绕清洁发展和气候变化的项目合作。2007年，国家发改委和美国环保局联合主办了第一届国际甲烷市场化大会暨展览会，而其协办单位则包括外交部、国家安全生产监督管理总局、建设部、农业部、中国石油、中国石化、中国海洋石油等，足见中国对该计划的重视程度；对于2006年启动的亚太清洁发展和气候新伙伴计划，中国的政府和企业也同样将其视为促进清洁能源和高效能源技术开发推广的契机，至今已经承办了6次各工作组会议。在项目参与方面，从中美合作的中国铝厂升级项目，到中、印、日、韩、美、澳合作的中国绿色建筑旗舰项目；从中澳两国参加的二氧化碳捕捉和储存方案项目，到中印优质可再生能源培训项目，迄今为止，中国已经不同程度地参与了亚太清洁发展和气候新伙伴计划指导下的80余个清洁发展项目，其中包括8个旗舰项目。[11]通过对这些项目的参与，中国无疑可以借助技术合作与转让，加快产业结构的调整，加速节能减排，进而有力提高中国应对气候变化的能力。

（三）配合非政府类气候变化组织在中国实施运作型项目

作为世界碳排放大国，非政府类气候变化组织一直将中国作为其开展项目运作的重点国家。而中国政府对于此类组织也始终持欢迎和肯定态度，与它们保持着积极的合作关系。在这些组织中，美国自然资源保护委员会是第一个在中国开展清洁能源和绿色建筑项目的非营利国际环保组织；而世界自然基金会则是第一个受中国政府邀请来华开展环境保护工作的国际非政府组织。其“气候变化和能源项目”目前已经成为该组织在华最为重要的运作型项目之一。其中的“低碳城市发展子项目”，主要与国家发展和改革委员会能源研究所、上海市建设与交通委员会、国家（保定）可再生能源产业化基地、中国资源综合利用协会可再生能源专业委员会、中国风能协会、上海市建筑科学研究院、保定国家高新技术产业开发区管理委员会等科研院所、企业和政府部门进行广泛合作，目前已在上海和保定两个示范城市初见成效。

表一：主要非政府类气候变化组织中国运作型项目一览表

组织名称	项目名称
世界自然基金会	1. 能源与气候变化项目[12]： 子项目（1）低碳城市发展项目 （2）低碳工商业项目 （3）后京都气候变化谈判 （4）节能“20人行动” （5）Topten节能上品项目 （6）企业低碳领导力项目 2. 全球气候行动中国项目[13]

续表

组织名称	项目名称
美国自然资源保护委员会[14]	1. 气候变化与清洁能源项目 2. 构建绿色供应链
气候组织	1. 汇丰与气候伙伴同行 2. 中国再设计 3. 百万森林 4. 低碳实践 5. 千村计划
保护国际[15]	1. 碳保存项目（云南腾冲） 2. 碳保存项目（四川省西北部五个县）

（四）以开放姿态支持非政府类气候变化组织在中国的倡导

几乎所有在华的非政府类气候变化组织在实施运作型项目的同时，也会兼作相应的倡导型项目。大多时候，运作型项目本身就涵盖了相应的倡导内容。这些围绕抑制气候变化的倡导可能针对中国的各级政府，企事业单位，抑或是中国公众等等。在这些组织当中，绿色和平组织因其大部分项目明显的倡导性特征，而在中国备受关注。特别是该组织的“气候变化与能源”项目，从推动远离煤炭，见证气候变化，倡导能源革命和追踪气候谈判几个方面进行旨在提升中国公众气候变化意识的倡导。在推动远离煤炭方面，绿色和平经过实地考察，发布《煤炭的真实成本——2010 中国粉煤灰调查报告》，呼吁政府尽快完善粉煤灰治理政策，加大环境执法力度，并减少对煤炭的过度依赖，从源头控制粉煤灰污染；在倡导能源革命这一环节，绿色和平与中国资源综合利用协会可再生能源专业委员会以及世界风能理事会合作，先后推出《风力 12 在中国》、《中国风力发电价格政策分析研究报告》、《中国光伏发展报告 2007》以及《中国风电发展报告 2010》，努力推动中国风电的迅速发展；和其他非政府类气候变化组织相似，绿色和平中国团队还参与跟踪国际气候谈判多年，对国际气候谈判的政治角力游戏、谈判技术细节十分了解。在与中国政府谈判代表团官员保持良好信息沟通的同时，他们还不断整理中国民间环保组织对气候变化的观点与行动，协商、更新气候变化谈判的共同立场。[16]绿色和平组织在气候变化领域对中国的倡导活动显示，中国始终以开放透明的姿态积极支持非政府类气候变化组织在中国的倡导活动，并以科学务实的精神与该类组织一同探索中国低碳发展和节能减排的应对之策。

四、气候变化组织与中国互动关系的未来展望

在全世界都面临着气候变化的严峻挑战下，中国越来越认识到自身的节能减排和清洁发展不仅关乎世界的未来，同时也关乎中国自身的国家利益。因此，基于中国与各类气候变化组织全面互动的现状特点，中国可能在以下几个方面继续推动全球气候问题的协商与合作。

（一）中国应对国际气候变化谈判的方式将更趋灵活

中国尽管在哥本哈根气候峰会召开之前便宣布了将中国的碳密度减少40%至45%的中短期目标，然而其对抗全球变暖的决心和诚意在当时却并没有得到应有的信任和尊重。面对外部世界的苛责和气候变化的严峻事实，同时基于自身经济发展迅猛的新兴大国身份和巨大的碳排放量现状，一方面中国始终埋头进行自主节能减排，在提高能源效率、发展可再生能源、清洁能源技术、低碳交通等领域加速前进。而另一方面，在坎昆会议的谈判进程中，中方则始终坚持透明、公开的原则，不仅将自己的减排成果公之于众，同时还特别注重与各国政府、媒体和非政府组织进行积极沟通，以最大诚意听取各方意见。中国主动减排的事实，打破僵局的立场提案，沟通各方的谦逊态度终于在坎昆会议上赢得了广泛的认可和赞誉。“张弛有度，务实灵活”是对坎昆会议上中国表现的最佳诠释。从“联合国气候变化框架公约”到“京都议定书”的谈判；从哥本哈根，到天津，再到坎昆会议，抱定走低碳发展之路的中国，必将在未来IPCC其他后续的国际气候变化谈判中越发游刃有余，而负责任的大国形象也会在这艰难

的谈判过程中一再得到历练和彰显。

（二）中外非政府类气候变化组织的横向合作将呈加强趋势

近年来，正因为气候变化问题的凸显而使得国际气候变化大会屡次成为全球的焦点，而在华非政府类气候变化组织（国际）围绕中国国内气候变化问题的各种项目运作也开展得如火如荼。而这一切，都让中国国内的环保类非政府组织与在这一领域内的国际非政府组织日趋靠近。虽然同为环保类组织的它们各自的诉求和项目运作的方式并不完全相同。但正因为有气候变化这一迫在眉睫的焦点问题，让这些组织下决心将彼此的力量汇聚在一起，集中核心能量应对气候变化问题，促进中国的节能减排。就在坎昆气候变化谈判期间，中美两国有多家环保非政府组织在分享了各自工作方式的同时，还共同签署协议，承诺建立信息交流和知识共享机制，努力推动制定气候变化的集体解决方案。2011 年，双方还将展开一项长期的融资战略讨论，而该讨论结果将在南非召开的气候变化谈判中被正式公布。[17] 据此可以推断，未来中国环保类非政府组织围绕气候变化问题的国际活动还将大幅增加。同时，这种与国际非政府组织之间围绕气候变化应对的融资、技术和公众动员将呈现明显增多的趋势。

（三）中国与能源国际组织之间针对气候变化的节能减排项目合作将持续深化

能源国际组织虽然一般并不属于气候变化组织的范畴，但中国在与几乎所有能源国际组织的互动中，都将节能降耗、能源的清洁利用以及合作开发新能源和可再生能源作为彼此合作的重要环节。因此，从全球气候治理的角度而言，这也是抑制气候变化的切实举措。目前，中国正在广泛地参与 APEC 能源工作组下设的清洁化石能源专家组、能效与节约专家组、新能源与可再生能源技术专家组；积极参与东盟 10 +3 能源高官会下设的可再生能源与能效论坛；与欧盟在太阳能和风能及生物质能源研发和政策制定方面深入交流；与国际能源机构涉及淘汰低效照明和煤矿瓦斯抽采利用进行技术研讨；中国加入国际热核聚变实验堆（ITER）计划以推动聚变能源利用；同时还成为《京都议定书》下清洁发展机制（CDM）项目合作最积极的参与者[18]。显然，通过借助国际能源机制在前沿技术方面提供的合作平台，中国以自身的清洁发展，推动着世界能源格局从对传统化石能源的过渡依赖，逐渐向新能源和可再生能源利用的转移，为最终有效逆转气候变化可能给人类带来的灾难后果，以及中国自身的可持续发展竭尽努力。在可见的未来，中国与这些能源国际组织之间围绕清洁发展和节能减排而进行的项目合作将全面得以深化和拓展，从而在应对气候变化方面发挥巨大的推手作用。

（四）气候变化组织倍增的倡导能力考验中国应对气候变化的决心与耐心

在当今这个新媒体和网络技术极其发达的时代，无论是国际气候变化行动，还是绿色和平组织，特别是像卡斯凯迪亚气候网络这种由学生发起的气候变化组织，在境外都开始大量采用如 Facebook 或推特（twitter），而在中国则利用微博来进行项目信息的及时发布，倡导关涉气候变化的利益诉求，进而动员公众广泛参与讨论。在扩大信息影响力的基础上，引导和动员舆论导向，谋求获得相应的政府关注，以便使所倡导的气候变化问题自然进入政府的政策议程。事实证明，这种最新网络工具的应用，将时尚媒介与气候变化这一“时尚”主题有机地结合起来，在针对年轻群体的公众动员方面，确实爆发出了前所未有的强大威力。而这种借重网络优势所实施的社会动员，与气候变化组织的高度道德美誉度相结合，一旦突破对政府进行“温和性倡导”的界限而转入“对抗性倡导”的范畴，就有可能对政府形成巨大的舆论压力，这必然会对中国应对气候变化的决心和耐心，应对策略的选择和具体实施效果提出严峻挑战。面对这一考验，中国最实际可行的应对原则就是：公开透明，边做边说。事实上，中国在清洁发展和抑制气候变化方面早已扎实起步。世界权威能源组织国际能源机构就在其 2010 年 11 月推出的《世界能源展望》中肯定了中国在低碳能源技术发展上的巨大成绩，并同时预言，中国将在“风能、太阳能、核能和高阶煤”等清洁和可再生能源利用上发挥全球的领军作用。[19]但是，这种扎实努力要想被世人所了解和认可，最值得提倡的办法是以自然而然的方式，借重合法性程度更高的国际组织来传递信息。因此，以自信与合作的姿态倾听气候变化组织的声音，同时通过与气候变化组织的广泛信息沟通和技术交流，最大限度地让世界了解中国应对气候变化的扎实举措，则不失为有效消解外部世界对中国苛责的一种可行方式。

如果说气候变化是人类必须要直面的宿命，那么无论从中国自身的国家利益，还是从世界可持续发展的国际责任考量，中国在这一问题上都责无旁贷。因此，选择与气候变化组织进行高调而积极的互动，全面开展在节能减排、清洁发展方面的项目合作实施和对全社会的气候倡导，向世界彰显自身负责任的大国形象，将是当下和未来中国平衡国家利益和国际责任，并有效应对气候变化威胁的一项可行的战略举措。

注 释

[1] 参见《联合国气候变化框架公约》，http：//unfccc. int/resource/docs/convkp/convchin. pdf。

[2] 参见联合国政府见气候变化专门委员会主页：http：//www. ipcc. ch/organization/organization. shtml。

[3] 参见甲烷市场化合作伙伴计划主页：http：//www. globalmethane. org/。

[4] 参见气候组织网站：http：//www. theclimategroup. org. cn/about/what_ we_ do。

[5] 参见国际气候变化行动组织网站：http：//www. climatenetwork. org/about/about-can。

[6] Fred Pearce，“Bert Bolin：Meteorologist and first chair of the IPCC who cajoled the world into action on climate change”，The Independent，http：//www. independent. co. uk/news/obituaries/bert-bolin-meteorologist-and-first-chair-of-the-ipcc-who-cajoled-the-world-into-action-on-climate-change-768355. html。

[7] 骆季斌：“当年亲历‘共同但有区别的责任’原则的由来”，《今日中国》，http：//www. chinatoday. com. cn/ctchinese/second/2010－09/08/content_ 297008. htm，2010 年 9 月 8 日。

[8] 庄贵阳：“后京都时代国际气候治理与中国的战略选择”，《世界政治与经济》，2008 年第 8 期，第 9 页。

[9] Working Group I to the 4th Assessment Report of IPCC，“Working Group I：The Physical Science Basis”，IPCC Fourth Assessment Report：Climate Change 2007，NY：Cambridge

University Press, 2007, Front Matter.

[10] 骆继宾："当年亲历：'共同但有区别的责任'原则的由来"，《今日中国》，2010 年 9 月 8 日，http://www.chinatoday.com.cn/ctchinese/second/2010-09/08/content_297008.htm.（上网时间：2010 年 11 月 19 日）。

[11] 参见亚太清洁发展和气候伙伴计划网站：http://www.asiapacificpartnership.org/chinese/project_roster.aspx。

[12] http://www.wwfchina.org/aboutwwf/whatwedo/climate/index.shtm.

[13] http://www.wwfchina.org/aboutwwf/whatwedo/gdl/index.shtm.

[14] 参见美国自然资源保护委员会网页：http://china.nrdc.org/zh-hans/what-we-do-zh。

[15] http://library.conservation.org/Published%20Documents/2010/Carbon%20Conservation%20FS%20July-10%20Simplified%20Chinese.pdf.

[16] 参见绿色和平（中国）网站信息：http://www.greenpeace.org/china/campaigns/climate-energy/work/。

[17] 参见 http://www.ahngo.org/item/Print.asp? m=1&ID=407。

[18] 截至 2010 年 9 月底，在中国政府共批准的 2685 个清洁发展机制项目中，有 953 个项目在联合国清洁发展机制执行理事会成功注册，预计年减排温室气体约 2.3 亿吨二氧化碳当量，项目数量和年减排量均居世界第一。参见田齐、杨娜娜："中国清洁发展机制项目数量和年减排量居世界第一"，中国网，2010 年 10 月 6 日，http://www.chinanews.com.cn/gn/2010/10-06/2570351.shtml。（上网时间：2010 年 11 月 5 日）

[19] Clifford Krauss, "In Global Forecast, China Looms Large as Energy User and Maker of Green Power", The New York Times, Nov. 10th, 2010, pB3; IEA, "Executive Summary", World Energy Outlook 2010, Paris: OECD/IEA, 2010, pp. 46-51.

论宗教因素对我国能源战略的影响*

国家统计局发布“十一五”经济社会发展成就系列报告显示，“十一五”期间，我国原油进口量为2.3931亿吨，比2005年增长0.9倍，[1]进口的近一半来自中东地区，1/4来自非洲地区，还有部分来自俄罗斯等中亚地区。[2]而这些地区充满着由宗教等矛盾引发的动荡与不安定，对我国的能源战略造成了严重影响。同时也因其丰富的能源资源储量，这些地区历来充满着大国的角逐与争斗。无论是与传统的能源供应基地中东还是在与中亚、非洲等新发展的能源供应地的关系，均面临着诸多变量与风险。如何构建一种安全的能源战略以服务于我国经济的又快又好发展，是值得深入研究的一个问题。

从宗教因素对能源战略的影响入手来研究制定适当的对策，以保证我国能源战略的有效实施，是一个值得关注的新视角。因为纵观世界能源分布地图[3]，不难发现一个现象，即油田密布的地区，基本上也是宗教广为散布的地区。大国为能源而角逐的战场又恰恰是宗教矛盾、冲突比较密集的地区。宗教问题往往与国际争端、地区冲突、民族矛盾、人权斗争等问

* 本文作者系国家宗教管理局刘金光博士，中国人民大学国际能源战略研究中心兼职研究员。

题错综复杂地纠缠在一起，起到推波助澜的作用，形成局部地区的“难点”或“热点”，对国际关系和世界政治经济关系产生着不可低估的影响。因而，做好宗教工作，妥善处理好宗教问题，对我国的能源战略也有非常重要的意义。

一、世界能源分布与世界宗教冲突

目前，在世界能源消费构成中，石油和天然气占消费总量的62%。根据现有勘探资料，世界油气资源分布极不均衡，沙特阿拉伯、阿尔及利亚、利比亚、印尼、伊朗、伊拉克、尼日利亚及委内瑞拉等少数国家控制着全球石油储量的80%，这些国家也是世界上至今最大的石油出口国[4]，而这其中又主要集中在阿拉伯地区，而且仅中东地区的石油储量和产量就分别占有世界65%强和30%弱。[5]世界上能源需求量较大的国家和地区对中东地区能源依赖性很强，美国从中东进口的石油占进口总量的17.54%，中国为46.7%，日本90%以上的石油依赖中东，印度73%的石油依靠进口（主要从中东），欧洲从中东进口的石油占3.58%。[6]世界石油的分布格局使世界石油市场供应状况主要取决于以中东为主的产油区的稳定，然而该地区因历史、民族、宗教以及其他地缘政治因素，从二战后至今一直是最不稳定的地区。除中东之外，其他能源供应地，比如中亚、非洲等地，也充满着宗教等矛盾，影响着地区稳定。由于地缘政治因素，自20世纪70年代以来，世界上已经发生过三次大的“石油危机”，并对世界经济产生了重大冲击。但现有技术下的能源结构，使得世界无法摆脱对当前能源地缘的依赖。[7]

据国外宗教机构统计，截至2000年，世界总人口为60.55亿，信仰宗教者约为51.37亿，约占总人口的84.8%。其中，基督教徒（包括天主教、新教、东正教）约19.99亿人，穆斯林约11.88亿人，印度教徒8.11亿人，佛教徒3.59亿人，以上四种传统宗教信徒总数就占世界信教人数的88%以上。据有的西方学者计算，如果目前的增长速度能够持续，到2020年，世界人口的54.2%将是基督教徒，37.76%的人口将是穆斯林教徒。

而这其中最主要的两大阵营就是基督教与伊斯兰教。[8]有趣的是，恰恰绝大多数穆斯林生活在穷或较穷而富产石油的地区，而绝大多数基督徒生活在富而贫产石油的地区。为争夺石油，以基督教为代表的西方国家必须进入穆斯林地区；为维护自身利益，以伊斯兰教为代表的穆斯林国家必须以“圣战”自卫。这种对立和斗争，很好地反映出宗教与石油的奇妙关系。以西亚为例，西亚实际上介于亚洲和欧洲之间。当年地理大发现的促因是南欧人寻找通往东方的航线，避开西亚的阿拉伯人对东西方贸易的控制。在文化地理上，西亚与北非连为一体。这两个地区的国家大都信奉伊斯兰教，只有少数例外，如以色列（犹太教）和亚美尼亚（基督教）。西亚的主体居民有阿拉伯人、突厥人和波斯人。西亚的一个特点是盛产石油，大油田一直向东延伸到中亚。在西亚和中亚，石油蕴藏和伊斯兰教的范围似乎是重叠的：产油国都是伊斯兰教国家，伊斯兰教国家大都盛产石油。伊斯兰教和石油是目前国际政治中最热点的问题。这两个问题在西亚的重叠使它们变得更为复杂。比如，沙特阿拉伯是伊斯兰教的圣地，有麦加和麦地那，每年的朝觐吸引着全世界的穆斯林。同时也有大油田，吸引着全世界从美国等发达国家到中国等发展中国家的眼球。沙特王室是美国的盟友，但许多沙特人是反对西方的，他们是虔诚的穆斯林。一些最重要的恐怖主义首领是沙特阿拉伯人。因此，美国更要扶持沙特的王室。[9]宗教与石油就是这样复杂地纠结在一起。

宗教具有很强的凝聚人心的力量，能够起到稳固社会的作用。相同的宗教信仰以及在共同的宗教信仰基础上产生的强烈认同意识，能够使同一教派形成一个统一的、不可分割的整体。而宗教的民族性及其宗教文化圈的形成无疑对民族、对国家和世界某一地区的和谐与稳定打下牢固的基础。对那些具有相同信仰的民族和单一民族国家而言，宗教信仰是把本民族国家团结起来、维护本民族国家稳定的重要因素，特别是在民族国家遭受外来侵略和蹂跨而面临被瓜分的危急关头，相同的宗教信仰成为维护民族国家生存和统一的强大力量。在这方面，伊斯兰教在其产生时就起到了这种作用。就世界范围而言，各种民族宗教和为不同民族所接受的世界宗教会因为宗教的相互关联而形成宗教自身的地域，从而出现一个个大小不等的宗教文化圈，如分布在欧洲与南北美洲的基督教文化圈，涵盖着中东、北非、中亚、南亚、东南亚等地区的伊斯兰教文化圈，包容了东南亚和东亚等地的佛教文化圈等，在各个文化圈内，宗教信仰成为维护这一地区和谐社会构建的重要纽带。特别是在伊斯兰教文化圈内，宗教的这种作用表现的更为明显，宗教能够规范人们的思想信念与行为，起到调控社会的作用。宗教为教徒们描绘出一个具有相当吸引力的独特世界，并通过教规、教律对教徒们的行为提出特有的要求和规范，从而在社会控制方面发挥较大的作用。[10]

如果说20世纪乃至此前三百年的世界主题，是能源和霸权的冲突的话，21世纪的世界主题，被亨廷顿不幸而言中，将是能源和文明的混合冲突。[11]这里的文明，尤其指的是宗教信仰所支撑起来的阵线分明的文明。与这种转变暗合的富有讽刺意味的现实是。20世纪的最后两场具有世界性影响的跨国战争——海湾战争和科索沃战争，虽依然是能源和争夺国际霸权之战，但是却充满宗教的色彩，尤其在科索沃战争中，美国所带领的北约集团，站在了穆斯林波黑的一方，使得这场战争的文明和宗教冲突的色彩，被利益之争所冲淡。而进入21世纪之后的首两场具有世界性影响的跨国战争——美国对阿富汗和伊拉克的战争，其目的已不再仅仅只是为了霸权和能源，其中已经明显地包含了宗教文明之争的性质。当小布什在派兵侵略伊拉克时，除了把这个侵略行动一如既往美化为“解放”伊拉克外，还有意无意地把它和十字军东征相类比，就是这种性质的必然反映，因而使这场战争真正具备了文明和宗教之战的色彩。所谓的反恐战争，本质上就是这样一场由能源、霸权、混合以宗教信仰差异所支撑起来的教徒之战，因之已经具有了文明冲突的比较完整的形式。然而，这些冲突的地区又大都是富藏石油资源的地方。因此从根本意义上讲，虽然形式上表现为文明的冲突，实质上还是经济利益和权利关系上的矛盾。以下让我们简单地看看当今世界的几场地区冲突的情况：

（一）中东问题

中东地区是目前世界上最重要的石油产区，能源储备丰富，其储量占世界总探明量的61%[12]，战略地位十分重要。同时该地区也是犹太教、基督教和伊斯兰教三大宗教的发源地。是目前冲突持续时间最为长久的地区，而且中东冲突基本是由于宗教原因造成的。这个地区的宗教问题历来复杂，三大宗教拉锯，内部教派争斗。民族众多，风俗、文化迥异，互不相让，角力争雄，由这两大问题交织形成死结。加上大国你来我往，尔虞我诈，争夺剧烈，乱上添乱。近几十年中东地区战争次数之多，规模之大，持续之久，破坏之严重，影响之深远，堪称世界之最。[13]从20世纪70年代末期以来，主张“不要东方，不要西方，只要伊斯兰”的新伊斯兰原教旨主义运动在中东强劲泛起，成为当代伊斯兰复兴运动的主流。[14]它强烈地冲击着中东局势，并在很大程度上决定着伊斯兰世界的未来。[15]

（二）阿以冲突

阿以冲突是中东问题的焦点，在形式上表现为领土争端，但无论西方还是阿拉伯世界，都把以色列视为“西方文明的前哨和堡垒”，冲突的深层背景是阿拉伯穆斯林世界和欧美基督教世界的较量。犹太教、伊斯兰教和基督教都把耶路撒冷视为其不可放弃的圣地，使宗教因素成为其冲突难解的死结。[16]在巴以现代化进程中，作为传统力量的宗教，不仅对各自的现代化进程，而且对巴以冲突有着独特的影响力。[17]在以色列，犹太教与犹太复国主义在建国问题上存在严重分歧。犹太教主张的复国是一犹太教国。与此相反，犹太复国主义主张的是一个世俗化的犹太人国家。在巴勒斯坦，伊斯兰教与世俗的巴解组织同样在现代化问题上存在冲突。伊斯兰组织主张建立一个以沙里亚法为基础的、政教合一的伊斯兰国，而巴解组织主张建立世俗的巴勒斯坦国。两组织相互竞争，冲突时有发生。宗教势力对巴以现代化进程的干预，特别是两宗教的相互敌视，不仅加深了二者固有的矛盾，而且成为巴以冲突的宗教诱因。

（三）波黑内战

波黑居民中波斯尼亚人信仰伊斯兰教，塞尔维亚人信仰东正教，克罗地亚人信仰天主教，在波黑的前途问题上发生严重分歧：穆斯林主张独立，建立统一的中央集权国家；克族也主张独立，但希望建立联邦制国家；塞族则坚决反对独立。[18]1992年初内战爆发，至1995年底结束。这场冲突“具有宗教斗争的特点”，是“第二次世界大战后欧洲持续时间最长、规模最大、损失最惨重的一场种族与宗教战争”。[19]

（四）科索沃危机

在科索沃约200万人口中90%以上是信奉伊斯兰教的阿尔巴尼亚族，其余为信仰东正教的塞尔维亚族等。科索沃危机虽由一系列错综复杂的原因造成，但与种族和宗教的矛盾冲突密切相关，是几个世纪以来民族矛盾、种族矛盾、宗教矛盾、领土矛盾相互纠缠而培育出的怪胎，而大国的利益也乘机在这里聚合、碰撞，使之变得更加扑朔迷离。[20]

（五）车臣危机

车臣位于里海地区，是世界上最重要的海上产油区之一，当地人以居住在高加索山区的土耳其穆斯林为主，约100万居民，主要是受“苏菲”神秘主义影响的伊斯兰教逊尼派。[21]苏联解体后，伊斯兰原教旨主义特别是瓦哈比乘虚而入，车臣成为俄罗斯伊斯兰原教旨主义最活跃的地区，其“权威”和影响超过了当地的政权机关。1993年伊斯兰教被定为车臣的国教，煽动车臣民族从俄罗斯联邦分离出去，成立政教合一的穆斯林国家。[22]如果车臣独立，俄罗斯将失去其在里海地区的石油天然气资源。此后便发生了1994—1996年和1999年以来的两次车臣战争。在车臣危机中，伊斯兰教起了独特的作用，成为车臣与俄罗斯联邦中央对抗的思想资源，车臣社会在宗教旗帜下被动员起来，并在所谓的“圣战”口号下与中央政府进行长期武装对抗。[23]

（六）印巴冲突

在南亚，印度和巴基斯坦长期交恶，最突出的表现当属克什米尔争端，这其实是英国殖民统治时留下的后患。[24]自印巴分治以来，双方围绕克什米尔的归属问题展开了长达半个世纪的政治对抗和军事对峙，并进行了三次战争，1999年又几乎酿成第四次印巴战争。尽管克什米尔问题主要牵涉两国间的领土纠纷、民族情结，但印度教和伊斯兰教在其中亦有巨大影响。两教之间的对垒年深日久，冤冤相报，造成恶性循环，导致了印巴关系的持续紧张。[25]

（七）中亚问题

中亚地区战略资源丰富，是欧亚大陆的“心脏”、能源资源的富集地、多种文明的交汇地。而中亚又是伊斯兰教问题集中的地区。由于伊斯兰教传入中亚各国的时间不同，伊斯兰教对中亚各国的影响表现为由南向北逐渐减弱，即在中亚，塔、乌受伊斯兰文化的影响较深，而哈、吉和土受伊斯兰文化的影响相对要小一些。在哈北部地区，东正教的影响甚至比伊斯兰教的影响还要大。在对中亚国家社会发展进程有重要影响的各种因素中，宗教因素占有举足轻重的地位。[26]特别是要冷战后日益突出的伊斯兰教原教旨主义等三股势力，成为影响该地区稳定的重要因素。各种势力插手，各种矛盾交叉，“三股势力”此起彼伏，布热津斯基称为“东方的巴尔干”，是东西方利益冲突的战略要地。[27]特别是“9·11”事件后，随着中亚地区安全地位的上升，大国竞争的加剧，中亚的地缘战略地位上升了，中亚的宗教极端势力也在向“全球化”、政治化和反西方化的方向发展，中亚成为导致国际安全局势不稳的“新震源”和大国地缘政治竞赛的战略区，成为世界多极化的平衡点。[28]

（八）伊朗核危机

伊朗位于亚洲西南部，南濒波斯湾和阿曼湾，北隔里海与俄罗斯和哈萨克斯坦相望，素有“欧亚路桥”和“东西方空中走廊”之称。伊朗既拥有丰富的能源资源和人文旅游资源，又是伊斯兰世界最为重要的国家之一，具有重要的地缘战略价值和广泛的地区影响力。随着里海—中亚在国际地缘政治、能源、安全等方面重要性的上升，伊朗的战略意义不断增大。伊朗在任何世界大国的全球战略中都具有重要位置。伊朗核危机也牵连着石油与宗教的纠葛。

（九）西亚之争

西亚一直是世界上一个不稳定的地区，近代以来大大小小发生了多次局部战争，比如四次中东战争、两伊战争、20 世纪 90 年代初的海湾战争、伊拉克战争等等，严重影响了世界的和平。爆发战争的因素是多种多样的，但有两个原因最为主要：一个是西亚极其重要的战略地位，历来是兵家必争之地；而另一个原因在于本地区蕴藏的石油资源极其丰富，在世界上占有重要地位。[29]西亚的居民和宗教非常复杂，大部分居民为阿拉伯人，通用阿拉伯语，这些国家被叫做“阿拉伯国家”，在宗教方面，以伊斯兰教为主，因此有人将信仰伊斯兰教的国家通称为“伊斯兰世界”，本地区是三大宗教的发源地。西亚地区与宗教有密切关系的两个城市——麦加、耶路撒冷是全世界穆斯林的圣地，在国际上的影响举足轻重。[30]

（十）沙特的影响

瓦哈比（Wahhabism）是沙特的国教，也是最具有军事性质的穆斯林教派，同时还是本·拉登和“9·11”事件的 11 个恐怖份子所信奉的教派。沙特通过赞助学校和清真寺来向全世界输出他们的这个信仰，结果就是本来不激进的穆斯林人口也变得激进了。沙特在伊斯兰原教旨主义复兴过程中扮演了重要角色，石油作为西方在这一地区唯一真正的利益需求，为它提供了大量资金。[31]输出宗教需要钱，沙特的钱恰恰来自美国。沙特的最主要出口产品不是石油，是宗教。除了资助清真寺和学校，沙特还在美军基地和监狱渗透，收买退休外交官，左右美国政治和媒体。沙特运用现代世界的一切便利，去推行它的宗教。沙特的上万亿美元的石油财政收入，没有被用来发展工业或者旅游业什么的，很多都被用来在海外发展清真寺和学校了。塞缪尔·享廷顿曾经明确指出：“沙特、利比亚和其他国家的政府用它们的石油财富来刺激和资助穆斯林的复兴。”[32]

（十一）伊拉克战争

伊拉克战争推翻萨达姆政权造成的一个最重要结果就是，解除了伊拉克对伊朗什叶派神权政府的多年遏制，还使得伊拉克什叶派在战后政治重建中逐步占据了政治主导地位，与逊尼派的教派冲突不断。[33]随着伊朗什叶派政权和伊拉克什叶派势力的联系日益加强，他们已在海湾地区形成了一股强大的什叶派宗教政治势力。在其影响下，周边其他逊尼派国家内部的什叶派民众纷纷要求扩大政治权力，逊尼派君主制国家政府也感到了什叶派神权思想反对君主制度的严峻压力。目前，正在日益兴起并标志着伊朗伊斯兰革命第二阶段的“什叶派新月带”，已经改变了海湾地区什叶派长期遭受逊尼派压制的传统局面，并直接关系到拥有世界最大石油资源的海湾地区的安全秩序和政治前景。[34]

以上地区冲突中大多涉及基督教与和伊斯兰教之间的矛盾斗争，其中一些事件因西方大国的插入而使问题更为激化和复杂。宗教作为相关地区和民族的历史文化积淀，在社会分化、动荡时期很容易被各种政治势力和民族分裂势力所利用。当前国际或地区冲突中宗教因素明显突出，而宗教的政治化意向正不断加强。这使问题变得异常复杂和敏感，增加解决难度；宗教的认同往往跨越国界和民族的界限，使利益冲突的内容和形式发生变化，波及到更大的范围；宗教冲突一旦被政治所利用，这种冲突就会不断扩大和恶化。特别值得注意的是，一个国家处理民族、宗教问题失误，出现民族、宗教冲突，不仅会造成政治动荡和社会的不稳定，破坏民族团结和国家统一，还会招来外国强权的武装干涉，造成更大的灾难。我们应防范这种宗教与政治及民族分裂势力结合的倾向影响我国。

中东地区富庶的石油资源引得西方工业资本主义国家不断向这一地区渗透。美国通过战争和各种政治手段极力想控制这一地区，他们资助所谓的盟国，支援战争中的一方，派兵进驻海湾地区，削弱反美势力。然而，美国政府忽略了伊斯兰教对中东地区的影响，随着美国势力在中东的扩张，伊斯兰抵抗力量也逐渐兴起，宗教冲突不断，石油危机带来世界经济动荡，随之而来的便是全球性的恐怖活动，各地不断发生自杀式炸弹袭击事件，特别令世界感到震惊的是美国纽约世界贸易中心大楼被炸。恐怖活动影响了发达的工业资本主义国家和与美国联盟的发展中国家。[35]

美国进口石油中的很大一部分来自冲突地区，如中东地区或美国所谓的“问题国家”，这些国家和地区种族和宗教冲突严重或带有强烈的反美情绪，难以成为美国石油进口可靠的来源地。特别是“9·11”事件以后，主要针对美国的国际恐怖主义猖獗，对全球石油生产、运输和储存基础设施构成的威胁极为严重。这些因素使美国石油供应中断的风险增大。[36]这些经验和教训都应该成为我国制定和实施能源战略过程中值得十分注意的重要方面。

二、宗教因素对我国的能源安全环境造成的影响

对于石油在世界经济和国际政治中的战略地位，美国著名国际政治学专家汉斯·摩根索曾经有一段较为深刻的描述："谁能把它们（指石油——作者注）加入自己的其他原料来源，谁就大大增加了自己的资源，并且以同样比例剥夺了对手的资源。在这个意义上，对它们的控制一向是强权分配的一个重要因素。正是由于这个原因，英国，美国，在一段时间里还有法国，在近东从事那种被适当地称为'石油外交'的活动，即建立势力范围，从而在某些地区得以独占石油储藏。"[37]近30年来的世界石油资源较量和斗争史，以及未来世界石油资源格局的演变趋势表明，世界能源生产或消费大国，特别是美、欧、俄等西方国家及其跨国公司将会继续采取一切可能的手段和方式，甚至不惜通过战争来争夺和控制世界上具有稀缺性、战略性的油气资源。可以预见的是，多年来一直作为世界石油主要生产和出口地的中东、非洲、拉美、里海—中亚和俄罗斯远东地区，必将成为未来世界油气资源争夺最为激烈的主战场。

目前，世界排名前二十家大石油公司垄断了全球已探明优质石油储量的八成以上，这表明，全球可供勘探开采的油气资源有利空间越来越小。而且，中国在海外的石油资源产地大多分布在政治、经济不稳定的地区。所有这些都与中国经济发展的需求和中国对世界和平与稳定所做的贡献不相称。中国必须依托大国外交、经济合作和一定优势的海权，在全球范围参与石油竞争，确保在海外石油市场份额及其石油运输的安全。除了在中东—北非、中亚—俄罗斯和我国南海等石油资源富饶地区参与竞争外，还

要参与西非、拉美、东南亚和大洋洲等地的石油资源的开发与合作，寻求广泛的海外油气资源来源，以拓宽中国能源安全的国际空间。

中国为实现石油安全目标而采取的“走出去”和“多元化”国际能源战略，在亚太地区遇到的最强的竞争对手主要是美国、日本、印度和韩国等，特别是与美、日的油气战略竞争尤为激烈。美国哈佛大学政治学教授塞缪尔·亨廷顿在其1996出版的并引起全球极大关注和持续争论的《文明的冲突与世界秩序的重建》中，别出心裁地提出一个假设，即在2010年中国和越南在南中国海为石油发生战争，美国为了自身利益与中国交战。[38]在这个假设中，亨廷顿从文明冲突的视角演绎了世界各大文明之间卷入一场全球范围的战争。尽管他的分析忽视了文明之间合作、交流、共处的历史和现实，存在着重大的缺陷，因而受到世界范围的激烈批评，但他以石油为导火线对大国之间、特别是中美之间的利益冲突所作的假设，绝非捕风捉影和无稽之谈。他在这场假设的冲突中所分析的中国、美国、俄罗斯和中东产油国之间的石油利益争夺的具体过程尽管不一定真正发生，但其中涉及的大国特别是亚太石油消费大国之间的斗争是不能回避的。亨廷顿在这个假设中说过这样一段话：“对于美国来说，为了维护国际法、抵抗侵略、保卫海洋自由、保证获取南中国海的石油，以及阻止东亚为一个国家所控制，这样的干预是必要的。但是对于中国来说，美国的干预是完全不能忍受的。”[39]这段话背后所反映的美国部分人对中国合理利用世界石油资源的偏见和戒心，不能不引起我们的警惕和深思。

由于中国发展对石油资源的需求急增，不可避免地会与美国等大国的冲突。有学者预计，特别是在亚洲地区对现有能源储备的争夺可能会激化，演变成各国之间的武装冲突。同时，在大陆非洲，随着其石油资源产量及其在全球资源布局中权重的增加，中国和美国在对石油资源的争取中也面临越来越多的挑战与冲突。[40]在未来的中美关系中，石油可能成为另一个重大的、影响到双边或多边关系的不确定性因素。因此，不管自觉不自觉、愿意不愿意，在全球化浪潮之中，中国别无选择，已经并将继续卷入世界油气资源领域的激烈竞争。

近几年中国与伊朗、沙特和科威特等国的合作不断加强，与非洲的苏丹、尼日利亚和加蓬等国的合作也在不断扩大和深化。但是，这两个主要能源产区长期以来一直动荡不安，战事频仍，“9·11”事件后又成为国际反恐的重点地区，这样一来就大大增加了我国获取能源的风险。美国凭借其强大的军事力量对这些地区的控制和争夺日趋加强，日本与印度也趁机与我国在这些地区开展能源争夺，今后围绕能源问题的各种竞争仍可能不断出现。[41]

我国进口石油的80%途经印度洋和马六甲海峡。我国海上石油运输线途经的菲律宾、越南、新加坡和印度等国与我国关系总体友好，但我国目前没有足够强大的海军力量隐性护航，因此运输安全系数并不高，最为关键的是马六甲海峡，全球贸易的1/4 和差不多一半的石油运输都要经过这里。最近几年来美国、日本和印度都试图控制这一海上通道，频频派出海上逻队，并多次与东南亚国家举行联合军事演习。对我国能源运输安全产生极大影响。我们可考虑从宗教角度多与这些国家建立和发展关系，强化软性安全保证。[42]

对于中国来说，最主要的能源进口来源地是中东、非洲、中亚、亚洲的伊朗和俄罗斯，而这些地区恰恰是各种宗教矛盾与冲突聚集之地。所以，各国势力对石油能源的争夺与当地因宗教引发的矛盾交织在一起，对国际安全形势产生重大影响。反之，宗教方面的不稳定因素也为构筑能源安全战略产生重要影响。宗教问题解决得好，会为能源安全提供重要保障，反之则会起到妨碍作用。

在这个问题上，我们重点从国际宗教因素对我国安全形势的影响来入手，以考察其对我国能源安全环境造成的影响。其中最突出的是来自境外的“东突”分裂势力和伊斯兰极端组织对我国的渗透和破坏。他们打着宗教的旗帜欺骗、愚弄群众，散布宗教极端思想，煽动分裂主义思想和活动，在我国境内建立宣教阵地，培植宣教代理人。境外一些伊斯兰教极端势力向我国新疆地区渗透，宣扬宗教极端主义、民族分裂主义和暴力恐怖主义的思想，制造民族分裂。

（一）泛伊斯兰主义、伊斯兰原教旨主义及其对新疆的影响

新疆在汉代就被纳入中国版图，但唐代后长期失控，到清代才真正被中央政府管理起来。因此，新疆是“故土新归”之意。这两个字里包含着地理和历史的最基本的信息，包含着新疆最基本的区情。这就告诉我们研

究新疆问题离不开研究中亚问题。[43]分析中亚地区的形势，不能不从多个角度来考虑，如以美国为首的西方的战略企图、苏联解体的影响、阿拉伯伊斯兰世界在西方压力下的反应、伊斯兰世界对东方（如中国）的态度、经济社会发展和宗教在阿拉伯世界中的影响和作用等等。而伊斯兰原教旨主义在中亚的迅速发展及其对我新疆的影响，必须引起我们的充分关注。[44]

穆斯林社会有一种建立在宗教基础上的社会稳定性。但近现代以来，这种稳定社会受到西方文明强大的冲击，传统的伊斯兰社会无力抵抗西方的进攻，于是产生通过社会改革走向现代化的课题。各种社会思潮应运而生，其中最有影响的是相互依存又相互矛盾的两大社会思潮和运动：一是民族解放运动；二是伊斯兰复兴运动（包括泛伊斯兰主义、原教旨主义）。[45]

1. 民族解放运动

近现代史上，西方对穆斯林国家和人民实行殖民化。西方政治、经济、文化侵略导致穆斯林国家长期进行反抗西方压迫的斗争。二战之后，阿拉伯人民高举阿拉伯民族主义旗帜，开展民族解放运动，赢得国家的独立，民族主义盛极一时。

2. 伊斯兰复兴运动

美国为了控制中东、海湾的石油资源，支持以色列侵占阿拉伯领土，巴勒斯坦和阿拉伯人民长期奋斗没有结果，民族主义的领导人在阿以战争中因不断失败而威信扫地。民族主义吸收西方文化进行的社会改革，反而加剧贫富悬殊、腐败等社会矛盾。于是人们把希望转向以伊斯兰教为旗帜，与西方在政治和思想文化上的全面抗衡，认为唯有依靠伊斯兰教才可以实现社会平等，社会伊斯兰化才有可能对抗西方的力量。泛伊斯兰主义和原教旨主义便随之膨胀起来。从20世纪70年代末到20世纪90年代初，伊斯兰社会激烈动荡，发生了如伊朗伊斯兰革命，埃及穆斯林兄弟会的分支组织刺杀萨达特总统，阿尔及利亚伊斯兰拯救阵线几乎夺取政权等。特别是在伊朗，霍梅尼领导的伊斯兰革命推翻巴列维王朝，对各国的穆斯林起了很大的刺激作用，推翻世俗政府运动遂推进到高潮。现在这一轮的伊斯兰复兴运动冲击的高潮已过，但余波未平。

3. 泛伊斯兰主义

在伊斯兰复兴运动的浪潮中，泛伊斯兰主义也随之崛起。它主张向外传播伊斯兰教，加强伊斯兰国家的经济社会联系与合作，统一国际政治主张，与非伊斯兰国家保持正常关系，支持穆斯林占少数的国家中伊斯兰教的生存与发展。但不再提组成一个统一的伊斯兰国家和实行哈里发制度。泛伊斯兰主义为大多数阿拉伯伊斯兰国家的正统教派的主张，也得到政府的大力支持。

4. 伊斯兰原教旨主义

伊斯兰原教旨主义也称“政治伊斯兰”，主张政教合一的政治体制和社会伊斯兰化。其中的极端派坚决反对世俗主义，反对“西化的”现政府，反对一切非伊斯兰和反伊斯兰的思想和制度，鼓吹“圣战”，鼓励为主道而牺牲，主张使用一切手段，包括暴力恐怖手段，最终达到建立大一统的政教合一的伊斯兰神权统治，最终实现“绿化”世界的目标。[46]

原教旨主义的源头在中东且主要针对西方，但苏联解体后在中亚地区迅速发展并有向我国新疆东渐渗透之势。中亚各国需要一种区别于原苏联的意识形态来构建独立的国家，一度把弘扬伊斯兰文化传统、复兴伊斯兰教作为巩固新建政权、保障平稳过渡的基本措施。这一政治气候使中亚伊斯兰热迅速升温，在苏联解体前已扎下根基的中亚伊斯兰运动勃然兴起，以建立政教合一政权为目标的原教旨主义，尽管也对新建的世俗政权构成威胁，但却得以借助弘扬伊斯兰文化传统、复兴伊斯兰教的社会政治气候迅速发展。中东阿拉伯伊斯兰世界的泛伊斯兰主义、原教旨主义国家和组织，趁机为其煽风点火。西方利用伊斯兰教力量扩大势力范围的政治需求，又为中亚地区原教旨主义的发展火上浇油。[47]

中亚地区石油等能源战略资源十分丰富，各种势力插手，各种矛盾交叉，是东西方利益冲突的战略要地。美国为了争夺中亚资源、进一步削弱俄国和遏制中国，企图利用俄高加索和我国新疆民族、宗教问题，把原教旨主义祸水引向中、俄。他们已在公开支持波黑穆斯林和科索沃阿族穆斯林，暗中支持塔利班，支持车臣的分裂，企图进而控制中亚，直逼俄、中。

（二）中亚的伊斯兰教动向对我国新疆的影响

中亚的原教旨主义和泛伊斯兰主义对我国新疆民族分裂活动起了推波助澜的作用。近年来新疆经济发展，社会稳定，但民族分裂主义分子加紧利用原教旨主义的极端思想在穆斯林群众中进行分裂主义的宣传，煽动进行暴力恐怖活动。虽成不了大气候，但决不可掉以轻心。[48]总的来说，伊斯兰国家反对霸权主义，在国际上与我国为友。但伊斯兰原教旨主义在中亚的泛滥，对我国形成威胁。目前，伊斯兰教内部两大势力，即政府的伊斯兰（泛伊斯兰主义）和政治伊斯兰（原教旨主义）有利益的结合点，霸权主义与伊斯兰教也有利益的结合点。“东突”分裂主义势力向西方靠近，争取“新疆问题国际化”。西方也居心叵测地想在新疆插手。新疆乌鲁木齐的“7·5”事件就是西方挑起的一起暴力恐怖事件，对新疆的社会稳定和经济发展造成重大损失。

（三）俄罗斯、罗马尼亚东正教的复苏引人注目

“苏东”演变对东正教的发展起到了一定的刺激作用。从前总统普京到现总统梅德韦杰夫都非常支持东正教。2009 年 2 月初，俄罗斯东正教的大牧首升座，俄罗斯总统、总理等领导人全都到场。为了从宗教的角度做好对俄友好工作，中国曾经派出以前国家宗教局局长叶小文为团长的宗教代表团出席升座典礼。当前，俄罗斯国内有超过 1 亿人口信奉东正教，海外俄罗斯教会旗下的信众约 4800 万。普京曾说，东正教在俄罗斯历史和现实中起着“独特的作用”，从俄罗斯转型的失落、彷徨与无助中，重新找到了精神家园。一方面俄罗斯当局认真吸取了苏联时期在宗教政策方面的教训，有意借东正教来团结社会，凝聚人心，另一方面东正教亦借机大力拓展势力，在俄政治生活中发挥着举足轻重的作用。[49]

如果我国想与俄罗斯建立稳定的能源合作关系，那么在东正教问题上必须达成了一些合作意向，有所表示。虽然从我国目前的宗教政策、宗教分布发展状况，以及东正教特有的民族性来看，东正教难以在我国获得较

大程度的发展，但是对于俄罗斯在东正教方面出于历史原因的一些合理诉求，我们还是应该给予足够的重视并适当考虑有所推进。比如他们所要求的在俄罗斯驻华使馆内修建东正教堂的事情，在东正教司铎的教育交流问题上，在选派留学生等问题上，为了实现我国的能源战略可以在可控制的范围内作出一些积极的合作姿态。

三、已有的宗教事件案例

近些年来，我国在其他国家开展能源合作和工程建设过程中，已经遭遇宗教纷争等非传统安全因素的干扰和破坏。在巴基斯坦、伊拉克、沙特阿拉伯、阿富汗等伊斯兰国家，因为宗教历史问题，教派冲突不断，每年教派冲突都会导致许多无辜人员伤亡。每年1月前后穆斯林什叶派“阿舒拉节”（忏悔节），在各国往往会发生大规模骚乱，造成大量人员的伤亡。2007年1月30日，伊拉克什叶派穆斯林宗教活动场所发生两起严重爆炸事件，造成36人死伤；2007年1月底到2月上旬，巴基斯坦国内发生数十起宗教骚乱和恐怖袭击活动，共造成40多人死亡。在这些国家从事工程承包活动，需要尽可能避开宗教活动，提高警惕，以免遭受池鱼之殃。[50] 有统计显示，近年在阿富汗、巴基斯坦、尼日利亚、埃塞俄比亚等国家，共发生30多起涉及中国公民的袭击和绑架事件，造成100多人伤亡，中国人不会遭遇袭击的传统观念，在残酷的现实中被迫逐渐改变。[51]

1. 2006年2月15日，3名中国工程师在巴基斯坦西南部俾路支省遭不明身份枪手袭击遇难。事件发生后，当地一个神秘的分离主义组织“俾路支解放军”向媒体打电话宣称对此事负责。而2004年5月发生的另外一次造成3名中国工程师遇难的袭击事件，该组织也曾宣称是其所为。那么“俾路支解放军”是一个什么样的组织呢？20世纪苏联入侵阿富汗后，巴基斯坦成为所有支持阿富汗抵抗力量进行“伊斯兰圣战”的战略后援，前苏联为了从内部瓦解巴基斯坦支援阿富汗游击队的后勤运输线，决定成立一支能专门在巴基斯坦从事破坏活动的组织，其中的一个组织就是“俾路支解放军”（BLA）。苏联解体后，他们不仅失去了资金来源，也失去了精神支撑，这个组织开始沉寂。[52]“9·11”事件之后，该组织利用巴基斯坦国内出现动乱的机会，开始逐步策划并实施各种恐怖袭击活动。由于俾路支地区能源资源丰富，俾路支省地广人稀，资源丰富，地理位置重要。这里盛产天然气，位于该省的苏伊天然气田是世界十大天然气田之一，其天然气产量占全国的一半。这里靠近阿富汗、伊朗，并与阿拉伯半岛隔海相望，是南亚通往中亚，东亚通往西亚的必经之路，也是中亚各国进行转口贸易的重要贸易通道，同时也是中东、中亚通往远东的重要能源通道。但是，俾路支省虽然自然资源丰富，但俾路支人的生活水平却长期低下，大部分的能源开发项目从制定计划到实施开发，俾路支人均被排除在外。联邦政府的资源开发计划遭到了当地部落、宗教势力的强烈反对，致使俾路支民族分离运动重新兴起，具有深厚宗教背景的各部族势力联合反叛。“俾路支解放军”深受伊斯兰复兴主义思想影响，成员大都是带有浓厚宗教色彩的伊斯兰教徒。这些矛盾在最近两年有所激化，于是当地一些势力就把矛头指向中国工程师，企图通过袭击中国人达到赶走中国工程、挑拨中巴关系，并最终达到打击巴基斯坦中央政府的目的。巴基斯坦则将其定性为“宗教极端组织”，这成为中国在巴施工工程的重要安全隐患。[53]

2. 2007 年年初，尼日利亚发生了一系列中国工人被绑架事件。造成绑架频频的原因，是贫困和腐败使得尼日尔河三角洲地区的暴力犯罪不断增加，许多居民都觉得没有从石油开发中受益，于是指责政府并迁怒到那些获准进行石油开采的外国公司的头上，认为这些公司在当地赚取石油财富，却没有给当地人应有的补偿。这其中的矛盾与冲突有明显的宗教原因。绝大多数黑非洲国家并不是像亚洲、欧洲那样长期自然发展而成的民族国家，而是欧洲殖民主义统治的产物，因此并没有形成稳固统一的国家认同，部族和宗教认同常常压倒国家认同，成为政治矛盾乃至暴力冲突的根源，这一特点在尼日利亚这个非洲头号人口大国（2002 年人口为 1.22 亿）表现得尤其充分。该国国民的部族和宗教构成极为复杂，部族多达 250 多个，其中最大的是豪萨—富拉尼族（占全国人口的 29%）、约鲁巴族（占 21%）和伊博族（占 18%），没有一个占全国总人口 60% 以上的主体民族；居民中 50% 信奉伊斯兰教，40% 信奉基督教，10% 信仰其他宗教。更为糟糕的是，该国经济资源分布与政治权力分布格局不同，北部的豪萨—富拉尼族占有政治权力的优势，而石油等主要经济资源分布于伊博族等少数部族聚居的南方，特别是尼日尔河三角洲地区的石油收入占该国出口收入的90%以上，致使该地区的伊博族等部族经常闹分裂。尽管因此引发的内战已经平息多年，但“尼日尔河三角洲人民志愿军”等反政府武装仍然相当活跃。为了扩大影响力，这些反政府武装往往有意识地对外国公民、外资企业下手。1月中，由尼日利亚国家石油公司（NNPC）、壳牌石油发展公司（SPDC）、埃尔夫公司（Elf）和阿吉普公司（Agip）合资经营的EA海上油田（日产12万桶原油）就遭到袭击，不明身份的武装人员袭击了EA油田的一艘供给船，并绑架了4名作业的外籍人员，以至于壳牌尼日利亚公司（SNEPCO）宣布关闭EA海上油田。[54] 2006年1月9日，中国海洋石油总公司宣布，其下属的中国海洋石油有限公司已与尼日利亚南大西洋石油有限公司签署了最终协议，将出资22.7亿美元收购尼日利亚海上油气田45%的权益。这其中较大的风险是来自宗教和部族矛盾的暴力风险。到2007年初，中国的石油工人就遭到绑架袭击。

3. 2007年4月24日，在中原石油勘探局位于埃塞俄比亚欧加登地区的项目营地，承包方河南油田地调处2228队遭袭，9人死亡，1人受伤，7人被劫持。事后声称对事件负责的欧加登民族解放阵线就是一个有着深厚宗教背景的组织。他们反对任何外国公司进入欧加登地区开采石油。[55]埃塞俄比亚虽然是基督教政权，45%信仰东正教，但有一半以上人口是伊斯兰教信徒。[56]埃塞俄比亚是东非另一个主要的基督徒聚居地，不过他们中的大多数人信仰的不是近世欧洲舶来的新教、天主教或东正教，而是古老的基督教（今称埃塞正教）。埃塞俄比亚333年立基督教为国教，强大一时，后来随着阿拉伯人兴起而衰落了，丧失了红海沿岸，但其主要民族依然笃信基督教。该国穆斯林大多居住在东南部索马里州，那里活跃着反政府的“欧加登民族解放阵线”，因而冲突不断。而邻国索马里的极端分子更不安分，妄图将埃塞的索马里州以及邻国吉布提、肯尼亚穆斯林边区都掠夺过来，重新组建一个新的索马里国家。2006年底，埃塞俄比亚曾出兵索马里，协助索马里过渡政府击溃反政府武装“伊斯兰法院联盟”，现已撤军。[57]

4. 2008年10月18日，中国石油天然气集团公司的9名员工，乘车行驶在苏丹当地油田4号地区的公路上时，遭遇不明身份武装分子的拦截，并被绑架，其中3人为工程师，6人为工人。被绑架的9名中国工人中已有4人遇害，中国外交部部长杨洁篪曾于10月28日表示，4名中国工人在苏丹遇害事件是近年来发生的最严重的境外中国公民遇害事件之一。苏丹政府表示，参与绑架中国工人的武装分子是当地反政府组织“公正与平等运动”的成员，而绑架者似乎并不是出于政治和军事方面的要求。因为，苏丹外交部称，逃出来的苏丹司机拿着的一张字条上，绑匪所写的是他们想要石油股份。而该组织正是在达尔富尔活跃的反叛组织。苏丹达尔富尔地区位于苏丹西部，与乍得接壤，面积约占全国总面积的五分之一。这里地势较高，降雨量多，自然条件仅次于苏丹南部和尼罗河沿岸，蕴藏的石油等自然资源也有待开发。约有80个部族生活在达尔富尔地区，错综复杂的种族和宗教矛盾导致这一地区的暴力冲突持续不断，信奉伊斯兰教的阿拉伯居民与信奉基督教和原始宗教的黑人居民经常发生武装冲突。2003年2月，由达尔富尔地区黑人居民组成的“苏丹解放军”和“正义与公平运动”两支武装以政府未能保护他们免遭阿拉伯民兵袭击为由，展开反政府的武装活动，要求实行地区自治。武装冲突造成大量人员伤亡，100多万人流离失所。

四、处理好宗教问题是维护我国能源安全的重要途径

根据上述情况，做好宗教工作，特别是宗教对外交流工作，可以为维护我国的能源安全提供有力的保证。

一是要做好国内的宗教工作，维护和谐稳定。中国虽然不是以穆斯林占多数的国家，但是我国西北穆斯林聚集地区正好是我国建设能源通道的战略要地，例如新疆以及甘肃等西北地区。再比如正在纳入建设中的云南向西南开放的桥头堡的新能源通道，正好跨越中缅南传佛教地区。切实做好这些地区的宗教工作，对于维护能源通道的安全具有重要意义。宗教具有很强的国际性，不能因为我们国内工作不当，引起这些能源供应国家在宗教上对我国的不满从而影响国家之间的信任和合作。

二是要做好相应国家的宗教交往工作。对于中东及中亚地区，特别要注意与世界上的伊斯兰教国家从宗教的角度建立友好关系。比如与沙特在朝觐事务上的配合和协作，能够巩固和促进穆斯林国家的宗教感情和友谊，进而促进我国与沙特的能源合作与开发，保证我国从沙特的石油进口。

三是与广大穆斯林世界建立友好关系。当今世界，由48个信奉伊斯兰教的国家组成的伊斯兰同盟，在维护伊斯兰文化圈甚至整个世界的社会秩序和稳定方面占据着举足轻重的地位。注重做好世界穆斯林国际性和地区性组织的工作，例如世界伊斯兰联盟、世界伊斯兰银行等，可以影响到欧佩克组织的决策。

四是加强与东盟国家的宗教联系。这个范围内的国家有世界上穆斯林人口最多的印度尼西亚，以及在伊斯兰世界有重要影响的马来西亚等。再就是大部分国家是信仰佛教的国家。例如缅甸，中缅国境线长达2185公里，是连接东南亚、南亚以及中国陆路进入印度洋的纽带，战略地位十分重要。同时缅甸本国也拥有丰富的能源资源。中缅开展能源合作不仅可以将缅甸的能源送往国内，而且还可以通过缅甸的港口将中东、非洲的油气送往国内，同时还可以缩短运程，改变单一通过马六甲海峡的能源运输通道，从而为中国构建多元化的能源进口运输通道服务。我国如果想打通从缅甸角嫖港口到云南的能源通道，一是要取得对角嫖港口的油港建立权，再就是从港口到云南的输油管道。缅甸是个全民信仰小乘佛教的国家，与我国的云南少数民族的信仰是一致的。因此，在实施云南对外开放桥头堡战略中做好云南的宗教工作，特别是佛教工作，在西双版纳建立一个巴利语系高级佛教院就具有维护能源通道的战略意义。[58] 与孟加拉国也有类似的情况。孟加拉濒临孟加拉湾，并扼守印度洋石油运输的“生命线”，从中东、非洲运来的石油可以经过孟加拉的吉大港陆路运至我国的云南。同时孟加拉有丰富的天然气资源，战略地位十分重要。但孟加拉也是一个佛教国家，与我国在宗教上关系密切，通过加强宗教交往，可以促进中孟两国的能源合作。[59] 此外，该地区的泰国、斯里兰卡、不丹、尼泊尔等国，都堪称是典型的佛教国家，在实现我国对外构建多元化能源战略中具有重要作用。

五是与非洲国家建立宗教交往机制。非洲的能源资源对于我国的能源需求日益重要。除了我国已建立的与非洲国家的传统关系之外，从宗教方面打通和建立交往渠道，巩固友好关系也显的日益重要。非洲与中国一样，在宗教上也受到帝国主义的侵略和压迫，西方在对非洲的殖民过程中也把传教事业与强行殖民捆在一起，他们也需要在宗教事业上独立自主，摆脱西方的控制，我国宗教事业上取得的成就可以与他们分享。由此而建立和巩固国家关系。例如尼日利亚，虽然其石油产量近年来下滑，但做为曾经的非洲第一石油生产国，仍然需要我们加强合作和友好交往。[60]我国已经多次邀请其圣公会的大主教皮特·阿基诺拉访华，取得良好效果，而这位大主教恰好与总统是好朋友，这对促进两国友好关系包括能源合作方面会起到意想不到的作用。

六是重视与伊朗发展宗教关系。伊朗是欧佩克第二大石油生产国，拥有10%的世界探明石油储量；其天然气探明储量为26.6万亿立方米，占世界总储量的15.2%，是世界上仅次于俄罗斯的第二大天然气大国。伊朗有巨大的油气资源开发利用潜力。目前，中伊油气合作正如火如花荼的进行着。从宗教角度巩固中伊友谊大有可为。中伊两国文化在历史的长河中相互作用、相互影响，创造了辉煌灿烂的历史，特别是在伊斯兰文化方面两国有共性。新世纪初期随着西方文化霸权的勃兴，中国与伊朗两国的宗教文化都面临巨大挑战。两国开展包括宗教文化交流与对话，将有力地驳斥西方文明冲突论，推动国际关系的民主化。在国际恐怖主义猖獗、伊朗核问题不断升温的新形势下，两国应当加强在上海合作组织框架内的合作，遏制伊斯兰原教旨主义的泛滥，防止原教旨主义对我国西北地区的渗透，有力地维护我国国家安全与地区和平稳定。从而确保中国的能源安全，实现中国在伊朗乃至世界的国家利益。

七是巩固与巴基斯坦传统的伊斯兰友谊。中巴之间已经开展能源合作。但我们也可清醒地看到，开辟巴这条新的“贸易—能源”走廊具有极大的挑战性，新“贸易—能源”走廊的铁路网和输油气管道所经过的地区，绝大部分是贫穷落后欠发达地区，[61]同时也是国际社会公认的恐怖主义的发源地、产生地和集散地，是伊斯兰原教旨主义及恐怖组织泛滥的重灾区之一。更为重要的是，巴基斯坦国内一些信奉伊斯兰原教旨主义的穆斯林同情分子，也成了他们再生的温床。对巴基斯坦来说，也存在着一些问题。巴基斯坦国内政党派别及宗教势力组织繁多，各党派和宗教势力之间的联合与斗争也十分激烈。因此，如何处理好党派与宗教势力组织之间的矛盾与斗争，已成了影响巴基斯坦国内政局稳定的重要因素。我国应该从伊斯兰教方面多开展交流，一方面防止巴国内伊斯兰原教旨主义对我国的影响，另一方面促进与巴主流宗教势力的友好关系。

在与巴勒斯坦的交往中，要特别关注俾路支省的问题。俾路支省的天然气、煤、铁、铜等矿产资源丰富，此外还可能有储量丰富的石油。俾路支省的天然气对巴国经济发展具有战略意义，全国超过50%的天然气都来自该地区。此外，巴国接近70%的天然气战略储备也位于该地区。因此，俾路支省对于巴国减少能源的外部依赖意义非凡。其次，是俾路支省在巴国能源战略中的区位优势。1999年，巴国启动了俾路支省开发计划，也正是从这一年开始，俾路支人的反叛活动再度兴起。俾路支人的反抗力量主要属于马里、布格迪和门格尔三大部落，其中马里和门格尔都曾直接参与20世纪70年代的反叛活动。马里部落的首领巴克斯·马里组建的“俾解”是目前俾路支省最极端的分离组织，已被国际社会列为恐怖组织。据统计，近年来“俾解”袭击目标的60%都与俾路支省能源开发项目有关，如天然气管道、油田和铁路等。袭击中国工程师事件也与“俾解”试图借此要挟巴国政府停止开发活动有关。[62]

八是深刻认识中亚地区丰富的资源对我国西部大开发的能源供应具有的战略意义。中亚的自然资源非常丰富：黄金、白银、铜、锌锰、镍等贵金属、稀有金属和铀的储量相当可观；石油储量也极为丰富，已探明的石油储量超过20019亿桶，仅次于中东地区，被视为21世纪的“战略能源基地”。中亚各国与我国的新疆地区有着漫长的边境线，该地区生产的油气可以便捷地通过管道、铁路等多种方式输往我国。[63]随着我国经济的发展以及西部大开发的进行，我国能源相对短缺的矛盾日益凸显，而中亚地区充足的能源供应对我国的经济发展和西部大开发将起到不可或缺的重要作用。因此，我国特别注意加强与中亚地区各国的关系，配合西部大开发，积极拓展与中亚五国的经贸台作，特别是能源合作，从而巩固和深化与中亚各国的睦邻友好关系，确保我国西部大开发的能源供应。同时警惕中亚国家在民族、宗教领域存在的民族主义、泛突厥主义、泛伊斯兰主义等问题及其对我国新疆地区的社会安全与稳定带来的危害。特别注意做好新疆地区的宗教工作。[64]

九是在“上合组织”框架内设立宗教交流与合作议题和项目。上海合作组织六个国家中，俄罗斯、哈萨克斯坦、乌兹别克斯坦等都是能源丰富、出口潜力很大的国家，同时上合组织的主要成员国所处地区面临着许多传统的和非传统的安全问题，包括从恐怖主义、分裂主义到极端主义，严重损害了中亚—里海地区这个富油地区的稳定和安全。[65]另外，在中亚这样一个围绕能源问题存在激烈竞争的地区，年轻的同时又较为谨慎和自信的中亚国家的政治文化，更加剧了该地区的严峻形势。20世纪90年代中期，该地区有“三股势力”，即国际恐怖主义、宗教极端主义和民族分离主义。这些势力的产生是和宗教原教旨主义有密切关联的，也与中亚国家建立的世俗政权有冲突，当然也受到阿富汗控制的塔利班的影响。这些共同的挑战和忧虑将“上合组织”成员国联系在一起。[66]因而建议，在“上合组织”框架内设置宗教议题或者交流项目，如同亚欧不同信仰对话机制一样，定期组织该地区的不同宗教之间的对话与合作，会对解决“三股势力”的威胁起到促进作用。

总之，在构建我国能源发展战略的时候，应该充分考虑到当前宗教在国际关系、国际政治中的作用日益提升的状况，特别是要考虑到我国能源进口国的宗教情况，努力做好我国的宗教工作，处理好与目标国的宗教关系，还要对“走出去”的石油开采、运输和提炼的企业职工进行宗教政策、宗教传统习俗、宗教礼仪的教育，避免与当地信仰宗教的职工和群众发生宗教摩擦和冲突。同时宣扬我国宗教和谐的理念，处理好能源开发与合作中的矛盾与冲突，确保我国的能源安全战略的成功，为我国的经济社会发展服务。

注 释

[1] 统计局：“2010年原油进口量比2005年增近一倍”，中国新闻网，http：//www.CHINANEWS.COM，2011年03月01日10：52。

[2] 孙霞：《权力与规范：东北亚能源安全合作》，世界知识出版社，2010年版，第42页；周亮：“试论我国的能源供应挑战及对策”，《惠州学院学报（社会科学版）》，第27卷第2期，2007年4月。

[3] “世界油气资源分布”，http：//www.teachers.net.cn；梅永红、王元：《全球能源

大棋局》，时事出版社，2005 年版。
[4] [美] 迈克尔·伊科诺米迪斯、罗纳德·奥里攻尼：《石油的颜色：世界最庞大产业的历史、金钱和政治》，华夏出版社，2010 年版，第 134 页。
[5] “世界油气资源分布”，http：//www. teachers. net. cn。
[6] 杨言洪：《海湾油气与我国能源安全》，对外经济贸易大学出版社，2010 年版。
[7] 吴兆雪、朱新春：“技术发展的不平衡性与能源困境及前景分析”，《科技进步与对策》2 号，2006 年。
[8] 国家宗教事务局宗教研究中心编：《当代世界宗教问题》，宗教文化出版社，2007 年版。
[9] 丁力：《地缘大战略》，山西人民出版社，2010 年版。
[10] 卓新平：《“全球化”的宗教与当代中国》，社会科学文献出版社，2008 年版。
[11] 茗之华：“二十一世纪的世界主题：能源与文明的混合冲突”，2006 年 08 月 16 日，http：//blog. sina. com. cn/s/blog_ 4a397920010005hz. ht。
[12] BP. Statistical Review of World Energy，2008 年 06 月。
[13] 叶小文：《宗教七日谈》，宗教文化出版社 \ 中央党校出版社，2007 年版，第 346 页。
[14] 周贤云：《中东新伊斯兰原教旨主义运动的泛起及其影响》，华中师范大学，2000 年硕士论文。
[15] 陈敏华：“美国、中东国家和中东激进组织对石油利益与经济公平的不同”，《阿拉伯世界研究》，2008 年第 6 期。
[16] 叶小文：《宗教七日谈》，宗教文化出版社 \ 中央党校出版社，2007 年版，第 348—357 页。
[17] 陈天社：“现代化与巴以冲突”，《长安大学学报 [社会科学版]》，2003 年 3 月，第 5 卷第 1 期，第 63 页。
[18] 李俊：“‘大塞尔维亚主义’的兴衰及其影响”，《国际资料信息》，2000 年第 11 期，第 6 页。
[19] “南斯拉夫内战中的宗教因素”，http：//hi. badu. com/blog/item/9e03ad8376f1dd96f703a669. html。
[20] 章远：“西方学界对宗教因素与地区冲突议题的研究综述—以科索沃宗教冲突研究为例”，《欧洲研究》，2009 年第 6 期；朱明权：“科索沃战争对世界稳定的危害”，《探索与争鸣》，1999 年第 9 期，第 40 页。
[21] [美] 托伊·法罗拉、安妮·杰诺娃著，王大锐、王翥译：《国际石油政治》，石油工业出版社，2009 年版，第 82 页。
[22] 赵龙庚：“从世界民族分裂主义看车臣危机”，《东欧中亚研究》，2002 年第 2 期，

第20页。
[23] 沈翼鹏："中亚五国的宗教问题及其对政局的影响"，《东欧中亚研究》，1994年第3期；钱广平："车臣问题的宗教因素"，《上海外国语大学》2005年，硕士论文。
[24] 唐孟生："印巴克什米尔冲突中的宗教因素"，《北京大学学报（哲学社会科学版）》，2008年；陆吉明："印巴冲突的历史根源"，《江南社会学院学报》，2002年6月，第4卷第2期，第19页。
[25] 李建欣："印巴冲突中的宗教因素"，《世界宗教文化》，2002年第4期；赵磊："宗教冲突与南亚安全"，《党政干部学刊》，2002年第10期。
[26] 许勤华主编：《青年学者年世界——当代中亚概况（民族、宗教、能源）》，世界知识出版社，2007年版，第103—132页；朱成虎主编：《十字路口的中亚走向何方》，时事出版社，2007年版。
[27] 常玢："伊斯兰教在中亚的传播与发展"，《东欧中亚研究》，2001年第1期。
[28] 许勤华主编：《青年学者年世界——当代中亚概况（民族、宗教、能源）》，世界知识出版社，2007年版；苏畅："九一一事件后中亚宗教极端势力的重组"，《俄罗斯中亚东欧研究》，2005年第2期。
[29] 麦金德：《历史的地理枢纽》，商务印书馆，1985年版。
[30] 丁力：《地缘大战略》，山西人民出版社，2010年版。
[31] [美] 迈克尔·伊科诺米迪斯、罗纳德·奥里攻尼：《石油的颜色：世界最庞大产业的历史、金钱和政治》，华夏出版社，2010年版，第220页。
[32] [美] 塞缪尔·亨廷顿著，周琪等译：《文明的冲突与世界秩序的重建》，新华出版社，1999年版，第119页。
[33] 李福泉、权新宇："伊拉克教派冲突的特点、缘由与前景"，《哈尔滨工业大学学报（社会科学版）》，2006年3月。
[34] 汪波："海湾地区'什叶派新月带'兴起的宗教政治影响"，《阿拉伯世界研究》，2009年第1期。
[35] 斯蒂文、佩尔蒂埃：《美国的石油战争》，石油工业出版社，2008年版。
[36] 王锐：《国际能源安全战略比较及其对中国的启示》，中南财经大学博士学位论文，2008年，第47页。
[37] [美] 塞缪尔·亨廷顿著，周琪等译：《文明的冲突与世界秩序的重建》，新华出版社，1999年版。
[38] 同上，第256页。
[39] 同上，第259页。
[40] 李佳伟：《非洲能源开发热潮中的大国政治—从历史、政治、经济角度探析非洲

能源开发现状》，中国人民大学硕士论文，2008 年。

[41] 同 [36]，第 108—109 页。

[42] 同 [36]，第 110 页。

[43] 王林："新疆应大力构建中来能源通道"，《亚洲中心时报（汉）》，2007 年 1 月 18 日第 1 版；贺湘焱、计芳君："新疆与中亚石油合作发展问题探析"，《新疆财经》，2006 年第 6 期。

[44] 侯保龙、陆丕昭："试论西部大开发的周边环境"，《青海民族学院学报》，第 29 卷第 1 期，2002 年 1 月。

[45] [美] 约翰·L·埃斯波西托、达丽亚·莫格海德：《谁代表伊斯兰讲话？——十几亿穆斯林的真实想法》，中国社会科学出版社，2010 年版。

[46] 涂龙德："伊斯兰原教旨主义极端势力的全球化"，《阿拉伯世界研究》，2007 年 7 月第 4 期。

[47] 陈敏华：《冷战后中东极端组织行动研究—社会学视角》，时事出版社，2008 年版。

[48] 常玢："地缘政治和宗教因素在国家间关系中的作用——试析土耳其、伊朗对中亚地区的影响"，《世界经济与政治》，2001 年第 1 期；钱学文："中国参与中亚里海能源合作存在的问题及其对策思考"，《东北亚论坛》，2007 年第 5 期。

[49] 蒋莉："东正教在俄罗斯政治生活中的作用及影响"，《现代国际关系》，2002 年第 9 期；段丽君："当代俄罗斯人与宗教"，《俄罗斯研究》，1998 年第 5 期。

[50] 叶浩亮、肖新华："国际工程安全风险及规避措施"，《国际工程与劳务》，2007 年第 8 期。

[51] "中国工人在苏丹遭绑架遇害事件的背后"，http：//www. xinhuanet. com，2008 年 11 月 14 日。

[52] [巴] 阿卜杜拉·江·贾玛尔迪尼著，陆水林译："俾路支斯坦萨达尔制度的历史背景"，《南亚研究季刊》2005 年第 1 期。

[53] 叶海林："对俾路支解放军恐怖活动的分析"，《南亚研究》2007 年第 2 期；叶海林："结构不均衡问题对新形势下中国与巴基斯坦关系的影响"，载《当代亚太》2006 年第 10 期。

[54] "中国海洋石油总公司尼日利亚投资优劣评析"，http：//www. china. com. cn travel zhuanti africa 2007 - 04 02 content_ 8048529. htm。

[55] 西李湾："埃塞中国石油工人遇袭事件扫描"，中国网，2007 年 06 月 22 日。

[56] 国家宗教事务局宗教研究中心编：《当代世界宗教问题》，宗教文化出版社，2007 年版，第 155—156 页。

[57] 谢奕秋，"非洲基督徒文化差异解读"，南风窗，http：//www. sina. com. cn 2011

年 01 月 31 日。

[58] 陈利君等：《孟中印缅能源合作与中国能源安全》，中国书籍出版社，2009 年版，第 68—80 页。

[59] 同上，第 56—59 页。

[60] 陈岳、许勤华：《中国能源国际合作报告》，北京：时事出版社，2010 年 12 月版，第 75 页。

[61] 吴永年："论中巴开辟新'贸易—能源'走廊"，《世界经济研究》，2006 年第 11 期。

[62] 于福坚："能源战略与民族问题的纠结——巴基斯坦俾路支问题透视"，《中国民族报》，2010 年 8 月 27 日。

[63] 王凤学："构筑中国能源安全大通道—对中亚油气地缘战略的思考"，载朱显平主编：《中国与中亚—国际区域能源及运输合作》，吉林人民出版社，2008 年版，第 100—104 页。

[64] 常玢："中亚国家社会发展进程中的宗教因素"，《东欧中亚研究》，2000 年第 5 期。

[65] 杨成："关于在上海合作组织框架内建立统一能源空间的几点思考"，载朱显平主编：《中国与中亚—国际区域能源及运输合作》，吉林人民出版社，2008 年版，第 22—23 页。

[66] 孙永祥："我国与上海合作组织国家发展能源合作的问题和对策建议"，《世界经济调研》，2003 年 10 月第 37 期；赵银亮："构建地区共同体：上海合作组织的'社会化'"，《实践教学与研究》，2008 年第 1 期。

从美国布鲁金斯学会看国外智库之中国能源问题研究现状*

二战后，工业国家对石油的依赖与日俱增，美国著名战略学者罗伯特·阿特将美国的利益分为“生死攸关的利益”、“高度重要的利益”和“重要的利益”三类，生死攸关的利益指美国本土安全，石油的安全与价格合理的供应则属于高度重要的利益。[1]实际上在美国看来，当前对其本土安全威胁最大的恐怖主义和对其经济发展至关重要的石油均来自在地理上具有高度重合性的地区，本世纪初美国以反恐为名发动的两场战争也是其整个能源战略棋盘上弈出的重要一步。

中国自1993年成为石油净进口国以来，石油进口依存度逐年增加。中国为了保障其石油供应，采取了一系列的海外行动，如投资产油国基础设施建设、购买股份油、收购外国石油公司等等。中国的海外行动，特别是在一些被美国视为其重要利益区如中东地区的行动势必会引起美国的警惕。曾任美国参议院国土安全与政府事务委员会主席的约瑟夫·利伯曼指出，中美两国潜在的最大冲突源是对能源特别是石油资源的争夺。客观地说，由于中美两国对海外能源供应都具有刚性需求，产生利益的不一致是难以避免的，但存在利益不一致不代表解决方式就是“零和”性质的，关

* 本文作者系中国人民大学国际关系学院国际关系专业09级博士研究生吴磊。

键在于中美两国以何种眼光和态度看待这一问题。

对于中国来说，避免与美国在能源领域发生直接对抗，维持中美关系的稳定至关重要，这就需要了解美国政府的能源战略与政策，详细研究美国的决策机制，全面把握影响美国政府决策制定过程的各种行为体，如政党、政府部门、议会党团、利益集团以及智库等等。其中智库的作用近年来逐渐被学者和相关政策研究者所重视，一些著名智库的观点和建议对美国政府具有直接的影响。可以说，在影响美国的政策制定的诸因素中，智库起着不可替代的作用。宾夕法尼亚大学发表的 2010 年全球智库报告中，布鲁金斯学会无论是在与美国还是在与全世界其他智库的比较中均排名第一。了解布鲁金斯学会对中国能源问题的研究与态度，对于判断奥巴马政府乃至美国长期对华能源战略具有重要意义。

一、布鲁金斯学会概况

布鲁金斯学会能够位列全球智库排名第一，不仅在于其悠久的历史、庞大的规模和深入的研究，也在于其客观独立、非党派的研究理念，更在于其与美国政府之间千丝万缕的联系。布鲁金斯学会的历史可追溯到 1916 年，当时美国“进步主义运动”的积极拥护者、圣路易斯市企业家和华盛顿大学董事会主席罗伯特·布鲁金斯推动建立了政府研究所，其宗旨是“运用科学方法研究联邦政府的管理”。[2] 1922 年和 1924 年，布鲁金斯又创立了两个机构：经济研究所和布鲁金斯研究院，1927 年三个机构合并，为纪念罗伯特·布鲁金斯，合并后的机构命名为布鲁金斯学会。学会现在总人数有近 400 人，由 83 人组成的董事会领导，董事会成员任期为 3 年，多为著名银行家、企业家和学者，现任董事会主席为约翰·桑顿，会长为斯特罗布·塔尔博特。学会每年大约有 4000 万美元的经费，经费来源除了罗伯特·布鲁金斯创立的专项基金，还有来自其它基金会、公司以及个人的捐助，也有政府资助和出版物收入等。其中，诸如贝尔大西洋公司、壳牌公司、微软、洛克希德·马丁等大公司以及时代华纳等传媒大鳄的资助能够占到学会总经费的三分之一。

布鲁金斯学会具有独立、非党派和尊重事实的研究精神，其研究目的在于提出实用的政策建议，而非炮制和贩卖思想。正如现任会长斯特罗布·塔尔博特所说："当布鲁金斯学者对一项政策或者一条法律进行分析时，他们提出的问题是'它是否有效?'——而非'谁支持它和谁反对它?'接下来的问题便是'如何让它更加有效'。"[3]传统上，布鲁金斯学会与民主党关系密切，被称为"民主党人的流亡政府"，较为强调输出自由思想。实际上，该学会的思想倾向一直处于左右摇摆之中，或者说，并不能够以传统的左和右的意识形态标准定义该学会的思想倾向。历史上，布鲁金斯学会曾经对罗斯福新政进行猛烈抨击，也曾经支持凯恩斯经济学，而罗斯福新政的理论基础正是来自凯恩斯的新自由主义经济理论。也许，用"实用主义"界定布鲁金斯学会的思想倾向最为准确，塔尔博特认为"实用主义是最好的解毒药"。[4]

布鲁金斯学会下设经济研究所、对外政策研究所和政府研究所，其中对外政策研究所又下设东北亚政策研究中心、美法研究中心、中国政策研究中心和多哈中心四个研究机构。这些中心的设立反映了学会和美国政府在当前世界地缘政治格局中的地区关注重点。

（一）布鲁金斯学会与美国政府的关系

布鲁金斯学会之所以对美国政府的政策制定有巨大的影响力，除了其高水准的研究外，更重要的在于其成员在学会与政府间的角色流转与身份互换，非常典型的体现了美国的"旋转门"制度，被称为联邦政府的人才储备库。自1945年杜鲁门政府以来，有多达68名来自布鲁金斯学会的学者出任政府官员。[5]总的来说，在民主党总统执政时期，布鲁金斯学会的成员更多，且经常身居要职，例如在两届克林顿政府时期，学会成员在政府供职者有25人之多，[6]包括国防部长威廉·佩里、国务卿詹姆斯·斯坦博格、副国务卿斯特罗布·塔尔博特以及国家安全理事会亚洲事务理事杰弗利·贝德等人。[7]现供职于奥巴马政府的来自布鲁金斯学会的高官有美国驻联合国大使苏珊·赖斯、副国务卿詹姆斯·斯坦博格、副国家安全顾问托马斯·多尼伦、主管反恐协调的助理国务卿丹尼尔·本杰明和驻北约大使伊沃·达尔德等人。[8]这体现了该学会与民主党之间的传统关系，共和党总统当政时期，政府内的布鲁金斯学会成员相对较少，但仍有居于重要职位的代表，如尼克松时期的国家安全委员会资深官员赫尔穆特·索南费尔特、老布什时期的国务院特别顾问詹姆斯·斯坦博格、小布什时期的国务院政策规划司司长理查德·哈斯、中央情报局能源分析员艾利卡·当斯和国家安全局环境事务高级顾问大卫·桑德罗等。这种“旋转门”现象既体现了布鲁金斯学会与美国政府的密切关系，也体现了该学会所宣称的“非党派”的实用主义倾向，尽管它与民主党关系更密切，但同样为共和党总统出谋划策。它的工作和研究目的是在事实的客观分析基础上，从美国的国家利益出发为美国政府提供政策建议。

（二）布鲁金斯学会的对华倾向

布鲁金斯学会十分重视对中国的研究，它所设立的四个研究中心就包括中国政策研究中心。学会招募了多位对中国问题有深入研究的重要学者，如现任会长塔尔博特、主席约翰·桑顿、原中国研究项目主任贝德、东北亚政策研究中心主任朴睿哲以及尼古拉斯·拉迪、理查德·哈斯、沈大伟、季北慈、李侃如、苏褒立和斯坦伯格等人，号称网罗了全美国一半的中国通。

与传统基金会、国际战略研究中心等偏保守色彩的智库相比，布鲁金斯学会的对华倾向总的来说是温和的，主张美国应实行对华接触政策。除了学会成员担任政府官职之外，其主张对美国政府的影响主要体现在两个方面：第一，出版专著和发表文章，阐述其政策立场。被认为是美国新一代中国问题研究领军人物的沈大伟先后出版过十几部中国问题专注，其主要观点是：中美是“战略对手”而非敌手，与中国接触是美对华政策的必然选择；美国应务实处理对华关系；应启动北京与台北的对话，建立可持续的互动框架。[9]应该说，沈大伟的观点代表了布鲁金斯学会其他中国问题专家的共同想法。布鲁金斯学会影响美国政策的第二个方式，也是更为有效的方式是出席国会听证会，直接影响国会的决策。例如，从 1997 年 5 月到 2000 年底，尼古拉斯·拉迪至少五次就对华关系正常化问题出席国会听证会，理查德·哈斯、季北慈等人也曾就给予中国永久最惠国待遇、批准中国加入 WTO 和国家导弹防御计划等议题出席国会各委员会的听证会。

这些学者都认为尽快实现中美关系的正常化、维持稳定的中美关系符合美国的利益，“与一个负责任的中国合作的美中关系前景相比，遏制是劣等选择。”[10]

二、布鲁金斯学会对中国能源问题的研究

布鲁金斯学会独立、客观的研究理念和主张对华接触的政策主张也体现在其对中国能源问题的相关研究中。中国能源问题专家艾瑞克·道斯于2006年发表的《能源安全系列中国篇》[11]体现了学会中国能源问题研究现状，研究主要集中在中国基本能源状况和中国能源政策决策机制两个方面。

（一）中国的基本能源状况

我们在政治意义上所谈到的能源安全问题中的能源主要是指几种不可再生性能源，包括石油、天然气和煤炭等。布鲁金斯学会对中国基本能源状况的研究亦主要集中于这三种能源。

首先为中国的石油问题。包括布鲁金斯学会在内的国外相关学者和政策制定者首要关注中国的石油问题。究其原因，盖因近年来中国的石油消费总量和在世界石油消费量中的比重逐年增加且速度较快，并且中国国内的石油供应无法满足需求，因此必须着眼于海外。在布鲁金斯学会的学者看来，中国的能源需求越来越明显地影响着中国的对外政策，包括对周边国家的政策，如俄罗斯、哈萨克斯坦；对偏远地区的政策，如非洲；以及美国传统的利益地区，如中东、拉丁美洲等等。艾瑞克·道斯博士坦言：“把焦点集中于石油，不仅是因为石油是中国唯一大量进口的燃料，还因为石油问题日益显著的影响着中国的国际行为。”[12]东北亚政策研究中心的邓特抗（James Tang）教授也认为，从能源需求的角度看，中国的国际行为会表现得更加咄咄逼人，长远来看有可能导致国际冲突的发生。[13]因此，他们在研究中国能源问题时，首要目标是研究中国的石油问题。

在这些学者看来，中国的石油问题在于：首先，石油消费飞速增长，1993年至2002年增长了90%，而国内产量增速不到15%。[14]从2000年至2005年，则增长了60%，几乎占到世界能源消费增长的一半。从数量上来说，中国每天的石油需求量由1995年的330万桶增加到2005年的660万桶，而2005年的国内石油供应量只有360万桶。[15]其次，中国的石油需求量仍将大幅增长，国内供应量却无力保持同步增长。根据预测，中国到2020年的石油需求量最高将达到每天1360万桶，最低也会达到每天1000万桶，而2020年中国的国内石油供应量最高仅能达到每天400万桶。[16]最后，中国油田的产量已经处于达到峰值后的稳定状态，不久之后就将下降，西部以及近海油田的开发只能轻微地缓解这一趋势而不能使其改变。需求增加，产量下降，不足的部分只有通过进口海外石油来弥补。

其次为中国的天然气与煤炭问题。布鲁金斯学会对中国的天然气和煤炭状况的关注程度相对较低。艾瑞克·道斯认为，与石油不同，中国政府对天然气进口的增加不太担心，反而积极支持，以促进中国的能源消费结构更加平衡与合理。但在使用天然气方面中国还存着许多问题，主要包括相关的基础设施建设落后、与煤炭相比不具备价格优势以及仍需改善的天然气建设和投资环境等，这些问题制约着中国政府改善能源消费结构、减少石油需求的目标的实现。

煤炭问题上，艾瑞克·道斯博士认为，虽然中国在努力降低煤炭在其能源结构中的比重，它仍然是中国最主要的化石燃料，预计至2020年仍将占到60%。正因为中国具有丰富的煤炭储备，它能够满足其国内绝大部分的能源需求，从而降低国际社会对“中国能源威胁”问题的关注。这非常重要，因为能源安全是中美两国都极为关注的问题，若美国政府能够全面、客观的了解中国的能源现状，而不是仅仅被石油问题“一叶障目”，将在一定程度上降低中国在能源领域的海外行动带给美国的不安全感。实际上，导致国际冲突的往往是这种不安全感的存在，而非真正的不安全状态，例如，美国极力反对朝鲜与伊朗发展核武器的计划，却从未对英国的核武器表示过担心，但真正有能力威胁到美国安全的恐怕不是前者，而是后者。道斯博士认为，煤炭和石油仍将是中国最主要的能源，其它能源如新能源的比重不会有明显幅度的上升。

（二）中国的能源现状

艾瑞克·道斯博士更关注的是中国的能源政策决策机制，因为相同的状况下机制的不同可能导致结果的不同。在艾瑞克·道斯看来，中国的能源政策决策机制可以概述为“低效无力的政府和强大的企业”，中国目前的能源政策看似政府主导，实则受到强大的国有石油企业的有力影响。

看法一：低效无力的政府。分析认为中国始终缺乏一个统一的、强有力的能源决策部门，1993年能源部撤消后，中国再没有一个能够统一管理能源问题的部级单位，即使是仅存在短短五年的能源部也始终未得到煤炭部、石油工业部等既有部门的支持。2003成立，2008年改制的国家能源局隶属于国家发展与改革委员会，仅为副部级单位。2005年成立的国家能源领导小组以及2010年取而代之并扩大功能的国家能源委体现了中国政府在改变现状上的努力，由国务院总理温家宝担任国家能源委主任，负责统筹协调各方利益，制定能源战略决策。应该说国家能源委的级别已经足够高，但它更像一个部长联席会议，从建议的提出到具体政策的执行还是依靠各相关部门，本身并不从事直接的政策调研而是交给国家能源局，由于能源局只是负责建议，没有决策权且级别较低，由此导致的问题是哪个部门的影响力大、与国家发改委和能源局的关系密切哪个部门就能够拥有更强的话语权，加之各个部门都是从各自的部门利益出发影响政策制定，而非从国家的整体利益和长远规划出发，致使中国很难形成统一清楚的能源战略。除了国家能源委和能源局，其他多个部门的职能也涉及能源领域，例如国土资源部掌握资源开采与生产的许可权，商务部握有石油进出口许可权，财政部制定相关税收和财政政策等等。职能的分散势必带来利益的冲突，影响政策统一性，围绕“燃油税”的争论就是一个典型的例子，这一政策受到财政部的支持，却遭到地方政府和相关交通部门的抵制。从分权制衡的意义上说，部门利益的存在是必然的结果，但过度的分权将导致权力的碎片化，导致在需要统一决策的问题领域权力缺失。

看法二：强大的国有石油公司。与政府部门的低效无力相对应的是国有石油公司，尤其是中石油、中石化与中海油三大国有公司及其海外上市公司的强大经济实力和政治游说能力。艾瑞克·道斯博士认为政治关系、经济实力和人力资源三个方面的原因造就了三大石油公司的这种强势：第一，政治资源。按照中国的行政级别，中石油与中石化属于部级的团体，其最高领导相当于政府的副部级官员，即是说，这两大石油公司的董事长与它们的管理部门国家能源局的局长是同等级别。此外，类似于美国的“旋转门”体制，许多中国的高层领导人都曾在这些国有企业任职，例如国家副主席曾庆红、政法委书记周永康和前国务院副总理吴仪等。第二，经济实力。2005 年，三大石油公司的纯利润占到中国所有国有公司的22%，[17] 在将经济发展作为首要目标的政治背景下，强大的盈利能力使得这些石油公司能够影响甚至决定中国的能源政策。第三，人力资源。三大石油公司拥有数量众多的雇员，包括大量拥有实际经验和专业技能的技术人员，这种经验和技能是中国政府迫切需要的。例如中石化的雇员经常被邀请参与中国战略石油储备法草案的制定，中国政府相关官员也经常会晤三大石油公司的雇员以增强他们对某一特定领域问题的了解。

看法三：中国这种“强公司、弱政府”的能源决策体制将会导致诸多问题。

首先，难以制定统一的和长远的能源战略，这将在国内和国际两方面给中国制造难题。在国内方面，由于缺乏强有力的政策制定部门，许多旨在控制国内能源消耗的政策迟迟难以实施，即便最终实施也往往是最初设计的妥协与折中版，其时效性大打折扣，近年来围绕石油价格机制改革与“燃油税”的争论均是这种决策体制的反映与结果。任何政策都不会是完美的，任何改革都会触及既得利益者的利益，利益协调是必要的，但不能无限期的协调，很多时候，问题的关键不在于什么制度更好，而在于是否有长期实行的制度。

在经济全球化的背景下，国内问题与国际问题的界限往往很难区分，中国的能源问题也影响着世界形势。由于对进口石油的需求，近年来中国致力于发展与非洲、中东和拉丁美洲等石油生产国的关系。除非州外，中东与拉美均是美国传统的重要战略区域，即便中国与这些地区国家的交往属于正常的互惠活动，而非存有其他政治目的，由于中国缺乏清楚统一的战略，这种交往势必会引起美国的警惕与猜测，继而产生不信任感。在一个日益制度化和规范化的世界政治经济秩序中，国家行为的可预测性与可信性是非常重要的“软实力”，正如罗伯特·基欧汉所说：“那些不能够提供关于其详细意图和可靠信息的政府……可能无法信服地使其潜在的伙伴相信它们对于预计中的协议的安排的承诺。"[18]美国所担心的是中国出于确保其海外石油供应的需要，对其在二战后、特别是冷战后所确立并逐步完善的各种机制和地区关系战略安排的挑战。美国认为，中国在苏丹达尔富尔问题和伊朗核问题上所持的立场正是出于其确保能源安全的考虑而不惜与西方世界作对的证明。对于中国来说，关键的是要让美国清楚的知道这一点：中国当然要确保本国的能源安全，但中国的能源战略（如果有的话）只是其整个发展战略的一个组成部分，中国始终视维持与其他国家尤其是美国的良好关系为第一位的目标。中国在伊朗核问题上态度的转变能够证明这一点。实际上，布鲁金斯学会的专家对此是认同的，邓特抗（James Tang）指出：尽管中国与欧美存在竞争并且在扩展与发展中国家的交往中不总是与西方世界利益一致，但对于中国领导人来说维持与西方主要大国的良好关系始终是其外交目标的关键所在。[19]对美国政府影响甚隆的布鲁金斯学会持有这样的观点，对于中国来说虽不致举杯庆祝，也的确颇具积极意义。

看法四：国有石油企业常常违背政府的意图和国家的整体利益。只从纯粹的公司利益甚至是管理者个人利益出发行事，从市场化的角度来看，也许国有公司的做法是符合国际规则和西方世界的期望的，但是对于像中国这样处于世界政治经济秩序劣势地位的后发国家来说，完全遵照市场原则行事是非常不利于其经济发展的。对此，两个世纪前的德国经济学家弗里德里希·李斯特在批评亚当·斯密的古典自由主义经济学时早有精辟论述："斯密和塞伊劝告我们购买比我们自己制造的便宜的产品，只考虑物物交换中的物质所得，但是权衡一下物质所得和实力之所失，得失何以相抵?"[20]况且，在靠国家行为控制诸如中东这样的能源战略要地方面，美国实在没什么好指责其它国家的，但是在美国的话语主导权下，中国的国家行为常常被置于显著位置并为此招致批评，损害中国的国家形象和国际信任度。为了获得支持经济发展和国内稳定的能源，中国只能随时面对这种批评，但这还不是最糟糕的问题，更为糟糕的是由于国有石油企业的强势，它们常常置政府维持社会发展和稳定的总体目标于不顾。

总之，布鲁金斯研究中国能源问题的专家们认为，中国目前的能源决策机制尚需改进，需要有强有力的能源部门制定长远的能源战略，一方面确保中国的能源安全，另一方面维持与主要大国的良好关系，争取国际社会的信任。

三、布鲁金斯学会给美国政府的政策建议

布鲁金斯学会主张美国应在能源领域与中国进行合作而非对抗，弗林特·莱弗里特和杰夫利·贝德向美国政府提出的建议是：第一，主动提出与中国开展合作，并帮助中国推行降低油气资源需求的政策和项目；第二，美应设法说服中方更多地依靠国际市场，而非排他的供应协议，来满足其能源需求。但这并不表明相对于其它智库布鲁金斯学会对中国更加有好感，它的这种倾向与其客观、务实的研究理念有很大关系，并且它建议的美中合作是有严格的前提条件和限制的，即要符合美国的全球战略和推动中国能源领域的市场化。

二战后，美国通过建立一系列的制度和国际组织维持其在西方国家中的领导地位；冷战后，美国试图这些将这些制度和组织扩展到全球，其基本目标是实现世界的民主化与市场化，根本目的则在于维持美国战后独一无二的领导地位。如果说诸如世界银行、货币基金组织、WTO、北约等是美国构筑其全球领导地位的上层建筑的话，那么实现对能源特别是对石油的控制就是这些上层建筑的支柱。美国一方面保持在石油生产地区的经济政治影响和军事存在，另一方面通过建立消费国石油机制和国际能源组织等协调主要石油消费国的政策，在供给和消费两方面加以控制。如果政治经济手段不能奏效，美国也绝不吝惜动用军事手段达到其目的，有学者指出，从前南斯拉夫到伊拉克，“这些事件中埋藏着一条重要线索”。[21]这条“线索”实际上就是美国基于能源安全，或者说石油安全的世界秩序。在维护美国的全球战略和利益方面，布鲁金斯学会会长约翰·索顿指出：“布鲁金斯学会保持着它的长期传统，即支持美国国际体系建筑师的角色。[22]”对于中美能源合作问题，布鲁金斯学会认为美国应该推动中国加入既有的国际能源组织，例如IEA，在制度内进行合作，以保证中国对规则的遵守和美国的领导地位。推动中国在能源领域的市场化实际上也是将

中国拉入美国所设计的游戏的手段和表现之一，市场化和贸易自由化是经济强国最为偏爱的口号之一。

不过，虽然布鲁金斯学会对华接触的政策主张是出于美国利益和总体战略的考虑，而非出于对中国的友好感情或者其它，但布鲁金斯学会的政策建议和主张在客观上有利于中美两国以合作对话的方式解决问题。例如，虽然推动中国在能源领域的市场化更有利于美国的利益，因为美国能源公司往往具有更大的影响力和更强的经济实力，但“通过鼓励至少是不阻止中美石油公司的合资与合作，包括上游阶段的勘探和生产”，[23]避免再次发生“优尼科”那样的事件，也的确能够促使中国按照国际规则更容易的实现其能源安全的目标，并建立更加互信的中美伙伴关系。在国际社会，国家间的利益经常不一致，但解决问题的方式并非只能是“零和”式的，通过接触与合作，罗伯特·基欧汉所说的那种“移情”式的利益再界定是能够实现的，布鲁金斯学会的对华能源研究与政策主张有利于中美两国在能源领域乃至更广阔的议题领域建立共赢的合作模式。

注 释

[1] 罗伯特·阿特：《美国大战略》，北京：北京大学出版社，2005年版，第57页。

[2] 中国现代国际关系研究所：《美国思想库及其对华倾向》，北京：时事出版社，2003年版，第106页。

[3] The Brookings Institution，Brookings Annual Report 2010，p. 2.

[4] Ibid.

[5] 钱皓：“布鲁金斯学会与克林顿政府对华接触政策”，载《国家观察》，2006年第3期，第41页。

[6] 祁怀高：“奥巴马外交团队：‘旋转门的解读’”，载《世界知识》，2009年第17期，第40页。

[7] 宋静：“冷战后美国思想库在影响对华决策中的角色评析”，华东师范大学，博士学位论文，2009年，第162页。

[8] 祁怀高：“奥巴马外交团队：‘旋转门的解读’”，载《世界知识》，2009年第17期，第40页。

[9] 中国现代国际关系研究所：《美国思想库及其对华倾向》，北京：时事出版社，2003年版，第115页。

[10] http：//www. brookings. edu/testimony/1997/0917china_ haass. aspx.

[11] 报告原名为 The Brookings Foreign Policy Studies Energy Security Series：China，中文名为作者根据原名翻译。

[12] Erica Downs，The Brookings Foreign Policy Energy Security Series：China，p. 7.

[13] James Tang，With The Grain or Against The Grain? Energy Security and Chinese Foreign Policy in The Hu Jintao Era，p. 2.

[14] 弗林特·莱弗里特，杰弗利·贝德：“规范中美在中东的能源竞争”，载《国际贸易译丛》，2006 年第 4 期，第 33 页。

[15] Erica Downs，The Brookings Foreign Policy Energy Security Series：China，pp. 9 – 10.

[16] Ibid.

[17] Ibid.，p. 22.

[18] 罗伯特·基欧汉：《霸权之后》，上海：上海人民出版社，2006 年版，第 95 页。

[19] James Tang，With The Grain or Against The Grain? Energy Security and Chinese Foreign Policy in The Hu Jintao Era，p. 31.

[20] 乔纳森·哈斯拉姆：《马基雅维利以来的现实主义国际关系思想》，北京：中央编译出版社，2009 年版，第 219 页。

[21] 瓦西利斯·福斯卡斯，比伦特·格卡伊：《新美帝国主义：布什的反恐战争和以血换石油》，北京：世界知识出版社，2006 年版，第 19 页。

中国资源型企业“走出去”战略的政治经济学分析*

自1993年中央首次提出充分利用“两种资源、两个市场”发展中国石油工业，到2000年中央明确提出实施“走出去”战略，中国能源企业拉开了“走出去”的帷幕，中国参与开发的国际项目逐年增多，拥有的海外资产也初具规模。据不完全统计，2009年中国石油企业的海外油气作业产量已经突破1亿吨，权益产量已经达到5000万吨左右的规模，约占中国2009年海外原油供应量的25%。2008年国际金融危机之后，中国资源型企业的海外拓展步入高潮，其中能源和矿产领域的海外并购更是引发关注，甚至被称为“中国购买”。2010年中国企业并购交易额1772.1亿美元，能源行业占比39%居各行业之首，并购金额达到344.55亿美元。中石化以46.75亿加元的现金对价收购康菲在Syncrude合资公司中9.03%的股权，中石化集团以71亿美元收购Repsol巴西子公司40%的权益，中海油有限公司投资21.6亿美元收购切萨皮克公司位于美国得州的页岩油气项目33.3%的权益……

作为人均自然资源极其匮乏的国家，中国资源型企业积极向外拓展，

* 本文作者系中国人民大学经济学院副教授彭丽红博士后，中国人民大学国际能源战略研究中心兼职研究员。

尤其是在能源矿业领域的并购，对于中国经济发展具有十分重要的意义。这不仅可以为中国经济持续发展提供必要的原材料和动力资源，而且还可获得相关领域尖端技术、市场渠道、管理经验和国际化人才，有利于企业和产业培育竞争优势，提升国际竞争能力。中国资源型企业“走出去”的积极探索，一方面得益于国内经济的高速增长和巨大的内外需求，另一方面也面临着各种制约和巨大风险。

一、“走出去”的国内条件

（一）国内资源和能源消费市场广阔，需求强劲

中国地广人多，改革开放后经济快速发展，消费水平不断上升，加之目前正处于城市化工业化阶段，承担着“世界工厂”的全球重任，能源需求快速增长，是一个巨大的增量市场。仅就汽车业来说，中国 2010 年全年就完成销量 1806 万辆，连续稳坐全球第一宝座，同比增长 32.37%，相应的能源消耗显著上升（见表 1、表 2）。

中国近年的能源消费水平不断增加，平均速度接近 10%，由于目前主要能源品类为煤、石油等化石能源，是不可再生的，产量增加受资源储备的客观限制，所以消费需求的增加必然伴随着对国外进口依存度的增强，2009 年全国能源消费总量为 306647 万吨标准煤，而生产量只有 274618 万吨标准煤。正如国家能源局政策法规司司长、能源局发言人曾亚川在 1 月 28 日接受记者采访时曾指出的那样“去年我国石油对外依存度已达 55% 的能源进口量”。进口数据也说明了这一事实：中国在 2010 年进口的原油数量比 2009 年增加 17.5%，达到了创纪录的 479 万桶的日进口量。

市场空间决定了中国的能源企业的快速成长，中石化、国家电网和中石油在 2010 年《财富》世界 500 强中，分别位列第七、第八和第十位。为了满足中国年均增长 6% 的石油需求，中国石油公司的规模必须保持相应增长。规模的不断扩大的需要使能源企业向海外扩张成为重要战略选择，同时也为其海外扩张奠定了坚实基础。

表 1：近年国内能源消耗量（单位：万吨标准煤 104tce）

年　份	2000	2001	2002	2003	2004	2005	2006	2007	2008	2009
能源消费总量（发电煤耗计算法）	145531	150406	159431	183792	213456	235997	258676	280508	291448	306647
能源消费总量（电热当量计算法）	132469.1	135765.1	144154.9	167273	193989.6	214466	247562	268413	277515	292028

数据来源：中国 2010 年能源统计年鉴。

表 2：近年国内能源消耗量环比增长速度（单位:%）

年份	2001	2002	2003	2004	2005	2006	2007	2008	2009	算术平均
能源消费总量（发电煤耗计算法）	3.35	6.00	15.28	16.14	10.56	9.61	8.44	3.90	5.21	8.72
能源消费总量（电热当量计算法）	2.49	6.18	16.04	15.97	10.56	15.43	8.42	3.39	5.23	9.30

数据来源：中国 2010 年能源统计年鉴。

（二）国企身份为中国能源企业“走出去”创造了优越条件

能源产业属于国家战略性产业，出于能源安全方面的考虑，很多国家在批准能源产业引进外资的过程中总是慎之又慎，很多能源项目直接就是政治谈判或国家经济交流合作的成果。中国几大能源企业，如中石油、中石化、国家电网等无不是与政府联系密切的国有企业——中国最大的油气生产商中国石油天然气集团公司（CNPC）前身是石油部（Ministry of Petroleum），中国石化（Sinopec）、中化集团（Sinochem）、中国国家电网（State Grid）都为国家骨干企业。这些企业在争取这些合作项目时相对来说不需要付出什么代价，反而能够拿到高质量的投资机会，因为政府合作项目一般会得到更多的政策支持、并且面临的经营风险也相对较小。例证之一是2009年在全球信贷紧缩时，中国国家开发银行（China Development Bank）伸出援手，为巴西国家石油公司提供了100亿美元贷款。同时两国之间达成了一项长期出口协议：巴西国家石油公司在2010至2019年间，向中石化供应每日20万桶的石油，大约相当于巴西国家石油公司当前石油产量的十分之一。中亚天然气管道、中哈原油管道的建设和投产也都是政府力量直接干预的成果。

国企身份的另一种优势则表现在获取资金时面临的是软预算约束。这意味着无论是投资建厂还是投标竞购，行动公司只要获取了政府的批准，就可以争取到足够的资金支持，比如向国内银行贷款或申请财政注资等，而无须局限于企业现有资金实力。这就意味着无论是出于能源战略布局考虑还是公司扩张需要，国有企业可以以超出自身资金规模的投入或价格参与世界能源企业竞争，并在短期内取胜。一些报道称“许多中国公司之所以能够赢得建筑或并购合同，都与其可以获得本国国有金融机构的优惠融资有关”。

三、“走出去”的问题

（一）投资决策体制与机制不能适应国际竞争需要

目前，对外投资决策体制与机制不能适应当前国际竞争环境变化需要，决策机构无法灵活应对市场变化。相对于国内投资项目审批，国有大企业“走出去”的投资决策效率较低。对外投资项目必须经过严格、多头审批，程序繁琐、冗长。比如项目投资申报和审批，上报投资计划的时间跨度得涵盖到指定年限，上报的计划指标要非常详尽，包括投资比例、何时达产、投资回报等，然后通过逐层审批、重大投资项目需要总理签字等。在激烈的国际角逐竞争中，往往未等到审批结论给出，已经因为丧失参与竞争资格而错失良机。在参与并购竞标和谈判时，企业的行动负责人并没有足够的决策权，重要问题要层层传递到国内决策层然后再回复给行动人，但实际上竞购和谈判过程中形势瞬息万变，必须要求随时随刻做出应对，在信息的传递过程中投资机会很可能就落入竞争对手囊中。

1. 公司治理与管理的落后

公司治理结构上，中国能源企业与国外竞争对手相比表现出巨大差距。从董事会、监事会、股东大会和经理层的关系看，国外企业按照相关法律严格实行所有权与经营权分离，董事会、监事会和经理层相互制衡等规范的公司治理机制，而由于我国能源企业多由政府出资，即使已股份化的企业，也是国有股“一股独大”，资产缺乏多元化，这在国有出资人缺位的情况下，就造成“内部人控制”问题严重泛滥。国资管理部门对上市公司的管理并不习惯按公司治理规则出牌，而是在股东大会之外干预董事会运作，使得董事会缺乏独立性。如中国石油天然气集团公司就是国务院作为国有资产的代表、通过国有资产无偿划拨、授权经营的方式组建的。受国企管理体制约束，企业负责人作为组织人事部门任命的国有资产的代理人，其权、责、利并不匹配。项目盈利不能得到足够激励，亏损却要承担行政而非经济责任。风险与收益的不对称使审批者和经理人都更加倾向于采取保守的策略，失去很多潜在投资机会。

2. 技术和国际经营经验的差距

与国际石油六巨头相比，我国几大能源企业不论从经验、作业能力和效率效益方面都还有很大的差距。跨国经营上，中国石油公司仅有短短十几年的历史，远低于国际石油巨头的百年积累。微妙的政治因素、隐性的技术陷阱、尚未熟悉的法律规则、强势的工会、经常发生的劳资纠纷，乃至垃圾资产、文化冲突等等，都是并购之路上的绊脚石。在海外并购的过程中，一些实力雄厚的中国企业并不缺乏并购资金，而是缺乏丰富的海外并购经验。例如，2008 年下半年以来，北汽先后向克莱斯勒、欧宝、萨博以及沃尔沃汽车表达了求购意向，但最终都无功而返。北汽没有采用像上汽、南汽等聘请中间机构（财务或法律公司）的做法，而是依靠自有团队，直接与国外公司接触。在类似这种问题上，中国能源企业应该转变观念，抛弃国内垄断企业的行为模式，积极融入国际竞争环境。

四、“走出去”的几点建议

针对以上有利因素和不利因素，中国能源企业走出去要扬长避短、趋利避害，把海外扩张上升到整体性、战略性高度上，综合采取措施促进能源、矿产企业的海外发展。

（一）简化投资项目审批程序，鼓励能源企业加快“走出去”的步伐

资源类产业不仅是国民经济的基础产业，而且关系着国家经济安全。自 1993 年起，中国由能源净出口国变成净进口国，能源需求的对外依存度迅速增大。煤炭、电力、石油和天然气等能源在中国都存在缺口，其中，石油需求量的大增以及由其引起的结构性矛盾日益成为中国能源安全所面

临的最大难题。而近年来大国之间展开了对能源战略资源的激烈争夺。国内国际形势的发展变化，使中国能源企业“走出去”对中国企业乃至整个经济发展具有非同一般的战略意义。

因此，通过切实有效的途径为我国能源企业海外投资提供便利是首先要思考的问题。针对目前行政审批手续繁琐、决策效率不够高效的问题，政府和相关管理部门应该相互协作，在不影响能源安全和国有资产安全的前提下，尽量减少审批环节，提高决策效率，使企业的投资需求能在最短的时间里得到批准和落实。

（二）深化企业制度改革，将部分决策权下放到企业

企业走出去，要在借鉴国外大公司经验的基础上，建立和完善公司治理结构，国资委应将一部分决策权下放给企业负责人，并辅之以有效地监督激励机制，使能源矿产企业成为真正的海外投资决策者、行动者、风险收益承担者。这样企业可以根据自身运营能力和发展需要，从企业利益最大化角度出发，选择适合自身的投资项目，而不是按照政府意愿和授权行事。企业成为海外投资的需求者和积极行动者，有利于促进其在不断变化的环境里选择最适合的方向和行为，以实现既定投资目标。作为自负盈亏的市场主体，能源企业拥有收益分配权并承担可能的亏损，激励其为投资行为负责。

（三）提高国际合作和管理水平

中国石油公司要成为真正的国际能源企业，还需要从贸易领域加强与国际能源企业的合作，从纯粹的油气生产企业转变为国际能源提供商。尽管并购可能是一种前进方式，但中国的行业高管们强调，收购在帮助中国满足能源渴求方面的作用有限。因为中国目前巨大的石油进口量是不能通过并购满足的，更多的是通过国际贸易。因此中国企业“走出去”，不仅仅是直接占有海外油气资产，还要加强其石油贸易能力，建立起完善的物流、信息、资金运营系统，在全球范围内调配石油资源。

一个企业的国际化水平，并不仅仅取决于海外业务的数量，更取决于

企业员工的国际化理念和水平。因此，中国石油企业应加强国际化人才的储备，通过“走出去”培养更多具有国际视野、理念和国际商务能力的员工，让其成为企业管理的中坚力量，进一步提高国际化管理水平。

（四）强化技术研发，积极实施新能源战略

目前世界上能源供应主要以石油、煤炭、天然气化石能源为主。但是由于它们是不可再生的，并且以化石燃料为主体的能源系统还造成了严重环境问题，因而这种能源系统不可能长久维持下去。全球日益高涨的环保浪潮，技术革命促成新兴工业（如电子工业、信息产业，生物工程等）蓬勃发展，将形成新的生产体系，要求采用可再生的、分散的和多样化的能源。世界能源结构将转向以太阳能、地热能、水能等可再生能源为基础的持续发展的能源系统。发达国家在能源多元化、加强能源技术开发、可再生能源利用、提高能源效率、节能等方面积极探索。我国也紧跟世界步伐，从战略高度发展新型能源，采用先进实用技术，加大核电开发力度，调整能源结构，积极发展新能源，争取在新能源产业布局中处于领先地位。

中国能源企业“走出去”的市场营销策略*

“走出去”是党中央、国务院根据中国经济的发展需要，审时度势提出来的发展战略，关系到中国经济发展的全局。能源资源是保障国家安全、促进经济增长、推动社会发展的基础，中国是世界第二大能源生产国，也是第二大能源消费国。中国能源企业“走出去”，既能解决我国能源短缺的难题，缓解中国流动性过剩风险，对中国经济社会发展具有重要的战略意义，同时，有实力的中国能源企业在国外直接投资，还能增加东道国的税收，解决东道国的就业。中国能源企业“走出去”战略于2000年提出，虽然已经取得了长足的进步，但是与欧美等发达国家相比还有较大的差距。“十二五”时期，中国能源企业“走出去”将面临来自发达国家贸易投资保护和发展中国家强力竞争的局面，其所处的政治、经济、社会和技术环境更为复杂多变。

* 本文作者系中国人民大学国际能源战略研究中心兼职研究员、经济学博士，郭国庆教授。

一、中国能源企业面临的国际环境

（一）政治法律环境

从国内角度来看，新兴能源在我国“十二五”期间以变为主，“十二五”期间新能源产业的变化将更多体现在技术水平提高、产业结构优化和产业层次提升等方面，而不仅限于产业规模的扩张。美国新政也会给中国能源企业和投资者带来新的机遇，其中最大的机遇就是企业在美国的直接投资，中国能源企业直接在美国的新能源市场投资会获得诸多益处：中国能源企业在美国建立能源公司可以直接参与新能源项目的竞标，占领市场，取得利润最大化；在美国市场内部的直接运作可以使企业迅速获得多方面提升，提高企业的全球竞争力，实现从一次性获得技术管理优势到持续性保持世界级水平的飞跃。

（二）经济环境

人民币在长期内呈现升值趋势，这会降低国内能源企业购买海外资产的成本，“十二五”时期中国能源企业加大海外投资是有利的。另外，中国能源企业还可以充分利用经济危机余波未平的机会，通过大力对外直接投资进入主要出口市场的流通环节，快速提高整个国际市场的收益率，摆脱只能在开采、制造环节与其他国家争夺微利的局面。

（三）社会文化环境

人口高峰会大幅度增加未来各地区对能源的需求，环境恶化迫使中国经济结构向低耗资源方向调整，各个国家政府在制定政策时会越来越多地考虑到环境问题，世界各国非政府环保组织在推动全球环保事业方面的作用日益明显，我国非政府环保组织在环境保护方面的影响也在逐步扩大。

日本地震导致的核泄漏引发了全球核信任危机，此次事故对新能源未来发展的结构将发生较大影响，对光伏、风电、水电等新能源的预期将进一步提升。由于很多日本工厂短期内无法恢复生产，因此众多欧美客户订单预计会流向中国。

（四）技术环境

低碳技术快速发展，全球已有多家金融机构投资巨额资金进行低碳技术开发，以期在低碳经济方面占领技术制高点。这些低碳技术广泛涉及石油、化工、电力、交通、建筑、冶金等多个领域，涵盖可再生能源和新能源开发、传统技术的节能改造、二氧化碳的捕集和封存等。另外，技术连通性改变了人们的生活和互动方式，引发了经济社会的重大变革，不断改变着人们的生活方式，这些都为能源企业进行网络营销带来了契机。网络营销具有传统营销不可比拟的优势，它能突破时间、空间的限制，具有超低的运营成本和高额的利润回报，使“走出去”的中国能源企业和东道国的消费者的联系更加迅速、密切，而且能在网络平台上与东道国的本土企业进行公平竞争。

二、中国能源企业“走出去”的竞争战略

中国能源企业“走出去”要面向国际市场，因此能源企业要努力加强核心业务优势、优化全球资源配置、降低成本、提高对市场需求变化的应变速度以扩大市场占有率，保持竞争优势，占据领先地位。面对国内外能源发展的方向及国际化竞争环境，中国能源企业可以考虑以下“走出去”的竞争战略：

（一）低成本战略

有些传统能源（如：煤炭）的产品同质性较高，这些能源的需求价格

弹性较大，购买者对价格敏感，能源企业往往是价格接受者而不是价格制订者。传统能源产品的质量还受到当地地理条件的限制，因此具有较低成本的企业会获得一定的竞争优势，从而具有较强的竞争能力。因此，低成本战略是传统能源企业应追求的战略定位。中国企业在实施低成本战略的同时要依靠科技进步和技术创新作为低成本战略的有力支撑。传统能源产品使用价值的不可转移性、形成的自然性和不可再生性决定了行业技术创新的重点在于开采技术和开发选址技术的改造、能源综合利用改造，并且以工艺创新为主。

（二）差异化战略

对于一些不具有开采规模优势的能源企业来说，低成本目标较为困难，差异化战略定位则是更为现实的选择。能源企业追求差异化可采用的策略包括：能源产品特性的改善，加快能源产品的升级，使其成为可持续利用的能源；改进生产工艺、加快产品深加工进程、实现能源产品的升级换代；以品牌经营实现差异化，提高能源产品的附加值，增加企业盈利能力的同时增加客户利润。

三、中国能源企业“走出去”的营销策略

（一）能源产品策略

首先，能源企业要不断创新能源产品的开采、生产工艺和流程，大力加强对低碳、低消耗的新能源产品的开发和应用。因此，企业应加大技术研发投入比例，开发价低质优的新能源产品；其次，能源企业可以提供线上售后服务，与消费者双向沟通，让国际市场上的消费者在网络上能充分展示自己的需求，企业据此为消费者提供能源产品与服务；能源企业还可以在网络上提供与能源产品相关的专业知识，达到增加产品价值的同时也提高企业形象，如能源产品的性能和使用注意事项等。

（二）能源价格策略

对能源产品的市场定价要合理，以尽可能低的价格向消费者提供能源产品和服务。能源企业可以通过定额定制、标准化作业（计量、质量、价格标准化）加强能源投产前、制造过程中和流通过程中的成本控制，在保证能源产品质量的同时将最大程度降低能源生产成本。但是基于新能源产品的高额研发成本，能源企业不应打价格战，而要打服务战，价格适中即可。

（三）能源渠道策略

中国能源企业应该与本国政府合作，共同开拓海外市场，走"政府铺路，企业行车"的道路，发展新的东道国。中国能源企业应充分了解外国政府的政策取向，最好选择与中国外交关系良好、贸易频繁的国家，以便减少信息的获取成本（包括东道国经济环境、政治制度、政治局势、经济模式、经济制度、经济政策等方面），同时东道国对中国企业的经营风格和商业惯例也较为熟悉，因此企业投资的成功率相对较高。企业还可以选择经济发展水平较低的国家，因为经济发展水平较高的国家对能源会更加依赖，这无疑会加大能源企业的投资阻力。能源投资以资本换资源，属于战略资源型投资，其投资的目的是要在某种程度上控制被投资国的战略资源，借以满足本国对稀缺资源的需要。此外，随着互联网的发展，更多的能源企业会在网络配送渠道上开展竞争，能源企业应建立自己的营销配送渠道，降低物流成本，实现长期效益。

（四）能源促销策略

首先，人民币升值迫使"走出去"的中国能源企业必须采取多元化的广告形式主动进行广告宣传，向东道国及国际市场的消费群体争取产品或品牌最大的市场占有率。企业可以根据能源产品的特性，采用电视广告、印刷品广告、网络广告等多种形式的广告，尽可能以最低的成本提高企业和产品的知名度。其次，“走出去”的中国能源企业要开展多样化本土化的促销活动。在国外市场开展促销活动，既要采用国际通用的一些促销手段，也需要把握当地的文化特色和消费者的文化价值观，采用一些有效的本土促销方式。最后，能源企业要把促销的重点放在与国际市场消费者的沟通上，可以利用网络实现与消费者的沟通，使消费者可以参与到新能源与新能源使用的营销活动中，使消费者与企业直接进行交流。能源企业可以进行网络促销活动，从中获得消费者的反馈信息，不断进行产品创新，满足消费者的需求，使企业在竞争上处于优势地位。

（五）关系营销策略

政治力量在国际营销中的阻碍与促进作用是无法估量的，因此“走出去”的中国能源企业要积极开展关系营销，游说、亲近当地政府。企业能否与当地政府建立融洽关系直接影响到中国能源企业营销的成败。从企业层面来看，要同政府建立关系主要采取“游说战略”所谓“游说战略”，就是聘请东道国的社会知名人士或团体，利用他们的关系来影响当地政府行政官员的决策过程。这种公共关系战略在欧美国家非常盛行，它是西方社会制度不可缺少的和合法的组成部分，西方国家几乎所有企业都使用这种游说战略。此外，“走出去”的中国能源企业还务必要熟知东道国的各项政府政策，与当地政府和工会加强沟通、联系。中国能源企业在与东道国的合作中必须先做好市场调研工作，充分了解东道国与中国合作时的心理状态，综合考虑中国利益和可能对东道国的负面影响，并预备补偿方案。

（六）加强能源企业的社会责任意识

能源企业要强化社会责任意识，积极回馈当地社会，“走出去”的中国能源企业应积极履行企业社会责任，发展目标市场的公共关系，快速有效地提升企业形象，增加东道国政府和消费者对企业的好感，从而增强品牌号召力和产品竞争力。中国能源企业要快速融入当地社会，在东道国顺利实现本土化生存与发展，制订合理的企业公益支出预算，在财力允许的前提下，自觉支持当地的社会公益福利事业，如慈善捐款、赞助环保、文化教育事业等。这些公益活动一经当地媒体报道，就会在较大范围内产生影响，为企业树立起有责任感，有道义、有亲和力、能融入当地社会的一种公民形象，从而赢得东道国的认同和社会大众的支持，建立起良好的公共关系和企业信誉。

利比亚部族政治对国际能源格局影响及中利能源合作前景*

近一段时间以来，一系列带有“偶发性”和“不确定性”的地缘政治事件正在改变着全球能源地缘政治的格局。在突尼斯点燃的“革命”之火，延续到了埃及和利比亚，又波及到海湾君主国巴林和沙特阿拉伯，世界石油“心脏地带”波斯湾也引发“涟漪效应”。北非、中东地区富藏石油和天然气资源，北非石油产量占世界5%，中东产量却占到30%，地区动荡的不确定性担忧让石油价格飙升，其全球影响力不能低估。[1]石油的历史与中东地区动荡密不可分，石油供给危机和世界经济衰退密切相关，1973年阿拉伯石油禁运、1979年伊朗革命和1990年伊拉克入侵科威特都引发了石油价格巨大波动。

阿拉伯政治危机中，尤以利比亚影响最大。突尼斯和埃及人民发生大规模暴力冲突事件，这两个国家非产油大国，在心理层面上对国际能源市场虽有威慑传导作用，但在国际能源地缘政治层面上的影响有限。利比亚则不同：一方面其是世界第13大石油生产国，石油储量非洲第一；另一方面，利比亚已经陷入事实上的内战状态，反对派已经和卡扎菲当局爆发大规模武装冲突，联合国安理会已经授权设立“禁飞区”，欧美国家已对利

* 本文作者系中国人民大学国际能源战略研究中心研究员崔守军博士。

比亚政府军实施空中打击。

利比亚是一个部族国家，如果我们说突尼斯“革命”之花是利比亚革命的导火索，那部族之间长期以来压抑已久的政治矛盾则是利比亚内乱的深层次内因，利众多部族中四大部族（即卡达法、瓦法拉、马格拉哈和祖瓦亚）的博弈结果将决定着利比亚未来局势的发展以及“后卡扎菲”时代利比亚国内能源市场的重新布局。可以说，利比亚国内局势的发展将对国际能源市场有较大的影响。如何应对这种突发的政治事件，将是中国未来国际能源合作特别应该考虑的风险。

一、利比亚部族政治现状

卡扎菲能够统治利比亚 42 年很大程度上归功于利比亚的部族政治特点，以及自己跟部族之间的良好关系。利比亚共有 140 多个部族，30 多个部族有重大影响，卡扎菲被称为“王中之王”就是这个意思。在利比亚众多部族中，四大部族（卡达法、瓦法拉、马格拉哈和祖瓦亚）决定着利比亚未来局势的发展。从历史上讲，利比亚部族政治的传统势力分布于西、东、西南三大部族群，这三大部落群在 1963 年以前也是三个各自自治的省份，即位于西部地中海沿海的黎波里塔尼亚（Tripolitania）、位于东部沿海并向南部延伸至撒哈拉沙漠腹地的昔兰尼加（Cyrenaica）以及位于西南部广袤沙漠腹地的费赞（Fezzan）部族群。[2]（请见图 1）这三大部族群体之间的互动，决定着利比亚的过去，也决定着它的未来。

（一）的黎波里塔尼亚部族群

卡扎菲出生在距离首都的黎波里不太远的苏尔特（Sirte），是游牧民族贝都因人的后代，的黎波里塔尼亚部族群是卡扎菲传统势力范围，其权力基础深厚。的黎波里塔尼亚部族群中影响最大的是卡达法（Ghadafa）部族和瓦法拉（Warfallah）部族。卡扎菲本人出生于卡达法部族，但其部族并非利比亚传统势力，力量较单薄，在利比亚反对意大利殖民主义者的战争中作用有限，在1969年革命前的君主国中位置也并不显赫。卡扎菲本人出身空军，因而空军对其忠诚度极高。卡扎菲上台后，积极扶植自己部族亲信在国家安全部队中担任重要职位。但由于其部族规模不大，卡扎菲必须与其他两个最大部族，即瓦法拉（Warfallah）和马格拉哈（Maghraha）结盟才能确保政权稳固。

瓦法拉是利比亚最大部族，大约有100万人，占到利比亚人口近1/6，是的黎波里塔尼亚部族群最显赫的部族。瓦法拉部族同卡扎菲部族之间有血缘纽带，在过去42年中一直与卡扎菲结盟，誓荣辱与共。但两部族间并非无政治裂痕，在1993年瓦法拉部族曾有55名军官政变，卡扎菲曾对瓦法拉进行清洗。因此，2011年2月中旬发生暴力事件后，瓦法拉部族的酋长们当即宣布谴责卡扎菲家族。[3]

（二）昔兰尼加部族

东部部落群是反卡扎菲的根据地。东部石油收入丰厚，但卡扎菲长期扶植自己部落亲信，东部部落怨恨已久。祖瓦亚（Zuwaya）部族是东部昔兰尼加部族群中影响最大一个。祖瓦亚部族内辖北部地中海沿岸的锡德拉湾（Gulf of Sidra），锡德拉湾沿岸是利比亚最重要石油产区，石油冶炼设施以及石油管道密集，地位异常重要。[4]祖瓦亚部族和瓦法拉部族是反对卡扎菲当局最强烈的两支力量，祖瓦亚对卡扎菲武力镇压反抗团体极为不满。祖瓦亚部族控制着东部数个油田，保护而不是破坏油田是他们的核心利益。据维基泄密文件表明，祖瓦亚部族有一定武器装备，在80年代利比亚同乍得争夺两国边界争议领土的战争中，卡扎菲当局曾给祖瓦亚配备军事装备。

此外米苏拉塔（Misurata）部族是东部昔兰尼加部族群最大部族，其力量主要集中于从锡德拉湾到米苏拉塔市一带，对东部重镇班加西（Benghazi）影响较大。阿瓦克尔（Al-Awaqir）部族集中于东部重镇阿尔贝达（Al Bayda），这里也是反卡扎菲的大本营。2011年2月冲突发生后，部族酋长便宣布建立“阿瓦克尔伊斯兰酋长国”政权，可见阿瓦克尔部族对卡扎菲当局持反对立场。

（三）费赞部族群

费赞部族群位于西南部沙漠地带，马格拉哈（Maghraha）是其中最重要部族。马格拉哈是利比亚第二大部族，在过去42年中，与瓦法拉一起与卡扎菲部族组成“三位一体”的政治联盟。马格拉哈部族中最有权势的人物当属阿·萨努斯上校（Al-Sanussi）（利比亚最高统帅即成为上校，卡扎菲本人也自称上校），是利比亚安全部队首长，他手下官员、马格拉哈部族成员曾策划实施“洛克比空难”事件。阿·萨努斯与卡扎菲第二个妻子的妹妹结婚，曾在1996年东部部族暴乱中，下令屠杀100多名东部部族成员。1996年屠杀事件被认为是此次利比亚东部起义的核心原因之一。阿·萨努斯本人对卡扎菲仍忠心耿耿，策划并指挥政府军镇压米苏塔拉（Misurata）的行动。但据报道，也有马格拉哈部族成员参加反对卡扎菲的阵营，比如，阿·萨努斯的表弟、卡扎菲的前同学贾劳德（Abdel Salam Jalloud）倒戈参加反对派阵营。贾劳德曾是利比亚二号人物，在70年代担任过利比亚首相，但后来遭到卡扎菲猜疑和排挤，1995年后淡出政权。[5]

沙漠深处的塔图阿雷格（Tuaregs）部族成员大多失业，受沿海地带双方冲突影响不大。早在上世纪70年代开始，就有许多图阿雷格族人加入卡扎菲的武装部队。在当前对峙局势下，效忠于卡扎菲军事集团，会有丰厚金钱回报和政治许诺，因此他们的态度也是决定未来力量“天平”的一块重要“法码”。

二、利比亚部国内乱局的未来走势

卡扎菲反对力量发端于东部昔兰尼加，由祖瓦亚部族核心城市班加西开始发酵，呈现出由东往西的“多米诺骨牌”倒戈效应，全国最大部族瓦法拉部族顺势倒戈，反对派力量一度逼近卡扎菲西部老家的黎波里塔尼亚，双方力量僵持，军力暂止于利比亚能源富藏的锡德拉湾一带，双方分别以首都的黎波里和全国第二大城市班加西为中心，展开割据战。利比亚国内局势已经进入内战状态。

图 1：利比亚三大部族群分布

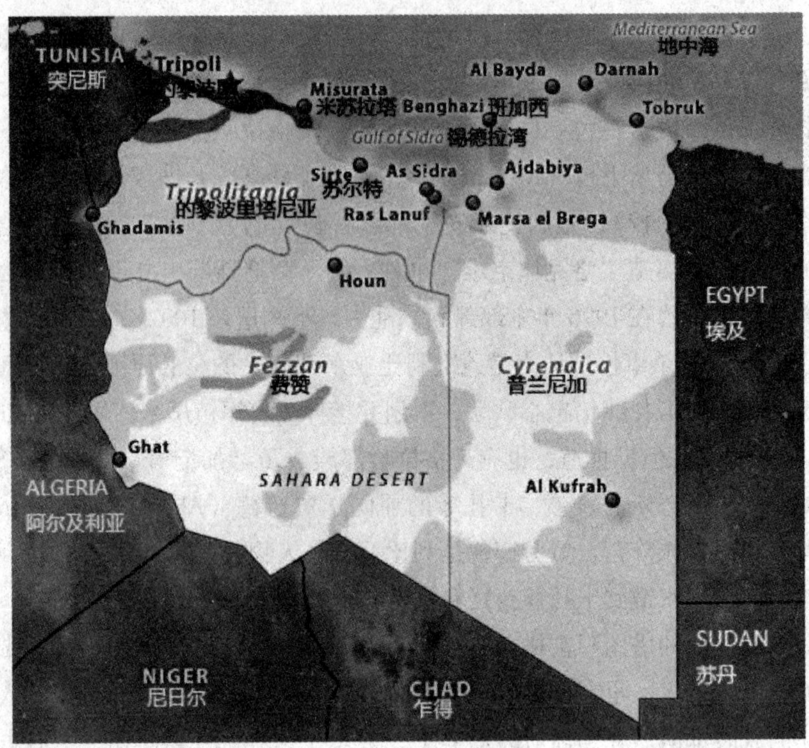

资源来源：德国明镜周刊（Spiegel）；美国 Starfor

鉴于卡扎菲并未如早先预期的那样迅速垮台，卡扎菲当局借助空军力量的掩护猛烈反扑，拿下沿海石油重镇拉斯拉努夫（Ras Lanouf），卡扎菲反政府武装也改变了此前拒绝外国介入的立场，请求美英等国直接进行军事援助，甚至对政府军控制地区发动轰炸。由英法草拟在利比亚设立禁飞区的决议案，已经在联合国安理会讨论通过。以法国、英国、美国、加拿大和意大利等组成的多国联军对利比亚政府实施空中打击以及海上封锁。[6]但利比亚国内局势走势并不乐观，下面，从国内和国际层面就利比亚国际乱局走势予以分析。

首先，利比亚问题已被国际化，卡扎菲下台或成定局。2011 年 3 月 17 日，联合国安理会以 10 票赞同、5 票弃权通过了第 1973 号决议，同意在利比亚设立禁飞区。该决议出台意味着利比亚问题国际化的开始。当前，利比亚政府军与反对派正处在历史上东西阵营的分割线上，东部部族主导下的反对力量控制着第二大城市班加西和阿尔贝达，占领着利比亚石油储量丰富的锡德拉湾一带。利比亚国家石油公司（NOC）下属几个公司的负责人纷纷倒戈到反对派阵营，丰厚的石油收益成为东部部族反抗卡扎菲集团的重要动因。面对国际社会的制裁和空中打击，逼到墙角的政治强人卡扎菲负隅一战，卡扎菲利用自己较有组织的军事力量展开收复东部失地的争夺。同反对派相比，政府军力量占有较大优势。除飞机外，卡扎菲还有坦克等重型武器，的黎波里尼亚一些部族或者个人仍效忠于他，精锐部队32旅是卡扎菲嫡系部队，但人数不多，据西方媒体报道有5000人。卡扎菲自己靠政变上台，长期以来为防范军事政变，一直削弱军队力量，因此反对派的军事组织能力要逊于卡扎菲当局。

西方大国在联合国安理会通过决议同意设立禁飞区后，师出有名，立即决定对卡扎菲实施空中军事打击。西方大国空中力量的介入，正改变着利比亚国内的军事力量格局。但卡扎菲除了空中力量之外，还拥有自己的精锐部队和大批支持者，如果盟国不进行地面武装干预，恐怕难以真正将卡扎菲扳倒。美英法虽各有自己的算盘，但它们也有共同目的：利用利比亚反政府武装举事的难得机遇，推翻对西方来说一直是如鲠在喉的卡扎菲政权；向利反对派提供支持，为其一旦上台后在该国谋取更大石油利益埋下伏笔。西方大国一旦介入，其终极目标就是将卡扎菲赶下台，目标达不到，西方大国不会罢休，但卡扎菲下台时间的快慢，取决于西方干预的意志和介入的程度。

其次，政权更迭风险至使国内局势动荡不宁。一方面空中打击相对容易，但地面军队介入难。美国已经介入中东地区两场战争，遭受了被称之为“泥潭效应”的伤亡，因此法国、英国两国会吸取美国“前车之鉴”的教训，谨慎行事。另一方面，即便卡扎菲下台以后，利比亚局势也不会立即趋于平稳。“百足之虫，死而不僵”，卡扎菲集团势力在利比亚扎根长达42年，不会善罢甘休，部族“仇杀”或成为威胁“后卡扎菲时代”利比亚安全的最大威胁。

在历史上，东部部族与西部部族就是异质的。位于东部的昔兰尼加地区，历史悠久，可以追溯到公元前7世纪，东部的希腊、罗马、波斯、埃及、奥斯曼、意大利和英国都曾统治过，并且与西部的的黎波里塔尼亚之间龃龉不断。利比亚国王德里斯一世统治时期（权力中心基于昔兰尼加），利比亚曾“双都”——的黎波里和班加西并存，各辖一方。在昔兰尼加人看来，班加西才是真正意义上的首都。

此外，在地域上，位于东部的昔兰尼加与埃及和东方伊斯兰国家更为紧密，而的黎波里尼亚则跟西方伊斯兰世界和马格里布国家关系紧密。东部势力靠近埃及，与埃及关系亲密，有报道称埃及兄弟会等伊斯兰力量已经进入西部援助反对派。昔兰尼加是利比亚第一任统治者德里斯一世的老家，他在1969年被卡扎菲起义推翻。因此东部许多城镇起义部队挥舞利比亚君主时代旗帜。东部已经建立“全国委员会”，并得到西方国家承认[7]，自西方实施军事干预之后，东部有可能取得最后胜利。但最后难免沦为西方傀儡政权，特别是跟利比亚有密切关系的意大利、法国、英国等国会施加自己影响，美国鉴于利比亚重要战略地位和石油储量，也会积极加入新一轮“造王”运动。利比亚全国90%以上土地为沙漠，历史纠葛、现实利益以及部族文化都会使得国家有分裂的风险。比如，西非国家科特迪瓦在2002年以来也面临这样的分裂。苏丹今年2月南部公投选择独立以后，也是类似政局。

第三，利比亚恐再成为恐怖主义火药库。早在上世纪70年代和80年代，利比亚就是恐怖主义大本营。利比亚武器装备曾在运送到北爱尔兰共和军途中被截获。利比亚为恐怖主义提供武装支持由来已久，苏制F1手雷、AK47、防空导弹在报道利比亚的不多电视画面中也随处可见。昔兰尼加是伊斯兰神秘派苏菲派势力范围，苏菲派与埃及穆斯林兄弟会关系密切。因此利比亚东部成为伊斯兰原教旨主义极端组织，诸如利比亚伊斯兰圣战团体（LIFG）的老巢绝非偶然。早在20世纪90年代，利比亚东部的伊斯兰极端主义组织就活动频繁，包括伊斯兰圣战团体（LIFG）。在冷战期间，这些极端组织成员曾接受美国的严格训练，以用来对付苏联，可见伊斯兰圣战团体与阿富汗“基地组织”的生长机理类似。[8]卡扎菲也声称当前叛乱是东部伊斯兰极端势力策划的阴谋，并受到基地组织支持，并声称几个首领曾是利比亚伊斯兰圣战团体骨干，并因擅自在东部几个城镇建立伊斯兰酋长制国家而受到卡扎菲政府关押。

内部仇视，加上可能的外来干预，部落冲突或使利比亚成为伊斯兰原教旨主义活动温床，这会对北非和欧洲安全构成巨大隐患。若卡扎菲当局屹立不倒，则会对西方大国“背信弃义”做法极度仇视，类似“洛克比空难”恐怖事件再次上演不无可能。如果外来武力进行干预，则会有更多先进武器流入，利比亚有成为第二个“阿富汗”之虞。

三、利比亚油气储量及与中国能源合作现状

利比亚是非洲能源大国，石油和天然气储量丰富，是欧佩克成员国。其地理位置显赫，它位于中东、西亚、南亚、东南亚、东亚间海运线的必经之路——地中海航路中间，是中东石油运到西欧、美国的必经之路，还是油轮运输必经之地；另外，利比亚东邻是有苏伊士运河扼欧、亚、非三洲交通枢纽的埃及。

石油更是利比亚的国家支柱和命脉。据《BP 能源统计 2010》的数据显示，利比亚的原油探明储量 443 亿桶，占到世界探明储量的 3.3%，是石油非洲探明储量最高的国家，远超中国原油第二大进口国、非洲第一大进口国安哥拉（探明储量 135 亿桶）。2008 年，利比亚原油产量为每日产量约为 182 万桶，受经济危机影响 2009 年产量为 165 万桶/日，占到世界产量的 2%。[9] 据国际能源署（IEA）数据显示，2011 年 1 月份，利比亚原油产量到 169 万桶/日，其中 149 万桶/日用于出口，其余用于国内消费。[10] 利比亚石油产量仅次于尼日利亚、阿尔及利亚和安哥拉，为非洲第四大原油生产国，比苏丹（49 万桶/日）要高出一大截。[11] 更值得注意的是，利比亚原油储量的“存储比”在非洲最高，按照目前产量，仍可生产 73 年，高于第二名尼日利亚 50 年。而且在欧美对利比亚实施经济制裁以前，利比亚石油在高峰期产量为 300 万桶/日，此前，利比亚能源部长也宣布，利比亚计划将石油产量在五年内提高到 300 万桶/日。[12]（见表 1）

在 2011 年 2 月发生国内动乱以前，欧洲国家是利比亚石油的主要进口国，意大利、法国、中国和德国是利比亚石油的前四大进口国家。（见表 2）中国进口量在 16 万桶/日，占到中国日均消耗原油的 2% 和日均进口原油的 3.5% 左右。发生危机以后，国内产量减少至原产量的三分之一，对中国原油进口有一定影响，但不大。

表 1：非洲主要国家石油储量

国家名称	探明储量（亿桶）	占世界总储量比重	存储比（年）	日产量（百万桶）	占世界产量比重
利比亚	443	3.3%	73.4	165	2.00%
尼日利亚	372	2.8%	49.5	206	2.60%
安哥拉	135	1.0%	20.7	178	2.30%
阿尔及利亚	122	0.9%	18.5	181	2.00%
苏丹	67	0.5%	37.5	49	0.60%
埃及	44	0.3%	16.2	74	0.90%
加蓬	37	0.3%	44.1	229.0	0.30%
刚果共和国	19	0.1%	19.4	274.0	0.40%

数据来源：BP 能源统计 2010。

表2：利比亚主要石油出国家和数量

出口国家	出口数量（桶/日）	占利比亚出口石油比重	占进口国国内石油消费比重
意大利	365，742	29%	24%
法国	177，797	14%	10%
中国	160，676	13%	2%
德国	138，067	11%	6%
西班牙	129，227	10%	9%
美国	60，553	5%	<1%
英国	50，815	4%	3%
奥地利	32，876	3%	12%
葡萄牙	28，840	2%	11%
荷兰	26，426	2%	2%
爱尔兰	21，814	2%	13%
瑞士	21，576	2%	8%

数据来源：国际能源署和中国海关数据。

利比亚受益于国内能源工业的发展，自联合国和美国在2003年和2004年取消对利比亚制裁以来，特别是美国在2006年宣布利比亚不再是恐怖主义国家以来，国内油气产业有了长足的恢复和发展。在2009年底，有30多个国际石油公司在利比亚进行油气勘探和开发。利比亚油气产业都是在利比亚国家石油公司（NOC）和其下属子公司垄断开发的，国外能源公司要获取国家石油公司签发的开发执照才能有权参与油气分享开发项目。欧洲国家由于历史和地缘上原因，在利比亚油气开发中居于主导地位，特别是意大利的埃尼（ENI）石油公司。

利比亚探明石油储量的80%分布于锡德拉湾（Gulf of Sidra）南部的苏尔特盆地（Sirte Basin），全国90%的石油产量也来自这里。利比亚国内石油消费量为27万桶/日，因此大约有不到160万桶/日原油用于出口。利比亚出产原油为轻质（API指标高）甜油（低含硫量）。利比亚原油共有9个出口标准，美国石油学会比重度指标（API）指数在260到440之间。其中品质最好的原油，也就是轻质、低硫的部分销往欧洲市场，品质稍逊的销往亚洲市场。全国共有5大炼油工厂，包括西部的斯拉努夫（Ras Lanuf）、卜富加（Brega）、萨里尔（Sarir）、图卜鲁格（Tobruk）、和扎维亚（Zawia），全部炼油产能约为38万桶/日。（见图2）

根据《BP能源统计2010》，利比亚天然气储量为1.54万亿立方米，非洲排名第四位，列尼日利亚、阿尔及利亚、和埃及之后。2009年产量为153亿立方米，排在阿尔及利亚、埃及和尼日利亚之后。[13]在2004年由利比亚穿越地中海洋底至意大利的“绿溪”（Green Stream）天然气管道建成以后，利比亚的天然气生产和出口量大幅提升（图2）。但近年来，随着天然气重要性和出口量的不断提高，利比亚能源部门有机会对天然气储量进行重新勘测，据估计，新储量数据可能大幅超过原来数据，或超过3万亿立方米。

中国奉行“不干涉内政”的外交政策，因此在联合国取消对利比亚制裁以前，中国石油公司就进入利比亚市场了。中国石油集团公司（CNPC）自2002年进入利比亚进行油气勘探和开发，并为利比亚油田提供配套工程服务。在油气勘探和开发方面，中石油于2005年12月7日与利比亚国家石油公司签署“17—4区块”的风险开发合同。这一区块是海上油田，位于利比亚西北地区北部派拉吉亚盆地（Pelagian Basin），区块面积在

2566 平方公里，水深在 200—400 米。“17—4 区块”合同的性质为“勘探和产量分成协议”（EPSA），合同期限为 5 年勘探期限和 25 年生产期限。[14] 在油田配套工程、建设服务方面，在 2002 年中石油集团公司下属企业中国石油管道局成功竞得了利比亚西部一条石油管道的建设合同。管道全程长度为 1050 公里，由利比亚国有石油公司和意大利阿吉普（Agip）公司共同投资，石油管道起点为内陆沙漠腹地的瓦法（Wafa）油田，终点为地中海口岸美丽塔（Mellitah），管道为双向并行，直径为 16 英寸。（见图 2）此外，在管道沿线还建设了 18 个交通塔站，527 公里的光缆沿着石油管道铺设。工程已经与 2007 年 7 月顺利完工。在 2007 年，中石油还成功从瓦法（Wafa）石油公司和意大利埃尼（ENI）石油公司竞得专业工程服务合同。

图 2：利比亚油气分布

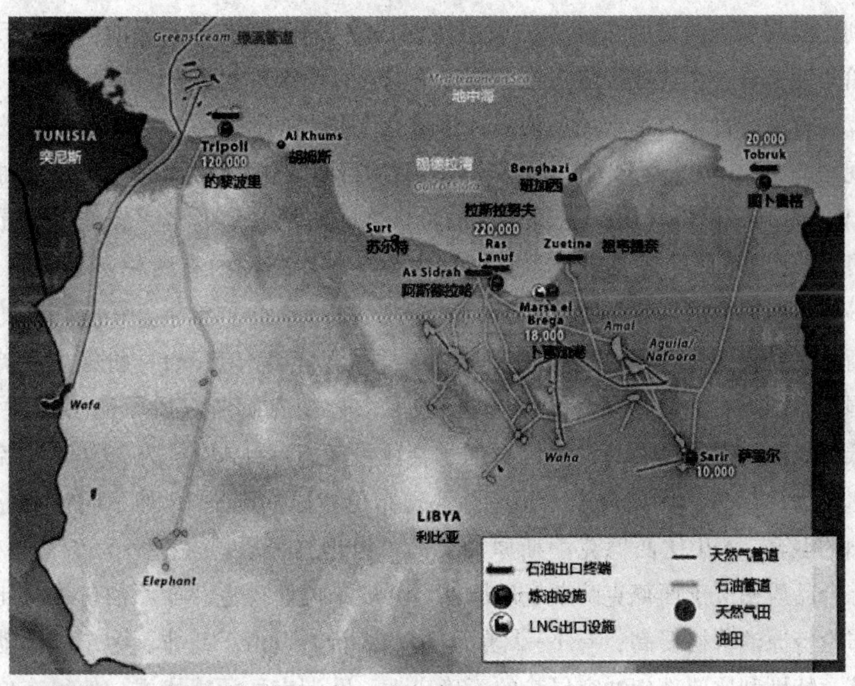

资料来源：德国明镜周刊（Spiegel）；美国 Starfor。

此外，值得关注的是中国石化（Sinopec）正着手进入利比亚能源市场。在 2009 年，中石油曾竞标加拿大石油公司沃莱尼克斯的石油特许权益，但由于受到利比亚政府否决而失败。但据日本经济新闻报道，中国石化已经取得利比亚政府同意，要投资30亿美元建一个冶炼厂，但目前受到骚乱影响，恐要暂时搁置。[15]

四、利比亚危机对国际能源市场影响

北非、中东地区富藏石油和天然气资源，从突尼斯“革命”开始的地区动荡已经开始逐步蔓延，特别是利比亚国内部族冲突前景的不确定性更让国际社会忧虑重重，担忧情绪让石油价格飙升，产油国从中收益，但油价的飙升会增加经济复苏的负担，世界经济又有陷入通胀循环危险。虽然利比亚石油产量只占到世界的2%，但其所处的地理位置敏感而且重要。利比亚政局走向与中东局势的敏感特性构成“叠加效应”，从能源地缘政治角度来看，利比亚局势对国际能源格局会有两重重大影响，主要如下：

首先，世界石油市场呈现出“区域化”格局的特点。如果石油供给出现“瓶颈”，某个区域价格将会较大幅度高于另外区域，西德克萨斯原油（WTI）与布伦特（Brent）原油基准价格之间的价差呈现出“倒挂”就是“区域化”格局的重要表现。长期以来，在世界范围内有两种基准原油，一种是西德克萨斯轻质原油（West Texas Intermediate）价格，在美国纽约商品交易所（NYMEX）进行交易；另一种是布伦特（Brent）价格，在英国伦敦国际石油交易所（IPE）进行交易。西德克萨斯轻质原油为轻质、低硫原油，它的品质高，美国石油学会比重度指标（API）为39.6，含硫率仅为0.24%，因此汽油产出率最高。布伦特原油则是15种不同油质原油的混合，API比西德克萨斯原油要高，但仍属轻质，含硫率为0.37%，综合品质稍逊于西德克萨斯轻质原油。一般来说西德克萨斯原油价格要比布伦特原油价格要高，有1—2美元/桶的溢价。但由于北非、中东局势动荡，特别利比亚部族冲突局势的不确定性，欧洲市场深感忧虑，使得布伦特原油的价格比西德克萨斯原油高出达15美元左右，高峰期价差接近20美元，出现“倒挂”。[16]

利比亚为世界第13大石油出口国，非洲储量第一，欧洲是其主要出口市场。利比亚原油出口量约近160万桶/日，占到世界需求量2%。国内东部地区暴乱使得绝大部分国外油气工人离开，产量骤减三分之二。从利比亚北部的锡德拉湾（Gulf of Sidra）出口的石油占到全国的80%，4个最重要口岸，交战双方各自控制一半。反对派控制着最大的萨里尔（Sarir）油田，产量为40万桶/日。虽然联合国安理会已授权设立“禁飞区”，双方暂时停战，但局势发展仍难以预料。若欧美等大国强行武力干预，即便卡扎菲权力溃败，利比亚也难以安宁。富有打“非对称性战争”经验的卡扎菲集团或会“重操旧业”，对西方“背叛者”实施恐怖袭击，届时，利比亚有可能成为恐怖主义火药库。欧洲能源市场的焦虑心理，反应到布伦特交易价格上，就是价格高位盘旋。而美国石油进口来源地加拿大、南美等地则相对安全，因此西德克萨斯价格会持续低于布伦特价格。

此外，利比亚石油虽然产量有限，但其原油品质高，为轻质、低硫原油。虽然，欧佩克国家中沙特剩余产能释放空间较大，能弥补利比亚短期产量不足的“短板”，但沙特原油品质较差，油质较重且为高硫油，而欧洲炼油设备普遍陈旧，难以适应含硫量高的海湾油质。于是，海湾原油只能运往冶炼设备较为先进的亚洲国家。而作为替代，西非几内亚湾的原油品质较高，与利比亚近似，距离欧洲较近，会被运往欧洲市场。因而，西非石油会更具市场竞争力。

其次，是俄罗斯在国际能源政治格局中的话语权大幅提升。如果说沙特、阿联酋、伊朗等欧佩克成员原油产量受到内部“配额”制约的话，俄罗斯则是“自由之身”，不受束缚。俄罗斯油气储量巨大，其石油产量2009年超过沙特，居世界第一。据俄罗斯能源部公布数据显示，2010年俄罗斯的石油产量比2009年增长2.2%至1015万桶/日，创下了自苏联解体以来的最高纪录。2010年的石油价格曾涨至每桶90美元以上，故俄增产动力充沛。据美国能源情报署（EIA）数据显示，2009年俄罗斯原油出口量为700万桶/日，其中80%出口欧洲市场。[17]相同的分析逻辑，2011年石油价格攀升至金融危机以来的最高位，俄罗斯必然会开足马力增产，可见，北非局势让俄罗斯不但不受影响，反而从中“渔利”。此外，由于利比亚石油产量骤减，欧洲各国也会相对增加从俄罗斯进口原油的数量。因此，俄罗斯石油地缘政治影响力提升。

至于天然气部分，俄罗斯则更具话语权。俄罗斯天然气储量世界第一，也是世界天然气第一大出口国，利比亚事件对俄罗斯来说也是“重大利好”。近几年来，天然气凭借其清洁性和低碳排放等特点已成为欧洲未来能源战略的重要支柱，然而由于欧洲主要天然气产地北海气田的产量逐年下降，欧洲不得不从俄进口大量天然气以满足其需要。但“俄乌斗气”让欧洲尝尽苦头，深刻意识到过度依赖俄罗斯天然气供应的种种弊端，因此积极谋求进口来源地的“多元化”战略。但北非与欧洲地中海相望，南欧各国利用天然气管道从利比亚和阿尔及利亚等国进口大量天然气资源。比如，意大利国家石油公司埃尼集团（ENI）通过“绿溪”管道（Green Stream）每年从利比亚进口110亿立方米天然气，但利比亚危机让意大利不得不关闭“绿溪”管道。[18]无奈，欧洲第三大大天然气消费国意大利只能“向东看”，转向俄罗斯弥补天然气的不足。可见，未来，欧洲很难大幅降低自己俄气的进口比例，“多元化”战略面临挑战，俄地缘政治话语权大幅提升。

最后，原油价格将保持高位运行。石油价格除了由基本的市场供求之外，还由未来的市场预期所决定。当突尼斯开始的阿拉伯世界动荡扩散到埃及之后，国际油价就开始上浮。埃及虽不是石油出口国，相反，是石油进口大国，但地理位置重要，每天有400万桶石油经由埃及苏伊士运河过境，运输方式经由苏伊士运河油轮运输或经由“苏伊士—地中海”（SUMED）石油管道运输。埃及是位于海湾和欧洲市场之间重要的石油运输过境国，巴克莱投行预测（Barclays Capital），开罗骚乱让石油价格上浮5美元。阿拉伯政治危机中，尤以利比亚影响最大。利比亚动乱发生以后，国际油价大幅飙升，动乱情绪有传导到了海外国家，巴林、阿曼和沙特骚乱的发生让人重新紧张起来。况且，巴林位于沙特东边，受到伊朗什叶派原教旨主义势力影响较大，巴林又与沙特东部省份什叶派骚乱关联，沙特作为最大产油国，局势未免让人极为关注。

虽然欧佩克国家，特别是沙特的剩余产能迅速释放，用来弥补利比亚损失产能，但沙特国内局势让人担忧。沙特国内人口结构与突尼斯、埃及和利比亚类似，年轻人比例高，30岁以下人口占到70%，平均年龄为19岁，沙特年轻人失业率达40%，国内改革呼声较高。富有威望的老国王阿卜杜拉已有87岁高龄，面对国内压力，实施诸如提高福利、工资，免除债务等措施，而实质意义上的改革难以厉行。有希望继任国王的王储也有83

岁高龄，疾病缠身。内阁部长平均年龄为65岁，好多已经任职部长或者省长几十年之久，有一位省长自1956年就任职未动。这种恐惧心理会继续让油价保持高位运行。

此外，偶发性炼油厂受袭击，也会带来大波动，如伊拉克2月26日，最大炼油厂遭受恐怖袭击关闭，国际市场上石油供应量立即减少50万桶/日。尼日利亚2011年4月份总统选举，如果像上一次选举那样石油设施遭受攻击，则尼日利亚产量下降100万桶。今天的尼日利亚虽然日产石油200万桶，产油量之大居世界第七，但全国57%的人每天的生活费还不到1美元，三角洲地区更是高达70%的人口如此。尼日利亚不同文明、不同宗教、不同种族的三大部族之间矛盾重重，伊斯兰教与基督教矛盾由来已久，国内政局面临4月总统大选考验。

一系列地缘政治不确定事件爆发可能性，都会让油价在百元大关上徘徊，很难回落。国际能源署也调高了原油价格至105美元/桶，比原来《国际能源展望2010》中预测价格提高14美元。[19]

小　结

虽然利比亚地缘上距中国遥远，但其能源、地缘地位极为重要。利比亚石油储量高居非洲国家第一位，且利比亚原油较海湾国家石油品质高，汽油出产率更高。90年代最高峰期日产量达300万桶，欧美对利比亚取消制裁后，产量逐渐恢复，战乱前出口量在149万桶/日，有13%通过苏伊士运河销往中国，85%出口到欧洲国家。[20]其天然气储量也较为丰富，中国自2006年开始已经成为液化天然气（LNG）进口国，利比亚天然气对中国来讲，也有很大合作空间。

利比亚国内政局动荡以来，大概留下了价值2000多亿美元的石油项目工程，也有大量的房屋等基础设施等待建设。中国在2010年进口原油2.39亿吨，比2009年增长20%，利比亚庞大的原油储量和开发空间，无疑对保障中国能源供给安全有重要意义。此外，中国石油公司在利比亚已有权益，也需要中国政府和企业去努力维护。当前，利比亚的冲突局势会对石油生产设施构成破坏，也对我国的产业工人人身安全构成威胁，迫使离境。据中石油集团网站消息称，中石油在利比亚的员工有392名，分布在13个作业点，已于3月1日被迫全部撤回国内。现在利比亚国内局势走势存在很大不确定性，但东部昔兰尼加地区部族反卡扎菲意志坚定，也得到西方大国支持。未来利比亚局势发展，取决于两个因素：一个是卡扎菲同其他部族之间重新结盟的力度；另外一个是西方大国军事干预的程度和范围。但从目前局势发展看，利比亚有被西方“肢解”危险。

从利比亚油气资源地理分布来看，利比亚油气资源东西分布的格局导致国家政治派别也分为东西两派，西部是卡扎菲老家，西南部沙漠腹地的迈尔祖格盆地（Murzuq Basin）由西部部族掌控，已经建成的石油管道将原油通过的黎波里港口出口国外；在东部昔兰尼加，则有全国最重要的油气分布——北部地中海沿岸的苏尔特盆地（Sirte Basin），利比亚全国80%石油都产自苏尔特盆地，并通过锡德拉湾4个重要港口城市出口国际市场。两个油气盆地，两套石油生产设施，两套出口港口，也就造成了两派争执派别，两大部族势力群。未来政权更迭以后，石油收入仍将是新政府收入的重要来源和支柱，国外油气公司或将重新洗牌进入利比亚能源市场，对于所占份额并不多的中国油气企业来说，也成为一次新的契机。利比亚只有650万人，普遍教育程度较低，从技术上和经验上都无法满足能源企业的需要。可以说，未来机会大于挑战，合作空间巨大。中国应该谨慎对待，巧妙应对，具体来说：

首先，中国能源企业“走出去”战略应加强“本地化”。从20世纪90年代以来，中国实施“走出去”战略以来，取得了丰硕的成果，把外汇资产转变为资源资产有战略意义。但在实施过程中，往往过分强调双边政治关系，而忽视政治风险和商业风险。今后应多利用市场机制获取项目，政治风险至少要与商业风险同等看待。此外，利比亚中国劳工和侨民多达3.3万人，规模庞大。其中多为中国国内劳工（工资是国内2—3倍），中国投资项目应增加当地劳工比例，减少中国劳工比例，这样既可以降低人力成本、破解国内“用工荒”问题，又利于“走出去”战略的平稳实施。非洲人固然教育程度低，但中国企业应增加耐心和技能培训，多笼络部族、望族、酋长等传统力量，在当局权力溃败时，部族酋长利用自己威望可以保护中资企业人员、财产安全。

其次，中国应积极参与国际社会“停战”、“促和”行动。中国基于自己的国家利益应积极参与国际社会的“促和”、“停战”努力。但态度应该谨慎，北非也系阿拉伯地区，阿拉伯联盟较非洲联盟影响更大。中国在苏丹问题上饱受西方诟病，一个重要原因就是没有加强与非盟等本地区国际组织之间的协调。北约、欧盟和非盟都表示尊重阿盟意见，并正在筹措召开与阿盟紧急协商会议。因而，阿盟态度对决定国际社会是否对利比亚实施武力干涉具有关键性作用，中国应加强与阿盟磋商，加强外交的预见性，树立自己大国形象。欧洲国家与利比亚隔海相望，距离较近，如果利比亚政权失控，利比亚恐成为非洲各国偷渡到南欧国家“桥头堡”，欧盟对此极度恐惧。此外，意大利、法国、德国（前三个利比亚石油出口国）在利比亚有重大石油利益，如意大利石油公司埃尼集团天然气管道直通利比亚口岸，主要依赖利比亚天然气发电，因而也极为关注利比亚局势发展。英国基于传统利益，也同法国一道主张干预。但美国已经卷入到伊斯兰国家两次战争中去，奥巴马考虑到明年的总统选举，会对武力干涉持谨慎态度，美国不会单边行动。中国应基于欧美大国不同立场，分别应对。

最后，中国需积极加强与东部昔兰尼加部族接触。撤侨一事说明外国“利益攸关方”对这些利比亚近期局势并不乐观。将来不论谁掌握政权，石油收入都是利比亚政财收入的主要来源。利比亚石油储量绝大部分位于苏尔特盆地（Sirte Basin），全国近90%油气资源都是通过锡德拉湾的4个港口城市出口。中国国有能源企业在利比亚都有自己利益，利比亚石油储量远超安哥拉（中国非洲第一大石油进口国），如若能“转危为机”，见机而动，灵活处置也不失为维护、拓展自己石油利益的一次机会。从西方意图来讲，划定禁飞区只是干预行动的开始，目标是巩固东部部族的地盘，已造成事实上东西割据状态，未来或干脆由北约组织抬出“人道主义援助”旗帜，进行直接军事干预。最后，当然就像前南斯拉夫与伊拉克一样，遭到实质性的肢解。面对东西割据态势，同时与两个政权打交道会成为中国和西方大国不得不面对现实（一如中国在苏丹，面临南北两个政权）。中国应加强与东部昔兰尼加部族接触，一方面积极应对未来可能将涉及到重新签订合约以及重新分配利益等问题，另一方面积极谋求在未来体制重建中分“一杯羹”，拓展我国能源利益。

综上所述，由于利比亚社会的部族结构，要建立统一而强大的中央政权比较困难。在推翻了利比亚强人领袖权力溃败之后，利比亚有可能会陷入分裂动荡之中。利比亚部族政治乱局或将持续一段时间，东西部族对峙时间的长短取决于卡扎菲“合纵连横”西部和西南部落的能力，以及西方大国武力干预的程度。借助利比亚事件，中国应多对“走出去战略”进行反思，强化政治风险评估程序，并积极参与利比亚冲突结束后的重建工作，坚定维护自己的国家利益。

注　释

[1] Briefing of the Economist, The price of fear: A complex chain of cause and effect links the Arab world's turmoil to the health of the world economy, The Economist, Mar 2011. http: //www. economist. com/node/18285768.

[2] Stratfor, Special Report: Libya's Tribal Dynamics. http: //www. stratfor. com/.

[3] Charles Levinson, Behind Libya Rifts, Tribal Politics. Wall Street Journal, March 8, 2011. http: //online. wsj. com/article/SB10001424052748703883504576186802702758340. html.

[4] IEA, Facts on Libya: oil and gas, 21 February 2011. http: //www. iea. org/files/facts_ libya. pdf.

[5] European Institute for Research on Mediterranean and Euro-Arab Cooperation 网站信息. http: //www. medea. be/index. html? page = 2&lang = en&doc = 107.

[6] 英国金融时报中文网报道，盟军开始军事打击卡扎菲，2011 年 3 月 20 号，http: //www. ftchinese. com/story/001037594。

[7] Alan Cowell and Steven Erlanger, France Becomes First Country to Recognize Libyan Rebels , New York Times, March 10, 2011.

http: //www. nytimes. com/2011/03/11/world/europe/11france. html.

[8] Alison Pargeter , Libya: Reforming the Impossible?, Review of African Political Economy, Vol. 33, No. 108, North Africa: Power, Politics &Promise (Jun. , 2006), p. 221.

[9] BP, Statistical Review of World Energy 2010, pp. 6 – 8.

[10] IEA, Facts on Libya: Oil and Gas, February 21, 2011. http: //www. iea. org/files/facts_ libya. pdf.

[11] BP, Statistical Review of World Energy 2010, pp. 6 – 8.

[12] Kevin Baxter, Libya delays 3 million bpd target by five years, Dec 6, 2009. http: //www. arabianoilandgas. com/article-6593-libya-delays-3-million-bpd-target-by-five-

years/.

[13] BP, Statistical Review of World Energy 2010, pp. 22 – 24.

[14] CNPC in Libya, English Introduction from CNPC website . http://www.cnpc.com.cn/eng/cnpcworldwide/africa/Libya/.

[15] Nikkei English News (Japan), China oil procurement threatened by Africa unrest。http://e.nikkei.com/e/app/fr/gateway/rss_ news.aspx? URL =/e/ac/tnks/Nni20110224D24HH586.htm.

[16] John Buckley, Libya Disruption May Reduce WTI-Brent Spread, Bloomberg, Feb 22, 2011.

http://www.bloomberg.com/news/2011 – 02 – 20/crude-oil-rises-as-spreading-unrest-in-middle-east-prompts-supply-concerns.html.

[17] EIA, Country Analysis Briefs-Russia. http://www.eia.doe.gov/cabs/russia/pdf.pdf.

[18] Briefing of the Economist, The price of fear: A complex chain of cause and effect links the Arab world's turmoil to the health of the world economy, The Economist, Mar 2011. http://www.economist.com/node/18285768.

[19] IEA , Short Term Energy Outlook March 2011 , March 8, 2011。http://www.eia.doe.gov/steo/.

[20] IEA, Facts on Libya: Oil and Gas, February 21, 2011. http://www.iea.org/files/facts_ libya.pdf.

后 记

进入21世纪，中国能源对外国际合作发展日益迅猛，成为中国整体国际合作的最重要组成部分，取得了很大的成就，但也存在许多问题面临十分严峻的挑战。中国人民大学国际能源战略研究中心尝试在这个研究领域做一些梳理和长期跟踪性的工作。

2009年中国人民大学设立了明德研究品牌计划，资助范围包括基础研究项目、跟踪调查与评价项目，还有决策支持研究和基础积累项目等，中心以《中国能源国际合作的理论与实践》为题获得了学校的立项资助。在项目的基础上，中心将每年推出一部《中国能源国际合作报告》，作为项目的代表性成果。

参与报告写作的中心成员主要有陈岳、徐莹、陈小沁、崔守军、许勤华等人。参与报告写作的中心特邀专家有国家能源局能源国际化人才规划课题小组成员、中心兼职研究员人大商学院和经济学院的郭国庆和彭丽红教授及国家宗教管理局的刘金光博士。参与报告写作的有国际关系专业博士研究生吴磊、国际关系学院09级国际政治经济专业和世界经济专业的硕士研究生：陈蕾、王煜若、杜文强、李晓明、刘大生、张璋、许丹、王微。中心努力将以报告的写作作为同学们在校学习期间的一项实践活动，以此体现国际关系学院培养一流国际问题研究人才的宗旨和行动。

由于本报告是对中国能源国际合作的实践做一种尝试性的梳理，限于资料和能力的局限性，存在许多不足，我们的目的是抛砖引玉，敬请读者批评指正，我们将在今后的报告中弥补并修正这些不足。让我们为中国能源的对外合作和中国能源发展事业共同努力。

本书绝大多数资料均来自国内外能源公开专业网站，如所引数据及信息与事实有所出入，敬请读者谅解。在此感谢这些网站提供的信息，我们希望通过整合各个网站信息的办法提供给读者一个整体的年度国际能源发展形势和国际能源合作概貌，作为进一步比较研究的基点。

最后，感谢时事出版社对本报告的大力支持。

中国人民大学“中国能源国际合作的理论与实践”课题组

2011年3月